本书为杭州市哲学社会科学重点研究基地
"中国古代文学与传统文化研究中心"项目成果，
由杭州师范大学"人文社科振兴计划"优秀作品出版资金资助出版

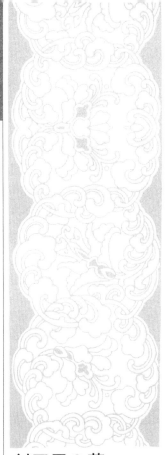

宗教文化
与唐五代笔记小说

刘正平◎著

ZONGJIAOWENHUA
YUTANGWUDAIBIJIXIAOSHUO

中国社会科学出版社

图书在版编目(CIP)数据

宗教文化与唐五代笔记小说/刘正平著. —北京：中国社会科学出版社，2014.12
ISBN 978-7-5161-4171-7

Ⅰ.①宗… Ⅱ.①刘… Ⅲ.①宗教文化—影响—笔记小说—小说研究—中国—唐代②宗教文化—影响—笔记小说—小说研究—中国—五代 Ⅳ.①B929.2②I207.419

中国版本图书馆 CIP 数据核字(2014)第 073497 号

出 版 人	赵剑英
责任编辑	郭晓鸿
特约编辑	李 英
责任校对	王立峰
责任印制	戴 宽

出　　版	中国社会科学出版社
社　　址	北京鼓楼西大街甲 158 号 (邮编 100720)
网　　址	http://www.csspw.cn
	中文域名:中国社科网　　010-64070619
发 行 部	010-84083685
门 市 部	010-84029450
经　　销	新华书店及其他书店

印　　刷	北京君升印刷有限公司
装　　订	廊坊市广阳区广增装订厂
版　　次	2014 年 12 月第 1 版
印　　次	2014 年 12 月第 1 次印刷

开　　本	710×1000　1/16
印　　张	19.25
插　　页	2
字　　数	306 千字
定　　价	59.00 元

目　录

自　序

　　清代学者钱大昕认为，自古以来有儒释道三教，自明代始又多一教，为小说教，士农工商以至目不识丁之妇女儿童，无不喜闻乐见，影响力甚至超过了三教。他说，儒释道不忍言及的奸邪淫盗之类的事情，都被小说尽相穷形，表现得淋漓尽致，以至于饱食无事的世家子弟都被此等书诱教，行为近乎禽兽（《正俗篇》）。鲁迅先生有类似的说法："我们国民的学问，大多数却实在靠着小说，甚至于还靠从小说编出来的戏文。"（《马上之日记》）这说明，明代以后的小说，对研究中国传统文化以及国民性，具有重要的作用。中国社会科学院的著名学者王学泰先生就此提出了"游民文化"的观点，以《三国演义》和《水浒传》为主要研究对象，深入地揭示了中国社会和中国文化中的游民意识和江湖情结，因之，学界有人将其与余英时的"士文化"和吴思的"潜规则"学说，誉为"中国当代人文学科的三大发现"。虽然说"游民文化"研究的对象是宋代以后的社会，赖以立论的依据是明清时期的小说，文化的创造主体也是明清的游民，与我们研究的唐代笔记小说了无干涉，但我们却可以据此明确地提出，大多数唐五代的笔记小说，是真正的由"士"所创作的小说，反映的是这个时期的"士"的思想、意识和文化特征。了解了这一点，对唐五代笔记小说的创作目的和思想，就易于理解了。

　　唐五代的小说，深具特色的是传奇和变文，前者是文言短篇小说，被鲁迅先生赞为"有意为小说"的优秀作品，具备有意虚构的特征，最为符合现代小说观念，是唐五代小说走上成熟的标志。这类小说全出自文人之手，但数量不多。唐代变文是受到佛教俗讲和佛教绘画变相的双重影响而出现的新面孔，被公认为唐代的白话小说。这类小说大多出自僧人、信徒和民间艺人之手，传世作品数量也有限。从宗教文化角度研究和阐释唐五代小说，无论选取变文和传奇，均不足以展开，因为这二者涉及的宗教现象比较单一。相较之下，唐五代的笔记小说真可谓异彩纷呈，我们能够从中发现一个宗教宝库，这个时期出现的所有宗教现象都能在笔记小说里发现踪影，只要我们用心去探索，会有各种令人惊喜的收获。笔记小说是以人物活动为中心，采用随事而记的形式叙述人事或变怪故事的篇幅短小的文言小说，是唐五代小说的基本类型之一，包括以鬼神精怪为题材的志怪小说和以人事活动为中心的轶事小说两大类。相对于唐传奇和以敦煌变文为主体的唐五代白话小说的丰富研究成果，从宗教文化的角度对笔记小说的独立研究是薄弱的，也是必要的。

本书以笔记小说为研究对象，是因为笔记小说是贯穿中国小说史的小说体裁。唐五代时期的笔记小说，数量庞大，作者众多，众体兼备，而且与唐五代时期的宗法性传统宗教、佛教、道教、民间宗教以及巫术文化及形形色色的民间信仰息息相关。可以说，唐五代时期是一个宗教大繁荣时期，这个时期的笔记小说也被浸染上了鲜明的宗教色彩。这正是本论著要着力研究和探讨的问题。

但是，在具体的研究工作中，什么是笔记小说，哪些是笔记小说，笔记小说到底有什么内在特征，笔记小说跟笔记、传奇是什么关系，为什么笔记小说会涉及如此之多的宗教现象，这些宗教现象对我们了解唐五代社会有什么帮助，这一系列问题，都会令每一个研究者困惑，也会促使每个研究者绞尽脑汁提出各种见解来。本论著旨在就此一系列问题做出力所能及的探索。

全书共分七章，前为绪论，后为全书总结。绪论部分回顾了笔记小说的研究状况以及唐五代小说与宗教的研究成果，并对笔记小说的概念和范围进行了界定，阐明本论著研究的基本思路和方法，以及所要解决的基本问题。

第一章为唐五代笔记小说创作的宗教情怀，对唐五代社会修仙崇佛的文化心理的形成进行梳理，揭示出笔记小说作者"亦庄亦怪"的人格特征，以及"穷神变、测幽微"的宗教动机是唐五代志怪类笔记小说创作繁荣的重要原因。

第二章为中国宗法性传统宗教与唐五代笔记小说研究。本章首先回顾了 20 世纪以来关于"儒教"问题的广泛争鸣，认为"儒教"并非宗教。第二节在吸收学界关于宗法性传统宗教是中国古代国家宗教的观点的基础上，按照"宗教四要素"说对这一宗教的观念、情感、行为和组织制度进行较为详细的阐述，指出其在国家政治、宗教、文化生活中的根本性决定地位。第三节是对宗法性传统宗教影响唐五代笔记小说以及小说中表现出的相关宗教思想的阐述。

第三章为巫术文化与唐五代笔记小说。首先阐述巫术的原理与法则，第二节主要论述巫术文化在唐五代的流存状况，区别法术与巫术。第三节根据唐五代笔记小说中的精怪故事的巫术文化背景，以《广异记》和《会昌解颐录》中的虎故事为例，进行巫术文化解读，并指出此类故事的民间文学特征。

第四章为道教与唐五代笔记小说。第一节就道教教义、组织制度的多源共生性和道教的发展演变进行简明阐述。第二节主要论述唐五代道教的发展状况和特点。第三节则选取在唐代影响较大而在当前的小说研究中相对关注较少的道教法术，论述其与唐五代笔记小说的关系。

第五章为佛教与唐五代笔记小说。首先论述佛教的弘传与中国传统宗教心理对佛教的接受。第二节主要介绍魏晋南北朝至唐五代围绕佛教的论争问题，以及这个时期佛教发展的基本状况。第三节为佛教影响唐五代笔记小说创作的情况，主要从因果报应观念、唐代地狱观的演变、佛教法术三个方面进行论述。第四节为寺院变相与笔记小说的对比研究，指出笔记小说和寺院变相的辅教特征。第五节主要通过对《太平广记》"妖妄部"所收录的唐五代笔记小说进行分析，揭示此时期佛教的异变情况，探讨佛教从正统宗教向民间宗教转变过程中出现的一些特征。

第六章为民间宗教与唐五代笔记小说。主要论述唐五代时期在北方胡人聚居地民间传播的弥勒教、摩尼教、祆教等的基本状况，以及它们在唐五代笔记小说中的反映。第一节是关于弥勒信仰和弥勒教的论述。第二节就摩尼教依托弥勒信仰传播的特点以及摩尼教的教义、发展状况进行阐述，并结合《广异记》数则狐妖假托弥勒佛、菩萨的故事和《北梦琐言》"妖人"假托佛教的故事，解析此类小说的民间宗教背景和狐妖形象的本质。第三节简要论述袄教、景教与唐五代笔记小说的关系。

第七章为宗教叙事与唐五代笔记小说的审美观照。主要综合考察唐五代笔记小说在时空观念的建构、叙事风格等方面的美学特征，兼及小说批评中的宗教传统，以此完成全书的总结性论述。

是为序。

绪论　笔记辨体与笔记小说研究

　　唐五代小说研究一直是学界的热点，唐传奇被公认为这个时期的优秀之作，因之相应研究也硕果累累。但是关于唐代小说的文体分类是困扰学界多年的难题，这其中就有所谓的"笔记小说"。什么是笔记小说，笔记小说是不是一种小说文体，笔记小说的特点、研究范围及其发展状况以及它与唐传奇的关系，都是争讼纷纭的问题。因为唐五代小说发展的特殊性，这种争议显得尤为集中。如何界定"志怪小说"、"传奇小说"、"轶事小说"、"笔记小说"等概念，是唐五代小说研究的前提。笔者是承认"笔记小说"作为小说文体之一而存在的，在对其概念和文体特征进行界定的前提下，针对其题材特点，进行宗教文化的阐释和解读，挖掘其精神实质和文化内涵，以期能将唐五代小说的研究推向深入。

一　笔记小说研究综述

　　笔记小说的研究得从笔记文献的整理谈起。"笔记小说"作为小说的类目，源于20世纪20年代由上海进步书局编印的《笔记小说大观》，此书行世之后，"笔记小说"作为小说文体概念渐被广泛采用。这部丛书系汇辑先秦至清的小说和野史笔记二百余种而成，内容十分庞杂。由于出版质量不高，新中国成立后，由江苏扬州广陵古籍刻印社重新整理，分三十五册（简装本）于1983年出版。① 但此书仍有不少缺憾，后经扬州周光培广泛搜罗，收书逾千余种，辑为《历代笔记小说汇编》，是为继

---

　　① 上海进步书局辑：《笔记小说大观》，民国上海进步书局石印本，江苏广陵古籍刻印社影印1983年版。

《笔记小说大观》之后又一部大型笔记小说丛书。① 台北的新兴书局有限公司也于 20 世纪 70 年代末至 80 年代中期先后进行了长达十年的搜求辑补，辑为四十五编、收书近两千种的《笔记小说大观丛刊》。② 这几部《笔记小说大观》的最大特点是搜罗宏富，诸子百家、文学艺术、历史地理、天文历算、博物记忆、医药卫生、典章制度、金石考据、人物传记以及宫廷琐记、鬼神志怪无所不包。搜辑者的本意在于汇集文献资料，发挥其学术价值和历史价值，"补正史之不足，以供在消遣中而达研究史学之目的"，③ 沿用的仍然是"街谈巷语，道听途说"的古小说概念，因而也疏于简择，造就了一个没有经过严谨论证的含混不清、争议不息的"笔记小说"概念。但从嗣后学界对这一概念的运用越来越广泛的事实来看，其作为特定小说文体研究的价值是存在的。

新中国成立后，由上海古典文学出版社、中华书局、上海古籍出版社等陆续组织整理出版了大量笔记或笔记小说作品，为研究工作打下了文献基础。中华书局自 1994 年起陆续重印推出一套《历代史料笔记丛刊》，其中有唐五代笔记《明皇杂录》、《东观奏记》、《隋唐嘉话》、《朝野佥载》、《大唐新语》、《北梦琐言》等数种，从选录标准的定位来看，这些"史料笔记"并不作为小说看待。④ 2000 年起，上海古籍出版社出版《历代笔记小说大观》，侧重于收录记人记事类的具有故事性的作品。这部《大观》的"笔记小说"仍然是一个宽泛的小说文体概念，但将纯学术性的笔记剔除出了小说范畴，较前几部《笔记小说大观》更为合理。

宋人李昉等编修的《太平广记》是一部专门收集汉代至宋初野史小说的大型类书，其中关于唐五代笔记小说作品的收录颇为详备，也是笔记小说文献整理的重要资料来源。该书 1959 年经人民文学出版社点校出

---

① 周光培、孙进己编:《历代笔记小说汇编》，辽沈书社 1990 年版。按：此丛书后更名为《历代笔记小说集成》，于 1994 年由河北教育出版社影印再版。

② 历代学人撰:《笔记小说大观丛刊》，台北新兴书局有限公司 1978—1987 年版。

③ 《笔记小说大观丛刊索引》，台北新兴书局有限公司 1981 年版。高斯先生也认为"笔记小说"的价值在于为今人研究古代历史文物史料提供资料。见高斯《重刊〈笔记小说大观〉序》，《笔记小说大观》第 1 册，江苏广陵古籍刻印社 1983 年版，第 1 页。

④ 中华书局自 60 年代迄今陆续推出二十多种学术笔记，以"学术笔记丛刊"的形式出版，这跟该社"史料笔记丛刊"的推出是同步的，因此其"史料笔记"、"学术笔记"的概念也在学界产生了广泛的影响。

版，中华书局1961年再版重印。1996年，由王秀梅、王泓水编制的《太平广记索引》，附随《太平广记》由中华书局出版，是为通行本。由个人编纂的唐人小说总集有王汝涛《全唐小说》、李时人《全唐五代小说》，为全面收罗唐五代小说的断代小说总集，卷帙宏大，搜罗详备。前者"按唐代的概念去选择作品"，将唐代小说分为传奇、志怪、杂录三大类，显然考虑到古典目录学的"小说"概念，也将一些非小说的笔记收罗其中，略显芜杂；① 后者建立在新的小说理论探讨的基础上，收录唐代小说中的优秀作品，对小说与非小说的别择采取了"宁宽勿严"的态度，注重唐代小说与现代小说的统一性。② 这两部小说总集并没有采纳"笔记小说"的概念，但可作为唐代笔记小说研究的资料来源。唐五代笔记小说相关索引的编纂除上文提到的《太平广记索引》外，尚有方积六、吴冬秀《唐五代五十二种笔记小说人名索引》。③

　　笔记小说的研究探讨，在20世纪前期即已展开，这些研究成果重在开创，多致力于笔记小说概念、分类的探讨和作品的分析介绍。就在上海进步书局版《笔记小说大观》出版后不久的1929年，郑振铎先生撰文阐述了自己对"笔记小说"的看法，认为只有像干宝《搜神记》、吴均《续齐谐记》、谷神子《博异志》、纪昀《阅微草堂笔记》一类"具有多量的琐杂的或神异的'故事'总集"，才能称为"笔记小说"，他将"故事集"或者一集之中故事是否占据大多数作为认定笔记小说的标准。④ 这样就将单篇的唐传奇排除在外，而且特意强调笔记小说的"故事性"，并未绳之以现代小说概念，无疑是妥当的。当然疑问也在所难免：如何判断一集之中那些少量的"故事"？被排除在外的"杂事"一类的《唐摭言》、《北梦琐言》、《云溪友议》中也存在相当数量的"故事"，何以不能视为"笔记小说"？这些均是需要继续探讨的问题。1933年，姜亮夫先生在其编选的《笔记选》中，概括笔记的特点是随笔而记，篇幅短，本质比较

---

　　① 王汝涛：《全唐小说》，山东文艺出版社1993年版。参见该书前言。
　　② 李时人：《全唐五代小说》，陕西人民出版社1998年版。参见李时人《〈全唐五代小说〉编纂的有关问题介绍》，《古籍整理出版情况简报》1999年第5期。
　　③ 方积六、吴冬秀：《唐五代五十二种笔记小说人名索引》，中华书局1992年版。
　　④ 郑振铎：《中国小说的分类及其演化的趋势》，原载《学生杂志》1930年第17卷第1号，《郑振铎全集》第6卷，花山文艺出版社1998年版，第227页。

松闲、安雅，简练而且能够显露一点"事实的真"。他将古代笔记分为六类，即（一）论学的笔记，如《困学纪闻》、《日知录》；（二）修身养性的笔记，如《论语》、《退庵随笔》、《容斋随笔》以及理学家的语录等；（三）记事的笔记，如《隋唐嘉话》、《开元天宝遗事》、《朝野佥载》等；（四）闲话的笔记，属于游戏隽语小说等，如《世说新语》、《衍世说》等；（五）记人的笔记，如《海岳志林》、《栾城遗言》等；（六）小说的笔记。① 其中第一、二类相当于中华版的"学术笔记"，第三类相当于中华书局的"史料笔记"，而后三类则大致相当于我们今天所说的"笔记小说"。1940 年，王季思先生发表《中国笔记小说略述》一文，认为笔记小说出于文人的手笔，跟出于说书人口说的诸如《大宋宣和遗事》以及"三言"、"二拍"之类的平话小说和白话小说分道扬镳，也与纯学术的讨论与考订的笔记不同，可以分为轶闻类、怪异类、诙谐类。该文没有提到唐传奇与笔记小说的关系，从文章的论述来看，似乎传奇亦属于笔记小说的范畴。②

新中国成立后，笔记小说的研究转入全面而深入的探讨，理论建设取得长足进展。刘叶秋先生是较早从事笔记研究并给予较高文体定位的学者之一，所著《历代笔记概述》一书出版于 1980 年，将笔记分为小说故事类、历史琐闻类、考据辩证类等三种，其中第一类就是"笔记小说"。这样的分类照顾到了现代小说观念，也合理处置了非小说作品的归属问题，但他同时也将唐传奇作为一支纳入了"笔记小说"范畴之内，如此一来所谓的"笔记小说"就是包罗所有小说作品的文体概念，这自然不利于唐代小说的分体研究。③ 周勋初先生的笔记小说研究，则建立在文献整理和传统考据的基础上，其《唐代笔记小说叙录》、《唐人笔记小说考索》两书，侧重于历史琐闻类笔记小说的研究，从传统目录学出发，采取学术史与文化史视野，文史结合，考论并重，对笔记小说的内涵与特

---

① 姜亮夫：《笔记选》，上海北新书局 1933 年版，第 3—12 页。

② 王季思：《中国笔记小说略述》，原载《战时中学生》1940 年第 2 期，王季思《玉轮轩古典文学论集》，中华书局 1982 年版，第 295—306 页。按：王文中提到的唐五代笔记小说有《朝野佥载》、《大唐新语》、《唐语林》、《开元天宝遗事》、《周秦行记》、《酉阳杂俎》、《博异记》等。

③ 刘叶秋：《历代笔记概述》，中华书局 1980 年初版，北京出版社 2003 年再版。

点、兴起与传播、文献整理以及具体作家作品的考订，都取得丰硕的成果。① 周先生的笔记小说研究是围绕宋人王谠所撰《唐语林》的整理校注工作展开的，其目的在于考证笔记小说文献真伪，为史学研究提供较为可靠的文献资料，而非通常意义上的文学研究。《唐语林》乃中华书局《唐宋史料笔记丛书》之一种，这样就产生了文体观念上的冲突：《唐语林》究竟是小说还是史料笔记？台湾学者章群的笔记小说研究与周勋初先生比较接近，但观念却要保守得多。章群著有《通鉴、新唐书引用笔记小说研究》，其"小说"概念全袭传统目录学关于"小说"的界定，而且将"笔记"等同于传统的"札记"、"札录"，② 因而受到程毅中先生的质疑。程先生旗帜鲜明地反对"笔记小说"的提法，认为这一概念于古于今均缺乏科学依据，"笔记"和"小说"属于两个不同的概念，连称则造成了目录学上的混乱。他认为因《笔记小说大观》收罗相当庞杂，所以导致"笔记小说"的范围泛滥无边，以至于这个概念也被人用滥了，所以今后不宜继续推广。③ 实事求是地讲，周勋初和章群先生的笔记小说概念与当前学界所认为的笔记小说概念是有一定差距，而且《笔记小说大观》在起初提出这一概念的时候，在收录范围和标准方面确实出现了一些问题，但这一概念并没有因为这些弊端而消亡，却"被人用得越来越滥"，正说明其有一定的合理性和顽强的生命力。既然已经是一个约定俗成的小说概念，不妨进一步规范、界定之，以求符合小说文体的标准，让其具有科学依据。

　　自90年代起，笔记小说的研究迈入了笔记小说史的研究和撰写阶段。1993年吴礼权先生《中国笔记小说史》在台湾地区出版，1997年于大陆重印。这是一部洋溢着才情、带有鲜明个人色彩的"拓荒"之作，

---

　　① 周勋初：《唐人笔记小说考索》、《唐代笔记小说叙录》，载《周勋初文集》第5册，江苏古籍出版社2000年版。

　　② 章群：《通鉴、新唐书引用笔记小说研究》，台北文津出版社有限公司1999年版。参阅章群《通鉴唐纪引用笔记小说之含义及范围》，载《古籍整理研究学刊》1990年第4期。

　　③ 程毅中：《略谈笔记小说的含义及范围》，载《古籍整理研究学刊》1991年第2期。程毅中《漫谈笔记小说及古代小说的分类》，载《古籍整理出版情况简报》2003年第3期。李剑国和李时人先生也反对笔记小说的提法，参见李剑国《文言小说的理论研究和基础研究——关于文言小说研究的几点看法》，载《文学遗产》1998年第2期。

也是第一部从现代小说观念出发以笔记小说为独立研究对象的论著。作者认为笔记小说在描写内容上应该有人物活动，有必要的甚至是最简单的故事情节；形式上是用文言书写、五千字以下篇幅短小的作品；记叙文字中应该有故事发生的时代、地点、人物。[①] 虽然以"五千字"作为判定笔记小说的界限似无典据，但筚路蓝缕之功实不可没。嗣后不久，陈文新先生《中国笔记小说史》问世于台湾，作者未有套用现代小说观念，而是立足实际，对笔记小说自身的文体特征、学术渊源和艺术价值进行系统研究。作者在其他几部论著中，也系统阐述了自己对"笔记小说"文体概念的成熟认识，认为中国文言小说可以分为笔记小说与传奇小说两大类，前者脱胎于子、史，并形成了独立品格，与后者热衷"文辞华艳，叙述宛转"所不同的是注重哲理和知识的传达；"小"是笔记小说的审美品格，包含轻实用而重情趣、篇幅短小等几个审美属性；笔记小说以随笔形式写作，其首要任务是议，可以虚构；笔记小说是小说前形态，并非成熟小说。[②] 重要的是，作者为中国古代的笔记小说给出了明确的类型划分：笔记小说可划分为志怪小说和轶事小说，前者又可分为"搜神"体、"博物"体、"拾遗"体三类；轶事小说即志人小说，可分为"世说"体（琐言体）、"杂记"体（逸事体）、"笑林"体（排调体）。对笔记小说美学特征的探讨和文体分类、来源的学理阐释，是陈文新先生研究的特色。然而，一连两部由大陆学者撰著的《中国笔记小说史》均在台湾地区出版，实则折射出大陆笔记小说研究的寂寞。1998 年，苗壮《笔记小说史》作为"中国小说史丛书"之一种，由浙江古籍出版社出版，这也是笔记小说研究在大陆渐受重视的表现。此著于笔记小说的收录范围和取舍标准均较为严格，作者认为笔记小说的特点是基于耳闻目睹的现实性、"杂"与内容的丰富性、"小说"、"小语"与形式的灵活性。与陈文新先生

---

① 吴礼权：《中国笔记小说史》，台北商务印书馆股份有限公司 1993 年版，北京商务印书馆国际有限公司 1997 年重印。参见该书第一章"导论"。

② 陈文新：《中国笔记小说史》，台北志一出版社 1995 年版。参见该书第一章"笔记小说的文体归属与审美品格"及"结束语"。参阅陈文新《中国文言小说流派研究》，武汉大学出版社 1993 年版；《文言小说审美发展史》，武汉大学出版社 2002 年版；《传统小说与小说传统》，武汉大学出版社 2005 年版。

一样，作者认为笔记小说是与传奇小说相对的文言小说两大门类。[①]

2003 年，《文学遗产》发表陶敏、刘再华的文章《"笔记小说"与笔记研究》，代表了近年来学界关于笔记及笔记小说研究的新动向。文章反对用"笔记小说"来指称全部笔记，认为"笔记小说"应该严格限定为"笔记体小说"，指介乎笔记和小说之间的作品；对那些虽具有较强叙事成分，但作者原本是为忠实地记录见闻的笔记，就不能作为小说来看，此类作品纵涉语怪，也意在传信、不加虚构，非"有意为小说"。[②] 文章的鲜明倾向在于以笔记取代传统的"笔记小说"概念，并将前者作为独立文体进行研究，是有积极意义的。但将主观虚构与否作为判定笔记小说的标准，则唐以前几无笔记小说，仅余笔记而已，反而更不利于笔记和笔记小说的研究。傅璇琮先生在由朱易安等先生主编的《全宋笔记》序言中认为，笔记总集的整理、出版，"将会引起对笔记这一传统门类作现代科学含义的总体探索。……我们应当把笔记的系统研究提到议事日程上来。当前的笔记研究，可以考虑的，一是将笔记的分类如何从传统框架走向现代规范化的梳理，二是如何建立科学体系，加强学科意识，把笔记作为相对独立的门类文体进行学科性的探究"。[③] 此乃近年来笔记研究的新变化。2005 年后问世的关于唐五代笔记小说研究的相关成果，有蔡静波《唐五代笔记小说研究》[④]、严杰《唐五代笔记考论》[⑤] 等。

需要特别一提的是新时期在当代文学领域出现的"新笔记小说"，这也是传统的笔记小说研究中被忽视了的一个环节，因为其关乎笔记小说概念存在的必要性和合理性。新笔记小说兴起于 20 世纪 80 年代初期，代表作家有孙犁、汪曾祺、林斤澜、李庆西、韩少功、贾平凹等。他们吸取古代笔记小说的创作手法，加以变化创新，锻造出一种篇幅短小精悍、叙事简洁质朴、内涵丰富隽永的短篇小说，为沉寂的新时期小说文坛注入了新的活力。孙犁的《芸斋小说》甚至在小说外在形式上刻意模仿古

---

① 苗壮：《笔记小说史》，浙江古籍出版社 1998 年版。参见该书"绪论"。
② 陶敏、刘再华：《"笔记小说"与笔记研究》，载《文学遗产》2003 年第 2 期。
③ 朱易安、傅璇琮、周常林、戴建国主编：《全宋笔记》，大象出版社 2003 年版，序言第 3 页。
④ 蔡静波：《唐五代笔记小说研究》，陕西人民出版社 2007 年版。
⑤ 严杰：《唐五代笔记考论》，中华书局 2009 年版。

代笔记小说，在篇尾缀以"芸斋主人曰"的评语。① 但新笔记小说创作的先行者汪曾祺先生对小说文体概念的认识则要模糊得多：

> 小说是一种生活的样式或生命的样式。那么新笔记小说可以说是随笔写下来的一种生活，一种生活或生命的样式。

他认为"新笔记小说"是一个宽泛、含混的概念，"初无定质，五花八门，无所不包"是其特点。② 其创作的灵感来自古代笔记体文献，尤从刘义庆《世说新语》、沈括《梦溪笔谈》、洪迈《容斋随笔》借镜最多。《世说新语》是公认的"世说"体小说，但《梦溪笔谈》、《容斋随笔》内容庞杂，以史料兼学术笔记为主，故事并不占据主要部分，所以说，"新笔记小说"的作者自身对古代笔记小说的认识还停留在《笔记小说大观》的基础上，没有进行严格的学理探讨，因为洪迈同样创作了笔记小说体《夷坚志》，却似乎没有引起汪曾祺先生的注意，可见他所理解的"笔记小说"概念确实很含混。20 世纪 90 年代后期，韩少功先生创作了引起巨大争议的"词典体"小说《马桥词典》，在接受崔卫平的访谈时，韩少功先生认为这部小说的创作源头可以追溯到古代笔记小说，这种"小说散文化"的努力，实际就是"新笔记小说"。③ 汪、韩两先生的创作实践，是在小说创作走向低谷时的文体创新，而这种创新正是借鉴了古代笔记小说（或笔记）的文体特点，促成了"新笔记小说"的"散文化"叙述笔法。遗憾的是他们将古代"笔记"和"笔记小说"混为一谈，更增加了笔记小说概念的含混程度，倒是小说评论界的研究为其给出了较为科学的界定。庞守英《新时期小说文体论》以汪曾祺新笔记小说创作为例，论述了这种笔记体小说的特点："不编织情节，反戏剧巧合，无悬念，无

---

① 这种创作手法可能借鉴自清代蒲松龄的《聊斋志异》。严格来说，《聊斋志异》是文言短篇小说集，而并非笔记小说，清代符合公认的笔记小说标准的是纪昀《阅微草堂笔记》、俞樾《右台仙观笔记》等。关于此问题，绪论第三部分有述。
② 汪曾祺：《新笔记小说选·序》，载张曰凯《新笔记小说选》，作家出版社 1992 年版，序言第 1 页。
③ 韩少功、崔卫平：《关于〈马桥词典〉的对话》，载韩少功《马桥词典》附录，山东文艺出版社 2001 年版，第 472 页。

高潮——与话本小说、章回小说的结构反其道而行之。"① 强调情节结构、戏剧冲突、悬念设置等，正是现代小说的特点和要素，这些是古代笔记小说所不具备的，也正是笔记小说不同于短篇小说唐传奇的本质特点。新笔记小说虽然借鉴了古代笔记小说的创作特点，但毕竟是现代短篇小说，因而也具备其自身的一些特点，如篇幅较长，在平静淡泊的叙述下或隐或现地蕴含表露了审美主体的情绪，结构上的多单元组合体之间存在着某种联系等。② 新笔记小说的出现，充分说明"笔记小说"作为小说文体存在的合理性。如果批评者认为古代笔记小说不符合现代小说观念，姑且不论用此观念衡量古代笔记小说有削足适履之嫌，那也总不至于连在现代小说观念浸润下成长起来的新笔记小说也一起否决了。

关于笔记小说的其他研究有王锳《唐宋笔记小说语词释义》等，③ 兹不赘述。

纵观百余年的"笔记小说"研究史，"笔记小说"一直是一个含混不清而运用极其广泛的文体概念。争议产生的根源在于现代小说观念与古代小说观念的冲突，学界的观点也分为截然相反的两派，一方在现代小说观念指导下，否定将笔记小说作为小说文体看待，甚至否定了"笔记小说"的名称；另一方肯定笔记小说的价值，尽管其目的存在差异，毕竟将其作为独立的研究对象进行了一定的探索研究工作，为笔记小说的文体独立作出了一定的贡献，也推动了笔记小说文献的整理工作。所以在"笔记小说"的名义下，国内的一些著名出版社整理出版了大量的笔记小说丛刊，如上海古籍出版社、齐鲁书社等。"新笔记小说"的出现，使得传统笔记小说获得了新生，这就产生了一个现实问题，面对一个约定俗成、深入人心而争议广泛的文体概念，取缔它似乎并不符合文学发展演进的潮流。本书将在绪论第三部分作出探讨。

二　本课题研究综述

由于笔记小说长期不受重视，从宗教文化角度独立研究唐五代笔记

---

① 庞守英：《新时期小说文体论》（增订本），山东大学出版社 2002 年版，第 147 页。
② 同上书，第 159—160 页。
③ 王锳：《唐宋笔记小说语词释义》，中华书局 1997 年版。

小说，实不多见，相关研究成果大多立足于整体小说的研究，侧重点在于作为优秀作品的唐传奇，因此本书的综述也只得围绕整个唐代小说展开。唐五代的宗教现象比较复杂，宗法性传统宗教、① 道教、佛教、景教、摩尼教、祆教、巫术信仰以及区域宗教文化均有不同程度的传播，因此唐五代笔记小说受宗教文化影响及小说中表现出的宗教思想也很复杂。从唐五代宗教发展状况及小说反映出的宗教思想来看，佛教与道教无疑是影响小说创作的两大动力，因此成为研究者关注的重点，成果颇多。按照宗教学界的观点，宗法性传统宗教是中国古代的国家宗教，但作为根本大教，它对小说的影响却被忽视了。在原始宗教基础上发展起来、经过儒家思想改造的天命观，是宗法性传统宗教的教义核心，是指导、规范古人言行和思想的根本信仰，也是推动小说创作的原动力，这一问题在唐代小说研究界受到的重视并不够。但在魏晋南北朝志怪小说研究中，初步得到了必要的重视。李剑国先生《唐前志怪小说史》从巫教、阴阳五行学说、宗教迷信传说等角度梳理了志怪小说形成的宗教思想渊源。但李先生关于"商周的宗教形式主要表现为巫教"的观点，在今天看来，应该被宗法性传统宗教代替。② 张庆民《魏晋南北朝志怪小说通论》是一部系统研究宗教与魏晋南北朝志怪小说关系的论著，作者将宗教信仰分为"古代宗教"、"道教"、"佛教"。所言"古代宗教"，是溶合鬼神信仰、祖先崇拜、自然崇拜乃至原始巫术等内容为一体的排除佛教、道教的本土宗教信仰的统称。作者指出：建立在古老天帝信仰基础上的天人感应神学、万物有灵论催生出的精魅幻化故事以及民间的鬼神信仰，衍生出了大量变异神怪故事；魏晋南北朝志怪小说，是在古代宗教信仰下，鬼神怪异之谈长盛不衰，递相传承的结果，又是道教、佛教传布的产物。③ 这里他将宗法性传统宗教与遗留在民间信仰体系中的以巫术为特征的原始宗教遗存混同起来了，但资料翔实、论证详审，体系严

---

① 宗法性传统宗教是牟钟鉴先生提出的，指我国历史上以"敬天法祖"为基本信仰的传统国家宗教，创立于三代宗法社会，奠定于秦汉，是中国封建皇权的支柱，但又不同于人们常说的"儒教"。本书第二章有论。

② 李剑国：《唐前志怪小说史》，南开大学出版社 1984 年版，第 41—56 页。按：此著修订版 2005 年 1 月由天津教育出版社出版。

③ 张庆民：《魏晋南北朝志怪小说通论》，首都师范大学出版社 2000 年版。

备，仍是一部系统研究魏晋南北朝宗教与小说问题的力作，对唐五代笔记小说研究也颇具启发意义和借鉴价值。赵章超的《宋志怪小说天命观论略》，考察了宋代志怪小说天命观的上古文化渊源以及它在宋代复辟的思想根源。① 而实际情况是，天命观一直占据古代官方宗教思想体系的核心，也从来没有淡出古代小说思想体系。

佛教、道教与唐五代小说的研究，是伴随着唐代文学与佛教、道教研究领域的不断开拓而逐步展开的。80 年代以前，此类研究处于初创期，不成系统，关注较多的是传奇小说这样的优秀作品，但为数不多的研究成果却开风气之先。刘开荣先生《唐代小说研究》第二章第三节"传奇小说从佛教文学吸收了什么"，从翻译佛经、变文对古文运动的影响、佛经韵散结合的文体形式对传奇的影响、佛教文学对传奇小说内容和题材的影响三个方面，简要阐述了传奇文学对佛教文学的借鉴。② 日本学者关于佛教与唐代小说的研究起步较早，其特色在于具体问题的深入研究，如平野显照《唐代的文学与佛教》第四章是关于唐代小说与佛教关系的研究，作者指出，唐代的佛寺是可供庶民休憩和避难的场所，也是小说家会聚谈话之处，对小说的传播有重要意义；作者还就小说中的缁徒形象、小说家的佛教素养对小说创作的影响等进行了探讨。③ 80 年代以来，陆续出版孙昌武《唐代文学与佛教》、④ 释永祥《佛教文学对中国小说的影响》、⑤ 孙昌武《中国文学中的维摩与观音》等。⑥ 蒋述卓《佛经传译与中古文学思潮》从佛经翻译、传播的角度考察中古文学繁荣的外来宗教因素，其中的《志怪小说与佛教故事》对佛教叙事文学影响魏晋南北朝志怪小说的途径和方式有细致深入的分析，指出佛教故事的翻译和口头传播，与魏晋清谈之风结合，伴随印度戏剧和西域幻术，对民间和社会上层产生深刻影响，刺激了志怪小说创作在艺术构思、人物描写、叙述

---

① 赵章超：《宋志怪小说天命观论略》，载《广西社会科学》2002 年第 2 期。

② 刘开荣：《唐代小说研究》，商务印书馆 1947 年版，第 37—43 页。

③ ［日］平野显照：《唐代的文学与佛教》，张桐生译，台北业强出版社 1987 年版。此书日文版出版于昭和 53 年（1978）。

④ 孙昌武：《唐代文学与佛教》，陕西人民出版社 1985 年版。

⑤ 释永祥：《佛教文学对中国小说的影响》，高雄佛光出版社 1990 年版。

⑥ 孙昌武：《中国文学中的维摩与观音》，高等教育出版社 1996 年版。

方式、篇幅体制等方面的大发展；魏晋南北朝志怪小说未能取得文体独立，在于历史传统的强大、小说观念的保守、哲学本体论的制约等。[①] 其研究方法也同样适用于唐代笔记小说。业师允吉先生注重从钩辑原始佛典出发，义理与考据相结合，对一些常闻乐见的文学现象和作品的佛教渊源进行深刻的阐释，往往极具启发意义。《关于王梵志传说的探源与分析》爬梳内典，钩玄索微，指出王梵志并不是一个真实人物，王梵志诗本质上是一种口头文学，是众多无名诗人长时间的集体创作。这篇论文采取宗教传播和文学传播的视角，通过细致入微的分析论证，所得结论客观严谨，对研究佛教与中国文学的关系具有方法论的意义。[②] 陈引驰先生《隋唐佛学与中国文学》第七章"志怪传奇之佛教渊源"，通过对具体作品的分析，阐述佛教故事情节、素材以及地狱观念在中土的转变及其对叙事文学的影响。[③] 夏广兴《佛教与隋唐五代小说——隋唐五代佛教之流布与汉译佛典对传奇小说之影响》在隋唐五代佛教发展的背景下，就汉译佛典故事、艺术、思想对隋唐五代小说创作的影响进行对比研究，理清了佛教影响唐传奇的线索。[①] 俞晓红《佛教与唐五代白话小说》对佛教东传与唐五代白话小说形成的关系进行了探讨，认为寺院僧徒借助佛教文学中故事性譬喻性的题材讲经说法，以宣教辅教，示现化导，这一方式导致了唐五代时期"俗讲""变文"的产生；部分"变文"具备了白话小说的诸种美学特征，可以视为中国古代白话小说的发端。[⑤] 窃以为，作者从佛教"变现"角度出发，并结合变相来考察变文的由来，比较符合变文的真实含义。

关于道教与唐五代小说的研究，1938 年，陈寅恪先生撰《〈顺宗实录〉与〈续玄怪录〉》，以李复言《续玄怪录》卷一之《辛公平上仙》与韩愈《顺宗实录》相互发明论证，认为此篇道教色彩浓厚的小说乃复言

① 蒋述卓：《佛经传译与中古文学思潮》，江西人民出版社 1990 年版。
② 陈允吉：《古典文学佛教溯源十论》，复旦大学出版社 2002 年版。
③ 陈引驰：《隋唐佛学与中国文学》，百花洲文艺出版社 2002 年版。
④ 夏广兴：《佛教与隋唐五代小说——隋唐五代佛教之流布与汉译佛典对传奇小说之影响》，陕西人民出版社 2004 年版。
⑤ 俞晓红：《佛教与唐五代白话小说研究》，人民出版社 2006 年版。

假道家"兵解"之词，以纪宪宗被弒之实。① 寅恪先生以历史家的视角将《辛公平上仙》视为史料，目的并不在文学研究，而撰于 1941 年之《读〈莺莺传〉》，从《莺莺传》又名《会真记》出发，指出真字与仙字同义，"会真"即遇仙或游仙之意，唐代人多以仙为"妖冶妇人，或风流放诞之女道士之代称，亦竟有以之目倡伎者"，从而揭开了崔莺莺的真实身份。② 李丰楙《六朝隋唐仙道类小说研究》对仙道小说的特性、范围进行了界说，作者对道教炼养术"啸法"的研究，阐明了啸法的法术功能及其对文士情态和文学作品的影响，眼光独到；其"唐人创业小说与道教图谶传说"一章，对道教图谶影响唐人小说创作的研究，亦资料翔实，论述精审。③ 罗争鸣的博士学位论文《唐五代道教小说研究：以杜光庭为中心》则可视为后继之作，作者的研究对象是以宣化、教戒为宗旨的狭义道教小说，并以杜光庭的小说创作为中心，从宗教、文学、历史、文献等多角度做了深入探讨。作者还根据刘仲宇先生《道教法术》一书划分的法术类别，对《仙传拾遗》的法术世界进行了归纳概括。④ 此类小说主要就是笔记小说。关于法术与小说关系的研究，始于王瑶先生《小说与方术》一文对汉魏六朝方术影响小说创作情形的探讨。⑤ 嗣后，葛兆光在《想象力的世界》中指出，道家为文学提供的意象有三类：一类是神仙与仙境，一类是鬼魅精怪，一类是道士与法术，肯定了法术在小说创作中的作用。⑥ 王立、陈庆纪《道教幻术母题与唐代小说》一文从道教法术角度研究唐代小说的幻术母题，将幻术概括为开花结果术、剪纸雕木术、投符念咒术、呼风唤雨术、隐身易形术、役使鬼神术以及炼丹术、摄魂术等。这些研究资料翔实，但将道教法术统归于"幻术"名下，似不尽然。⑦ 所以

① 陈寅恪：《金明馆丛稿二编》，《陈寅恪集》，生活·读书·新知三联书店 2001 年版，第 8 页。
② 陈寅恪：《元白诗笺证稿》，《陈寅恪集》，生活·读书·新知三联书店 2001 年版，第 110 页。
③ 李丰楙：《六朝隋唐仙道类小说研究》，台北学生书局 1986 年版。
④ 罗争鸣：《杜光庭道教小说研究》，巴蜀书社 2005 年版。
⑤ 载王瑶《中古文学史论》，北京大学出版社 1986 年版，第 102—128 页。
⑥ 葛兆光：《想象力的世界》，现代出版社 1990 年版，第 29 页。
⑦ 《山西大学师范学院学报》2000 年第 3 期。此文对道家法术的实质考察不够。幻术类似于今天的魔术，《太平广记》专列"幻术"一目，又有"道术"一目，可见其有区别。在道教法术观念中，呼风唤雨、隐身易形、役使鬼神之术，往往通过投符念咒、踏罡步斗、掐诀等法术来实现，其基本原理是存想通神。所以将投符念咒与其他三类母题并列，似欠妥。

从宗教学角度对唐代小说中的法术观进行较为全面的探讨，尚有诸多空间。道教与唐代小说的其他研究成果有段莉芬《唐五代仙道传奇研究》、①徐翠先《唐传奇与道教文化》②及凤录生《道教与唐五代小说》，③单篇论文有张松辉和申载春的同名作《道教与唐传奇》等。④

上海师范大学孙逊先生经过长时间的酝酿，和他的博士们撰写了《中国古代小说与宗教》，这是一部从宗教学角度研究中国古代小说的专著。⑤其中对唐代小说的研究侧重于唐传奇和俗讲、转变等俗文学，探讨了唐代小说"仙妓合流"现象的社会、历史、作者心理体验等方面的原因，并对其多重文化内涵予以阐释。该书第一章"巫与古小说"，着重探讨唐前志怪小说与巫和巫术的关系，认为小说起于巫，作者赵振祥嗣后将该部分整理成《巫与古小说》一书出版。⑥较早从事小说与巫术关系研究的朱恒夫先生在《古代小说与巫教》一文中，对小说中的巫师形象、巫师本领、巫术种类、巫术对表现小说思想和构建小说情节的作用和美学意义进行钩稽探索。⑦万晴川则在近几年的小说研究中将目光投向古代小说与神秘文化研究，先后撰写了《命相、占卜、谶应与中国古代小说研究》、⑧《房中文化与中国古代小说》、⑨《巫文化视野中的中国古代小说》、⑩《中国古代小说与民间宗教及帮会之关系研究》⑪，填补了古代小说研究的相关空白，极大地开拓了研究视野。《巫文化视野中的中国古代小说》运用巫术理论、文化阐释、主题学和原型分析等方法，论述巫术思维对古代小说创作思维的影响，认为巫术思维促进了古代小说中的浪漫主义

① 段莉芬：《唐五代仙道传奇研究》，台湾东海大学博士学位论文，1998 年。

② 徐翠先：《唐传奇与道教文化》，中国妇女出版社 2000 年版。

③ 凤录生：《道教与唐五代小说》，上海师范大学博士学位论文，2000 年。

④ 张松辉：《道教与唐传奇》，载《宗教学研究》1997 年第 1 期；申载春：《道教与唐传奇》，载《文史哲》1997 年第 3 期。

⑤ 孙逊：《中国古代小说与宗教》，复旦大学出版社 2000 年版。此前亦有白化文、孙欣先生撰《古代小说与宗教》，辽宁教育出版社 1992 年版，乃普及读物。

⑥ 赵振祥：《巫与古小说》，北方文艺出版社 2000 年版。

⑦ 朱恒夫：《古代小说与巫教》，载《明清小说研究》1999 年第 1 期。

⑧ 万晴川：《命相、占卜、谶应与中国古代小说研究》，中国文联出版社 2000 年版。

⑨ 万晴川：《房中文化与中国古代小说》，作家出版社 2001 年版。

⑩ 万晴川：《巫文化视野中的中国古代小说》，中国社会科学出版社 2003 年版。

⑪ 万晴川：《中国古代小说与民间宗教及帮会之关系研究》，人民文学出版社 2010 年版。

艺术的产生和发展，并对巫术小说的结构类型和古代小说中的巫术内容进行归纳分析和解读。此书亦不无可商榷之处，如未将道教和佛教法术与古代巫术合理区分，对神怪小说中的人物神变的解释，脱离了古代宗教发展的实际，忽视了佛教、道教对巫术的改造和发展。《中国古代小说与民间宗教及帮会之关系研究》是一本颇具开拓意义的论著，系统梳理了中国古代民间宗教、帮会等组织与小说的关系，对小说中的民间宗教组织和帮会进行了细致严谨的甄别，拓展了古代小说研究的视野，也引起了民间宗教研究界的重视，令人耳目一新。其他如王立《宗教民俗文献与小说母题》，系古代小说的主题学研究，分为树神遭害、金银变化、睡显真形、发迹变泰、天书、铭知发者、复仇、引诱不成反诬、番女求偶、海岛巨人食人十大主题。[①]

　　从历史文化和类型学角度探讨宗教文化与唐五代小说的关系，也是近二十多年来颇有特色的小说研究途径。王平《中国古代小说文化研究》从唐代小说的文化心理特征、士子的文化心态、唐代文化的转变等宏观视角研究唐传奇。唐代小说并非该书的研究重点，但所采取的文化研究视角比较独特，如"原始宗教对民族心理的熔铸"、"区域文化的个性与融合"、"民俗文化对古代小说的影响"等。[②]程国赋《唐代小说与中古文化》从横向角度探讨唐代小说与中古文化背景之间的关系。[③]其《唐五代小说的文化阐释》则是这一问题的深化，具体从史官文化、门第、科举、宗教、婚恋思想、商业、士子文化心态等层面展示唐代文化思想对小说创作的影响。其中涉及佛道二教与唐五代小说，但较为简略。[④]小说类型研究有李剑国先生《唐五代志怪传奇叙录》前言《唐稗思考录》，将该时期小说划分为性爱、历史、伦理、政治、梦幻、英雄、神仙、宿命、报应及兴趣等十大类；程国赋《唐代小说嬗变研究》将唐代小说划分为婚

---

　　① 王立：《宗教民俗文献与小说母题》，吉林人民出版社2001年版。此著对小说宗教主题或母题的概括时有交错互出，部分结论略欠推敲，且由于缺乏宗教学、人类学理论和资料支持，显得深度不够。如"女性弱点与古代小说引诱不成反诬母题"、"中古汉译佛经复仇主题"之类的提法，均有可商之处。参见该书第七章"中古汉译佛经与古代小说复仇母题"、第八章"女性弱点与古代小说引诱不成反诬母题"。

　　② 王平：《中国古代小说文化研究》，山东教育出版社1996年版。

　　③ 程国赋：《唐代小说与中古文化》，台北文津出版社2000年版。

　　④ 程国赋：《唐五代小说的文化阐释》，人民文学出版社2002年版。

恋、逸事、佛道、侠义四类。① 但他们研究重点并不在小说类型，真正的类型研究则出现在近几年。李鹏飞的《唐代非写实小说之类型研究》是目前为止对唐代志怪传奇小说的类型进行专题研究的论著，分为谐隐精怪、遭遇鬼神、梦幻三大类型，每种类型也包括相应的故事亚型，对每类小说的源流演变、叙事艺术进行了探讨。②

此外，葛兆光先生开展的宗教与文学研究以视野独特、见解新颖见长，他的《体验与幻想：宗教经验对中国文学的渗透》，试图突破宗教与文学研究中传统的以史料考据和阅读感受为主的方式，从宗教经验和宗教心理的角度关注中西宗教在宗教经验上的差异、中国宗教经验在文学中的表现形式及其影响的历时性变化。尽管后一个问题似乎未能得到解决，但其后的系列论文《从出世间到入世间：中国宗教与文学中理想世界主题的演变》、《死亡之恐惧及其消解：中国古代宗教与文学中死后世界主题的演变》，则是朝着这个方向努力并实践的，相关主题对本书的写作亦有启发意义。③

从总体上看，目前从宗教义化角度对唐五代小说的研究，主要立足于小说的整体研究，成果也主要集中于佛教、道教对小说的影响方面，同时对作为道教核心内容之一的法术以及佛教咒术与小说关系的探讨相对较少。巫术与小说关系的研究刚刚起步，宗法性传统宗教以及民间宗教与唐五代小说关系的研究则较为薄弱。因此，将这个时期的笔记小说作为独立的文体形式，以宗教文化视角对作者的人格特征、宗教心理和创作动机作进一步的探讨，对笔记小说中表现出来的复杂宗教现象进行深入研究，尚有继续开拓的余地，此乃本书的立足点所在。

三 本书写作中的几个问题

（一）"笔记小说"说略

要对笔记小说问题进行科学的界说，需要解决三个问题，一是笔记

---

① 李剑国：《唐五代志怪传奇叙录》，南开大学出版社1993年版，第50—82页。程国赋：《唐代小说嬗变研究》，广东人民出版社1997年版。

② 李鹏飞：《唐代非写实小说之类型研究》，北京大学出版社2004年版。

③ 上述三文载葛兆光《中国宗教与文学论集》，清华大学出版社1998年版。

小说概念的界定，揭示这一小说文体的基本内涵和特征；二是笔记小说与其他小说文体的关系；三是笔记小说的收录范围，即通过概念确认哪些作品是笔记小说，哪些是非笔记小说。解决了这三个问题，笔记小说的判别和确认就相对容易一些。

1. 笔记小说的概念

对唐五代小说文体的概念进行科学界定和分类，并非易事，而是一个争议颇多的课题，其根源在于中国古代小说文体和小说概念分类界定的模糊，以至于一些文献学家在著录小说作品时，出现"编书之家多是苟且"① 的情况。20世纪20年代《笔记小说大观》初编之时，正是西方小说观念和中国传统小说观念冲突流行之时，为了把这些数量庞大且相当分散的笔记文献搜集整理出版，编者选择了一个内涵颇古而形式新颖的"笔记小说"概念，实际上也是不得已而为之。因为要把小说、史料、学术笔记兼而有之、内容庞杂的几百种笔记统一在一个名目下并不容易，姑且择取了这么一个名词。问题恰在于这么一个"苟且为之"的名词被后人作为小说文体概念"用得越来越滥"了，所以，为了避免这些弊病的延续和造成目录学上的混乱，可行的办法就是规范和界定其含义和范围，理顺与其他小说文体的关系，推动研究工作的进展。既然如此，那就很有必要对"笔记小说"的概念作出明确的界定。

为了对其概念和范围有一清晰认识，先列举诸家说法，再结合笔者的思考综合考量，得出结论。新中国成立前诸家的笔记小说研究处于初步阶段，对概念的界定比较松散随意，故此处不再列举。

上海古籍出版社《历代笔记小说大观》之"出版说明"：

"笔记小说"是泛指一切用文言书写的志怪、传奇、杂录、琐闻、传记、随笔之类的著作，内容广泛驳杂，举凡天文地理、朝章国典、草木虫鱼、风俗民情、学术考证、鬼怪神仙、艳情传奇、笑话奇谈、逸事琐闻等等，宇宙之大，芥子之微，琳琅满目，真是万

---

① （元）马端临：《文献通考》卷一九五引夹漈郑氏语，程国赋《隋唐五代小说研究资料》，上海古籍出版社2005年版，第18页。

象包罗。①

周勋初《唐人笔记小说考索》：

（笔记小说）这一名词的覆盖面比较大，既可以称《国史补》之类叙述史实的"杂史类"著作，也可称《杜阳杂编》之类侈陈怪异的"小说类"著作，也可称《资暇集》之类考订名物随笔似的著作，也可称《酉阳杂俎》之类包罗万象类书似的著作。只是传奇作品与此距离较远，似不宜以"笔记小说"呼之，但如《酉阳杂俎》卷九《盗侠》中的几则故事，笔法与《虬髯客传》等传奇相同，然为《酉阳杂俎》此书性质所规定，人们也只能称之为"笔记小说"。……从源流上看，篇幅短的传奇即是笔记小说，篇幅长而带有故事性的笔记小说也即是传奇。②

上海辞书出版社《中国文学大辞典》：

笔记小说，古代小说类别名。文言小说的一种。大多以随笔形式记录见闻杂感而成。宋代宋祁始以"笔记"作书名，后如旧题苏轼的《仇池笔记》、陆游的《老学庵笔记》等沿用。另有笔谈、笔丛、随笔、笔余、乃至杂录、漫录、谈丛、丛说等，大致均可归入此类。③

刘叶秋《历代笔记概述》：

所谓笔记小说，内容主要是情节简单、篇幅短小的故事，其中有的故事略具短篇小说的规范。④

---

① 《唐五代笔记小说大观》，上海古籍出版社 2000 年版，卷首第 1 页。
② 周勋初：《周勋初文集》第 5 册，江苏古籍出版社 2000 年版，第 24 页。
③ 《中国文学大辞典》，上海辞书出版社 2000 年版。
④ 刘叶秋：《历代笔记概述》，中华书局 1980 年初版，北京出版社 2003 年再版，第 4 页。

吴礼权《中国笔记小说史·导论》：

> 所谓"笔记小说"，就是那些以记叙人物活动（包括历史人物的活动、虚构的人物及其活动）为中心、以必要的故事情节相贯穿、以随笔杂录的笔法与简洁的文言、短小的篇幅为特点的文学作品。……"笔记小说"是文学作品，是属于小说范畴。[①]

苗壮《笔记小说史·绪论》：

> 笔记小说是文言小说的一种类型，是以笔记形式所写的小说。它以简洁的文言、短小的篇幅记叙人物（包括幻化的鬼神精怪和拟人的动植物与器物等）的故事，是中国小说史上最早产生并贯串始终的小说文体。[②]

陶敏、刘再华《"笔记小说"与笔记研究》：

> 介乎笔记与小说之间的作品，不妨仍称之为"笔记小说"，但应该严格限定为"笔记体小说"，即用笔记形式创作的小说，或被编于笔记中的小说。

陈文新先生的《中国笔记小说史》并未给予笔记小说一个明确的概念界定，但其基本观点已见前述。

上引各家观点具有一定共性，可粗分为两类。一是立足传统目录学思想，兼及现代小说观念，侧重于"笔记小说"的文献资料价值，以诸《笔记小说大观》和周勋初、章群先生为代表，其关照对象非常广泛，甚至包括辩订考证、朝章国典之类的学术笔记与史料笔记，反而使"笔记小说"的概念显得混杂不清，削弱了它的文体特征。不同的是，周勋初

---

　① 吴礼权：《中国笔记小说史》，台北商务印书馆股份有限公司 1993 年版，北京商务印书馆国际有限公司 1997 年重印，第 3 页。

　② 苗壮：《笔记小说史》，浙江古籍出版社 1998 年版，第 6 页。

先生认为笔记小说与传奇有区别。第二类以三部《笔记小说史》、刘叶秋《历代笔记概述》为代表，立足于小说的故事性，试图建立起适合中国古代小说独特性的研究方法，属于真正的文学研究。我们采取"求同存异"的方法，则不难概括出能被广泛接受的诸家的共同点，无疑即是笔记小说的基本特征：即随意、随事、随笔。所谓"随意"，指创作意识的非主动性和创作动机的模糊化，多属兴之所至，没有单一固定的创作意图，不同于诗词等其他文体创作的寄意逆志。所谓"随事"，即对某一故事闻则即录，故事之间无逻辑联系无组织关联。所谓"随笔"，即创作形式灵活多变，质朴自然，不刻意注重修辞谋篇。具体而言，应包含如下要义：

一、笔记小说是小说文体；二、叙事为主，故事情节简单、可以虚构；三、运用简洁的文言写作；四、以笔记体或随笔形式创作；五、篇幅短小。

首先，承认笔记小说在小说史上的文体地位，才是文学研究的价值所在，不能因为这个概念曾被用得宽泛无边而取消它，关键在于如何限定和规范它。第二个特点，故事性是小说的灵魂，即以叙事为主。董乃斌先生在《中国古典小说的文体独立》一书中指出，"事"是构成小说内容的根本和基础，没有一定的"事"，就没有小说，"述事"是小说的基本特征。[①] 如此一来那些以说明和议论为主的学术笔记就被排除在外。不同的是，笔记小说的故事情节简单，大多一文一事。至于虚构与否，并不能作为判定小说的决定性因素，因为实事求是地看，许多今天被视为小说的古代作品大多是纪实的，作者的主观创作动机就是为了传信，如干宝《搜神记》、唐临《冥报记》等。如果以此为绝对标准，那唐代除了传奇外，几无小说可言。第三、第四、第五这三个特点结合"故事情节简单"一条，可以将笔记小说与传奇区别开来。传奇一般篇幅较长，多事藻绘，有时韵散结合，甚至穿插诗词，且情节完整，这与笔记小说截取片断、一文一事的叙事方式和简洁质朴的语言风格有着显著的不同。本书认同李剑国先生关于传奇的看法："在自觉的创作意识下着

---

① 董乃斌：《中国古典小说的文体独立》，中国社会科学出版社 1994 年版，第 12、42—53 页。

意对文采与意想的追求"，① 即是说对文采、思致与情思的主动追求是传奇的本质特征；与此相对，笔记小说的创作以语怪、传信为根本，二者有着明显的区别。

第二、第四两个特点结合，可以归结为一点，即"随事而记"。如上文所言，小说的本质乃在叙事为宗，重在故事性，而笔记小说的特点正在于随笔记述事件，不加刻意的润色与藻饰。这也是它能够与同样属"随笔而记"的笔记区别开来的本质特征。宋代洪迈《容斋随笔》卷一云："予老去习懒，读书不多，意之所之，随即纪录，因其后先，无复诠次，故目之曰随笔。"② 这种追步个人思绪，思则记之，闻则书之，随意而记，不讲求次第的著述方式，即为"随笔而记"；如果我们用故事来替代那些学术性的笔记条目，则是一部《夷坚志》的体制，而后者的特点正是"随事而记"。正如题为唐代李翱所撰《卓异记》序所云："随所闻见，杂载其事，不以次第"，③ 是对笔记小说"随事而记"特征的精准概括。

至于"随事而记"的"事"的题材来源，我们仍可借用《汉书·艺文志》"街谈巷语，道听途说"和《四库全书总目》子部·小说家类二所云"里巷闲谈"来概括，突出笔记小说的题材主要来源于传闻、部分得之于亲身经历的特点。《四库全书总目》云："案纪录杂事之书，小说与杂史最易相淆，诸家著录，亦往往牵混。今以述朝政军国者入杂史，其参以里巷闲谈，词章细故者则均隶此门。《世说新语》古俱著录于小说，其明例矣。"④ 所谓"里巷闲谈"即指街谈巷议之类的传闻，因为来源于传闻的故事，其可靠性是不可与史家的实录精神相提并论的，如张鷟《朝野佥载》、刘悚《隋唐嘉话》、刘肃《大唐新语》、孙光宪《北梦琐言》之类。刘悚明确表示："余自髫龀之年，便多闻往说，不足备之大典，故系之小说之末。"⑤ 佚名所撰《大唐传载》亦云："八年夏南行极岭峤，暇日泷舟传其所闻而载之，故曰《传载》。虽小说，或有可观，览之而喟而笑

---

① 王汝涛主编：《全唐小说》，李剑国序，山东文艺出版社 1993 年版，第 14 页。
② （宋）洪迈：《容斋随笔》卷一，上海古籍出版社 1996 年版，第 1 页。
③ 黄霖、韩同文选注：《中国历代小说论著选》，江西人民出版社 2000 年版，第 58 页。
④ （清）永瑢等撰：《四库全书总目》卷一四一，中华书局 1965 年版，第 1204 页。
⑤ 刘悚：《隋唐嘉话》卷上，《唐五代笔记小说大观》，上海古籍出版社 2000 年版，第 92 页。

焉。"① 可见，《隋唐嘉话》、《大唐传载》之作乃来自传闻，孙光宪的《北梦琐言》亦谓此类。② 这也是将史传与纪实性的轶事类笔记小说区别开来的重要标准。陶敏、刘再华反对将《大唐新语》看作小说，理由是其文字与《旧唐书》列传所记大同小异，应当取材于《国史》一类著作；此类笔记具有较强叙事成分，但作者原是忠实记录见闻，意在传信，纵涉语怪，也不加虚构、夸饰和渲染，非有意为小说，故当称为笔记。③ 作者自序的确以史家标准进行创作，但从该书曾名为"大唐世说新语"及其编排体例来看，意在模仿刘义庆的《世说新语》。我们今天认为后者是小说，为何独将《大唐新语》视为史书？陈寅恪先生云："通观吾国史料，大抵私家纂述易流于诬妄，而官修之书，其病又在多所讳饰。"④ 可见，记载容易虚妄不实是私家纂述的杂史杂传的一个特点。即使作者的主观动机在传信纪实，但大多来自传闻，且语涉怪异实质就是虚构，在今天的学术研究实践中，对此类文献的处理鲜有作为信史看待，就足以说明问题。判断一部作品的性质应该从其显现的总体面貌出发，这些笔记大多结构松散，随事而记，与严格的史书亦相去甚远，将其视作笔记小说未为不可。

根据上述特点，笔记小说的概念可以这样界定：

> 笔记小说是以人物活动为中心，采用随事而记的形式叙述人事或神怪故事的篇幅短小的文言小说。

以人物活动为中心是所有笔记小说的共同特点，也是区别非小说的学术笔记的重要特征；随事而记的创作方法则与传奇大异其趣，也与史家的实录精神有别；叙述人事或者神怪故事，正是笔记小说的两大题材。所以，用"随事而记"取代"随笔而记"的说法，可以脱离传统笔记小说

---

① 《大唐传载》，《唐五代笔记小说大观》，上海古籍出版社 2000 年版，第 883 页。
② （五代）孙光宪：《北梦琐言》序言，贾二强点校，中华书局 2002 年版。
③ 陶敏、刘再华：《"笔记小说"与笔记研究》，载《文学遗产》2000 年第 2 期。
④ 陈寅恪：《顺宗实录与〈续玄怪录〉》，《金明馆丛稿二编》，《陈寅恪集》，生活·读书·新知三联书店 2001 年版，第 81 页。

观念，将无故事性的非小说的笔记剔出小说行列，赋予"笔记小说"一词以明确的文体含义。

2. 笔记小说与其他小说文体的关系

笔记小说概念的争议实则与传奇小说和杂史杂传记类笔记的研究相互关联，因为究竟何为传奇、杂史杂传类笔记是否"小说"亦是歧见纷出。苗壮《笔记小说史》将笔记小说分为志怪与志人两大门类，志怪体又可分为杂记、杂史杂传、地理博物三体，志人小说分为逸事、琐言、笑话三体。① 吴礼权《中国笔记小说史》则划分出志怪派（类）、轶事派（类）、国史派、事类派、杂俎派等个人色彩比较浓厚的名目。刘叶秋先生《历代笔记概述》一书，将古代的笔记作品分为小说故事类、历史琐闻类、考据辩证类三个类型；小说故事类包括志怪、轶事小说，即所谓的"笔记小说"。与前者不同的是，这个分类将《隋唐嘉话》、《因话录》、《国史补》、《大唐新语》、《唐摭言》、《朝野金载》、《明皇杂录》、《开元天宝遗事》之类的作品排斥于笔记小说之外，却将传奇作品囊括名下。② 这个观点也有一定代表性，如方南生先生就将唐传奇视为笔记小说。③ 另外，前文提到的几部《笔记小说大观》，更是天文地理、朝章国典、考据辩订、鬼怪神仙无所不收，可见笔记小说的文体分类实在混乱。所以必须厘清笔记小说与其他小说文体的关系，才能将其从纷繁复杂的大堆"故事"中独立出来。

目前学界似乎逐渐形成一个"共识"，即古代小说可分为四体：笔记体、传奇体、话本体、章回体，代表人物是陈文新、苗壮、孙逊、潘建国、谭帆、王庆华等先生。孙逊、潘建国先生认为，"志怪小说"是以题材为标准的分类名称，而"传奇小说"则是以文体为标准的分类名称，两者内涵不同，外延交错。他们认为"传奇源于志怪"的说法混淆了小说"题材分类"与"文体分类"。④ 此说实则是预设"传奇小说"为一种

---

① 苗壮：《笔记小说史》，浙江古籍出版社 1998 年版，第 10—11 页。

② 参见刘叶秋《历代笔记概述》的第一章"绪论"、第三章"唐代的笔记"。陶敏、刘再华《"笔记小说"与笔记研究》言刘叶秋先生关于"笔记小说"的概念将传奇排除在外，不确。（《文学遗产》2003 年第 2 期）

③ 参见（清）俞蛟《梦厂杂著》，方南生校注，文化艺术出版社 1988 年版，前言第 1 页。

④ 孙逊、潘建国：《唐传奇文体考辨》，载《文学遗产》1999 年第 6 期。

成熟小说文体，然后将"志怪小说"等打入另册，恐不尽合理。当年鲁迅先生在《中国小说史略》中首次将"传奇小说"作为一种独立的小说文体提出，影响了整个中国小说研究界。但严格来讲，鲁迅先生提出是"传奇文"而非"传奇小说"概念，一如郑振铎先生提出"变文"的概念一样，均未经过严格的学理论证，以致后世争议不休。实际上，无论是"志怪"、"传奇"、"志人"，还是演唱佛教及世俗故事的敦煌变文的"转变"，① 这几个动宾结构的词组，彰示了它们立足于不同题材内容的创作方法。"志怪"与"传奇"显然也是从题材和创作方法角度区分的两种小说文体，如何就能肯定前者是从"题材"角度划分而后者是从创作方法角度划分的？

实际上，作为成熟的文体概念，"传奇小说"是从题材内容和创作方法角度划分的，与其相对应的从形式方面划分的小说概念是"短篇小说"。现代意义的中国古代短篇小说的研究，早在鲁迅先生提出"传奇文"概念的 20 世纪 20 年代即已开展。郑振铎先生曾编选《中国短篇小说集》，对"短篇小说"的概念作过探讨。他指出，短篇小说有广狭两义，就狭义言之，指近代新发生的具有特殊体裁的短篇文字，也就是现代意义的短篇小说。研究中国古代短篇小说，郑先生还是考虑到传统小说的特点，取广义说，即"凡一切古代至近代的短篇的故事，都可谓之'短篇小说'"，"凡一切古代的，非那种特殊体裁的短篇作品，都不能算是'短篇小说'"。所谓"特殊体裁"，郑先生并未明示，我们从《中国短篇小说集》的选录标准中略窥一斑，即以"故事本身

---

① 关于"变文"、"转变"之"变"，笔者认同孙楷第、傅芸子等先生的说法，即是"变异"故事、"神变"之意。孙楷第在《读变文二则·变文变字之解》中云："更以图像考之，释道二家凡绘仙佛像及经中变异之事者，谓之变相。……然则变文得名，当由于其文述佛诸菩萨神变及经中变异之事；亦犹唐人撰小说，后人因其所载者新奇之事而目其文曰传奇，元明人作戏曲，时人因其所谱者新奇之事亦目其词曰传奇也。"傅芸子《俗讲新考》云："变文本是相辅变相图的，所以谓'变'者，即是佛的'说法神变'（佛有三种神变，见《大宝积经》八十六）之义。"以上分别参见周绍良、白化文编《敦煌变文论文录》，上海古籍出版社 1982 年版，第 241—242、154 页。"神变"在古人的信仰中占据很高的地位，笔者曾经撰文讨论过佛教的"神变"思想以及神变观念在绘画理论和唐人俗讲中的影响，参见拙文《佛教"神变"与〈大宝积经〉的神变思想》，载《中国学研究》第七辑，济南出版社 2004 年版，第 63—71 页；刘正平、黄晓霞《"穷神变，测幽微"与张彦远的绘画理论》，载《兰州学刊》2004 年第 4 期；刘正平、王志鹏《唐代俗讲与佛教八关斋戒之关系》，载《敦煌研究》2005 年第 2 期。

的文艺价值为断";"可以略略的窥见某时代社会生活的一斑"、在诗词及其他作品上不易看到的故事;许多短篇故事,"是后来著名的剧本、小说及民间故事的渊源"。① 也就是说,有一定艺术价值、反映一定的社会生活、对后世文学创作产生影响的短篇故事就是"短篇小说",总体上界定还是比较含混的。值得注意的是郑先生在《论唐代的短篇小说》一文中提出的观点,他认为中国的短篇小说在唐代才开始发展,才具有美丽的故事和完善的结构,描写婉曲,想象丰富,人物性格真实。② 他说:

> 中国之有短篇小说,中国人之著意于作短篇小说,乃始自唐之时。③

这篇序文写于 1925 年,正是鲁迅先生提出中国小说史上著名的"唐人始有意为小说"的观念后两年。④ 郑先生特在序文末言明《中国短篇小说集》的编撰受鲁迅先生不少帮助与指导,可见两人的小说观念是相通的。所以我们不难理解郑先生的"唐人始著意于作短篇小说"是受到鲁迅先生的影响和启发,两相呼应而内在关联。因之,郑先生这里所说的"短篇小说"实际上就是鲁迅先生所说的唐传奇。他还将唐代以后的短篇小说划分为"传奇系"和"平话系",在选录唐人短篇小说的《中国短篇小说集》第一集例言中明言"所录皆唐人传奇"。⑤ 参阅其目录,选录的作品包括《古镜记》、《补江总白猿传》、《莺莺传》、《李娃传》、《三梦记》、《长恨传》、《霍小玉传》、《柳毅传》、《枕中记》、《任氏传》、《虬髯客传》

① 郑振铎:《中国短篇小说集序》,《郑振铎全集》第 6 卷,花山文艺出版社 1998 年版,第702、704 页。按:本序文写作于 1925 年。

② 郑振铎:《论唐代的短篇小说》,《郑振铎全集》第 6 卷,花山文艺出版社 1998 年版,第255、256 页。

③ 郑振铎:《中国短篇小说集序》,《郑振铎全集》第 6 卷,花山文艺出版社 1998 年版,第705 页。

④ 鲁迅《中国小说史略》正式印行于 1924 年,但包括《唐之传奇文》在内的十五篇刊行于 1923 年 10 月。唐代人"尤显者乃在是时始有意为小说"是鲁迅先生针对唐代传奇所言。参见《中国小说史略》,东方出版社 1996 年版,第 51 页。

⑤ 郑振铎:《中国短篇小说集序》,《郑振铎全集》第 6 卷,花山文艺出版社 1998 年版,第705、708 页。

等，绝大部与鲁迅先生的《唐宋传奇集》相合，仅有少量篇章出自被鲁迅先生界定为传奇集的牛僧儒《玄怪录》和李复言《续玄怪录》。① 因此我们可以肯定，郑振铎先生所言唐代短篇小说就是鲁迅先生的唐传奇。但是，在创作于 1929 年的《中国小说的分类及其演化的趋势》一文中，郑先生显然对自己的认识进行了修正，明确指出，笔记小说是包含在短篇小说的名目下的，除此之外还包括传奇和平话。他甚至认为笔记小说不能算是真正的小说，而是具体而微的琐屑故事。② 这种前后矛盾的说法正好表明，笔记小说与现代小说概念"短篇小说"有着不同之处，不能是简单的包含与被包含问题。

郑振铎先生在中国小说的文体分类方面具有代表性，也具有极大的参考价值。他将古代小说分为短篇小说、中篇小说和长篇小说。其中长篇小说即所谓的 Novel 或 Romance，包括一切篇页很长的小说，如《西游记》、《红楼梦》等，一般无争议；中篇小说即短的长篇小说（Novel-ette），篇幅大都在八至三十二回之间，册数在一册至四册，代表作是《风月传》、《玉娇梨》、《平山冷燕》、《平鬼传》、《玉蒲团》等，以及属于唐传奇的张鹭的《游仙窟》等。《游仙窟》之所以作为中篇小说，是因为它是单本刊行的唐传奇。至于短篇小说，包括三体，即笔记小说、传奇小说和平话小说。其中平话小说是用白话记录的通俗小说，很容易分辨，难点正在于前二者。郑先生承认，如果按照现代小说观念来衡量，即使真正的笔记小说《搜神记》、《虞初新志》之类，也不能算真正的小说，不过是具体而微的故事集，甚至是很好的小说资料，其本身始终未入小说的途径。③ 问题正在于此，既然笔记小说不能视为现代意义的成熟小说，那就很难用现代小说概念"短篇小说"统属，所以"笔记小说"是与短篇小说相对而言的小说文体，合理的文体分类应该是：笔记小说、短篇小说（包括传奇小说与平话小说）、中篇小说和长篇小说。唐传奇根据篇幅的长短除《游仙窟》这样少数的作品外，大多可归入短篇小说。

---

① 郑振铎：《中国短篇小说集第一集》，上海商务印书馆 1933 年版。
② 郑振铎：《中国小说的分类及其演化的趋势》，《郑振铎全集》第 6 卷，花山文艺出版社 1998 年版，第 227、232 页。
③ 同上书，第 227—232 页。

笔记小说包括志怪小说和轶事小说，以下的详细划分采用陈文新先生的设计比较合理，即志怪小说包括"搜神"、"博物"、"拾遗"三体，轶事小说（即志人小说）可分为"世说"体（琐言体）、"杂记"体（逸事体）、"笑林"体（排调体）。需要特别说明的是，新笔记小说只是借鉴了古代笔记和笔记小说的创作方法，原则上属于现代短篇小说的范围，已经脱离了本书为中国小说划分的笔记小说的范围。

3. 笔记小说的文体特征

笔记小说作为小说文体之一种，自然必须具备自身特点。谭帆、王庆华先生在《中国古代小说文体流变研究论略》一文中反思了中国古代小说文体研究的得失，主张"文体"应包含两个方面：一是"体制规范"，基本相当于中国古代传统文论中的"文体"、"体制"概念，指能够区别文章的类别特征的功用宗旨、创作原则、篇章体制、题材选择、艺术旨趣、表现方式、风格特征等一系列文体规范；二是"艺术构造方式和形态"，相当于现代文论中的"文论"概念，包括叙事结构和叙事方式，前者包括篇章结构、情节结构、人物结构、意蕴结构；后者包括叙事视角、叙事手法、叙事语调、叙事语言、叙事风格等。[1] 本书在采纳这一观点的基础上，拟从创作目的、创作原则、题材特点、形式特征、篇章结构、艺术风格等方面，对笔记小说的本质特征进行一番探讨。

笔记小说的创作，具有强烈的现实关照意义，助人伦、采风俗、成教化是笔记小说创作的首要目的。由于中国古代小说承担了"小道末技"的讥诮，所以作者们竭力在序言和作品的主题导向中强调教化的作用。志怪类笔记小说以神道设教为主要创作宗旨，侧重于宗教教化，意图通过鬼神怪异故事的讲述和传播，穷神洞幽，证明鬼神实有，唤起和强化普通民众的信仰，辅佐王道，移风易俗。这在各类宗教应验故事中表现得尤为突出，如南朝傅亮、张演、陆杲等所撰《观世音应验记》三种、唐人唐临所撰《冥报记》等，均为典型的宗教宣教。拾遗补阙则是笔记小说创作的又一目的，这在轶事小说中表现得较为突

---

[1] 谭帆、王庆华：《中国古代小说文体流变研究论略》，载《文艺理论研究》2006 年第 3 期。

出。如李肇《唐国史补》和高彦休《唐阙史》，取题的意图很明显，李肇在自序中言其书乃"纪事实，探物理，辨疑惑，示劝戒，采风俗，助谈笑"。① 这里提到的"助谈笑"实际上也强调了笔记小说的娱乐功能，如高彦休《唐阙史序》中也提到所记故事"可以为夸尚"、"资谈笑"、"垂训诫"。② 所以说"消闲"是笔记小说创作的第三个目的。这些作者们一再强调作品助资谈笑、排遣时日、消闲娱乐的意义，抑或是穷愁著书，寄情儿女，托兴鬼狐，抒发对仕途人生蹇迫命运的感触。如清袁枚自序《新齐谐》之作系因"文史之外无以自娱，乃广采游心骇耳之事，妄言妄听，记而存之。"③ 纪昀《阅微草堂笔记》就由《滦阳消夏录》、《姑妄听之》等五种组成，作者在《滦阳消夏录》自序中说："昼长无事，追录见闻，忆及即书，都无体例。"④ 李庆辰《醉茶志怪》自叙："半生抑郁，累日长愁，借中书君为扫愁帚，故随时随地，闻则记之，聊以自娱。"⑤ 可见，公务闲暇，道德文章之余，创作几篇笔记小说是一种消遣。此外，志怪小说尚有一重要宗教目的，多为学界或回避不谈或忽视不见，此即穷神洞幽，也就是穷极鬼神变化之道，洞察神灵世界幽微难测的规律，将小说视为了解和揭示彼岸世界"真相"的途径和工具。关于这一点，本书第一章有论述。

以史家"实录"精神创作，意在"传信"，是笔记小说创作的普遍原则。笔记小说集大多以"记"、"录"、"传"、"志"这样具有强烈纪实色彩的词汇冠名，在创作中也着意追求有根有据，若非亲见亲历，也往往明确交待故事来源，所谓"搜求遗逸，传于必信"。⑥ 五代孙光宪自序作《北梦琐言》时，"每聆一事，未敢孤信，三复参校，然后濡毫。"⑦ 其创

① （唐）李肇：《唐国史补自序》，丁锡根《中国历代小说序跋集》，人民文学出版社 1996 年版，第 283 页。

② （唐）参廖子：《阙史自序》，丁锡根《中国历代小说序跋集》，人民文学出版社 1996 年版，第 316 页。按：参廖子乃高彦休自号。

③ 丁锡根：《中国历代小说序跋集》，人民文学出版社 1996 年版，第 156 页。

④ 同上书，第 179 页。

⑤ （清）李庆辰：《醉茶志怪》自叙，金东校点，齐鲁书社 2004 年版，第 2 页。

⑥ （唐）郑綮：《开天传信记自序》，丁锡根《中国历代小说序跋集》，人民文学出版社 1996 年版，第 294—295 页。

⑦ 丁锡根：《中国历代小说序跋集》上册，人民文学出版社 1996 年版，第 343 页。

作态度的严肃和求实求真可见一斑。当然,《北梦琐言》所记也多有奇奇怪怪之事,今天看来也违背了作者的"传信"原则。它如李德裕创作的轶事小说《次柳氏旧闻》记玄宗得见仙人张果,吴皇后梦金甲神投胎,僧人施咒求雨等,近乎志怪类笔记小说。故而,主观意图上的传信求真与客观结果的神奇荒怪,是志怪类笔记小说的一大特点。

笔记小说的题材,最大的特点是"小"和"杂"。无关国家政教人伦大事的异闻和轶事,"里巷闲谈词章细故"均是笔记小说取材的对象。如讲述因果报应的《冥报记》,记载奇技宝物的《杜阳杂编》,杂记仙佛鬼怪、动植术技的《酉阳杂俎》,记录志怪琐闻的《独异志》、《宣室志》、《广异记》,记载宫廷逸闻的《次柳氏旧闻》、《明皇杂录》、《开元天宝遗事》,记载士林官场轶事和社会风习的《朝野佥载》、《隋唐嘉话》、《国史补》、《大唐新语》、《幽闲鼓吹》、《唐摭言》、《中朝故事》、《北梦琐言》以及像《教坊记》、《北里志》等的专题性笔记小说。"无所不有,无所不已"是笔记小说取材的总体特点,涉及的领域非常广泛,可以说在中国古代的所有文体中,描写范围和描写对象最宽泛的就是笔记小说。李剑国先生在唐五代小说题材的基础上抽象概括出十大主题:性爱、历史、伦理、政治、梦幻、英雄、神仙、宿命、报应及兴趣。① 这些主题自然涵盖了笔记小说的基本主题。当然,以传奇为主的短篇小说侧重于性爱、梦幻、英雄和神仙主题,而笔记小说表现最多的就是历史、政治、梦幻、宿命、报应和兴趣等主题。

笔记小说以"广异闻"和"纪事实"为主要审美特征,重哲理表达和知识传播,因而表现出哲理化和知识性的艺术旨趣,形成了冲淡简约的艺术风格,语言亦十分简练自然。因为被视为"小道末技",故而一般并不注重小说能在经国治世方面发挥什么巨大的作用,这些作品一般是写给自己和一两个志趣相投友朋作为茶余酒后的谈资,随意性很强,与辅时载道的古文和言志述怀的诗词有着巨大差异。李剑国先生对唐五代

---

① 李剑国:《唐稗思考录》,《唐五代志怪传奇叙录》,南开大学出版社 1993 年版,第 51—82 页。所谓"兴趣",指没有明确的思想含义、情感倾向,仅仅是表现某种趣味的意思,诸如生活的情趣、奇趣、谐趣、文趣等。这个情趣也就是陈文新先生所言轶事小说"轻实用而重情趣"的情趣。陈文新:《传统小说与小说传统》,武汉大学出版社 2005 年版,第 26 页。

小说兴趣主题的概括，能说明这种小说审美趣味所在："它是非理性的，并不希冀引起读者的理性思考，也不希冀激起读者的感情波澜，把读者引入某种规定的感情世界，它是供赏玩的，使读者感到愉悦满足。"[①]具有代表性的是"博物"体志怪小说，如晋张华《博物志》、唐段成式《酉阳杂俎》，这些能够广博见闻的笔记小说艺术表达简洁明快，语言质朴自然，不事藻绘，拒绝"文辞华艳，叙述宛转"的风格，与短篇小说明显不同。

笔记小说的叙事结构单一，每则小说自成体系，相互之间也没有结构上的关联，甚至也没有意义上的直接联系。一般一事一记，鲜有细腻的环境描写和人物形象刻画，没有细节描写，故事情节粗陈梗概，反戏剧巧合，无悬念，无高潮，这些跟作为短篇小说的传奇和中长篇小说的话本小说、章回小说有着明显的不同。就写作方法而言，传奇小说受传记影响较深，开篇即是传记笔法，交代传主的身份、性别、职位等基本信息，但笔记小说则要简略直截得多。

篇幅短小，是笔记小说公认的形式特征。这些作品多为数百字的短制，短至二三十字甚至一二十字，如《搜神记》卷一"神农"、"鲁少千"、"焦山老君"，卷六"兔毛龟角"、"马化狐"、"人产龙"等。至于被视作小说看待的《山海经》，篇制尤其短小。多少字可以作为笔记小说的上限，比较难以把握。但如同吴礼权先生那样强行限定五千字的上限，似乎并无科学依据。根据笔者的统计，最长的笔记小说字数一般不会超过两千字，如唐临《冥报记》之"唐眭仁茜"，一千五百余字，对笔记小说来说，已是长篇大制了。笔记小说不能单篇成文，而是系列随事而记的故事组成的笔记小说集，如果脱离了小说集，就不成其为笔记小说，而是短篇小说了。

笔记小说另外一个普遍的形式特征是无题目。早在 1929 年，陈垣先生就在《中国史料的整理》一文中对笔记文献无题目所造成的资料搜辑困难提出了期望，希望在文献整理过程中能够进行编目索引：

---

① 李剑国：《唐稗思考录》，《唐五代志怪传奇叙录》，南开大学出版社 1993 年版，第 78 页。

　　笔记是非常难读的：一来笔记的分量多，内容复杂；二来笔记的编排非常不经济，除了极少数的每段有目录外，其余不是完全没有题目，便是有题目而无总目。要想从笔记里寻材料的，除了以披沙拣金的法子慢慢去找寻以外，着实没有办法。所以笔记题目的整理是非常必需的，要把所有的笔记，无目录的加上目录，有目录的加上总目，有总目的编为索引，使后来要从笔记里找任何材料的都可以一目了然。①

这个令陈垣先生备感困扰的笔记无题目问题，正是笔记小说乃至大部分笔记的重要形态特征。《释名》："笔，述也，述事而书之也。"叙述一件事并把它记载下来，并不需要过多的文饰藻绘，这种随事而述的文体形式并非围绕某个预设的主题而进行着意的创作，故而一般不拟定题目，此特点正是其与传奇"有意为小说"之不同处。唐代久负盛名的《古镜记》、《柳毅传》、《莺莺传》这些单篇流传的传奇小说在创作时均有题目，组成了完整的小说形式。② 而笔记小说的记录和创作是"被动"的，这主要表现在两个方面，一是故事的记述是随意的，没有特别明确的目的和序次；二是故事往往来源于传闻。因而诸如笔记小说集《酉阳杂俎》、《独异志》、《宣室志》、《朝野佥载》、《隋唐嘉话》等中的每段故事均无题目。直到清代纪昀《阅微草堂笔记》、俞樾《右台仙馆笔记》等仍然保留了这一特点。至于今天我们看到的诸如《冥报记》、《广异记》中的小标题均为书贾或者像《太平广记》、《类说》、《古今说海》这样的小说总集的编者所加，略显拙朴。大约宋以后，笔记小说集中才开始了撰加题目。所以，无题目是唐五代笔记小说的重要形式特征。尽管如此，我们却不能以此作为判定笔记小说的充分条件，因为笔记小说受到传奇的影响，以及自身的发展，一些作品呈现出了传奇的风骨，这样的作品就不能作为笔记小说来看，如出自皇甫枚《三水小牍》的《飞烟传》，即是

---

　　① 刘梦溪主编：《中国现代学术经典·陈垣卷》，刘乃和编校，河北教育出版社 1996 年版，第 839 页。
　　② 《柳毅传》原名《洞庭灵姻传》，《莺莺传》原名《传奇》。详参李剑国《唐五代志怪传奇叙录》，南开大学出版社 1993 年版，第 286、310 页。

此类。

4. 笔记小说的收录范围

笔记小说概念的实践运用以及收录范围的确定比较棘手，这也是考验笔记小说概念的关键所在。中国古代的笔记小说，是诸多文体形式中历史形态最为稳固的一种，其在表现形式、篇章结构、审美旨趣、艺术风格方面鲜有较大变化，这正是由其"随事而记"的创作机制所决定的。因此确定笔记小说的收录范围，可以不受时代限制，只需要合理解决以下问题即可：

第一，笔记小说与史料笔记和学术笔记的关系。正如前文所言，考订辩证、记载朝章国典、地理博物类的无故事性的学术笔记可以首先明确排除在"笔记小说"的范围之外，被中华书局《学术笔记丛刊》收录的笔记，自然不属于笔记小说的范畴。以此为参考标准，可以排除此类文献。需要关注的是中华书局刊行的《历代史料笔记丛刊》。如果我们不强求一律，坚持"史料"与"小说"势不两立的两分法，或许解决问题的途径要开阔得多。小说可以虚构，自然也可以纪实。这些"史料笔记"记载的大多是朝野之间的逸闻逸事，如果信而有征，能够得到正史等文献资料的佐证，视为史料可也。如果事无可征，属于作者随记自娱的作品，即使所记人物为当朝政要，视为小说也未尝不可。如唐五代的《隋唐嘉话》、《朝野佥载》、《开元天宝遗事》，宋代的《唐语林》、《南部新书》等，所记大多为当世或前朝士夫黎庶之逸事，作为笔记小说研究，也是恰当的资料。如果需要参照对象，我们不妨把目光投向宋代洪迈的两部作品：《容斋随笔》和《夷坚志》，前者根据内容显然是史料与学术兼重的笔记，而后者则是典型的笔记小说。此外像清俞樾的《春在堂随笔》和《右台仙馆笔记》，前者是作者以第一人称为叙事视角的亲身经历的纪录，可视为"史料笔记"，而后者则是所见所闻的志怪故事，属于笔记小说。

第二，笔记小说与专题笔记集的关系。诸如唐五代的《羯鼓录》、《乐府杂录》、《翰林志》、《教坊记》，以及《封氏闻见记》、《刘宾客嘉话录》等，不能作为笔记小说来看待，因为这些作品或为记载特定机构的沿革运作、变迁，或为博物广知的资料笔记，或为备载言行的语录，秉承实录精神，欠缺故事性，整体面貌显然不是小说。

第三，笔记小说与传奇的关系。根据本书对古代小说的文体分类，与笔记小说相对应的文体是短篇小说、中篇小说和长篇小说。因此只要区分笔记小说与短篇小说，以此来限定其收录范围，而不必纠缠于笔记小说与唐传奇有怎样的区别。所以研究中应当坚持具体作品具体分析的原则。凡是符合现代短篇小说概念，有一定的人物形象塑造，情节结构曲折，注重修辞谋篇，篇幅较长的小说作为短篇小说看待，反之，符合本书的笔记小说概念者，视为笔记小说。如宗教宣教小说《宣验记》、《观世音应验记》、《冥报记》，均为随事而记的短小故事，其精神实质完全相同，所以应该作为笔记小说集看待。宋人李献民所撰《云斋广录》，其前三卷可视为笔记小说，后六卷则属于短篇小说。被齐鲁书社列入《历代笔记小说丛书》的作品，尽管大都符合"随事而记"的原则，但部分作品篇幅较长，叙述婉转，描写细腻，因此除俞樾《右台仙馆笔记》、袁枚《新齐谐》、李庆辰《醉茶志怪》、乐钧《耳食录》等几部可视为笔记小说外，其他几部除少数篇章，大多只能作为短篇小说看待。而像明代瞿佑等人所著《剪灯三话》、清代蒲松龄《聊斋志异》也属于短篇小说，后者个别篇幅短小的篇章可视为笔记小说。

第四，性质复杂的笔记集的处理原则。有一些笔记集的性质比较复杂，如唐代段成式《酉阳杂俎》，既有志怪小说，也有学术笔记和史料笔记，所以严谨的态度是目之为"笔记集"，而不应该笼统称之为"笔记小说集"，其中的短小故事可视为笔记小说。至于像戴孚《广异记》、郑怀古《博异志》、薛用弱《集异记》、杜光庭的神仙传记等，既包括志怪小说，也收录传奇小说的作品集，采取具体作品具体分析的方法，可以避免一些笼统宽泛的说法所引起的争议。

兹选取吴礼权《中国笔记小说史》、陈文新《中国笔记小说史》、苗壮《笔记小说史》和周勋初先生《唐人笔记小说考索》、《唐代笔记小说叙录》所收录的作品作一分析，以期尽可能符合笔记小说的概念标准。

表一　　　　　吴礼权《中国笔记小说史》所收唐五代笔记小说

志怪派	国史派	轶事派	事类派	杂俎派
柳公权：《小说旧闻记》 薛用弱：《集异记》 张读：《宣室志》 皇甫枚：《三水小牍》 苏鹗：《杜阳杂编》 郑怀古：《博异志》 李翱：《卓异记》 冯贽：《云仙杂记》 沈汾：《续仙传》 钟辂：《前定录》 牛肃：《纪闻》 杜光庭：《录异记》	刘𫗧：《隋唐嘉话》 李肇：《国史补》 赵璘：《因话录》 高彦休：《阙史》 高择（怿）：《群居解颐》 刘肃：《大唐新语》 张固：《幽闲鼓吹》 李浚：《松窗杂录》 无名氏：《玉泉子》 无名氏：《大唐传载》	张鹭：《朝野佥载》 李德裕：《次柳氏旧闻》 裴庭裕：《东观奏记》 郑处海：《明皇杂录》 郑棨：《开天传信记》 康骈：《剧谈录》 王定保：《唐摭言》 孙光宪：《北梦琐言》 王仁裕：《开元天宝遗事》 尉迟偓：《中朝故事》 何光远：《鉴诫录》	南卓：《羯鼓录》； 孟棨：《本事诗》 孙棨：《北里志》 范摅：《云溪友议》 段安节：《乐府杂录》 李肇：《翰林志》	段成式：《酉阳杂俎》 封演：《封氏闻见记》 李亢（伉）：《独异志》 韦绚：《刘宾客嘉话录》 冯翊子（严子休）：《桂苑丛谈》 范资（当为王仁裕）：《玉堂闲话》 潘远：《纪闻谭》

注：五代笔记小说著者并未给予明确归类，此据其分类标准将书中提及的相关作品归并入类。

表二　　　　陈文新《中国笔记小说史》、《文言小说审美发展史》

所收唐五代笔记小说

志怪小说			轶事小说		
博物体	拾遗体	其他	琐言体（世说体）	逸事体（杂记体）	排调
段成式：《酉阳杂俎》	苏鹗：《杜阳杂编》	唐临：《冥报记》 李伉：《独异志》 温庭筠：《干□子》	刘𫗧：《隋唐嘉话》 刘肃：《大唐新语》 李肇：《国史补》 王定保：《唐摭言》 孙光宪：《北梦琐言》 王仁裕：《玉堂闲话》	李德裕：《次柳氏旧闻》 郑处海：《明皇杂录》 崔令钦：《教坊记》 孙棨：《北里志》 范摅：《云溪友议》 孟棨：《本事诗》 王仁裕：《开元天宝遗事》	

注：作者仅列出了部分作品。唐代无搜神体笔记小说；排调体笔记小说是存在的，如高择《群居解颐》、无名氏《谐噱录》，只是著者并未论及。

周勋初先生《唐人笔记小说考索》、《唐代笔记小说叙录》收录的"笔记小说"集共计五十八种，去除与表一、表二和表三重复者，有韩琬《御史台记》、李繁《大唐说纂》、韦绚《戎幕闲谈》、柳珵《常侍言旨》、丁用海《芝田录》、卢言《卢氏杂说》、令狐澄《贞陵遗事》、柳玭《续贞陵遗事》、李涪《刊误》、柳玭《柳氏叙训》、林恩《补国史》、李绰《尚书故实》、陈翰《异闻集》、卢瓌《抒情诗》、李跃《岚斋集》、皮光业《皮氏见闻录》、黄璞《闽川名士传》、王溥等《唐会要》、钱易《南部新书》、王谠《唐语林》。周勋初先生关于唐五代笔记小说的收录范围侧重于纪实性的杂史杂传杂记类，而且将公认为史书的《唐会要》、辩证考订类的《刊误》、传奇选集陈翰《异闻集》以及本为宋人撰著的《南部新书》和《唐语林》等也收入名下，可见其于此类"笔记小说"收录范围相当宽泛。

表三　　　　　　　苗壮《笔记小说史》所收唐五代笔记小说

志　怪	志　人		
	俳谐小说	轶事小说	专题类小说
唐临：《冥报记》 朗余令：《冥报拾遗》 赵自勤：《定命录》 张荐：《灵怪志》 牛肃：《纪闻》 戴孚：《广异记》 陆长源：《辨疑志》 柳宗元：《龙城录》 薛用弱：《集异记》 卢肇：《逸史》 张读：《宣室志》 皇甫氏：《原化记》 无名氏：《会昌解颐》 李伉：《独异志》 段成式：《酉阳杂俎》 皇甫枚：《三水小牍》 杜光庭：《神仙感遇传》、《仙传拾遗》、《墉城集仙录》、《道教灵验记》、《录异记》、《广城记》 徐铉：《稽神录》 康骈：《剧谈录》 严子休：《桂苑丛谈》	无名氏：《笑苑》 何自然：《笑林》 无名氏：《谐噱录》	张鷟：《朝野佥载》 刘𫗧：《隋唐嘉话》 刘肃：《大唐新语》 胡璩：《谭宾录》 李肇：《国史补》 高彦休：《阙史》 赵璘：《因话录》 苏鹗：《杜阳杂编》 无名氏：《玉泉子》 孙光宪：《北梦琐言》 王仁裕：《玉堂闲话》 金利用：《玉溪编事》 刘崇远：《耳目记》 张洎：《贾氏谈录》 郑棨：《开天传信记》 李德裕：《次柳氏旧闻》 郑处海：《明皇杂录》 王仁裕：《开元天宝遗事》	王定保：《唐摭言》 张固：《幽闲鼓吹》 孟棨：《本事诗》 范摅：《云溪友议》 崔令钦：《教坊记》 孙棨：《北里志》

上举吴、陈、苗三家《笔记小说史》的收录亦并非搜罗殆尽，但唐代笔记小说的整体面貌已经显现出来。本书持异议者在于表一的"事类派"中的《羯鼓录》、《乐府杂录》、《翰林志》以及"杂俎派"中的部分作品如《封氏闻见记》、《刘宾客嘉话录》等，表三的专题类中的《教坊记》等，不能作为笔记小说来看待，因为这些作品或为记载特定机构的沿革运作、变迁，或为博物广知的学术性笔记，或为备录言行的语录，秉承史家实录精神，整体面貌显然不是小说。《酉阳杂俎》这样的小说集中也有大量博物类的学术笔记，因其整体面貌是小说，至于其中的博物笔记，当然不能作为小说看待。另外，三表中涉及的几部作品如唐临

《冥报记》、戴孚《广异记》、郑怀古《博异志》、薛用弱《集异记》、杜光庭的神仙传记的定位问题，似乎意见并不一致，不得不作进一步的探讨。李剑国先生论及志怪与传奇的区别时指出：志怪与传奇均为文体概念，而非题材概念；传奇内容可写实可语怪，形式可单篇可丛集，而志怪内容只限于语怪，形式则一般为丛残小语。① 如果按照这个标准，志怪小说就可归入笔记小说中。他还根据一部小说集中志怪、传奇所占比例的不同将其分为传奇集、志怪集、志怪传奇集、传奇志怪集、志怪传奇杂事集等。② 唐临《冥报记》为志怪集，自然为笔记小说，可纠正吴礼权先生不论之缺憾。戴孚《广异记》为志怪传奇集，属于"以志怪为多而含相当数量传奇者"，可见笔记小说当占大部。这部小说集对研究初盛唐宗教文化的发展状况具有重要价值，除苗壮《笔记小说史》述及外，其他几家均未提及，殊为憾事。郑怀古《博异志》、薛用弱《集异记》系传奇志怪集，则以传奇居多，均被吴礼权《中国笔记小说史》收录，苗著仅及后者，所以需要具体作品具体分析，以便定夺每篇作品的性质。晚唐五代道士杜光庭的一系列神仙传记和应验记、杂录，"本为宣扬神仙道教而作，非有意为小说，支配着创作思想的是宗教家意识而非小说家意识，而且常常稗贩旧籍，陈陈相因，因此大部分很差，枯燥乏味"。③ 这样的作品实则与佛教宣教小说《宣验记》、《观世音应验记》、《冥报记》之类精神实质完全相同，所以应该作为笔记小说集看待。

综上所述，笔记小说是以人物活动为中心，以鬼神精怪、社会传闻为题材的文言小说文体，它的主要特征在于随事而记，不事藻绘铺张，篇幅短小，一般无题目。本书的研究范围主要是志怪类笔记小说，兼及轶事类，文中涉及的部分传奇及白话小说，也是出于论题阐述的需要。

（二）本书的研究构想

本书研究可分为两部分。绪论、第一章和第七章主要讨论笔记小说的研究历史、现状、笔记小说概念的界定，并从唐五代笔记小说创作的

① 王汝涛主编：《全唐小说》，李剑国序，山东文艺出版社1993年版，第14页。
② 李剑国：《唐稗思考录》，《唐五代志怪传奇叙录》，南开大学出版社1993年版，第5、107页。
③ 同上书，第49—50页。

宗教情怀、宗教叙事与唐五代笔记小说的审美特征等几个方面，对唐五代笔记小说展开纵向研究。第二、三、四、五、六章主要从宗法性传统宗教、佛教、道教、巫术文化、民间宗教等几个方面开展横向研究，探讨各种宗教文化与唐五代笔记小说创作的关系。

鉴于唐五代特殊的宗教环境、小说影响的错综复杂局面，以及学术界的研究现状，本书立足于唐五代宗教发展实际，不求宏阔完备的结构体系，以具体问题为中心，探讨唐五代笔记小说与宗教文化的关系。

第一，宗教心理学方法。结合唐五代社会佛道二教的发展状况，探讨唐人修仙崇佛的社会文化心理的形成原因，以及这种心理影响下从事志怪类笔记小说创作的宗教动机。唐五代笔记小说作者群体，存在明显的人格分裂现象，在儒家政教人伦传统与小说志怪传统相冲突的时候，出现了"亦庄亦怪"的二重人格。本书运用宗教心理学方法，探讨这一文化心理的形成原因。

第二，运用宗教学方法，结合相关研究成果，勾画宗法性传统宗教的本质、历史、宗教四要素，以及它对古代社会宗教心理、文化心理形成的作用。在此基础上，研究唐五代笔记小说中的宗法传统宗教思想。立足学界关于佛道二教与唐五代小说研究的现状，着重论述佛教咒术和道教法术对笔记小说创作的重要影响。对不为文学研究所重视的外来宗教和民间宗教，如摩尼教、弥勒教，祆教等，基于资料缺乏、研究薄弱的现状，采用小说与宗教互相发明论证的方法，探讨小说中假托佛、菩萨名号的狐妖形象的宗教背景和文化象征意义。

第三，运用宗教人类学方法，阐明巫术的基本原理、巫术与法术的联系和区别；结合巫术文化在唐代社会广泛遗存的事实，以唐五代小说中人虎幻形的虎故事为例，挖掘此类故事的生成与巫术思维、民间文学的关系。

第一章　唐五代笔记小说创作的宗教情怀

引　言

景仰汉唐雄风的人们一致认为，隋唐五代是一个多元文化交融并存的时代，正是这种兼容并包的文化精神，成就了鼎盛的汉唐文明。的确，唐代是一个文明开放的时代，仅仅是政治思想、婚姻观念、宗教文化方面的自由，就足以开启这个伟大的时代。相对于汉初的黄老治国、魏晋的故作放达和明清的自我放纵，唐代的自由显得自然率真。"饮中八仙"狂放洒脱的醉态成为这个名士风流和才华横溢时代的文化符号，令后人神往不已，生出无限遐想。这是个浑身浸润了宗教理想主义的时代，将塞外铁骑的雄健、吴带当风的飘逸与簪花仕女的雍容完美结合起来的大唐雄风，是在宗教神圣光环的笼罩下形成的。宗教文化作为这个时代的重要文化组成，对隋唐五代社会文化心理的影响是深远的。

宗教是人类社会的一个普遍现象，人类文明的起源肇始于对神秘宗教力量的顶礼膜拜，民族主体社会文化心理的形成，宗教的规制和引导同样重要。宗教从本质上讲，是人类生活的异化，"一切宗教都不过是支配着人们日常生活的外部力量在人们头脑中的幻想的反映，在这种反映中，人间的力量采取了超人间的力量的形式"①。现实生活中不能满足的物质和精神需求在宗教中得到了满足。对神、神圣物和超自然力量的依赖和信仰是宗教区别于其他社会文化现象的根本所在，对宗教信仰者来说，宗教的灵魂是情感与经验，而不是体系严备的哲学或神学理论。美

---

① 恩格斯：《反杜林论》，《马克思恩格斯选集》第三卷，人民出版社 1974 年版，第 1354 页。

国宗教心理学家威廉·詹姆士（W. James，1842—1910）从个人宗教体验的角度研究宗教的性质和作用，他认为宗教只不过是人在孤单的时候与其他任何他认为神圣的对象保持关系时所发生的感情、行为与经验。[①] 必须承认，信徒对宗教的信仰和崇拜是一种独特的心理体验，这种体验建立在真实的宗教情感基础之上，这就是美国人类学家克利福德·格尔茨所说的"真正的真实感"，是宗教观的基础。[②] 持同种宗教认同的群体，都坚定地相信，这种宗教体系所传达的是关于认识世界的真正知识，这种知识指导和规范着群体的思想意识和社会行为。所以说，"宗教的力量不仅表现在人们对它如醉如痴的信仰，更表现在它能部分改变一个民族的主体意识"[③]。

由于中国宗教的特殊性，许多学者对中国人的宗教情感持怀疑态度，甚至不认为中国有所谓的宗教，如梁漱溟先生和英国哲学家罗素等。[④] 中国宗教有世俗功利性的一面，没有超越皇权的独立地位，没有占人口优势的庞大教徒团体，但这个民族却并非一个无神论的民族，这却是不争的历史事实。[⑤] 陈寅恪先生在考察天师道与滨海地理的关系时，曾经无限感叹："东西晋南北朝时之士大夫，其行事遵周孔之名教（如严遵家讳等），言论演老庄之自然。玄儒文史之学著于外表，传于后世者，亦未尝不使人想慕其高风盛况。然一详考其内容，则多数之世家其安身立命之秘，遗家训子之传，实为惑世诬民之鬼道，良可慨矣。"[⑥] 先生此叹源于

---

① ［美］威廉·詹姆士：《宗教经验之种种——人性之研究》，唐钺译，商务印书馆 2002 年版，第 28 页。

② ［美］克利福德·格尔茨：《文化的解释》，韩莉译，译林出版社 1999 年版，第 138 页。

③ 马西沙、韩秉方：《中国民间宗教史》，中国社会科学出版社 2004 年版，马西沙序言第 1 页。

④ 梁漱溟先生认为中国文化是以道德代宗教，周孔的教化也非宗教，中国几乎没有宗教的人生。参见梁漱溟《中国文化要义》第一章"绪论"、第六章"以道德代宗教"，学林出版社 1987 年版。罗素在其所著《中国之问题》一书中指出，中国传统文化是以孔子伦理为准则而无宗教。参见［英］罗素《中国问题》，秦悦译，学林出版社 1996 年版。

⑤ 用西方的宗教学理论削足适履权量中国宗教，并不足以展现其特点，牟钟鉴先生说："我想关键问题不在于中国有没有广泛的宗教影响，而在于中国宗教与西方相比有着怎样的历史特点。我在本书里提出四个特点：宗法性强烈、皇权支配教权、多样性与包容性、注重宗教社会道德功能的人本主义精神。"牟钟鉴：《中国宗教与文化》，巴蜀书社 1989 年版，前言第 6 页。

⑥ 陈寅恪：《天师道与滨海地域之关系》，载《金明馆丛稿初编》，《陈寅恪集》，生活·读书·新知三联书店 2001 年版，第 44 页。

对汉晋六朝天师道之考察，但唐代也是一个谈神论鬼风气盛行的时代，程蔷先生说："几乎可以说，在唐代真实的社会生活之外，还与之平行的存在一个虚幻的神灵鬼怪世界，但就其对唐人实际生活（包括日常物质生活和更为精微深层的精神生活）的影响来看，它又是一个无可否定的客观存在。"① 两位先生的观点揭示出了华夏民族宗教文化心理之实质，以及受此影响而生成之士人之普遍人格特征，这在唐代表现更为突出。唐代是一个以宗法性传统宗教、佛教、道教为主体，祆教、景教、回教、摩尼教和无处不在的民间信仰为辅翼的多元宗教冲突与融合的时代，以宗教为核心的普遍知识和思想构成的文化体系，孕育了唐人普遍的社会文化心理。谈因果、话祸福、语怪异、参禅论道、交往僧道是这个时代的主体宗教精神。唐代小说创作群体，既是这个文化体系的创造者，也是普遍社会心理所化之人。他们运用笔记小说这一文学载体，深刻地展现了那个时代的社会文化心理。所以梁启超说："然吾以为人类于重英雄、爱男女之外，尚有一附属性焉，曰畏鬼神。以此三者，可以赅尽中国之小说矣。"沧血生也说："中国人之好鬼神，殆其天性，故语怪小说，势力每居优胜。"② 梁启超的论断揭示了中国古代小说所惯常展示的三大主题，即英雄情结、男欢女爱、神怪。神怪主题并不是附属于前两类题材，而是实实在在的一大类，特别是古代志怪题材的笔记小说。

第一节　佛道传播与笔记小说作者的群体人格特征

唐代宗教文化达到空前繁荣。从西域、印度传入的佛教，经过五六百年的传播，其基本教义和经典至唐代均输入中国，涌现了一批杰出的本土经师和佛教学者如玄奘、法藏、慧能等，各大佛教宗派亦得以建立传播。外来的佛教深深植根于中国传统思想和宗教基础之上，至此完成了中国化的历程，发展为独具特色的中国佛教哲学和组织制度，成为影

① 程蔷：《唐人巫术观的文学表现》，董乃斌主编《聚沙集——上海大学文学院古代文学研究论文选》，上海古籍出版社 2003 年版，第 380 页。
② 梁启超：《小说丛话》第七号（1903）、第十七号（1905），陈平原、夏晓红主编《二十世纪中国小说理论资料》第一卷，北京大学出版社 1989 年版，第 67、84 页。

响中国 1000 多年的正宗大教。本土宗教道教，借助于李唐王室的扶持也得到了很大的发展，在国家排定的三教次第中曾经数度居于佛教之上，上自帝王，下至普通士人，形成了一股合制丹药、服食求仙的社会风气。魏晋以来士林即好变异之谈，佛道二教的交替渗透更助长了变怪故事的进一步传播。参与其事者既有佛道教徒，也有文人士大夫，形成了一个以宗教为题材的小说创作群体。

一　修仙崇佛：一种文化心理的形成

（一）魏晋至隋唐道教的神仙思想和唐代社会的求仙风习

益寿延年是人类共同的愿望，长生不死更是中国古人的梦想。中国古代的道教，将人类的这种渴望突出地提升出来，认为通过一定的宗教实践达到长生不老是可能的，并为此构造了一个美妙的神仙世界来满足这种渴望。《山海经》里就有"不死之国"、"不死之药"的传说，《庄子·逍遥游》更是创造了一个"肌肤若冰雪，淖约若处子，不食五谷，吸风饮露，乘云气，御飞龙而游乎四海之外"的神人形象。[①] 作为道教神仙思想的源头，秦汉神仙方术把求仙、成仙作为炼养的目标，秦始皇和汉武帝曾大量招致方士进行求仙活动。早期道教如太平道和天师道以符水咒术为人治病，巫风浓炽，未有建立完整明晰的神仙谱系，而且作为民间秘密宗教，参与叛乱起义，是官方镇压的对象。魏晋神仙方术发展出了丹药服食、符箓厌胜、导引行气以及辟谷、房中术等方法，作为求仙登真的途径，士大夫相与传习，浸成风气。曹丕《典论》记载了三位方士："颍川郗鉴能辟谷，饵伏苓。……鉴之至，市伏苓价暴数倍。""甘陵甘始亦善行气，老有少容。……始来，众人无不鸱视狼顾，呼吸吐纳。""庐江左慈知补导之术。……左慈到，又竞受其补导之术。"[②] 服食丹药是魏晋士大夫中的流行风气，他们普遍相信通过服食和养生可以美姿容，延年益寿，但能否不死成仙，或者什么人能成仙，却有不小的怀疑和争论。针对"仙人无验"的无仙论，东晋道士葛洪（283—363）认为不见鬼神，

---

① （清）王先谦：《庄子集解》卷一，沈啸寰点校，中华书局 1987 年版，第 5 页。
② 《三国志·魏书》卷二十九《方技传》注引，中华书局 1959 年版，第 805 页。

不见仙人，并非即是世间未有仙人，神仙之理幽微玄妙，也不是耳目短浅的人所能判断的。① 不独如此，他还"抄集古之仙者见于《仙经服食方》及百家之书，先师所说，耆儒所论"，② 编成《神仙传》十卷，作为神仙实有的根据。葛洪道教神仙思想的最大贡献在于对"仙人有种论"的批判和"仙道可学"说的提出，主张人无贵贱等级，只要修炼，皆可成仙，③ 其方法大抵为内修形神、外攘邪恶，不离还丹金液、宝精行气、符箓祈禳等。东晋末年发生的孙恩、卢循叛乱，维系叛乱团体的精神动力就是神仙思想。其徒众多为贫苦百姓，号称长生人，战死者作为水仙而葬。孙恩战败势蹙赴海自沉，"妖党"妓妾从之赴死者甚众。为了避免有婴儿的妇女拖累，他们将婴儿投入水中，并说："贺汝先登仙堂，我寻后就汝。"④ 这种近乎野蛮荒诞的行为，实际是神仙思想演变为迷狂的宗教信仰的反映。

东晋南北朝时期，佛教的传播对道教的影响日益凸显，模仿佛经、改换佛家术语、吸收佛教教义成为道教解决经典缺乏、教义体系不完备问题的重要途径。在南北两地分别由道士陆修静和寇谦之展开了一场清整道教的改革活动，经过这场改革，南朝道教神仙观念出现了变化，由即身成仙的立场变为轮转成仙，济度他人成为自身修成高仙的主要条件，甚至认为这比个人的修道度世更为重要。⑤ 如灵宝派的《灵宝无量度人上品妙经》即宣扬"仙道贵生，无量度人，……罪福禁戒，宿命因缘，普受开度"。⑥ 除神仙观念的变化外，晋末南朝以来的造神运动创造了大批神灵，从而也产生了一定的混乱，至梁代道士陶弘景，网罗群神，排定

---

① 葛洪云："浅识之徒，拘俗守常，咸曰世间不见仙人，便云天下必无此事。夫目之所曾见，当何足言哉？天地之间，无外之大，其中殊奇，岂遽有限，讵老戴天，而无知其上，终身履地，而莫识其下。……况乎神仙之远理，道德之幽玄，仗其短浅之耳目，以断微妙之有无，岂不悲哉？"王明：《抱朴子内篇校释》，中华书局1985年版，第14—15页。

② （晋）葛洪：《神仙传自序》，载丁锡根编《中国历代小说序跋集》，人民文学出版社1996年版，第55页。

③ 葛洪在《抱朴子·至理》中提出："亦有以校验，知长生之可得，仙人之无种耳。"《论仙》篇云："夫求长生，诀在于志，不在于富贵也。……仙道可学的思想主要体现于《抱朴子·论仙》篇。引文详见王明《抱朴子内篇校释》，中华书局1985年版，第110、17页。

④ 《晋书》卷一〇〇《孙恩传》，中华书局1974年版，第2632—2633页。

⑤ 任继愈主编：《中国道教史》，中国社会科学出版社2001年版，第163页。

⑥ 《道藏》第1册，文物出版社、上海书店、天津古籍出版社1988年版，第5页上。

座次，其《真灵位业图》编制了一个庞大完整的神仙谱系，对后世以"三清"为至上神神系的形成具有重大意义。

延续数百年的求仙风气在唐代炽盛依然，作为统治者的帝王，特别推重神仙信仰和神仙术。唐太宗是历史上少有的明主，他对佛教与道教实行表面崇道抑佛实则"多元制衡"的宗教政策，[①] 这种控制被证明是很成功的，但晚年的太宗却服胡僧长生药，遂致暴疾，不救而亡。[②] 对生命的留恋、对死亡的恐惧以及当时风行的求仙话语，导致英武如太宗者，对长生不死也存留了最后的渴望。唐史上有名的崇佛君主武则天和宪宗皇帝，晚年无一例外期望从神仙道教求长生不死之术，后者甚至因服食丹药致死。[③] 高宗、玄宗以及嗣后的敬宗、武宗和宣宗则是有名的崇道皇帝。唐高宗曾令嵩山道士刘道合合炼还丹，道合死后，高宗营奉天宫，欲迁葬殡室，弟子开棺发现仅余一副皮囊，称言道合"尸解"仙去，高宗听后大为不悦："刘师为我合丹，自服仙去！"[④] 责其无信。武宗更是一名狂热的崇道者，好神仙异术，海内道流方士，多至辇下，他宠信道士赵归真，一任所需，驱役左右神策军三千人在内宫搬土筑造仙台，令道士七人于台上飞炼求仙，为扫除障碍还发动了著名的"会昌法难"，沉重打击了跟道教对立的佛教。[⑤] 这个后来被即位的宣宗杖杀的赵归真，因为会合炼丹药，据说"见之者无不竦敬"。[⑥] 唐代诸帝的崇道活动，是出于虔诚的宗教信仰，他们对道教神仙术的宗教情感是真诚的，所差在于虔

---

　　① 唐太宗实行"多元制衡的宗教政策"是韩昇先生的观点，参见〔日〕砺波护著，韩昇编《隋唐佛教文化》，韩昇译序，韩昇、刘建英译，上海古籍出版社 2004 年版。

　　② 事见《旧唐书》卷一四《宪宗本纪》，中华书局 1975 年版，第 431 页。

　　③ 武则天晚年好神仙，作《升中述志碑》、《升仙太子碑》、《游仙篇》等道教内容的文字，曾使用"久视"（700）这样有道教色彩的年号。又近年嵩山峻极峰发现一枚金简，上书"大周国主武曌，好真道，长于神仙，谨诣嵩高山门，投金简一通……"，是其崇道活动的实证。参见饶宗颐《从石刻论武后之宗教信仰》，载《饶宗颐史学论著选》，上海古籍出版社 1993 年版，第504—528 页；孙昌武《道教与唐代文学》，人民文学出版社 2001 年版，第 149 页。按：宪宗之死，据《旧唐书》卷一五《宪宗本纪》，当时传言为宦官陈弘志弑逆所致，文宗时以弑逆之罪杖杀陈弘志，可见此事实有。但宪宗服食丹药导致性情暴烈，是陈弘志谋逆的重要原因。

　　④ 《旧唐书》卷一九二《刘道合传》，中华书局 1975 年版，第 5127 页。

　　⑤ 日本遣唐僧圆仁《入唐求法巡礼记》对武宗的崇道活动记载最详。详参该书卷四，顾城甫、何泉达点校，上海古籍出版社 1986 年版，第 180—182 页。

　　⑥ 《列仙谭录·唐武宗朝术士》，（宋）李昉等编《太平广记》卷七四引，第 2 册，中华书局 1961 年版，第 466 页。

诚的程度。君王好道，臣下亦不逊色，诗人李白、顾况、贺知章、颜真卿、李德裕等都是有法箓的道徒，张志和、刘商、孙思邈等则成了传说中的仙人，被收入南唐沈汾《续仙传》。[①] 作为道教徒的李白，求仙游仙活动终其一生，"十五游神仙，仙游未曾歇"，[②] 他漫游四方，曾与著名道士司马承祯、吴筠、李含光等交往，被贺知章誉为"天上谪仙人"。[③] 唐末藩帅高骈好神仙，亲信吕用之、诸葛殷、张守一等人，于府第别建道院，院内建迎仙楼，日于其间授受道教法箓，谈仙论道，俨然一副神仙的派头。[④] 前蜀官僚兼道士杜光庭，致力于宣扬神仙之不虚，一生著述颇多，累撰有《神仙感遇传》十卷、《墉城集仙录》十卷、《仙传拾遗》四十卷、《王氏神仙传》五卷等神仙传记，与葛洪的《神仙传》一样，目的仍是宣扬"仙化可得，不死可学"[⑤] 的理论。

浸淫于帝王和文人士大夫中的求仙活动，以及道教的宣扬，对民间求仙狂热的形成，具有很大的刺激和诱导作用。一些并不相信神仙的士大夫，经与道士交往，亦欣然向之，如中唐宰相裴度《送毛仙翁述》言，先儒以为丹鼎神仙之道为系风捕影，本以为此言未尽其臧否，及见毛仙翁，原有的看法发生根本变化。[⑥] 裴度未必真会求仙，但对神仙之说产生认同与向往，却是可能的。世间对神仙的迷狂和成仙的渴望，导致民至赴死而不暇，甚至酿成一些悲剧。唐段成式《酉阳杂俎》卷十四云：

> 元和中，苏湛游蓬鹊山，裹粮钻火，境无遗踪。忽谓妻曰："我行山中，睹倒岩有光如镜，必灵境也，明日将投之，今与卿诀。"妻子号泣，止之不得，及明遂行。妻子领奴婢潜随之，入山数十里，遥望岩有白光，圆明径丈，苏遂逼之。才及其光，长叫一声，妻儿

---

① 李白、顾况等诗人是有法箓的道徒，参见孙昌武《道教与唐代文学》，人民文学出版社2001年版，第174—203页。沈汾《续仙传》，收入《道藏》第5册。

② （唐）李白：《感兴八首》之五，瞿蜕园、朱金城校注《李白集校注》卷二十四，上海古籍出版社1980年版，第1388页。

③ 《旧唐书》卷一九〇《李白传》，中华书局1975年版，第5053页。

④ 《旧唐书》卷一八二《高骈传》，中华书局1975年版，第4711页。

⑤ （晋）葛洪：《神仙传自序》，丁锡根编《中国历代小说序跋集》，人民文学出版社1996年版，第54页。

⑥ （清）董诰等编：《全唐文》卷五三八，中华书局影印本1983年版，第5463页上。

遽前救之，身如茧矣。有黑蜘蛛，大如钴鉧，走集岩下。奴以利刀决其网，方断，苏已脑陷而死。妻乃积薪烧其岩，臭满一山中。[1]

苏湛将黑蜘蛛巢穴错当成了神仙洞府，抛弃妻子，决然前往举身而投，命丧蜘蛛之口。再如五代王仁裕《玉堂闲话》之"选仙场"云：

> 南中有选仙场，场在峭崖之下。其绝顶有洞穴，相传为神仙之窟宅也。每年中元日，拔一人上升。学道者筑坛于下，至时，则远近冠帔，咸萃于斯，备科仪，设斋醮，焚香祝数。七日而后，众推一人道德最高者，严洁至诚，端简立于坛上。余人皆掺袂别而退，遥顶礼顾望之。于时有五色祥云，徐自洞门而下，至于坛场。其道高者，冠衣不动，合双掌，蹑五云而上升。观者靡不涕泗健羡，望洞门而作礼。如是者年一两人。次年有道高者合选，忽有中表间一比丘，自武都山往与诀别。比丘怀雄黄一斤许，赠之曰："道中唯重此药，请密置于腰腹之间，慎勿遗失之。"道高者甚喜，遂怀而升坛。至时，果蹑云而上。后旬余，大觉山岩臭秽。数日后，有猎人，自岩旁攀缘造其洞，见有大蟒蛇，腐烂其间，前后上升者，骸骨山积于巨穴之间。盖五色云者，蟒之毒气，常呼吸此无知道士充其腹。哀哉！[2]

神仙窟原来是蟒蛇洞，那些"登仙"的道士可悲地作了蟒蛇的果腹之物而浑然不觉，实在可悲可叹。这两则故事的基本精神在于对当时盲目的求仙活动持否定态度，表明作者已经认识到民间和道徒宣扬的成仙说的无知和虚妄。段成式（803？—863）和王仁裕（880—956）分别生活在中唐和晚唐五代，史籍并无二人崇仙的记载；段著《酉阳杂俎》是一部博物体志怪小说集，王著《王氏见闻集》、《玉堂闲话》亦是载记怪异杂事的笔记小说集，可见好奇尚怪是两人的共同特征。正如李剑国先生评

---

[1]　（唐）段成式：《酉阳杂俎》卷十四，《唐五代笔记小说大观》，上海古籍出版社 2000 年版，第 664 页。

[2]　《太平广记》卷四五八，中华书局 1961 年版，第 3749—3750 页。

价王氏著作时所言："宦中奇闻，委巷野语，广收博取，必欲为赏心娱目之具。"① 所以他们对道教的态度不同于虔诚狂热的信徒，能够以较为清醒的态度加以审视。

这两则故事均出现在唐五代，说明这个时期求仙之风盛行的同时，针对道教神仙说的怀疑也出现了。这与魏晋的怀疑论有所不同。葛洪的时代，否定论者立足于儒家传统经典没有记载、神仙无验，对神仙可成说表示怀疑。而唐五代对神仙的怀疑则出于对修仙实践失败的反思，文人对神仙敬畏之心逐渐淡去。唐太宗服胡药不救一事，对后代君臣触动很大，成为清醒的臣工劝诫迷狂的君王引以为戒的典型。唐宪宗曾问宰臣神仙之事，李藩即引太宗事和秦始皇、汉武帝求仙不验以及古诗"服食求神仙，多为药所误"加以劝诫："君人者，但务求理，四海乐推，社稷延永，自然长年也。"② 值得注意的是，司马承祯、吴筠等著名道士也曾如此讽喻唐睿宗和唐玄宗。睿宗召司马承祯问以阴阳术数，承祯以异端相谕，认为自然无为才是治国之道。吴筠本是儒生，和司马承祯一样，师事著名道士潘师正，曾著《神仙可学论》，③ 唐玄宗慕其名，遣使征之，问以神仙修炼之事，吴筠说："此野人之事，当以岁月功行求之，非人主之所宜适意。"其与朝臣、僧道列坐，所言亦多为名教世务。④ 为何"野人"可修的仙道，帝王却不宜措意？吴筠说，修仙是一个长久而艰苦的过程，日理万机的帝王，没有时间精力从事此事。这样的态度是明智的，也是远祸避害的良法。司马承祯和吴筠后均固请还山，不愿逗留堂庙之间，即使身在朝堂，也绝口不谈神仙之事，实在耐人寻味。他们的态度对周宋时的华山隐士陈抟和元蒙时的长春真人丘处机影响颇大，史载后周世宗柴荣从陈抟问飞升黄白之术，抟谓人主为四海之主，当专意致治天下，未可留意此途。⑤《宋史》本传亦载陈抟对宰相宋琪不言黄白方术，

① 李剑国：《唐五代志怪传奇叙录》，南开大学出版社1993年版，第1115页。
② 《旧唐书》卷一五《宪宗本纪》，中华书局1975年版，第431—432页。
③ （唐）吴筠：《神仙可学论》，《全唐文》卷九二六，中华书局影印本1983年版，第9649—9652页。
④ 《旧唐书》卷一九二《司马承祯传》、《吴筠传》，中华书局1975年版，第5127—5130页。
⑤ （宋）王偁：《东都事略》卷一一八《陈抟传》，《四库全书》史部·别史类，台北商务印书馆影印文渊阁本1983年版，第382册，第769页下。

并诫曰："假令白日冲天，亦何益于世？今圣上龙颜秀异，有天人之表，博达古今，深究治乱，真有道仁圣之主也。正君臣协心同德，兴化致治之秋，勤行修炼，无出于此。"① 成吉思汗晚年想向丘处机求教治国之道和炼养长生术，丘处机乘机以道家清静寡欲、敬天爱民、好生戒杀之旨讽谕，深得成吉思汗礼敬。② 吴、陈、司马、丘处机等人在道士的躯壳下，包蕴的却是传统士人的济世情怀。

道士阶层的分化导致唐代神仙观念的世俗化转向，司马承祯"神仙亦人"说③的提出，标志着神仙观念的重大转变，仙、人悬隔被打破，神仙不再那么高不可攀，而是更加接近现实人生，随机应现，混迹人间。南唐沈汾说："大哉神仙之事，灵异罕测……及其成也，千变万化，混于人间，或藏山林，或游城市，其飞升者多往海上诸山。积功已高，便为仙官，卑者犹为仙民。"④ 许多道士和普通人一样往来于士林文坛，所不同的是他们带有神仙的光环。司马承祯、吴筠、张果在唐代就被当成修道的道士，又是得道的神仙，特别是张果，真正被当作神仙来看待。《旧唐书·方伎传》有张果传，其人多有仙术，神秘莫测，玄宗曾以多种方式试验其术，结果证明是"真仙"，因赐号"通玄先生"。⑤ 神仙观念的转变导致修仙实践更加简易化。杜光庭提出"资师秘诀，证自我心"，"我命在我，长生自致"，主张秉承师授，发心自悟，即可长生成仙。⑥ 这样无疑扩大了可修成仙者的基础，通往仙界的大门向普通人打开了。"地仙"、"谪仙"观念的流行，和"神仙"作为人物风范姿仪品评标准的广泛使用，是这一变化趋势的

---

① 《宋史》卷四五七《陈抟传》，中华书局 1977 年版，第 13421 页。

② 《元史》卷二○二《丘处机传》，中华书局 1976 年版，第 4524—4525 页。

③ 司马承祯在《天隐子·神仙》中说："人生时禀得虚气，精明通悟，学无滞塞，则谓之神。宅神于内，遗照于外，自然异于俗人，则谓之神仙。故神仙亦人也。"《道藏》第 21 册，文物出版社、上海书店、天津古籍出版社 1988 年版，第 699 页。

④ （南唐）沈汾：《续仙传序》，载（宋）张君房编《云笈七签》卷一一四，李永晟点校，中华书局 2003 年版，第 2480—2481 页。

⑤ 《旧唐书》卷一九一《张果传》，中华书局 1975 年版，第 5106—5107 页。

⑥ （五代）杜光庭：《墉城集仙录叙》，载《云笈七签》卷一一四，李永晟点校，中华书局 2003 年版，第 2526 页。

必然结果。① 世俗化是唐代神仙观念出现的新变化，但这并不意味着神仙信仰的低落，访道求仙依然是普遍的社会风习，成仙飞升依然是道徒的宗教追求。

（二）唐五代僧俗的崇佛心理与宗教实践

佛是梵文、巴利文 buddha 的音译，意指觉悟了真理的人，也就是具足自觉、觉他、觉行圆满，如实知见一切法之性相，成就等正觉之大圣者。隋慧远《大乘义章》说："既能自觉，复能觉他，觉行圆满，故名为佛。"② 佛教传入中国，无论佛学理论还是信徒的修行实践，均得到了长足的发展。

汤用彤先生说："佛学本身包含理论和宗教两个方面。理论便是所谓哲理，用佛学名词说是智慧。同时佛教本为宗教，有种种仪式信仰的对象，像其他宗教所供奉的神，以及有各种工夫如坐禅等等。"③ 美国宗教心理学家威廉·詹姆士也认为宗教的感情和体验是宗教的源泉，哲学和神学是次起产品。④ 中国普通民众所重视的是宗教实践，而不是宗教理论，是宗教礼仪而不是宗教教义，复杂而烦琐的宗教哲学和神学，对普通信徒的吸引力并不很大，他们更希望通过虔诚的信仰和修行获得心灵的慰藉和灵魂的解脱。葛兆光先生将古代文士的宗教经验概括为"体验自心的感受"和"对期待中的神祇、神灵及神话的幻想"两种途径。⑤ 与道教主要强调个人的修道成仙不同，佛教要求僧俗虔诚礼敬供养佛、法、僧三宝，从而获得佛法的护佑、摆脱生死轮回、消灾弭祸、祛邪扶正，甚至成佛。

佛教对中土信众的最大的吸引力在于它的因果报应理论，所谓"谈

---

① 唐代士林常用"神仙"品评时人，如沈既济传奇《任氏传》形容任氏之美"秾艳如神仙"，蒋防《霍小玉传》中鲍十一娘称小玉"有一仙人，谪在下界"，元稹《莺莺传》写莺莺"且疑神仙之徒，不谓从人间至矣"。参见汪辟疆《唐人小说》，上海古典文学出版社 1955 年版，第 44、77、137 页。

② （隋）慧远：《大乘义章》卷二十，《大正藏》第 44 册，第 864 页下。

③ 汤用彤：《隋唐佛学之特点——在西南联大讲演》，载《汤用彤选集》，天津人民出版社 1995 年版，第 177 页。

④ ［美］威廉·詹姆士：《宗教经验之种种——人性之研究》，唐钺译，商务印书馆 2002 年版，第 28 页。

⑤ 葛兆光：《中国宗教与文学论集》，清华大学出版社 1998 年版，第 28—29 页。

无常，则令心形战慄；语地狱，则使怖泪交零。征昔因，则如见往业；核当果，则已示来报。谈怡乐，则情报畅悦；叙哀戚，则洒泪含酸。于是合众倾心，举堂恻怆。五体输席，碎首陈哀。各各弹指，人人唱佛。"①对业因造作可能导致的果报的畏惧感、忏悔时的罪恶感、相信佛陀慈悲济度的依赖感和安宁感交织在一起，这种宗教情感是真实可信的。贞观十五年（641）五月十四日，唐太宗幸弘福寺为穆太后追福，亲制愿文，云："惟以丹诚，归依三宝，谨于弘福道场奉施斋供，并施净财，以充檀舍，用其功德，奉为先灵。愿心悟无生，神迁妙喜，策绀马以入香城，蹑金阶而升宝殿；游玩法乐，逍遥净土；永荫法云，常喰甘露，疾证菩提，早登正觉，六道四生并同斯愿。"②穆太后为太宗生母，太宗亲制愿文追福，冀其往生福乐的诚挚宗教情感当不容置疑，其作为普通信众也有虔诚真实的一面，不能因为他曾以政治手段干预佛教而加以否认。③当时士民崇佛的宗教行为由太宗时的太史令傅奕的批评言辞可见一斑："其有造作恶逆，身坠刑网，方乃狱中礼佛，口诵佛经，昼夜忘疲，规免其罪。"④刑徒如此，军将亦然。五代马楚武清军节度使周行逢，崇信释氏，常设大会斋，每缁徒毕集，行逢遍拜之，捧槭执帨，亲侍澡洗，因谓左右曰："吾杀人多矣，不假佛力，何以解其冤报乎！"⑤神迹感应是佛教吸引信众的又一手段。史载唐太宗曾责问太史令傅奕："佛教玄妙，胜迹可师，且报应显然，屡有征验，卿独不悟其理，何也？"⑥"胜迹可师"即言此也。唐玄宗开元二十五年（737）右散骑常侍徐彦伯为三朝名僧万回撰《万回神迹记碑》，备述其神异。欧阳修评论此事曰："玄宗英伟之主，彦

---

① （梁）慧皎：《高僧传》卷十三，汤用彤校注，中华书局1992年版，第178页。

② （唐）道宣：《集古今佛道论衡》卷丙，《大正藏》第52册，第385页下—386页上。

③ 太宗贞观十一年曾敕令道士僧后，至此幸荐福寺谕群僧曰："凡有功德并归寺家……朕敬有处，所以尽命归依，师等宜悉朕怀。"可见其对佛教的信仰是真实的。唐道宣：《集古今佛道论衡》卷丙，《大正藏》第52册，第386页上。

④ 《旧唐书》卷七九《傅奕传》，中华书局1975年版，第2715页。

⑤ （宋）路振：《九国志》卷十一，载《笔记小说大观》，台北新兴书局有限公司1983年版，第22编，第1册，第529页。

⑥ 《旧唐书》卷七九《傅奕传》，中华书局1975年版，第2717页。按：《旧唐书》本传言，傅奕答语有"于百姓无补，于国家有害"，太宗颇然其说，但（宋）志磬《佛祖统纪》卷三十九却载太宗深恶其言。见《大正藏》第49册，第363页上、中。

伯当时名臣也,而君臣相与尊称述之如此,欲使庸愚之人,不信不惑,其可得乎?"① 可见其风气之盛。

原始佛教的修证通过修行八正道获得解脱,大乘佛教成佛之法门有布施、持戒、忍辱、精进、禅定、智慧六途,合称"六波罗蜜"、"六度",② 菩萨修此六法,自利利他,到达涅槃之彼岸,故称六波罗蜜。"菩萨"一词本由佛弟子用来专指成佛之前的释迦牟尼,从历史上来看,释迦牟尼在证道之前,经过了艰苦卓绝的修行和参悟经历,所以"菩萨"是对释迦牟尼求道生涯的总结。由此在大乘佛教中自然引申出菩萨是佛位的继承者的观念,所以又称"法王子"。大乘佛教贬低声闻、缘觉二乘,尤为推重菩萨一乘,所以受到帝王臣下的特别青睐。隋文帝从昙延法师受菩萨戒,隋炀帝在藩时,从天台智者大师受菩萨戒。③ 唐太宗也曾受菩萨戒,废太子承乾亦曾从沙门法常受菩萨戒。④ 高宗永徽二年(651),刺史贾敦颐、李道裕、杜正伦、萧锐等从玄奘法师受菩萨戒。⑤ 以君王臣工亲受法戒,亦即昭示了佛教的隆兴,此事对民众的启示引导意义亦可想见。

历代帝王臣民的崇佛活动,不外乎布施、斋戒、禅修几途。唐代佛教的兴盛,在社会上刮起一股斋僧、念佛、写经、造像、建寺的浪潮,形成了普遍的崇佛心理和风气。唐高祖李渊父子太原起兵反隋之前,沙门道士均未放过这个难得的护教弘法的机会。沙门景晖尝记高祖当承天命,代隋自立,故高祖立国,特为立胜业寺。⑥ 尽管唐初实行崇道抑佛的

---

① (宋) 欧阳修:《集古录跋尾》卷六,参见欧阳棐《集古录目》卷六《万回神迹记》,具载《历代碑志丛书》,江苏古籍出版社 1998 年版,第 1 册,第 66、150 页。

② 参见《大品般若经》卷一《序品》、《菩萨地持经》卷一、卷十、《六度集经》、《大般若经》卷五七九至卷六○○、《大乘理趣六波罗蜜多经》卷五至卷十、《大智度论》卷十一至卷十八、《大乘庄严经论》卷八、《法界次第初门》卷下之上。

③ (唐) 道宣:《集古今佛道论衡》卷丙,《大正藏》第 52 册,第 379 页中。

④ (唐) 道宣:《集古今佛道论衡》卷丙载,贞观十五年(641)太宗为太穆皇后追福,手制愿文自称"皇帝菩萨戒弟子稽首和南十方诸佛菩萨圣僧天龙大众"。《大正藏》第 52 册,第 385 页下。太子承乾受戒事见《续高僧传》卷十五《法常传》,《高僧传合集》,上海古籍出版社 1991 年版,第 220 页下。

⑤ (唐) 慧立、彦悰:《大慈恩寺三藏法师传》卷七,孙毓堂、谢方点校,中华书局 2000 年版,第 158 页。

⑥ (唐) 道宣:《续高僧传》卷二十六《法周传》,《高僧传合集》,上海古籍出版社 1991 年版,第 347 页上。

基本宗教政策，但丝毫没有影响佛教在士大夫中的广泛传播，以致"搢绅门里，翻受秃丁邪戒；儒士学中，倒说妖胡浪语"，[①] "始波涌于闾里，终风靡于朝廷"。[②] 唐代僧尼及寺院的数量和规模迅速扩张，贞观二十二年，"海内寺三千七百一十六所"；[③] 开元末，全国佛寺增至五千三百五十八所，并成为唐代寺院定额。[④] 唐武宗会昌五年（845）灭法时，检括毁拆天下佛寺四千六百余所，招提兰若四万余所，收膏腴上田数千万顷，还俗僧尼二十六万余人，收奴婢十五万人，平均十九点五户一名僧人，一千零七十七户一座寺院。[⑤] 规模着实不小。

　　一些狂热的僧俗信众甚至效法佛经"舍身饲虎"、"割肉贸鸽"的说教，以身饲蚊，炼指烧顶，断残肢体，刺血写经，不一而足。宪宗元和十四年（819），遣中使迎凤翔法门寺佛牙入大内，留禁中三日，然后送京城佛寺。王公士庶，奔走施舍，唯恐在后，百姓有废业破产、烧顶灼臂而求供养者。[⑥] 懿宗咸通十四年（873）再迎佛骨为万姓祈福，史载天雨黄土遍地；四月八日佛牙至京，自开远门达安福门，彩棚夹道，念佛之声动地。[⑦] 文宗太和元年（827），随州大洪山沙门善信认为种种供养不若以身供养佛，乃断左右足而入涅槃，山南节度使崔公遣官修供，以金泥傅其身，文宗闻之，赐所居为幽济院，自是诸郡有祷，灵响验然。[⑧] 以

---

　　① 太史令傅奕攻击佛教的恶毒语言，虽有失雅训，然所言盖为实情。语见唐法琳《破邪论》卷上，《大正藏》第52册，第475页下—476页上。

　　② 贞观十一年（637）唐太宗诏语，载（唐）道宣《集古今佛道论衡》卷丙，《大正藏》第52册，第382页下。

　　③ （唐）慧立、彦悰：《大慈恩寺三藏法师传》卷七，孙毓堂、谢方点校，中华书局2000年版，第153页。

　　④ 《旧唐书》卷四三《职官志二》"祠部"条"凡天下寺有定数"夹注："诸州寺总五千三百五十八所，三千二百三十五所僧，二千一百二十二所尼。"《旧唐书》卷四三，中华书局1975年版，第1831页。

　　⑤ 《资治通鉴》卷二四八载唐武宗会昌五年全国户数："是岁天下户四百九十五万五千一百五十一。"同卷谓："祠部奏括天下寺四千六百，兰若四万，僧尼二十六万五百。"《资治通鉴》卷二四八，中华书局1956年版，第8021、8015页。《新唐书》卷五二《食货志》同。另据日僧圆仁《入唐求法巡礼行记》卷四记载，会昌五年灭法，黄河以北镇、幽、魏、潞等四节度未奉令行事，"佛法之事，一切不动之"。[日]圆仁：《入唐求法巡礼行记》卷四，上海古籍出版社1986年版，第196页。

　　⑥ 《旧唐书》卷一六〇《韩愈传》，中华书局1975年版，第4198页。

　　⑦ 《旧唐书》卷一九《懿宗本纪》，中华书局1975年版，第683页。

　　⑧ （宋）志磐：《佛祖统纪》卷四十二，《大正藏》第49册，第385页上。

身供养亦能生发出鄙俗之事，五代孙光宪《北梦琐言》"大轮咒术"云，陵州贵平县牛鞞村民有周达者，贩鬻大轮咒术，"一旦沸油煎其阴，以充供养，观者如堵，或惊或笑。初自忘痛，寻以致殂也"。① 这种极端化的供养行为实为对佛法之亵渎，乃奉法之末流耳。赞宁《宋高僧传·遗身篇》中的以身充供养的唐代僧人，有汾州僧藏以身饲蚊、五台山无染炼指焚身、京兆束草师束蒿焚身、南岳行明以身饲虎等。② 读之惊心，然行其事者果决欣然，闻其事者称叹礼敬，均有一定的社会接受心理为支撑。也正是社会的同情、肯定乃至赞许，营造了这种氛围，与其说这些舍身供佛的人是为了打动佛并获得护佑，不如说是为了赢得社会的认可和积极评价，达到自我实现的目的。但后周世宗则不能接受此种行为，显德二年（955）裁汰佛法，诏文有："僧尼俗士，自前多有舍身、烧臂、炼指、钉截手足、带铃挂灯，诸般毁坏身体，戏弄道具、符禁左道、妄称变现、还魂坐化、圣水圣灯妖幻之类，皆是聚众眩惑流俗，今后一切止绝。"③ 如同佛法废而复兴一样，这种断残肢体供养佛祖的行为在中国佛教史上从未断绝，甚至在封建社会后期受到官方的特别旌表。①

念佛也是佛教修行的法门。原始佛教的念佛，"忆念"佛陀十号，即"忆念"佛陀的功德及智慧，共有十种：一、如来；二、应供（阿罗汉）；三、正遍知；四、明行足；五、善逝；六、世间解；七、无上士；八、调御丈夫；九、天人师；十、佛世尊。这十种名号是要让信徒能时时刻刻忆念佛陀的功德、他的伟大精神、智慧与教义言说，这就是原始佛教的念佛。⑤ 大乘佛教净土信仰及《念佛三昧经》等的流行，念佛由念本师释迦牟尼佛演变为念颂阿弥陀佛和弥勒佛，以为称念佛名，即可解脱往生极乐净土。中国人的宗教信仰更多情况下是"临时抱佛脚"，⑥ 唐河东

---

① （五代）孙光宪：《北梦琐言》，贾二强点校，中华书局2002年版，第417页。

② （宋）赞宁：《宋高僧传》卷二十三，范祥雍点校，中华书局1987年版，第583—591页。

③ 《旧五代史》卷一一五《周书·世宗纪》，中华书局1976年版，第1530页。

④ （清）贾汉复《河南通志》卷六十八："李之凤妻赵氏，汝阳人，姑病剐股疗之，夫病燃指祈代，事闻，旌异之。"《四库全书》史部·地理类·都会郡县之属，第538册，第278页上。

⑤ 《大智度论》卷二、卷二十一、《大乘义章》卷二十末。

⑥ 北宋文学家欧阳修评论唐武宗毁佛崇道动机时所言，有助于我们理解古人的信仰本质："余尝谓佛言无生，老言不死，二者同出于贪，信矣。"说明贪生恶死，是世俗人崇佛信道的根本原因。欧阳修：《集古录跋尾》卷九《唐会昌投龙文》，《历代碑志丛书》第1册，第90页。

僧衔，"恐寿将终，日夜礼佛一千拜，念弥陀佛八百万遍"，得往生西方。① "安史之乱"后期，肃宗即位，奉佛，"时供奉僧在内道场晨夜念佛，动数百人，声闻禁外"。② 代宗每逢夷狄入寇，"必合众僧沙门诵《护国仁王经》为禳厌"，侥幸遇到敌人退兵，以为全凭佛陀之助，于是"横加赐与，不知纪极"。③ 念佛之风在民间也颇为盛行，《旧唐书·高元裕传》：文宗开成四年，"蓝田县人贺兰进与里内五十余人相聚念佛，神策镇将皆捕之，以为谋逆，当大辟。元裕疑其冤，上疏请出贺兰进等付台覆问，然后行刑，从之"④。贺兰进的罪名在于"聚众"，并非念佛之过。除念佛外，持诵佛经也是重要的读诵修持方法，最为普遍的是《金刚经》、《法华经》、《心经》等。禅宗兴起后，不立文字，直指人心，明心见性，反对读诵佛经，称念佛名，甚至否定基本的禅定修行。白居易《戏礼经老僧》："香火一炉灯一醆，白头夜礼佛名经。何年饮著声闻酒，直到如今醉未醒?"⑤ 韦庄《赠礼佛名者》："何用辛勤礼佛名，我从无得到真庭。寻思六祖传心印，可是从来读藏经。"⑥ 二人均反对称念佛名，认为此乃声闻小乘，兹不赘述。

唐代诗人独孤及言："中国之有佛教，自汉孝明始也，历魏、晋、宋、齐，施及梁武，言第一义谛者，不过布施持戒，天下惑于报应，而人未知禅，世与道交相丧。"⑦ "人未知禅"的说法略显绝对，在佛学修养较高的士大夫和佛教僧人中，通过禅修体悟佛法还是比较盛行的，《高僧传》即有"习禅篇"。禅宗兴起后，布施持戒在唐代依然盛行，如白居易，其本人有炼丹崇道的经历，但他更是一个佛教徒，其三长月（一、五、九月）持八关斋戒的情形被他的好友刘禹锡用诗歌记载了下来：

---

① （宋）赞宁：《宋高僧传》卷二十四，范祥雍点校，中华书局1987年版，第614页。
② 《旧唐书》卷一——《张镐传》，中华书局1975年版，第3327页。
③ 《新唐书》卷一四五《王缙传》，中华书局1975年版，第4716页。
④ 《旧唐书》卷一七一，中华书局1975年版，第4452页。
⑤ 朱金城笺注：《白居易集笺注》卷三五，上海古籍出版社1988年版，第2386页。
⑥ （清）彭定求等编：《全唐诗》卷六九六，第20册，中华书局1960年版，第8016页。
⑦ 独孤及：《舒州山谷寺觉寂塔隋故镜智禅师碑铭并序》，《全唐文》卷三九〇，中华书局影印本1983年版，第3973页下。

一月长斋戒，深居绝迎送。不离通德里，便是法王城。举目皆
僧事，全家少俗情。精修无上道，结念未来生。宾阁田衣占，书堂
信鼓鸣。戏童为塔像，啼鸟学经声。黍用青菰角，葵承玉露烹。马
家供薏苡，刘氏饷芜菁。暗网笼歌扇，流尘晦酒铛。不知何次道，
作佛几时成？

可见斋戒期间需断除一切世俗活动。刘禹锡调笑白傅深居简出，摒绝俗
情，自苦如是，何日方能成佛，白居易答诗云："禅后心弥静，斋来体
更轻。不唯忘肉味，兼拟减风情。蒙以声闻待，难将戏论争。虚空若有
佛，灵运恐先成。"① 三长月斋戒祈福避祸无疑是白居易修行的重要原
因，但也可看出，以白傅为代表的唐代文人居士崇佛，非真想成佛，而
是以之为一种生活方式，或者说生活时尚。白居易在《病中诗十五首
序》中言："余早栖心释梵，浪迹老庄，因疾观身，果有所得。何则？
外形骸而内忘忧患，先禅观而后顺医治。旬月以还，厥疾少间，杜门高
枕，澹然安闲。"② 可见其目的在于以斋戒禅观为修身养性、祛病健体
的方法。斋戒期满，很快恢复平日的官宦生活，"持斋已满招闲客，理
曲先闻命小娃"。③ 成佛对士大夫来说，目标过于宏大，故而并非其终
极追求。《世说新语·排调》："何次道往瓦官寺礼拜甚勤。阮思旷语之
曰：'卿志大宇宙，勇迈终古。'何曰：'卿今日何故忽见推？'阮曰：
'我图数千户郡，尚不能得；卿乃图作佛，不亦大乎！'"④ 刘禹锡"不知
何次道，作佛几时成"，即用此典，所以说，唐代文人崇佛，乃一种文化
心理使然。

美国文化人类学家克利福德·格尔茨说："在宗教信仰和实际中，一
个群体的气质被认为是合理的，因为它代表了一种生活方式，其在观念

---

① 刘禹锡：《乐天少傅五月长斋广延缁徒谢绝文友坐成睽间因以戏之》，白居易《酬梦得以
予五月长斋延僧徒绝宾友见戏十韵》，上引刘禹锡与白居易诗出陶敏、陶红雨《刘禹锡全集编年
校注》卷十一，岳麓书社 2003 年版，第 697—699 页。
② 朱金城笺注：《白居易集笺注》卷三五，上海古籍出版社 1988 年版，第 2386 页。
③ 刘禹锡：《和乐天斋戒月满夜对道场偶怀咏》，诗开成元年十月作，朱金城笺注《白居易
集笺注》卷三五，上海古籍出版社 1988 年版，第 645 页。
④ 徐震堮：《世说新语校笺》，中华书局 1984 年版，第 428 页。

上适应了世界观所描述的事物的实际情况，而世界观具有情感上的说服力，因为它被看成是事物的实际情况的意象，它特别安排为适合这样一种生活方式。"① 佛教对彼岸世界的描述，它的因果报应理论，很快扎根于中土文化土壤之中，成为文人士大夫和普通民众精神文化生活的一部分；它与本土宗教道教的神仙理论和实践冲突激荡而又相互包容，形成了古代社会修仙崇佛的普遍文化心理，而这种文化心理又对民众的言行起了推动诱导作用。心理学家也认为，人的行为不仅仅是由内部驱力所激发的，行为还由诱因即外部的刺激（incentive）所驱使。② 所以说，长生久视、渴求美好生活的愿望与修仙崇佛的社会文化心理，共同规制了唐人的宗教行为，使得他们游离于仙佛两途，亦仙亦佛，白居易即典型代表。这种文化氛围孕育的小说创作群体，既有法海这样的佛教僧侣，也有萧瑀、唐临、卢求这样的士大夫兼佛教徒；既有蔡伟、张氳、改常、杜光庭这样的道士，也有贺知章、王方庆、沈汾这样的士大夫兼道徒，而更多的则是戴孚、薛用弱、郑怀古、段成式、张读这样混同三教、往还佛道的官僚士大夫。③ 他们共同繁荣了唐五代笔记小说创作。

二　亦庄亦怪：创作主体的双重人格表征

亦仙亦佛的文化心理的出现，与中国古代士大夫的群体人格特征不无关系。夏商周三代，原始宗教演变为以宗法血缘为基础的宗法性传统宗教，这个时期，王权受教权的节制和约束，天命和上帝对三代的社会政治影响深远。春秋时期孔子的出现，以及孔门学说在汉代成为官方主

---

① ［美］克利福德·格尔茨：《文化的解释》，韩莉译，译林出版社 1999 年版，第 110 页。

② ［美］理查德·格里格、菲利普·津巴多：《心理学与生活》，王垒、王甦译，人民邮电出版社 2003 年版，第 326 页。

③ 法海撰《报应传》三卷；萧瑀撰《般若经灵验》、唐临撰《冥报记》二卷，卢求《金刚经报应记》三卷；蔡伟撰《后仙传》、张氳撰《神仙传》二十卷，改常撰《续仙传》、杜光庭撰《神仙感遇传》、《录异记》、《墉城集仙录》各十卷；贺知章撰《孝德传》、王方庆撰《王氏神通记》、《神仙后传》各十卷，沈汾撰《续仙传》三卷；戴孚撰《广异记》二十卷，薛用弱撰《集异记》三卷，郑怀古撰《博异志》三卷，张读撰《宣室志》十卷，段成式撰《酉阳杂俎》三十卷。当然，佞佛任道之风也产生了陆长源这样的反思佛道的正统士大夫，其撰《辨疑志》三卷，专力驳斥僧道法术神通的虚妄。参见李剑国《唐五代志怪传奇叙录》，南开大学出版社 1993 年版；程毅中《唐代小说史》，人民文学出版社 2003 年版。

流思想体系，渐进地改变了这种局面，王权一跃而凌驾于教权之上，对后世封建王朝的宗教观念产生了深远影响，并深刻地规制了中国文人士大夫的人格特征。

儒家学说是以经世致用、重人伦道德为精神特质的人本主义思想体系，对鬼神和彼岸世界的关注远不及对世务人伦的关注。据《论语》记载，孔子的弟子季路向孔子请教鬼神生死问题，子曰"未能事人，焉能事鬼"、"未知生，焉知死"（《先进》），① 显示了强烈的经世济民精神。孔子对怪力乱神的基本态度是"不语"，② 其学说体系以人为本，对其所不能言知的超自然的鬼神之事采取多闻阙疑之态度："君子于其所不知，盖阙如也。"（《子路》）"务民之义，敬鬼神而远之，可谓知矣。"（《雍也》）③ 真正理解孔子的是宋人章炳文、陆九渊和明人都穆。章炳文说："孔子不语怪力乱神，非不识不知也，特以无补于教化耳。"④ 陆九渊云："'子不语怪、力、乱、神'，只是'不语'，非谓'无'也。若'力'与'乱'分明是有，'神'、'怪'岂独无之？"⑤ 都穆言："《论语》记子不语怪，怪固未尝无也，圣人特不语以示人耳。"⑥ 这说明他们也认识到孔子是承认鬼神的，之所以敬鬼神而不语，是因为孔子没打算以"鬼道"化人，其学说的本质是"人道"。⑦ 鬼神祭祀是以鬼神存在为前提的，如果否定鬼神，祭祀的意义便不复存在，《墨子·公孟》："执无鬼而学祭礼，是犹无

---

① 杨伯峻：《论语译注》，中华书局 1980 年版，第 113 页。

② 《论语·述而》："子不语怪，力，乱，神。"杨伯峻：《论语译注》，中华书局 1980 年版，第 72 页。

③ 杨伯峻：《论语译注》，中华书局 1980 年版，第 133、61 页。

④ （宋）章炳文：《搜神秘览序》，丁锡根编《中国历代小说序跋集》，人民文学出版社 1996 年版，第 87 页。按：为便于通检，除个别例外，本书所引小说序跋均采自此书及黄霖、韩同文选注《中国历代小说论著选》，江西人民出版社 2000 年版。

⑤ （南宋）陆九渊：《象山先生集》卷三四《语录》，转引自钱钟书《管锥编》，中华书局 1986 年版，第 4 册，第 1253 页。

⑥ （明）都穆：《跋博物志》，丁锡根编《中国历代小说序跋集》，人民文学出版社 1996 年版，第 37 页。

⑦ "人道"一词来自清人袁枚《新齐谐序》："怪力乱神，子所不语。……盖圣人教人'文行忠信'而已，此外则'未知生，焉知死'，'敬鬼神而远之'，所以立人道之极也。"说明孔子的学说重在人，这与鬼道背道而驰，所以子不语鬼道。序文参见丁锡根《中国历代小说序跋集》，人民文学出版社 1996 年版，第 155 页。

客而学客礼也，是犹无鱼而为鱼罟也。"① 孔子言"祭如在，祭神如神在"
（《八佾》）、"非其鬼而祭之，谄也"（《为政》），② 从宗教体验的角度要求
祭祀者心存鬼神，且要合乎礼仪。《论语·述而》载，孔子病重，子路请
求祈祷，并引谏文所言"祷尔于上下神祇"以说服孔子，孔子曰："丘之
祷久矣。"③ 另据《国语·鲁语下》载孔子语云："山川之灵，足以纪纲天
下者，其守为神。"④ 还是承认神的存在的。孔孟之道相信"天"、"命"，
孔子本人曾言"获罪于天，无所祷也"（《八佾》），"死生有命，富贵在
天"（《颜渊》），"道之将行也与，命也；道之将废也与，命也"（《宪
问》）。⑤ 这里的"天"是人生祸福和命运的最高主宰，具有人格神的特
征。孟子眼中的天更加高远，天、人之间有百神，他认为人君祭祀时，
神明享祭实际是天接受了祭供："使之主祭，而百神享之，是天受之。"
（《万章上》）他把一切非人力所为或所能解释的现象归之于"天"或
"命"："莫之为而为者，天也；莫之致而至者，命也。"（《万章上》）⑥ 总
而言之，孔子生活在特定的时代，难以超越这个时代的鬼神祭祀风习，
但因言谈鬼神与他的人本主义思想体系和政治理想相悖，他才认为一个
聪明的人应当敬鬼神而远之，并将天命抬高居于无上之地位。远鬼神、
畏天命是其思想体系的宗教特征。

　　孔子关乎鬼神之事的暧昧态度给后世造成极大的麻烦，埋下了冲突
争议的种子。文人士大夫秉承圣师的言教，以修齐治平为安身立命之准
的，重名教世务，以妄谈鬼神为耻。司马迁作《大宛列传》，对《禹本
纪》、《山海经》的怪诞内容即采取阙疑回避的态度："《禹本纪》、《山海
经》所有怪物，余不敢言之也。"⑦ 然而，好生恶死乃人类天性，对来生

---

　　① 《墨子·公孟》，（清）孙诒让《墨子间诂》卷十二，孙启治点校，中华书局2001年版，
第457页。

　　② 杨伯峻：《论语译注》，中华书局1980年版，第27、22页。

　　③ 同上书，第76页。

　　④ 徐元诰：《国语集解》，王树民、沈长云点校，中华书局2002年版，第202页。

　　⑤ 杨伯峻：《论语译注》，中华书局1980年版，第27、125、157页。

　　⑥ 杨伯峻：《孟子译注》，中华书局1960年版，第219、222页。

　　⑦ 《史记》卷一二三《大宛列传》，中华书局1959年版，第3179页。按：清阮元《山海经
笺疏序》认为此与史家实录精神有关："司马子长于山经怪物，不敢言之，史家立法之严，固宜
耳然。"丁锡根：《中国历代小说序跋集》，人民文学出版社1996年版，第22页。

的关怀是世界民族的普遍心理，作为正统思想的"不语怪力乱神"的儒家文化和作为国家民族宗教的宗法性传统宗教，均未能很好地解决人的生死问题，只是通过"不孝有三，无后为大"这种特别强调血缘延续的文化和朦胧不成体系的鬼神观念来让一个人的生命以另一种意义延续，但这种异体延续并不能满足个体生命永生的渴求。[①] 有了这一缺陷，在正统文化之外涌动着以扶乩、命相、风水、谶纬之学为主要内容的神秘文化，如两汉的经学与谶纬神学的对立，儒家正统文化与巫术祭祀、神仙方术的对立从来没有绝迹，从而也出现了秦始皇求长生不死之药、汉武帝好神仙方术、汉文帝"夜半虚前席，不问苍生问鬼神"[②] 的举动。道教的兴起和佛教的传入，满足了中国人的宗教需求，其构筑的神仙世界和极乐净土，是古人梦寐以求的理想世界，故而得以迅速发展和传播。佛教因果报应理论和地狱观念对中国传统泰山治鬼说和鬼神观念的改造，建立起了适合中土传播的地狱鬼神体系，于是鬼神怪异之谈、祸福报应之说充溢阎闾士林。但这毕竟与周公孔孟之道扞格冲突，在这个两难选择中，中国古代士人养成了"小壮小怪"的二重人格。

所谓"人格"，是一个人在其自然素质基础之上、社会化的过程中形成的独特的行为模式和心理特征。"人格是一系列复杂的具有跨时间、跨情境特点的，对个体特征性行为模式（内隐的以及外显的）有影响的独特的心理品质。"[③] 可见，人格是一个人区别于他人的独特心理品质或特征，而且是在特定的社会环境中经过长期积淀形成的。普通心理学认为

---

① 《宋书》卷九七《慧琳传》载沙门慧琳作《均善论》（即《白黑论》），假黑学道士（代表佛教）之口批评"儒教"："周、孔为教，正及一世，不见来生无穷之缘，积善不过子孙之庆，累恶不过余殃之罚，报效止于荣禄，诛责极于穷贱，视听之外，冥然不知，良可悲矣。"他认为佛教很好地解决了这一问题："释迦关无穷之业，拔重关之险，陶方寸之虑，宇宙不足盈其明，设一慈之救，群生不足胜其化。叙地狱则民惧其罪，敷天堂则物欢其福，指泥洹以长归，乘法身以遐览，神变无不周，灵泽靡不覃，先觉翻翔于上世，后悟腾骞而不绍。"（中华书局1974年版，第2389页。）刘禹锡亦云："儒以中道御群生，罕言性命，故世衰而寝息；佛以大悲救诸苦，广启因业，故劫浊而益尊。"载陶敏、陶红雨《刘禹锡全集编年校注》卷十四，岳麓书社2003年版，第903页。

② 李商隐《贾生》："宣室求贤访逐臣，贾生才调更无伦。可怜夜半虚前席，不问苍生问鬼神"，刘学锴、余恕诚：《李商隐诗歌集解》，中华书局1998年版，第1518页。

③ [美]理查德·格里格、菲利普·津巴多：《心理学与生活》，王垒、王甦译，人民邮电出版社2003年版，第386页。

人格就是个性，但实际上人格的含义较广，它是以人的性格为核心，包括先天素质，受到家庭、学校教育、社会环境等心理的、社会的影响，逐步形成的气质、能力、兴趣、爱好、习惯和性格等心理特征的总和。宗教文化对中国古代士人的人格特征的形成具有重要作用。所谓"亦庄亦怪"，是士大夫乐道鬼神怪异之事的宗教心理需求与"子不语怪力乱神"的政教人伦传统相互冲突，并最终走向契理合一的心理状态，是古代志怪类笔记小说创作群体的普遍人格特征。"庄"者，正也，庄重也，秉儒家正道以教化为能事，立身清正；"怪"者，异也，奇也，好奇尚异，闻人谈鬼则喜。① 在"庄"与"怪"之间的游离徘徊，是古代文士典型的二重人格特征。

被称为"古今语怪之祖"的《山海经》，② 对鬼神怪异的记述和描写较早引起士大夫的注意和争论。西汉刘秀（歆）在呈送汉帝的《上山海经奏》中追忆，汉宣帝时，其父刘向为宣帝推荐《山海经》，引起极大兴趣，"朝士由是多奇《山海经》者，文学大儒皆读学，以为奇，可以考祯祥变怪之物，见远国异人之谣俗"。③ 由《易经》和古代阴阳家学说开创的神秘主义传统，经汉代董仲舒天命神学的改造，成为文人士大夫宗教信仰的一部分。《山海经》的出现，适合了时代的变怪话语语境，所以在士大夫中得以传播。这个时候，祯祥变怪之谈是通神穷变的途径，与名教世业并无冲突。至晋郭璞注《山海经》前后，士大夫中已经出现对怪异之谈的怀疑和批判声音：

> 夫玩所习见，而奇所希闻，此人情之常蔽也。今略举可以明之者：阳火出于冰水，阴鼠生于炎山，而俗之论者莫之或怪。及谈

---

① 此处借用苏轼事。苏轼反对王安石变法、因诗罹罪，贬谪黄州，喜人谈鬼，事见宋叶梦得《避暑录话》卷一："子瞻在黄州及岭表，每旦起，不招客相与语，则必出而访客。所与游者亦不尽择，各随其人高下，谈谐放荡，不复为畛畦。有能谈者，则强之说鬼。或辞无有，则曰'姑妄言之'。于是闻者无不绝倒，皆尽欢而后去。"《宋元笔记小说大观》，上海古籍出版社2001年版，第2583页。

② （明）胡应麟：《少室山房笔丛》卷三二《四部正讹下》，上海书店2001年版，第315页。

③ （西汉）刘秀（歆）：《上山海经奏》，丁锡根编《中国历代小说序跋集》，人民文学出版社1996年版，第4页。

《山海经》所载而咸怪之，是不怪所可怪，而怪所不可怪也。不怪所可怪，则几于无怪矣；怪所不可怪，则未始有可怪也。①

郭璞说时人读《山海经》的记载，均以为怪异，实则并不可怪。其主要观点在于竭力论证《山海经》所记载的神怪的真实性，认为怪异感的产生源于人的无知，将本不可怪的事物当成了奇怪之事，所谓"物不自异，待我而后异。异果在我，非物异也"。②这并非说明郭璞有无神论倾向，只是他所认为的"怪物"与众不同而已，如"阳火出于冰水，阴鼠生于炎山"。据《晋书·郭璞传》，璞好卜筮占侯，精阴阳历算，曾作《游仙诗》，则是好道之士。③所以他的观点是为了维护道教。略早于郭璞的张华，撰《博物志》四百卷，捃采遗逸，考验神怪，引起晋武帝的疑虑："昔仲尼删《诗》、《书》，不及鬼神幽昧之事，以言怪力乱神。今卿《博物志》，惊所未闻，异所未见，将恐惑乱于后生，繁芜于耳目，可更删截浮疑，分为十卷。"④开后世禁毁小说之先声。魏晋南北朝时期，关于怪异之谈，士林之中存在两种声音，一即以晋武帝为代表维护儒家传统的反对声，一是以干宝、王琰、刘义庆等志怪小说作者为代表，竭力论证鬼神不诬的声音，鲜有尝试调和两者的努力，文人以"非庄即怪"为主要人格特征。

与魏晋六朝士大夫对怪异鬼神之谈持批评态度不同，唐代浓郁的宗教氛围和修仙崇佛的文化心理，使得小说作者热衷于怪异之谈，并将其与儒家教化理念奇妙结合起来，能尽心游处于"庄"、"怪"之际。《独异志》作者李伉自信地宣布："《独异志》者，记事之独异也。自开辟以来迄于今世……耳目可见闻，神仙鬼怪，并所摭录。"⑤明确以单纯摭录鬼

① （晋）郭璞：《山海经序》，丁锡根编《中国历代小说序跋集》，人民文学出版社1996年版，第5页。

② 同上。

③ 《晋书》卷七二《郭璞传》，中华书局1974年版，第1899页。

④ （前秦）王嘉：《拾遗记》卷九，《汉魏六朝笔记小说大观》，上海古籍出版社1999年版，第555页。

⑤ （唐）李伉：《独异志自序》，丁锡根《中国历代小说序跋集》，人民文学出版社1996年版，第560页。按：李伉，丁著据明抄本作"李冗"，李剑国《唐五代志怪传奇叙录》作"李伉"，今从。参见该书第770页。

怪为目的，似乎作者并未因违背政教人伦传统而略感自责。创作了《冥报记》的唐临对谈论因果报应的问题作如是说：

> 事法王道，理关天命，常谈之际，非所宜言。今之所录，盖直取其微细验，冀以发起同类，贻告子孙，征于人鬼之间，若斯而已。[1]

报应予夺由天命决定，是王者施行教化的工具，未可作为日常言说的谈资；之所以撰录报应故事，也是为了劝善惩恶，警示后人，征验鬼神。这里，两者得以完美地结合起来。唐代诗人顾况为戴孚《广异记》作序，为了解决怪异之谈与孔子遗训的矛盾问题，径直曲解"子不语怪力乱神"之"不"为"示"，认为《论语》的本意是说孔子以怪力乱神示人，欲达观象设教之目的：

> 予欲观天人之际，察变化之兆，吉凶之源，圣有不知，神有不测。其有干元气，汩五行，圣人所以示怪力乱神、礼乐刑政，著明圣道以纠之。故许氏之说天文垂象，盖以示人也。古文'示'字如今文'不'字，儒者不本其意，云'子不语'，此大破格言，非观象设教之本也。[2]

天地之间的变化、人事兴替与吉凶祸福的根源神妙难测，它会干扰元气，紊乱五行，所以圣人通过示现怪力乱神、发扬圣道拨乱反正。此种解释，固然契合儒家的宗教观，但强解"不"以为"示"，则是无根之谈，这反映了唐代士人试图调和语怪与不语怪两个传统的努力。

唐代小说史上一个著名的公案是围绕韩愈《毛颖传》的争论。韩愈作传奇《毛颖传》后，在士大夫中引起震动，皆大笑之以为怪，难以相信以道统自居的韩愈会作出此等文章。张籍投书韩愈，批评他"多尚驳

---

① （唐）唐临：《冥报记》，方诗铭辑校《冥报记》、《广异记》合刊，中华书局 1992 年版，序言第 2 页。

② （唐）顾况：《戴氏广异记序》，丁锡根《中国历代小说序跋集》，人民文学出版社 1996 年版，第 75 页。按：丁著与方诗铭辑《广异记》顾况序互有错讹，此据丁著，取方辑本校订。

杂无实之说"，"或以为中不失正，将以苟悦于众，是戏人也，是玩人也，非示人以义之道也"。张籍的批评是对韩愈以戏为文、尚怪好奇的倾向不满，认为创作态度不严肃，有失儒家雅正之道。韩愈在《重答张籍书》中回应道：

> 昔者夫子犹有所戏，《诗》不云乎："善戏谑兮，不为虐兮。"《记》曰："张而不弛，文武不能也。"恶害于道哉！吾子其未之思也。①

柳宗元得知此事后，也撰文为韩愈辩护："世人笑之也，不以其俳乎？而俳又非圣人之所弃……""韩子穷古书，好斯文，嘉颖之能尽其意，故奋而为之传，以发其郁积，而学者得以励，其有益于世欤！"② 所谓"俳"即游戏笔法，自然予人以"奇"、"怪"、"驳杂"之感。柳宗元的基本立场是：古圣先贤亦有此风，此作有益于世。这场争论达成的基本共识是"中不失正"，即驳杂怪异之谈与儒家正道并无冲突。韩愈、柳宗元这些古文运动的核心人物的观点对当时文坛的影响不可忽视。

晚于韩愈的著名小说家段成式在《酉阳杂俎自序》中说：

> 夫《易》象"一车"之言，近于怪也；诗人"南箕"之奥，近乎戏也。固服缝掖者，肆笔之余，及怪及戏，无侵于儒。无若《诗》《书》之味大羹，史为折俎，子为醯醢也。炙鸮羞鳖，岂容下箸乎！固役而不耻者，抑志怪小说之书也。③

"一车"典出《周易·睽卦》上九爻辞："见豕负涂，载鬼一车，先张之弧，后说之弧，匪寇，婚媾。往遇雨则吉。"④ 王弼注："见豕负涂，甚可秽也；见鬼盈车，吁可怪也。"孔颖达疏："鬼魅盈车，怪异之甚也。"原

---

① 韩愈与张籍的书信往来，具载《韩昌黎全集》卷十四，中国书店 1991 年版，第 227—230 页。
② 柳宗元：《柳宗元集》卷二十一，中华书局 1979 年版，第 569 页。
③ 丁锡根：《中国历代小说序跋集》，人民文学出版社 1996 年版，第 301 页。
④ 《周易正义》卷四，《十三经注疏》，上海古籍出版社 1997 年版，第 51 页中。

来是说出行目睹一车鬼，确为一件甚可怪异之事。① "南箕"即箕星，二十八宿之一，典出《诗经·小雅·巷伯》："哆兮侈兮，成是南箕。彼谮人者，谁适于谋？"郑玄笺："斯人自谓避嫌之不审也。昔者颜叔子独处于室，邻之厘（按：通"嫠"）妇又独处于室。夜，暴风雨至而室坏，妇人趋而至，颜叔子纳之，而使执烛，放乎旦而蒸尽，缩屋而继之，自以为辟嫌之不审矣。若其审者，宜若鲁人然。鲁人有男子，独处于室，邻之厘妇又独处于室，夜，暴风雨至而室坏，妇人趋而托之。男子闭户而不纳，妇人自牖与之言曰：'子何为不纳我乎？'男子曰：'吾闻之也，男子不六十不间居。今子幼，吾亦幼，不可以纳子。'妇人曰：'子何不若柳下惠，然妪不逮门之女，国人不称其乱。'男子曰：'柳下惠固可，吾固不可。吾将以吾不可，学柳下惠之可。'"② 段成式所言"近乎戏"盖指此事。孤男寡妇，夜处一室，重要的问题在于如何避嫌，对此颜叔子和鲁人的言语举动富有戏剧性，这与《诗经》作为儒家经典的严肃庄重是不相符合的。据此，段成式从《易经》和《诗经》中找到了强有力的依据，认为儒者在著述立言之余，语怪话异、剧谈戏论并不妨害儒家正道的奉行。③ 与此类似，前引顾况《戴氏广异记序》也从经史典籍之中发现儒家具有语怪传统："……古者青乌之相冢墓，白泽之穷神奸，舜之命夔以和神，汤之问革以语怪，音闻鲁壁，形镂夏鼎，玉牒石记，五图九籥，说者纷然。"④ 杜光庭《录异记序》亦云："怪力乱神，虽圣人不语，经诰史册往往有之。前达作者，《述异记》、《博物志》、《异闻集》，皆其流也；至于六经图纬河洛之书，别著阴阳神变之事、吉凶兆朕之符。"⑤ 儒家经

---

① 学者研究认为此乃一次族外婚活动，旅人在出行途中看到一车鬼，以为是强盗，张弓欲射，后来发现是前来迎亲的。周振甫：《周易译注》，中华书局1991年版，第134—135页。

② 《毛诗正义》卷一二，《十三经注疏》，上海古籍出版社1997年版，第456页。

③ 按：段序所言"服缝掖者"，即指儒者。缝掖，又作"逢掖"，宽袖单衣，为儒生所服，因亦指代儒生。《后汉书·王符传》："徒见二千石，不如一缝掖。"李贤注："《礼记·儒行》孔子曰：'丘少居鲁，衣逢掖之衣。'郑玄注曰：'逢犹大也。大掖之衣，大袂单衣也。'"《后汉书》卷四九，中华书局1965年版，第1643页。

④ （唐）顾况：《戴氏广异记序》，丁锡根《中国历代小说序跋集》，人民文学出版社1996年版，第76页。

⑤ （唐）杜光庭：《录异记》序，载台北新兴书局《笔记小说大观》第14编，第1册，第105页。

典亦谈怪异之事，无疑使唐代小说作者记述、创作相关题材作品时释然于心，并努力解决了看似不可调和的矛盾，促成了两者的合流。

宋以降，佛教与道教地位的下降，士大夫地位的上升，儒家文化对宗教和社会文化影响和控制力的进一步加强，打破了唐代以来形成的士大夫"亦庄亦怪"的二重人格特征的平衡。随着理学的兴起，这种趋势更加明显，语怪传统受到挤压，小说作者由二重人格向边缘化人格转变。洪迈创作《夷坚志》，受到的批评很猛烈：

> 子不能玩心圣经，启瞷门户。顾以三十年之久，劳动心口耳目，琐琐从事于神奇荒怪，索墨费纸，殆半太史公书。曼澶支离，连犿丛酿，圣人所不语，扬子云所不读。有是书，不能为益毫毛；无是书，于世何所欠？……①

批评者认为其三十年致力于一部神奇荒怪之书，所为毫无意义。对此，洪迈颇为自知，自述是书之作，"颛以鸠异崇怪"，"伹谈鬼神之事足矣，毋庸及其他"，他语含嘲讽地说："六经经圣人手，议论安敢到！"② 与圣教人伦生发了疏离感，是人格上的自我边缘化。明代文网森严，封建理学、伦理纲常之类说教充斥文坛，文士对谈神论怪深以为耻，以党同孔子不语怪力乱神为正统。刘大昌《刻山海经补注序》所批评的"世之庸目"对《山海经》所记怪异的看法，真正代表了正统士大夫的普遍观点：

> 世之庸目，妄自菲薄，苦古书难读，乃束而不观，以为是《齐谐》、《夷坚》所志，诙诡幻怪，侈然自附于不语，不知已堕于孤陋矣。夫子尝谓，多识鸟兽草木之名，计君义不识撑犁孤涂之字，病不博尔。③

---

① （宋）洪迈：《夷坚丁志序》引，丁锡根编《中国历代小说序跋集》，人民文学出版社1996年版，第96页。

② （宋）洪迈：《夷坚丙志序》、《夷坚丁志序》，丁锡根编《中国历代小说序跋集》，人民文学出版社1996年版，第95、96页。

③ （明）刘大昌：《刻山海经补注序》，丁锡根编《中国历代小说序跋集》，人民文学出版社1996年版，第9页。

可见，明代士大夫以不语怪为荣，而在刘大昌看来，《山海经》也只余广博见闻的意义了。在此种文化氛围下，瞿佑的传奇集《剪灯新话》书成之后，自以为涉于语怪，颇多忌讳，不欲流传，然求观者甚众，遂借儒经亦曾言怪以自解：

> 《诗》、《书》、《易》、《春秋》，皆圣笔之所述作，以为万世大经大法者也；然而《易》言"龙战于野"，《书》载"雊雉于鼎"，《国风》取淫奔之诗，《春秋》纪乱贼之事，是又不可执一论也。今余此编，虽于世教民彝，莫之或补，而劝善惩恶，哀穷悼屈，其亦庶乎言者无罪，闻者足以戒之一义云尔。①

瞿佑为了减轻来自正统士大夫的压力，抬出了作为"万世大经大法"的儒家"圣经"自我辩护，一方面从中寻求依据，竭力阐明《剪灯新话》"劝善惩恶"、"哀穷悼屈"的重要意义，另一方面在作品中穿插大量诗词，雕琢文采。他的好友凌云翰、桂衡等人亦极力称许其学养、文采和该书褒善贬恶的鉴戒意义，但这些努力仍然未能使《剪灯新话》逃脱遭禁的命运。② 从本质上讲，这种"寓怪于庄"的努力实则是高压统治下的人格分裂现象。至清代，志怪传奇作者群体发生分化，以蒲松龄、李庆辰为代表的落魄士人，假鬼神之谈寄托孤愤之情，其人格彻底边缘化。③而以袁枚、纪昀、俞樾为代表的官僚士大夫，或借之以自娱，或者将小

---

① （明）瞿佑：《剪灯新话序》，丁锡根编《中国历代小说序跋集》，人民文学出版社1996年版，第600页。

② 凌云翰、桂衡等人曾为《剪灯新话》作序，参见丁锡根编《中国历代小说序跋集》中册，人民文学出版社1996年版，第600—602页。《剪灯新话》完成于明洪武年间，正统七年（1442）由国子祭酒李时勉奏请禁传，罪名是"假托怪异之事，饰以无根之言"。参见（清）顾炎武《日知录之余》卷四"禁小说"，顾炎武著，黄汝成集释《日知录集释》（外七种），上海古籍出版社1985年版，第3138页。

③ （清）蒲松龄《聊斋自志》云："集腋为裘，妄续幽冥之录；浮白载笔，仅成孤愤之书：寄托如此，亦足悲矣。"丁锡根编《中国历代小说序跋集》，人民文学出版社1996年版，第134页。清人杨光仪为李庆辰《醉茶志怪》作序云："余有句云：'事有难言聊志怪，人非吾与更搜神。'窃谓著述家之有说部，诚以蕴蓄于中者，既富且久，而长此寂寞，无以自达，不得已寄情儿女，托兴鬼狐。子虚乌有，感触万端，其志亦可悲矣！"（清）李庆辰：《醉茶志怪》，金东点校，齐鲁书社2004年版。

说变成载道教化的工具，寓庄于怪，小说的文学性则被严重削弱了。①

唐五代士大夫和小说作者"亦庄亦怪"人格形成的思想渊源，除儒家不语怪力乱神传统与士大夫乐道鬼神怪异之事的宗教心理需求的冲突融合外，与吾国国民性格亦不无关系。两端相较而取其中道是中国基本的国民心理，《尚书·大禹谟》："人心惟危，道心惟微；惟精惟一，允执厥中。"② 宋代大儒程颢有言："不偏之谓中；不易之谓庸。中者，天下之正道。庸者，天下之定理。"③ 这种执中的国民性格深刻影响了国民的认知行为，在艺术鉴赏方面讲求中和之美，爱情方面标榜"发乎情而止乎礼"，为人处事主张不偏不倚，一如林语堂先生所言："一个典型的中国式论断是：'甲是正确的，而乙呢，也不错。'"④ 唐代志怪传奇小说作者所展现出来的"亦庄亦怪"的人格特征，亦是秉持儒家中道的表现，其普遍认识是：怪固不足道，然并不妨害儒道，且有劝善惩恶以助教化之功用，虽不必夸扬其辞，却当令其自然传播。对中国士人传统人格产生深远影响的还有老庄开创的道家学说。老庄之学与儒家思想的结合养成文人士大夫圆融变通、与时俯仰的安身立命之道，"穷则独善其身，达则兼济天下"、"小隐隐于野，大隐隐于市"、"酒肉穿肠过，佛祖心中留"，这些个看似自相矛盾的命题却得以奇妙地结合。"居士佛教"、"人间佛教"、"城市佛教"等变通形式就是在这样的民族心理的培育下形成的。这就可以理解，为何韩愈、纪昀之流的大儒亦好怪异之谈，牛僧孺、李德裕这样的高级官僚也创作起了志怪传奇小说。

唐五代士大夫面对鬼神问题的双重人格特征的形成也有其社会文化渊源，与儒家文化的控制力及其与道、释等诸宗教文化的力量对比消长

---

① 顾炎武《日知录》卷十九"文须有益于天下"条云："若夫怪力乱神，无稽之言，剿袭之说，谀佞之文，若此者，有损于己，无益于人，多一篇，多一篇之损矣。"〔[清] 顾炎武著，黄汝成集释：《日知录集释》(外七种) 卷十九，上海古籍出版社 1985 年版，第 841 页。〕清人袁枚《子不语序》云："文史外无以自娱，乃广采游心骇目之事，妄言妄听，记而存之，非有所惑也。"清人盛时彦为纪昀《阅微草堂笔记》作序，云："文以载道，儒者无不能言之。……稗官小说……虽不足数，其近于正者，于人心世道亦未尝无所裨欤。"丁锡根编：《中国历代小说序跋集》，人民文学出版社 1996 年版，第 156、182—183 页。

② 《尚书正义》卷四，《十三经注疏》，上海古籍出版社 1997 年版，第 136 页上。

③ 朱熹：《四书章句集注·中庸集注》引，中华书局 1983 年版，第 17 页。

④ 林语堂：《中国人》(全译本)，郝志东、沈益洪译，学林出版社 1994 年版，第 118 页。

密切相关。唐五代以前，儒家文化虽居正统地位，但却是与佛道及民间信仰激烈碰撞与融合的时期，特别是魏晋六朝时期，各种宗教学说此消彼长，互竞短长，相互融合，谈神论鬼的文化禁忌相对较少，还鲜有因此问题而招致抨击与整肃的例子，儒家文化的统治地位并不是稳固的。唐五代延续了魏晋六朝时期的态势，但在儒家文化主导下求仙崇佛的社会风气逐渐占据宗教文化的主流，怪力乱神开始受到抨击与制约，文人士大夫们试图将其纳入特定的范围内进行谈论，以避免跟儒学正统观念相互冲突，这就是为什么我们在唐五代志怪类笔记小说的序言里看到如此之多的关于此问题的争论和辩解。所谓"特定的范围"一般是非官方场合、茶余饭后、友朋聚会以及街巷里弄等。一旦这些适合"街谈巷议"的小道之言登诸大雅之堂，冲突和抨击就在所难免。但唐五代的小说作者们跟后世不同，均试图在公开场合说服反对者相信，怪力乱神之谈并非不经，也不会妨害儒教正统，反倒有助于教化，可以劝导人们敬畏神灵，崇道向善，在唐五代浓郁的宗教氛围下，一般人们也认可这样的说法。于是乎在这种冲突与维护中，唐五代产生了数量众多的志怪类笔记小说。有宋以降，儒释道力量的对比发生了变化，随着宋明理学等的兴起并逐渐走向正统，社会观念进一步保守，鬼神问题与两性问题的遭遇类似，非独正式场合不能公开谈论，私家撰述传诸朝野后之后的风险也很大。于是乎，怪力乱神被严格限制在市井里巷和私人场合，变成了文人之间娱情消遣乃至满足特殊心理需求的工具，这从瞿佑《剪灯新话》和兰陵笑笑生《金瓶梅》的境遇上可以看出来，往往引起社会的轩然大波。从另一个角度来看，如果怪力乱神问题被严格限制在私家场合，而不是公开传播，那么文化冲突问题则不复存在。从这个角度理解，中国古代士大夫和笔记小说作者们的创作心理和文化心理，也是内在统一的。①

---

①　尚会鹏《中国人与日本人》一书在论及中国人的性文化心理时指出，以道学为主流的中国文化对性问题的趋向是尽力将其严格限制在特定的范围和场合，即"框限"，在这种情况下，性问题的禁忌较少。此观点对本书解读中国古代宗教文化心理提供了启发，因此提出如上观点。参尚会鹏《中国人与日本人》，北京大学出版社1998年版，第222—226页。

第二节　自我实现与需求满足：小说创作的内在动因

　　马克思主义强调人的社会属性，注重将人置于特定的社会环境下进行研究；而社会心理学专门研究人所生活的"周围情境"，更加关注我们是如何看待他人，如何影响他人，相互之间是如何关联作用的。因为社会心理学首先认为人生活在一定的"情境"中，人不可能独立于社会环境而存在。① 研究唐五代的文言小说，很有必要将小说作者置于特定的社会环境中，关注其与社会成员交往时的心理因素，关注作品传播过程中的传播机制与受众心理。唐五代文言小说的作者均充当着特定的社会角色，他们有自己特定的精神需求，社会也对每种社会角色持有一种共同的希望和要求，这在传播学上称为"角色期待"。②

　　我们看看唐五代小说家的社会角色。创作《古镜记》的王度，曾任御史、著作郎，奉诏撰过国史；《冥报记》的作者唐临，历任参军、御史大大、侍郎、刺史、尚书等职，《广异记》的作者戴孚，虽仕途不显，但却是进士出身；《宣室志》的作者张读亦登进士第，历任中书舍人、礼部侍郎，主持过贡举考试；《酉阳杂俎》的作者段成式，出身宰相世家，曾入李德裕幕府，历任秘书省校书郎、集贤殿修撰、著作郎、州刺史、太常少卿等职。至于《玄怪录》的作者牛僧孺，《次柳氏旧闻》、《幽怪录》的作者李德裕，二人均位极人臣，前者进士出身，后者出身显贵，乃元和名相李吉甫之子。可以看出，唐五代文言小说作者群，首先是士大夫，其次才是有宗教信仰的文人。他们是代表朝廷治理国家的臣子，也是以天下为己任的儒士。他们都怀有致君尧舜、化导愚俗的政治理想，期待能尽施平生所学一展抱负。李德裕"学总九流之奥，文师六义之宗"，太和七年（833）唐文宗擢其为股肱之臣，希望他"勉宏伊吕之勋，以嗣良平之美"。③ 牛僧孺更是被唐文宗期许为伊尹、皋陶一样的贤臣，希望他

---

① ［美］戴维·迈尔斯：《社会心理学》，侯玉波等译，人民邮电出版社 2006 年版，第 34 页。
② 郑兴东：《受众心理与传媒引导》，新华出版社 2004 年版，第 3 页。
③ 唐文宗李昂：《授李德裕平章事制》，《全唐文》卷六十九。

能尽忠耸善，使上下交泰，君臣相须。① 这种社会角色无疑对这些官僚士大夫提出了较高的要求，他们自己也不得不时刻牢记这一点，处处做出一定的表率。社会心理学认为，人"作为一种社会性动物，我们总是在向周围的观众表演"，② 就是这个道理。

那么，这些士大夫就没有自己的喜好么？他们在退朝之后，在做惯了官样文章之余就不想轻松轻松，找点乐子？自然不是。如果把他们作为生活在封建时代的普通人来看待，他们不仅仅是官僚，是士大夫，他们也充当着朋友、父母、丈夫、孝子贤孙等不同的社会角色，也有凡人不可去除的七情六欲在，他们也需要向亲朋好友展现可亲可敬的一面，来自亲友的期待和评价也同等重要。美国心理学家马斯洛提出了著名的需要层次理论，他认为人的需要有七个层次，即生理的需要、安全的需要、爱与隶属的需要、尊重的需要、求知的需要、求美的需要、自我实现的需要。③ 马斯洛认为人的需要是按层次发展的，生理需要是最基本、最原始的需要。中国人民大学郑兴东先生在马斯洛学说的基础上，将受众的基本需要划分为信息的需要、社会化的需要和调节生活的需要三个方面。④ 对作为官僚士大夫唐五代小说家而言，生活相对比较优渥，生理需要并不是一个问题，他们的需要在于满足高层次的精神需求和社会化需求。小说作者既是传播者，也是受众，他们有自我实现的愿望和各种各样的需要，譬如"博物致知"的信息需要，"设教劝善"的伦理需要，"游心娱目"的生活需要，"穷神洞幽"的宗教需求，等等。

博物致知，指将小说视为了解自然万物生灭荣枯、民生风俗迁移流变等知识的工具，肯定的是小说的资料价值和认知功能。汉代的文人就将《山海经》视为考察神秘现象、了解异国殊俗的资料库，成为"博物君子"的竞相阅读的要籍。历史上还出现了一些著名的博物家，如汉武帝时期的东方朔、西晋的张华、唐代的段成式等，他们因为博学广知而

---

① 唐文宗李昂：《授牛僧孺兵部尚书平章事制》，《全唐文》卷六十九。
② ［美］戴维·迈尔斯：《社会心理学》，侯玉波等译，人民邮电出版社 2006 年版，第 57 页。
③ ［美］马斯洛：《激励与个性》，转引自郑兴东《受众心理与传媒引导》，新华出版社 2004 年版，第 42—43 页。
④ 郑兴东：《受众心理与传媒引导》，新华出版社 2004 年版，第 46 页。

闻名于当时，见重于士林，曾经解决了一些人所难知的疑问而名声大噪。史载汉武帝时建章宫出现了一只形状似麋的动物，群臣莫辨，东方朔解释说那是所谓的"驺牙"，其出现代表"远方当来归义"，其后一年，果然发生了匈奴混邪王带领十万人众来降的大事件。① 所以后世以汉武帝和东方朔为素材敷衍了众多故事，如《汉武故事》、《汉武帝内传》、《汉武帝别国洞冥记》等。张华以好观谶纬秘籍、博闻赅恰而著名，世传其能"辨龙鲊，识剑气"，所著《博物志》即为博物君子观览，成为后世博物类小说的典范。② 段成式，史载其"博学强记，多奇篇秘籍"，③ 私家杂记亦云其博识古器、多掌故遗闻，所以好事者为其杜撰附会了一些齐谐志怪故事，参见《新唐书·地理志》、《舆地广记》、《南楚纪闻》等。东方朔、张华、段成式等人以他们的博学为时人答疑解惑，增广见闻，赢得了他们的尊重，在当时及后世文坛上留下了博物君子的美誉。

"设教劝善"是以天下为己任的中国古代文人士大夫的千年情结，自孔子起就孜孜不倦地追求以孝、悌、仁、义化导臣下愚氓，希望建立一个君臣相谐、父慈子孝、政通人和的理想社会，即使在教育活动中也提出了以文、行、忠、信的标准教育学生，期望社会秩序和人伦道德能够按照自己的理想标准建构。自斯人而后，教化成为封建政治制度设计的重要内容，教化情结也成为古代文学理论、艺术理论的重要主题。一个重要表现就是提出了"神道设教"说，这是古人理解神秘自然现象的基点，他们将一切不能解释的超自然想象解释为天神通过自然界的非常变化传递神的意旨，告诫下民的重要手段。因此文学艺术作品表现鬼神题材被认为是符合圣人和上天"神道设教"的本意的。热衷于教化是士大夫立身当世、扬名万代的重要途径，通过教化愚蒙，可以扮演重要的社会角色，实现人生理想，这也是士大夫联系社会，融入国家政治、文化生活的普遍途径，即使他不能厕身廊庙、亲为君王效力。《左传》襄公二十四年载，范宣子与穆叔讨论如何才是"死而不朽"，穆叔认为不朽并不

① 司马迁：《史记》卷一二六，中华书局 1959 年版，第 3207 页。
② （明）都穆：《跋博物志》，丁锡根《中国历代小说序跋集》，人民文学出版社 1996 年版，第 37 页。
③ 《新唐书》卷八九《段志玄传》附《段成式传》，中华书局 1975 年版，第 3764 页。

是世代享受高官厚禄、子孙相延不绝，其精髓在于"太上有立德，其次有立功，其次有立言。"① 做到这三点中的任一点即可达到万世不朽腐的目的。清人许奉恩《里乘》方濬颐序："太上立德，次立功，次立言。言之不朽，与德功并，抑奚分乎穷达显晦哉！"② 对小说作者而言，不能立德、立功，立言是不朽的唯一途径，所以通过小说作品，在中国文学的教化史上留下一席之地，亦足以名垂史册。

"游心娱目"是一种调剂生活、缓解压力、愉悦身心的生活需要。作为社会中的人，无论是帝王臣工，还是渔樵野夫，在处理政务和生存谋求之余，也需要精神上的慰藉、放松。人性是有缺憾的，人的理想与人的成就，人的需要与人的能力之间总是有差距的，这就容易导致心理上的不平衡，心理不平衡会引起紧张、焦虑、不安。对一个以天下为己任，致力于王道教化、锐意于仕途进取的士大夫来说，巨大的责任感和社会压力、政治压力和固定的社交圈、生活环境势必导致生活的单一化，枯燥乏味和缺乏安全感，因而渴望多样化的方式来调剂生活，这也是士大夫们的心理诉求，因为多样化的生活使人愉快。与友朋相聚谈天说地、话鬼论神是古人闲暇时间的一种重要消遣方式，随着新故事的讲述，话题的展开，彼此之间的信任加强，感情得到宣泄，身心也得到松弛和休息。恩格斯评论民间文学时的一段话，可以作为上述论述的注脚："民间故事书的使命是使农民在繁重的劳动之余，傍晚疲惫地回到家时消遣解闷，振奋精神，得到慰藉，使他忘却劳累，使他那块贫瘠的田地变成芳香馥郁的花园；它的使命是把工匠的作坊和可怜的徒工的简陋楼阁变幻成诗的世界和金碧辉煌的宫殿，把他那身体粗壮的情人变成体态优美的公主。"③ 恩格斯所言针对农民、徒工等下层劳动人民，但文学作品和文化娱乐活动可以调剂生活的事实却是普遍的。唐诗人白居易《问刘十九》："绿蚁新醅酒，红泥小火炉。晚来天欲雪，能饮一杯无？"④ 这样温馨、恬静、惬意的冬日夜晚，几人围坐在火炉周围，温酒自饮，会做什

---

① 《左传正义》卷三五，《十三经注疏》，上海古籍出版社 1997 年版，第 1979 页上、中。
② （清）许奉恩：《里乘》，文益人校点，齐鲁书社 2004 年版，序言第 1 页。
③ 《马克思恩格斯全集》第四十一卷，人民出版社 1974 年版，第 14 页。
④ 顾学颉、周汝昌：《白居易诗选》，人民文学出版社 1999 年版，第 239 页。

么呢？吟诗作赋非无可能，但似乎更适合于谈笑娱乐，讲故事、话逸闻，诞生《干腆子》、《围炉夜话》、《剪灯新话》这样的作品。唐代的文人对士大夫谈神论鬼尚有一点疑虑，但对网罗旧闻，以资谈笑倒没有太多的芥蒂。实际上中国古代以笔记体记载的杂闻一类文言小说的素材大多数是在茶余酒后的闲暇时期通过友朋之间的闲谈交流而来的。正如元马端临《文献通考》引巽岩李氏评价李商隐《杂纂》所言："用诸酒杯流行之际，可谓善谑。"① 宋人曾慥《类说序》亦云："小道可观，圣人之训也。……可以资治体，助名教，供谈笑，广见闻，如嗜常珍，不废异馔，下箸之处，水陆具陈矣。览者其详择焉。"② 这里将小说的功能全部概括出来了，在助益教化统治之余，也可供人谈笑娱乐，如同吃惯了寻常的山珍海味，偶尔吃一顿别具一格的粗茶淡饭，也是有益健康的。宋代陈振孙也注意到了民间经常谈论一些鸡毛蒜皮不登大雅之堂的琐事："俚俗常谈鄙事，可资戏笑。"③ 此言针对李商隐《杂纂》而发，但又何尝不是民间的普遍现象，何尝不是此类小说生成的普遍情形。闲谈可以娱乐，也可以发泄胸中淤积的闷气，缓解生活压力。清代小说家蒲松龄《聊斋志异》的渔洋老人题词云："姑妄言之姑听之，豆棚瓜架雨如丝。料应厌作人间语，爱听秋坟鬼唱时。"④ 听腻了人间的道德说教，大家就渴望能在茶余酒后谈神论鬼，了解彼岸世界的悲欢离合，暂时忘却现时的烦恼。清艾衲居士《豆棚闲话》天空啸鹤所撰叙言亦云：

> 有艾衲先生者，当今之韵人，在古曰狂士。……卖不去一肚诗云子曰，无妨别显神通；算将来许多社弟盟兄，何苦随人鬼诨。况这猢狲队子，断难寻别弄之蛇；兼之狼狈生涯，岂还待守株之兔。

---

① （清）周中孚：《郑堂读书记》卷二八"杂纂"条引，程国赋《隋唐五代小说研究资料》，上海古籍出版社 2005 年版，第 204 页。

② （宋）曾慥：《类说》，《北京图书馆古籍珍本丛刊》第 62 册，引自程国赋《隋唐五代小说研究资料》，上海古籍出版社 2005 年版，第 13 页。

③ （宋）陈振孙：《直斋书录解题》卷十一"杂纂"条，程国赋《隋唐五代小说研究资料》，上海古籍出版社 2005 年版，第 204 页。

④ （清）蒲松龄著，张友鹤辑校：《聊斋志异会校会注会评本》，上海古籍出版社 1986 年版，第 34 页。

收燕苓鸡壅于药囊，化嘻笑怒骂为文章。莽将廿一史掀翻，另寻芝麻账目；学说十八尊因果，寻思橄榄甜头。那趱旧闻，便李代桃僵，不声冤屈；倒颠成案，虽董帽薛戴，好象生成。止因苏学士满腹不平，惹得东方生长嘴发讪。①

序言说艾衲居士满腹经纶，才学过人，待价而沽却无处可售，文场仕途俱不得意，与其碌碌无为，不妨随着一帮同样潦倒的兄弟，另辟蹊径，发挥嬉笑怒骂、谈鬼说狐的特长，大显一番神通。这样做一边是为了宣泄不满和失落情绪，一边是个人自我实现的新尝试：正统文章做不得，岂知不能在小说创作中取得成功？

　　唐代韩愈创作《毛颖传》后在当时引起的巨大争议，既反映了文人教化情结与娱乐身心需要之间的强烈冲突，也表现了韩愈寻求新的自我实现途径的探索勇气和游戏文场的心理。社会心理学认为："当你接受一个社会角色或者屈服于一种社会规范时，你在某种程度上就是在从众于社会期望。从众（conformity）指人们接纳其他群体成员的行为和意见的倾向。"② 造成从众心理现象和行为产生的因素包括两个方面，即信息性影响和规范性影响。从众者希望获得准确无误的信息，也希望能被别人喜欢、接受、支持。像张籍一样对韩愈的《毛颖传》提出批评，并引起广泛的社会影响，从众心理是一个重要原因。正统士大夫更愿意恪守"子不语"的政教传统，正确坚定的立场获得的是良好的社会评价和官方的青眼和肯定，很少有人愿意冒险挑战约定俗成的社会规范和官方确立的主流意识形态。从个人角度讲，在集体主义文化中，"别人怎么评价我和我的群体"与自尊密切相关。③ 中国社会是一个集体主义胜过个人主义的社会，所以个体对其自身言行导致的社会评价十分关切，文人特别爱惜自己的羽毛，这是自尊的表现。"我们生活的大部分是围绕社会比较而进行的。……当我们评价某个人的表现时，不可能不把他和

---

① （清）艾衲居士：《豆棚闲话》天空啸鹤叙，上海古籍出版社1983年版，叙言第1页。

② ［美］理查德·格里格、菲利普·津巴多：《心理学与生活》，王垒、王甦译，人民邮电出版社2003年版，第483页。

③ ［美］戴维·迈尔斯：《社会心理学》，侯玉波等译，人民邮电出版社2006年版，第34页。

自己比较。"① 故而《毛颖传》一出,士大夫们纷纷发表看法,表明立场,有人幸灾乐祸地"大笑之以为怪",有人义正词严地驳斥,有人苦口婆心地劝阻,取笑抑或担忧韩愈破坏了自己的文名和道统观念。就韩愈而言,恰恰相反,正是因为文坛盟主地位和道统观的确立,给他以成功的自信和从容,故而兴起游戏之笔,畅意为文,作了《毛颖传》。所以他说游戏为文,如同人之爱好酒色,讥笑批评他的张籍是"同浴而讥裸体"。②《毛颖传》于韩愈而言,是一个做惯了道统文章的士大夫的新尝试,此文不为格物致知,不为教化劝善,亦不为穷神洞幽,纯一游心娱目之作。这好比一种"围城"心理,韩愈通过《毛颖传》实现了自我突破,走出了道统文章的"围城"。应当说,韩愈《毛颖传》的创作是成功的,唐人李肇《国史补》的评价,就说明了这点:"沈既济撰《枕中记》,庄生寓言之类。韩愈撰《毛颖传》,其文尤高,不下史迁。二篇皆良史才也。"③ 李肇并不否认《毛颖传》是寓言一类的作品,他还从中发现了韩愈的"良史"才能,这恐怕是张籍等人所始料未及的。而柳宗元等人旗帜鲜明地对韩愈的支持,不仅是对其创作的肯定和正面评价,也是通过对韩愈的认同和同情,阐述了自己的观点,通过"移情机制"实现了自己在文学创作中的理想,消除了自身的心理缺憾,获得了心理满足。

"穷神洞幽"是唐五代宗教题材小说创作的重要宗教动机,用传播学和社会心理学理论解读,是由于信息的缺失和不对称造成的。在生活的社会环境中获取信息,是受众的基本需要之一。获取信息目的在于消除认识的不确定性,因为处于不确定性中的人容易产生焦虑和畏惧。④ 如孙光宪《北梦琐言》卷十一"关三郎入关",颇能说明时人对鬼神认识的不确定性所造成的恐惧心理:"唐咸通乱离后,坊间讹言关三郎鬼兵入城,家家恐悚。罹其患者,令人寒热战栗,亦无大苦。弘农杨玭挈家自骆谷入洋源,行及秦岭,回望京师,乃曰:'此处应免关三郎相随也。'

① [美]戴维·迈尔斯:《社会心理学》,侯玉波等译,人民邮电出版社 2006 年版,第 31 页。
② (五代)王定保:《唐摭言》卷五,《唐五代笔记小说大观》,上海古籍出版社 2000 年版,第 1019 页。
③ (唐)李肇:《国史补》卷下,见《国史补》、《因话录》合刊,上海古籍出版社 1983 年版,第 55 页。
④ 郑兴东:《受众心理与传媒引导》,新华出版社 2004 年版,第 47 页。

语未终，一时股栗，斯又何哉？夫丧乱之间，阴厉旁作，心既疑矣，邪亦随之。关妖之说，正谓是也。"① 这说明当时人对关帝信仰认识不成熟（称之"关妖"），难以很好把握信仰对象，加之战乱造成哀鸿遍野的肃杀景象，导致了恐惧心理的产生。人们总是通过生产活动和社会交往，获取自己需要的信息，解决认识上的模糊、朦胧、神秘等不确定感，得到心理稳定。对变化莫测的鬼神彼岸世界感到神秘与急于了解掌握鬼神世界的变化轨迹，并与之进行行之有效的沟通，获得鬼神的庇佑，掌握个人的吉凶祸福和命运，是古人一个千年不解的心结，是中国古人宗教信仰和鬼神崇拜的基本动因，也是志怪传奇小说创作贯穿始终的心理主线和基本动因。也可以说，中国文学的宗教精神，表现了古人探索生命意义与控制人生命运的努力。虚无缥缈的鬼神世界，只存在于教徒和普通信众的口耳相传中，是那么地不确定，即使被传得神乎其神的人鬼相遇、人仙交通的故事，也是听闻而来的，这更加深了求实、求真的渴望。所以"穷神知化"、洞晓鬼神世界的奥秘是普通民众的基本信息需求，也是志怪传奇小说作者的宗教情怀。关于这个问题，本章第三节有专门论述。

对唐五代的小说作者而言，作品的传播和社会评价很重要。唐人墨休符《桂林风土记·张鷟》载，张鷟年少之时便聪慧过人，文名鹊起，"当时儒士多称鷟才，莫不叹异"，被誉为"青铜钱学士"，甚至突厥首领、日本国使也慕名向往，多方搜求其文集传世。② 这无疑是个人的巨大成功。备受当今学界争议的唐代"小说行卷"其实也涉及小说评价问题。宋人赵彦卫《云麓漫钞》卷八："唐之举人，先藉当世显人，以姓名达之主司，然后以所业投献；逾数日又投，谓之'温卷'，如《幽怪录》、《传奇》等皆是也。盖此等文备众体，可以见史才、诗笔、议论。至进士则多以诗为贽，今有《唐诗》数百种行于世者是也。"③ 这段文字被作为唐代小说"行卷"的重要资料广泛征引，由此引发的争议也不小。鲁迅

---

① （五代）孙光宪：《北梦琐言》卷十一，贾二强点校，中华书局 2002 年版，第 244 页。

② 文渊阁《四库全书》史部地理类，程国赋《隋唐五代小说研究资料》，上海古籍出版社 2005 年版，第 63 页。

③ 程国赋：《隋唐五代小说研究资料》，上海古籍出版社 2005 年版，第 16 页。

《中国小说史略》第八篇《唐之传奇文（上）》论及传奇创作时说："顾世间则甚风行，文人往往有作，投谒时或用之为行卷。"① 他在《六朝小说和唐代传奇文有怎样的区别》一文中又有更为详尽的看法："唐以诗文取士，但也看社会上的名气，所以士子入京应试，也须预先干谒名公，呈献诗文，冀其称誉，这诗文叫作'行卷'。诗文既滥，人不欲观，有的就用传奇文，来希图一新耳目，获得特效了，于是那时的传奇文，也就和'敲门砖'很有关系。"② 程千帆先生在《唐代进士行卷与文学》一书中，也广泛征引，力证行卷风尚与传奇勃兴的关系。但是李剑国先生并不同意这一说法，其理由之一就是对宋人钱易《南部新书》记载的有关李复言纳卷材料的解读上：

> 李景让典贡年，有李复言者，纳省卷，有《纂异》一部十卷。榜出曰："事非经济，动涉虚妄，其所纳仰贡院驱使官却还。"复言因此罢举。③

李剑国先生认为李复言的碰壁恰好证明以小说行卷和纳省卷不成风气，实则不然，即使可以证明小说行卷不成风气，至少也表明小说行卷是一种存在的现象，否则李复言不至于冒险用《纂异记》这样涉及神怪题材的小说来挑战"子不语怪力乱神"的儒教传统，拿自己的科考仕途开玩笑。只是复言不幸，遇到了一本正经的李景让，所投小说不合他的胃口。事实上，鲁迅先生的理解比较接近唐代行卷的真实情况，也就是说，传奇文行卷是因为"诗文既滥，人不欲观"，才被用来新人耳目的。这里各家的解读实际上误读了赵彦卫在《云麓漫钞》中的记述，唐代士人行卷的真实情况应该是这样的：先请托名人将自己引荐于主司，然后以"所业"也就是诗文或者赋作投献行卷，过几日再以小说投献，以冀唤起主司的第二次注意，提高成功率，这就是"温卷"。所以说，"行卷"是分

---

① 鲁迅：《中国小说史略》，东方出版社 1996 年版，第 51 页。
② 鲁迅：《且介亭杂文二集》，《鲁迅全集》第六卷，人民文学出版社 1981 年版，第 323—324 页。
③ （宋）钱易：《南部新书》甲卷，黄寿成点校，中华书局 2002 年版，第 9 页。

步骤进行的。在古代，小说是正统文学即诗、文、赋的末流，士人"所业"自然为此类作品，以小说为业至少在唐代是绝无的。一个广为人知的故事就是大诗人白居易初次赴京应试，以诗作拜谒名诗人著作郎顾况，受到后者的嘲谑，继而大加叹赏延誉。① 这说明唐代士人初次投谒，均不敢掉以轻心，否则其遭遇决不仅止于受到嘲弄而已，很可能就是李复言的下场。小说行卷尽管是为科举仕途，但受到的评价则对其创作产生了比较大的影响。

第三节　"穷神变,测幽微":笔记小说创作的宗教情怀

晋干宝自序《搜神》之记乃为"明神道之不诬",② 经鲁迅先生阐扬，广为传颂，以致后继之作不再措意于此类作品深层宗教动机之探讨，终究产生了隔膜。科学昌明和文化进步，使得我们能以超然的态度审视迷信的古人，但对他们的宗教心理缺乏了解之同情，则掩盖了小说创作的原初宗教动机。干宝是用史家笔法，搜罗鬼神之事做外在论证，所以被誉为"鬼之董狐"。③ 这种态度必然缺乏实际的宗教感情和体验，以此来概括志怪小说创作的动机亦略显疏阔。现今流传下来的小说序跋，是探讨小说创作宗教动机的重要文献资料。一般而言，学界比较注重从中挖掘关于小说审美因素、艺术成就的增长和小说走向文体独立的星点资料，而对其表现出的神秘主义倾向则缺乏足够的兴趣。而事实情况却是，神秘主义的宗教情怀正是古人创作此类题材小说的原动力之一。

古人关于我国古代宗教历史的认识对宗教观念的形成具有非常重要的意义。据《尚书·吕刑》记载，上古时代九黎族部落首领蚩尤率众作乱，与黄帝和炎帝的军事联盟展开一场大战，蚩尤战败。战争给人民的生活和思想道德造成了极大的混乱，于是黄帝命重黎进行了一番"绝地

---

① （唐）张固：《幽闲鼓吹》，《唐五代笔记小说大观》，上海古籍出版社 2000 年版，第 1450 页。

② （晋）干宝：《搜神记序》，丁锡根编《中国历代小说序跋集》，人民文学出版社 1996 年版，第 50 页。

③ 《晋书》卷八二，载刘恢语《干宝传》，中华书局 1974 年版，第 2150 页。

天通"的宗教改革，剥夺了普通民众祭祀天神的权利。① 这场改革之后，天神祭祀成为帝王的特权，由专门的巫师、祭司等神职人员从事宗教活动，他们运用预言或通过解读天命降示而引发的世事人伦的变迁、自然万物的灾变祥瑞以及鬼神怪物的变化来与天意沟通，因为天帝意志的表达并不是直接的，这是古人的基本宗教观念。《孟子·万章上》："万章曰：……'然则舜之有天下也，孰与之？'曰：'天与之。''天与之者，谆谆然命之乎？'曰：'否；天不言，以行与事示之而已矣。'"② 即是说天帝的意志是以行动和各种"事变"来降示的，像尧、舜、禹这样的圣王，天意的降示自然非同一般。汉班固《白虎通·灾变》引《乐稽耀嘉》曰："禹将受位，天意大变，迅风靡木，雷雨昼冥。"③ 风雷雨电这些自然现象被认为是禹将受命为王的天意表现。但天意的把握和知会并非易事，古人认为，以天帝为代表的神明世界的变化神妙幽微，难知难测。《周易·系辞上》："阴阳不测之谓神。"④ 刘勰《文心雕龙·正纬》："神道阐幽，天命微显。"⑤ 东晋葛洪《神仙传自序》："神仙幽隐，与世异流，世之所闻者，犹千不得一者也。"⑥ 前秦王嘉《拾遗记》云："夫精灵变化，其途非一；冥会之感，理固难常。"⑦ 后魏郦道元《水经注》卷十九："神道茫昧，理难辨测，故无以精其幽致矣。"⑧ 天命、神道本属作为国家宗教的宗法性传统宗教的信仰范围，后来道教兴起，佛教传入，仙佛鬼怪的变化之道亦得以囊括于内。上述引文的共同观点在于承认无论是天命、神道还是神仙之事，均与现实人世有着显著的隔阂；其对人伦世务、吉凶祸福的影响和警示，也是通过隐秘难测的方式进行的，人们要掌握它并

---

① 《尚书正义》卷一九，《十三经注疏》，上海古籍出版社 1997 年版，第 247 页下—248 页中。"绝地天通"是宗教改革，系经战国时楚昭王的史官观射父的阐述得知的，事载《国语·楚语》。参见徐元诰《国语集解》，王树民、沈长云点校，中华书局 2002 年版，第 512—516 页。

② 杨伯峻：《孟子译注》，中华书局 1960 年版，第 219 页。

③ （清）陈立：《白虎通疏证》卷六，吴则虞点校，中华书局 1994 年版，第 269 页。

④ 《周易正义》卷七，《十三经注疏》，上海古籍出版社 1997 年版，第 78 页下。

⑤ 刘勰著，范文澜注：《文心雕龙注》卷一，人民文学出版社 1958 年版，第 29 页。

⑥ 丁锡根：《中国历代小说序跋集》，人民文学出版社 1996 年版，第 54 页。

⑦ （前秦）王嘉：《拾遗记》卷五，《汉魏六朝笔记小说大观》，上海古籍出版社 1999 年版，第 523 页。

⑧ （后魏）郦道元注，杨守敬、熊会贞疏：《水经注疏》卷十九，段熙仲点校，江苏古籍出版社 1989 年版，第 1565 页。

与鬼神、天帝沟通，殊非易事。

因为神道难测，而且与个人的吉凶祸福和国家兴替有着密切的关系，所以在古人的宗教心理中引起了广泛的敬畏感和神秘感。敬畏天命是士大夫普遍的宗教心理，《论语·季氏》："孔子曰：'君子有三畏：畏天命，畏大人，畏圣人之言。'"① 对鬼神变化的神秘感也比较普遍。《搜神记》卷二记述，三国吴主孙休求巫觋疗疾，欲试其能，乃杀鹅埋之，谎称鬼妇人，令其视之并说出鬼物形状，巫曰："实不见鬼，但见一白头鹅立墓上。所以不即白之，疑是鬼神变化作此相，当候其真形。……"(《白头鹅》)② 巫者怀疑他所以看到的白头鹅是鬼神幻化的产物，可见时人对鬼神"能够"变化外物深信不疑。唐人张读笔记小说集《宣室志》卷八记载了这样一个故事，会稽民杨宗素为疗父疾，入山向一胡僧求救，该僧用完斋食，"于是整其衣，出龛而礼。礼四方已毕，忽跃而腾向一高树。宗素以为神通变化，殆不可测"，僧后化为一老猿。③ 所谓"神通变化"，即佛教所言"神通神变"，指佛、菩萨等在说法施化过程中所变现的种种异相。④ 杨宗素将已修炼成僧形的老猿腾上高树的功夫当成了佛的神通变化，可见"神变"在唐人中的接受程度。⑤ 唐玄奘《大唐西域记》卷七之《婆罗痆斯国》记载传说一则云："闻诸先志曰：数百年前有一隐士，于此池侧结庐屏迹，博习伎术，穷极神理，能使瓦砾为宝，人畜易形，但未能驭风云，陪仙驾。"⑥ 正因为此人掌握了神明变化之道，能变形易物，才受到玄奘的称许和重视。五代孙光宪《北梦琐言》"于世尊妖妄"云，

---

① 杨伯峻：《论语译注》，中华书局 1980 年版，第 177 页。

② 《魏晋六朝笔记小说大观》，上海古籍出版社 1999 年版，第 293 页。

③ （唐）张读：《宣室志》卷八，《唐五代笔记小说大观》，上海古籍出版社 2000 年版，第 1051—1052 页。

④ 参见《大宝积经》卷八六《大神变会》，（唐）菩提流志译，《大正藏》第 11 册，第 492 页。

⑤ 史书和文学作品中的"神变"之义有二，一即鬼神世界的无穷变化，二指治国或军事指挥神秘莫测、变化无穷，并无宗教意要。如《晋书·文帝纪》："奇兵震击，而朱异摧破；神变应机，而全琮稽服。"(《晋书》卷二，中华书局 1974 年版，第 39 页。)《辽史·耶律大悲奴传》："其（按：指辽）战胜攻取，必有奇谋秘计神变莫测者。"(《辽史》卷九五，中华书局 1974 年版，第 1393 页。)《明史·叶伯巨传》："主上痛惩其弊，故制不宥之刑，权神变之法，使人知惧而莫测其端也。"《明史》卷一三九，中华书局 1974 年版，第 3991 页。

⑥ （唐）玄奘撰述，辩机缀辑：《大唐西域记》卷七，季羡林等校注，中华书局 2000 年版，第 576 页。

遂州（今四川遂宁）于姓村民号"世尊"者，假托佛名，能逆知人之吉凶祸福，数州敬奉，舍财山积。斋会之时，宫殿池沼完全依照西方净土规制，自作阿弥陀佛，男女俱集，称念佛名。节度使许存以其妖妄，"召至府衙，俾其射覆。不中，乃械而杀之，一无神变"。① 似乎处死于世尊之时，众人担心其有神通变化，显得忌惮而好奇。宋人亦乐谈神变，李纲《书僧伽事》："世传僧伽为观世音大士化身，其神变示现之迹，载于传说，著于耳目，不可胜纪。"② 他甚至记下了"亲所见闻"的观世音菩萨示现神迹。另外道教神仙观念中将神仙变化自身的法术也称为神通变化。《宋史·蔡攸传》载，宋徽宗好道教之说，蔡攸投其所好，倡为异闻，谓有珠星璧月、跨凤乘龙、天书云篆之符，与方士林灵素之流"争证神变事"，以致神霄、玉清之祠遍天下。③ 尽管在今天看来，"神变"之说实属无稽，但确切无疑是古人宗教信仰的重要内容。从宗教学的角度讲，此乃神迹崇拜，稍具宗教学知识者即知神迹崇拜于一种宗教而言是何等重要。其影响之广，《西游记》中孙悟空的"七十二变"、如来佛、观音菩萨、太上老君以及大大小小神仙鬼怪令人眼花缭乱的变化之术，直接源头就是佛教"神变"，包括道教的变化之术，也不能不说受到了佛教的深刻影响。

尽管天命神道和鬼神变化神妙难测，古人也并非一味秉持敬畏感而无所从事，他们很早就主张通过各种途径探幽入微，穷神尽理，并认为此乃圣人圣德的体现。《周易·系辞下》："穷神知化，德之盛也。"孔颖达疏："穷极微妙之神，晓知变化之道，乃是圣人德之盛极也。"④ 那些晓知探赜索隐、穷神知化之术的人往往被视为方士，受到尊重。⑤ 司马迁著《史记》，言欲"究天人之际，通古今之变"，⑥ 即穷究上天与人事交通的

① （五代）孙光宪：《北梦琐言》，贾二强校点，中华书局 2002 年版，第 416 页。按：此条为清人缪荃孙所辑。
② （宋）李纲：《梁溪集》卷一六○，《四库全书》集部·别集类，第 1126 册，第 701—703 页。
③ 《宋史》卷四七二，中华书局 1977 年版，第 13731—13732 页。
④ 《周易正义》卷八，《十三经注疏》，上海古籍出版社 1997 年版，第 87 页下—88 页上。
⑤ 《搜神记》卷三"乔玄"：乔玄见怪，心大怖恐，应劭向其推荐董彦兴，言董："其探赜索隐，穷神知化，虽眭孟、京房，无以过也。"《汉魏六朝笔记小说大观》，上海古籍出版社 1999 年版，第 296 页。
⑥ （汉）班固：《汉书》卷六二《司马迁传》，中华书局 1962 年版，第 2735 页。

基本规律。道教在自身变化观的指导下，也主张原始见终，穷神尽性。
晋葛洪《抱朴子》卷十六《黄白》：

> 夫变化之术，何所不为。盖人身本见，而有隐之之法。鬼神本
> 隐，而有见之之方。能为之者往往多焉。……变化者，乃天地之自
> 然，……然其根源之所缘由，皆自然之感致，非穷理尽性者，不能
> 知其指归，非原始见终者，不能得其情状也。狭观近识，柱梏巢穴，
> 揣渊妙于不测，推神化于虚诞，以周孔不说，坟籍不载，一切谓为
> 不然，不亦陋哉？①

道教变化观抑或"神变"观是丹鼎符箓之术的哲学基础，非此则炼制仙丹、
考召鬼神均为空谈，所以葛洪竭力维护，并批评那些死守周孔言教的人目
光短浅、学识浅陋。他认为周孔不言神怪，非谓神怪不可知；鬼神虽处隐
秘的幽昧世界，但只要有追根究底、勇于探索的勇气，还是有许多途径足
资掌握鬼神变化之规律。郭璞主张"原化极变"、"象物应怪"：

> 圣皇原化以极变，象物以应怪，鉴无滞赜，曲尽幽情，神焉廋
> 哉！神焉廋哉！②

要求紧扣事物的现象来把握鬼神变化的规律，这实质与《周易》观物取
象的观点是相通的。《周易》主张通过设卦占卜，观察卦爻象来探赜索
隐，钩深致远，以定天下之吉凶：

> 《易》与天地准，故能弥纶天地之道。仰以观于天文，俯以察于
> 地理，是故知幽明之故。原始反终，故知死生之说。精气为物，游
> 魂为变，是故知鬼神之情状。③

---

① 王明：《抱朴子内篇校释》卷十六，中华书局 1985 年版，第 284 页。
② （晋）郭璞：《山海经序》，丁锡根编《中国历代小说序跋集》，人民文学出版社 1996 年
版，第 6 页。
③ 《周易正义》卷七，《十三经注疏》，上海古籍出版社 1997 年版，第 77 页。

"幽"和"明"分别代表鬼神和人间世界，《周易》是沟通鬼神与人世、探究生死问题的手段。这个观点被前秦王嘉和萧梁刘勰吸收，并加以发展，主张通过文辞著述来察变施化：

> 夫神迹难求，幽暗罔辨，希夷仿佛之间，闻见以之衔惑。若测诸冥理，先坟有所指明。是以彭生假见于贝丘，赵王示形于苍犬，皆文备鲁册，验表齐、汉。
>
> 谨按《周易》云：伏羲为上古，观文于天，察理于地，俯仰二仪，经纶万象，至德备于冥昧，神化通于精粹。是以图书著其迹，河洛表其文。……礼乐文物，自兹而始。①

即是说，神迹幽昧之事难求难测，但先代典籍的明确记载，有助于把握它。文献中记载的伏羲画八卦的传说，即是一例。伏羲通过观察天文地理和自然万象擘画八卦、创制文字，神妙变化备极鬼神幽昧之事，乃礼乐文明之肇源。刘勰在《文心雕龙》中也阐述了类似的观点：

> 爰自风姓，暨于孔氏，玄圣创典，素王述训，莫不原道心以敷章，研神理而设教，取象乎《河》《洛》，问数乎蓍龟，观天文以极变，察人文以成化；然后能经纬区宇，弥纶彝宪，发挥事业，彪炳辞义。②

圣王通过探究神明之道的本质来从事著述，施行教化，天地人文的变化、《河》《洛》之书的兆象，均是取法的对象。刘勰明确提出文教事业是圣王"神道设教"之工具，对唐代文学家和艺术家产生了很大影响。画论家张彦远在《历代名画记》卷一《叙画之源流》中，开宗明义，提出绘画应当"穷神变，测幽微"：

---

① （前秦）王嘉：《拾遗记》卷二、卷九，《汉魏六朝笔记小说大观》，上海古籍出版社1999年版，第503、494页。

② 《文心雕龙·原道》，参见王运熙、周锋《文心雕龙译注》，上海古籍出版社1998年版，第6页。

　　夫画者，成教化，助人伦，穷神变，测幽微，与六籍同功，四时并运，发于天然，非繇述作。古先圣王，受命应箓，则有龟字效灵，龙图呈宝。自巢燧以来，皆有此瑞。迹映乎瑶牒，事传乎金册。庖牺氏发于荥河中，典籍图画萌矣；轩辕氏得于温洛中，史皇仓颉状焉。奎有芒角，下主辞章；颉有四目，仰观垂象。因俪乌龟之迹，遂定书字之形。造化不能藏其秘，故天雨粟；灵怪不能遁其形，故鬼夜哭。①

张彦远主张运用绘画征验天命，穷究鬼神仙佛变化之道，以求沟通人世与幽冥难测的神灵世界。唐代小说家持有同样观点，如前引为戴孚《广异记》作序的顾况即言"欲观天人之际，变化之兆，吉凶之源"。再看唐人沈既济《任氏传》篇末的一番言论：

　　嗟乎，异物之情也有人焉！遇暴不失节，徇人以至死，虽今妇人，有不如者矣。惜郑生非精人，徒悦其色而不征其情性。向使渊识之士，必能揉变化之理，察神人之际，著文章之美，传要妙之情，不止于赏玩风态而已。②

小说中的任氏系一女狐，与郑生产生了人狐之恋，所以沈既济主张小说应当穷神尽化，探究异物变化和人神交通的规律，传情写真，而不是仅停留于爱悦女性。但像《任氏传》一样主张"穷神尽化"的传奇小说并不多，而是以志怪类笔记小说居多。

　　鲁迅先生在《中国小说史略》中谈及志怪与传奇的区别时说，传奇"叙事宛转，文辞华艳"，作者"有意为小说"，而志怪则旨在"显扬幽隐"。③ 这是志怪体笔记小说的显著区别特征。所以，唐代以宗教为题材

---

　　① 张彦远：《历代名画记》卷一，秦仲文、黄苗子点校，人民美术出版社 1963 年版，第 1 页。
　　② 汪辟疆：《唐人小说》，上海古典文学出版社 1955 年版，第 47—48 页。
　　③ 鲁迅先生"显扬幽隐，非为传奇"本就《李卫公外传》、《高力士外传》等轶事小说而言，但他在评价六朝志怪时说："盖当时以为幽明虽殊途，而人鬼乃皆实有，故其叙述异事，与记载人间常事，自视固无诚妄之别矣。"两者的精神实质是相同的。参见鲁迅《中国小说史略》，东方出版社 1996 年版，第 28、51、66 页。

的志怪体小说创作，秉承的是由《周易》开创、《文心雕龙》和《历代名画记》发扬光大的"神道设教"的传统，小说作者受到当时浓郁的宗教氛围的熏陶，以探赜索隐、穷神知化为目的，甚至主张以小说作为穷尽鬼神世界、沟通人神之际的媒介。我们如此概括唐人文言小说创作动机并非别出心裁，乐于谈神论鬼，而是实事求是得出的结论，毕竟唐人还没有掌握唯物主义，他们的世界观和认识论是建立在特定历史文化和宗教背景下的，所以本书借用张彦远《历代名画记》的语词，称这种宗教情怀为"穷神变，测幽微"，此乃唐人创作志怪类文言小说之主要动机。

第二章　宗法性传统宗教与唐五代笔记小说

现代宗教学根据宗教发展的不同历史阶段，将宗教分为原始社会的氏族—部落宗教、古代阶级社会的国家—民族宗教和世界宗教，[①] 这个分类标准也适合我国古代宗教的发展状况。具体而言，以自然崇拜、图腾崇拜、祖先崇拜和巫术禁忌为主要特征的原始宗教，属于氏族—部落宗教阶段的主要宗教，在民族多样化、地理环境复杂的中国，原始宗教也呈现异彩纷呈的多样化局面。夏商周三代，原始宗教发展为以敬天法祖、祖先崇拜和社稷神灵崇拜为主要特征的宗法性传统宗教，属国家民族宗教，同时东汉末年本土宗教道教得以建立，在唐代被确立为国家宗教。汉代传入中国的佛教则属于世界宗教。尽管唐代道教是钦定的国家宗教，但真正的国家宗教却是宗法性传统宗教。

第一节　关于"儒教"问题的争鸣

中国宗法性传统宗教的概念最早由牟钟鉴先生提出，其背景是延续了几百年的关于儒教是否宗教的争论。争论源于明末意大利来华传教士利玛窦，他肩负在中国传播天主教的使命。经过对中国宗教状况的考察，他认为春秋以前的儒学是宗教，两汉以后的儒学不是宗教；儒家的祭祖是中国人维持孝道伦理原则的习俗，并非偶像崇拜，祭孔也是读书人对孔子贡献的感谢，没有祈祷意义，所以儒教不是非排斥不可的宗教，传

---

① 吕大吉：《宗教学通论新编》，第二编"宗教的起源与发展"，中国社会科学出版社 1998 年版。

教士可以接受儒教与天主教并立，士大夫可以在属于这种学派的情况下成为天主教徒。① 利玛窦的结论为天主教在中国的传播找到门径，从而也引起了知识界经久不息的争论。逮至清末，儒教问题争论伴随民族启蒙和社会革命在新旧两派之间全面展开，康有为、严复、陈焕章、张东荪、夏曾佑组织"孔教会"，宣扬"孔教"是教，并积极推动将其定为国教，而来自新文化阵营的章太炎、蔡元培、胡适、陈独秀等则明确反对将儒教定为国教，并且认为儒教不是宗教。这场争论以新文化运动的胜利而平息。

1978 年底，任继愈先生重提儒教是教说，认为孔子创立的儒家学说本来就是直接继承了殷周时期的天命神学和祖宗崇拜的宗教思想发展而来，经过汉代董仲舒的神学化运动和宋明理学体系的建立，中国的儒教完成。他认为儒教的教主是孔子，其教义和崇奉对象是"天地君亲师"，其宗教组织即各级官学，而学官则是专职神职人员。② 此说尽管是在大陆反思"文革"和中国传统文化的大背景下提出的，但却引起了华人文化圈的广泛争鸣，在宗教学界、哲学界、文史学界引发了长达二十余年的讨论，直至当下依然有文章不断发表。梁漱溟、张岱年、冯友兰、蔡尚思、季羡林等著名学者均直接或间接发表过关于此问题的看法，但大多数采取了有所保留的谨慎态度。③ 李申是任继愈先生的坚定支持者，也是"儒教是教说"的积极鼓吹者，他于 2000 年出版《中国儒教史》，从宗教史的视角对"儒教"的神灵系统、鬼神观念、宗教组织进行了系统地阐述，认为儒家是迷信鬼神、尊崇"天"的，天和上帝同实异名，天帝即上帝是儒教崇奉的至上神，天帝、祖灵和社稷祭祀即为儒教的宗教仪式，皇帝是教皇，孔子是教主，中国封建社会是以儒教为国教的政教一体社会。④ 此书甫出，即有学者对书中强烈的儒学宗教化倾向和先入为主的单

---

① 参见孙尚扬《基督教与明末儒学》上篇第二章关于"利玛窦的儒学观"的相关陈述，东方出版社 1994 年版，第 49—55 页。
② 参见任继愈《论儒教的形成》、《儒家与儒教》、《儒教的再评价》，载《任继愈学术论著自选集》，北京师范大学出版社 1991 年版。
③ 参见《"儒学是否宗教"笔谈》，载《文史哲》1998 年第 3 期。
④ 这些观点概括自《中国儒教史》。参见李申《中国儒教史》，上海人民出版社 2000 年版。

一上帝模式提出激烈批评,[①] 李申也在相关网站撰文予以回应,[②] 并于2005 年 1 月出版《中国儒教论》,作为围绕儒教问题和《中国儒教史》的争论的总结。[③] 这场争论可谓跨世纪的学术事件,引起哲学界和宗教学界的广泛参与,一些著名学者纷纷撰文阐述观点,仅在孔子 2000 网发表的文章就有二百篇左右。争论虽然辩明了一些问题,但儒教到底是否宗教,依然悬而未决。[④] 为了摆脱"是"与"非"的简单思维,有台湾学者试图将儒教作分类区隔,如李杜认为传统的儒教具有"与宗教信仰相结合的宗教性儒教"及"与君主政治相结合的文教性儒教"两种形态。[⑤] 傅伟勋将儒教区分为"广义的儒教"和"狭义的儒教",前者指被日本、韩国或其他东南亚国家所惯常使用,而包含了儒家传统义理、教诲与习俗礼仪;后者专指带有民俗宗教意味(如祖先崇拜、祭天扫墓、日常礼俗、生活习惯之类)的小传统而言,并不带有高度的哲理反思或他所谓的"批判的继承与创造的发展精神"。[⑥] 更有学者模仿荷兰汉学家许理和划分中国佛教的方法将儒教划分为"士林儒教"、"官方儒教"和"民间儒教",认为不能将儒教看作现代意义的宗教,但并不否认历史上发生的对儒教进

---

① 陈咏明:《国家级的学术豆腐渣工程——读〈中国儒教史〉上卷有感》,孔子 2000 网,2001 年 9 月 29 日,http://www.confucius2000.com/scholar/drjshshyg.htm,2001 - 09 - 29。王健《人文学术研究应有严谨的学理基础——由〈中国儒教史〉想到的》,孔子 2000 网,2001年 10 月 1 日,http://www.confucius2000.com/scholar/yjyjdxljch.htm,2001 - 10 - 01。

② 李申:《豆腐渣、"严谨学理"说及其相关问题——对王健、陈咏明联手推出的〈人文学术研究应有严谨的学理基础……〉、〈国家级的学术豆腐渣工程……〉双文的回应》,孔子 2000 网,2001 年 10 月 8 日,http://www.confucius2000.com/scholar/dfzyjxljxgwt.htm,2001 - 10 - 08。

③ 李申:《中国儒教论》,河南人民出版社 2005 年版。

④ 相关论文参见任继愈主编《儒教问题争论集》,宗教文化出版社 2000 年版。孔子 2000 网"儒学与宗教问题争鸣"专题。http://www.confucius2000.com/confucian/rujiao/index01.htm。

⑤ 李杜:《二十世纪的中国哲学》,台北蓝灯文化出版公司 1995 年版,第 211 页。转引自李世伟《从大陆到台湾——近代儒教研究的回顾与展望》,载张珣、江灿腾合编《当代台湾宗教研究导论》,宗教文化出版社 2004 年版,第 350 页。

⑥ 傅伟勋:《现代儒学发展课题试论》,载于氏著《佛学思想的现代探索》,台北东大图书公司 1995 年版,第 25—26 页。转引自李世伟《从大陆到台湾——近代儒教研究的回顾与展望》,载张珣、江灿腾合编《当代台湾宗教研究导论》,宗教文化出版社 2004 年版,第 351 页。

行宗教化改造的努力。① 这些区分的意义在于看到了儒教的层次性与差异性，特别是李杜的观点，揭示了儒教的宗教形态与政治形态，为我们剥离国家宗教与儒家思想体系颇有启发。

儒家本是人文学派，其主要精神具有强烈的参与现世的诉求，在中国古代传统的中央集权政体建立的过程中，被确立为官方思想体系，形成"独尊"，并于两汉和宋明时期，经历了两次神学化运动，建立了神学气息浓重的哲学体系，其宗教性被自觉不自觉地放大加强，最后变成一个规范、指导全民思想行为的宗教色彩浓厚的人文思想体系。儒学典籍中大量包含着天命鬼神精怪等关于彼岸世界的思想；封建宗法制度下的祭天、祭祖、祭孔，是从天子到庶民都必须共同遵守的儒家祭祀仪礼，这是一般学术流派所不具备的。当这种有宗教化倾向的儒学面临西方宗教学观念的衡量和拷问时，遭遇了无所适从的尴尬。儒教非教论者想剥离附着在其上的宗教神性，儒教是教论者则竭力淡化它的入世精神，将其宗教神性无限放大，最终都无法令对方信从。我们认为儒家思想的宗教化是宗法社会形成、国家宗教确立后儒学自我调适的结果，儒教之有宗教神性，也是与国家宗教结合后出现的，以孔子为代表的儒家并没有创立宗教的主观动机，更不能说儒家思想本身具有宗教本质。②

国家宗教与阶级社会相伴而生，夏商周三代天命观和神权政体就已确立，重视天命、崇信上帝是其主要特点。相传商王朝始祖契的降生，系因其母简狄误吞了代表上天意志的玄鸟之卵，《诗经·商颂·玄鸟》："天命玄鸟，降而生商。"③ 商汤伐夏的口号是"夏氏有罪，予畏上帝，不敢不正"④。而武王伐纣的宗教借口也是商王不事上帝和各路神祇，怠慢

---

① 李世伟：《从大陆到台湾——近代儒教研究的回顾与展望》，载张珣、江灿腾合编《当代台湾宗教研究导论》，宗教文化出版社 2004 年版，第 351 页。

② 如唐人就不认为孔子具有神学思想，而且也不是教主。《唐阙史》载，李翱性偏直方正，不信鬼神巫觋，后有一李处士拜谒，自言能通神，预事如神，李翱曰："仲尼大圣也，而云未知生焉知死，子能贤于仲尼焉？"《太平广记》卷七三引，第 2 册，中华书局 1961 年版，第 458 页。

③ 程俊英、蒋见元：《诗经注析》，中华书局 1991 年版，第 1030 页。

④ 《尚书正义》卷八，《十三经注疏》，上海古籍出版社 1997 年版，第 160 页中。

天命，导致"皇天震怒，命我文考，肃将天威"。① 国家宗教所祭祀的神灵系统则最迟在春秋战国时期已完成。《国语·鲁语上》："凡禘、郊、祖、宗、报，此五者，国之典祀也。加之以社稷、山川之神，皆有功烈于民者也。及前哲令德之人，所以为明质也。及天之三辰，民所以瞻仰也。及地之五行，所以生殖也。及九州岛名山川泽，所以出财用也。非是不在祀典。"② 社稷山川之神、天地日月星、才德兼备的圣人，因为与生活密切相关而受到了祭祀。《管子·封禅》甚至将古代国家的泰山封禅盛典远溯三代之前，认为古代封禅泰山者有七十二家，并列举了其中的十二家，有伏羲、神农、炎黄、尧、舜、禹等。③ 夏商周三代祭祀天、帝的典礼和仪式早在儒家典籍结集之前即已体系完备，"三礼"的主体精神也不过是对这种典仪的追踪和复原。孔子建立儒家学说至汉武帝"罢黜百家，独尊儒术"长达三百多年，儒家学说与诸子一样是"百家争鸣"之一家，并未实现与国家宗教和政权相结合，所以"儒教"与其所代表的国家宗教并非同步产生。如果执着一隅，看到所谓的"儒教"具有浓厚的神学色彩，有天帝崇拜、祖灵崇拜、社稷崇拜，就断言儒教是独立于佛道之外的第三种宗教，甚至得出封建政治休系就是宗教体系，皇帝就是教皇，官僚就是教士，教义就是国家的法典和意识形态，国民即信徒的偏激见解，④ 只能说是颠倒因果，犯了逻辑错误，也违背了中国宗教发展的实际状况。但历史上也确实出现过儒学宗教化的倾向，如汉代董仲舒一方面通过把自然现象拟人化，赋予其以人伦道德属性，从而把自然万物和自然界的变异现象看作是"天"意的体现；另一方面，又通过把社会关系神秘化，赋予社会现象以神学的含义，宗法封建制的各种等级名分和隶属关系都被说成是在"名号"中表达了"天意"。但董仲舒等人并没有耶稣、释迦牟尼、穆罕默德等那样具有宗教

---

①　《尚书正义》卷一一，《十三经注疏》，上海古籍出版社 1997 年版，第 180 页。

②　徐元诰：《国语集解》，王树民、沈长云点校，中华书局 2002 年版，第 161 页。

③　黎翔凤：《管子校注》卷十六，中华书局 2004 年版，第 952—953 页。

④　康晓光：《"文化民族主义"随想》，孔子 2000 网，2004 年 6 月 27 日，http：//www.confucius 2000. com/confucius/whmzzysx. htm，2004 - 06 - 27。

创始人的资质，① 也不具备创造一种宗教的条件，他和宋明理学家一样，因为没有建立起相应的宗教组织和制度而止步于宗教之门。历史上真正具有准宗教性质的脱胎于儒学的宗教结社，却被目为邪教遭到代表皇权的官吏的残酷镇压，因为中国封建社会并不愿意看到儒学演变为宗教。② 所以至今在一般民众中，并不认为儒教是宗教，孔子依然是人是圣而不是神，儒家思想体系之于国家宗教，实为一种依存关系。③ 在"百家争鸣"的时代，取得君权认同与支持是一个学派生存与发展之关键，儒家学派自孔子创立之初即竭力谋求与王权合作，经历了春秋战国和秦汉初期的失败后，在汉武帝时代由董仲舒实现了教权、君权与思想权的结合，完成了对君权合法性的神学、儒学论证，从而树立了国家主流意识形态的牢固地位。儒家伦理道德观念融入国家宗教教义体系，儒家学说也笼罩上一层宗教神学色彩，这就是"儒教"被部分学者目之为宗教的原因。

第二节　宗法性传统宗教是中国古代的国家宗教

那么应该如何认识早在三代时期就已建立的国家宗教？中国古代到底有没有不同于佛道之外的"正宗大教"呢？如果不执着于"儒教"的名称，从宗教学的角度实事求是地考察中国宗教状况，能够得出这种宗教存在的诸多证据：其宗教信仰不同于佛教和道教，它有自成体系、独立自足的神灵系统，有自己的宗教观念、宗教情感、宗教行为、宗教组

---

① 耶稣、穆罕默德和释迦摩尼作为创教者的人格魅力、强大号召力和神性化身份为董仲舒所不具备；他们对现存政权和宗教秩序具有强烈的反叛意识，而董仲舒仅以儒生参与其事，只能依附于皇权作宗教改良。又，戒律制度对维系宗教组织独立、规范信徒行为的重要性是不言而喻的，对此董仲舒和宋明理学家没有任何建树。故而，与其说董仲舒开创了儒学宗教化，毋宁说他完成了国家宗教儒学化来得更为准确。

② 如清代由太谷学派发展而来的"黄崖教"，被当时的山东巡抚阎敬铭判定为"邪教通匪"，悉数剿杀。参见马西沙、韩秉方《中国民间宗教史》，第二十二章"太谷学派与黄崖教"，中国社会科学出版社 2004 年版。

③ 汉代的谶纬神学曾一度神化孔子，出现"孔子为汉帝制法，陈叙图录"（《春秋纬》，《公羊传》隐公第一题疏引）的神学预言，《春秋演孔图》言"孔子长十尺，大九围，坐如蹲龙，立如牵牛，就之如昂，望之如斗"（《太平御览》卷三七七《人事部》引），不同于凡人，但并未产生足够影响，随着后世对谶纬之书的封禁，孔子神话也未能发展成熟。

织和制度，它在国家祭祀中占有重要地位。牟钟鉴先生于 1989 年出版
《中国宗教与文化》，系统阐发了这一宗教的基本特征，将其命名为"宗
法性传统宗教"，并得到了张践、吕大吉等学者的响应和支持，逐渐为
学界所接受。[①] 宗法性传统宗教产生于原始社会之后，私有制和阶级、
国家建立的初期，在夏、商、周三代是国家宗教，原始社会末期发生的
"绝地天通"的宗教改革是宗法性传统宗教形成的重要标志。牟钟鉴先
生说：

> 在中国历史上，于佛道儒之外，确实存在过一个绵延数千年的
> 正宗大教，我称之为宗法性传统宗教。它以天神崇拜、祖先崇拜和
> 社稷崇拜为主体，以日月山川等百神崇拜为羽翼，以其他多种鬼神
> 崇拜为补充，形成相对稳固的郊社制度，宗庙制度，以及其他祭祀
> 制度，它的基本信仰是"敬天法祖"。它没有独立的教团，其宗教组
> 织即是国家政权系统和宗族组织系统，天子主祭天，族长家长主祭
> 祖，祭政合一，祭族合一，既具有国家宗教性质，又带有全民性，
> 故也可以称之为传统的国家民族宗教。它的经常性宗教活动是郊祭
> 天地、宗庙祭祖、坛祭社稷、日月星辰，连带祭祀各种神灵。这个
> 国家民族宗教起源于原始宗教，形成于夏商周三代，完善于汉至隋
> 唐，一直延续到清朝末年帝制垮台为止，其间从未间断。历代礼典
> 中的祭典与丧典，就是这种宗教的祭祖仪礼，历史史书中的吉礼与

---

① 牟钟鉴：《中国宗教与文化》，巴蜀书社 1989 年版，第 6—7 页。详细论述参见《中国宗法性传统宗教试探》，载《世界宗教研究》1990 年第 1 期；张践《儒学与宗法性传统宗教》，载《世界宗教研究》1991 年第 1 期。牟钟鉴早于 80 年代中期就将"宗法性宗教"写入了由吕大吉主编的《宗教学通论》（中国社会科学出版社 1989 年版）相关部分。后者在独立出版《宗教学通论新编》时，参照吸收了这一成果，参见该书第二编第三章第四节"中国的国家—民族宗教——'宗法性传统宗教'"，中国社会科学出版社 1998 年版。需要说明的是，吕、牟、张三人均为儒教非教论者，他们在各自的论著中否认儒教是宗教。也有学者将这种宗教称为"天祖教"，参见张丰乾《天祖教——中国传统宗教述略》，孔子 2000 网，2002 年 3 月 28 日，http://www.confucius 2000.com/confucian/rujiao/tzjzgctzjsl.htm，2002 - 03 - 28。按：据梁漱溟先生《中国文化要义》言，胡石清《人类主义初草》（自印稿）曾用"中国系之宗教"命名这一宗教，目其为与希伯来系、印度系宗教鼎足而立的三大世界宗教之一，以"合天人、包万有"为内容，要义有三：尊天、敬祖、崇德报功。梁漱溟：《中国文化要义》，学林出版社 1987 年版，第 100 页。

丧礼，就是这种宗教的史实记载。^①

这段陈述概括了中国宗法性传统宗教的基本特征和历史形成。作者后来在论文《中国宗法性传统宗教试探》及与张践合著的《中国宗教通史》（修订本）中对自己的观点有所修正，认为宗法性传统宗教的核心是天神、祖先崇拜，将社稷崇拜划归为"羽翼"，这也是作者关于宗法性传统宗教的成熟认识。^② 按照吕大吉先生提出的"宗教四要素"说衡量，宗法性传统宗教的基本宗教观念是"敬天法祖"及以"神道设教"和"天人感应"为主要内容的天命论与鬼神观，它的彼岸世界是以天或上帝为至上神，包括社稷神、祖先神以及其他鬼神精怪在内的鬼神系统。^③ 它的基本宗教行为是对天地、山川、社稷、祖先神灵的献祭和祷告，当然也有相应的宗教禁忌。信徒的宗教感情与体验主要表现为对"天命"、祖先和社稷神灵等的敬畏感，接受天命启示、祖灵护佑时产生的依赖感和安宁感，对"神变"事象的惊异感，天人合一的神秘感以及违背天意、祖训和神灵意志时的罪恶感。这对古代社会文化心理和民族精神的形成具有根本性的影响。

宗法性传统宗教有一套完整成熟的祭天仪式、宗庙制度和社稷崇拜体制，但它并没有自己独立的教团组织，也没有职业的祭司队伍。它的宗教组织由宗族组织以及与国家政权系统融为一体、负责祭祀、占候的国家机构组成，"奉天承运"的天子即皇帝是教主，主持祭祀，其下有掌天下礼仪、祭供、贡举并负责宗教礼仪的研究和厘定的礼部、^④ 掌宗庙社

---

① 牟钟鉴：《关于中国宗教史的若干思考》，载《中国宗教与文化》，台北唐山出版社 1995 年版，第 139—140 页。转引自吕大吉《宗教学通论新编》，中国社会科学出版社 1998 年版，第 564 页。按：牟钟鉴先生此著与巴蜀书社 1989 年版同名然非一书。

② 分别参见牟钟鉴《中国宗法性传统宗教试探》，载《世界宗教研究》1990 年第 1 期；牟钟鉴、张践《中国宗教通史》（修订本），社会科学文献出版社 2003 年版，第 78 页。

③ 《旧唐书·职官志二》："凡祭祀之名有四：一曰祀天神，二曰祭地祇，三曰享人鬼，四曰释奠于先圣先师。"这个鬼神体系包括（大祀）昊天上帝、皇地祇、神州、宗庙、（中祀）日月星辰、社稷、先代帝王、岳镇海渎、帝社、先蚕、孔宣父、齐太公、诸太子庙、（小祀）司中、司命、风师、雨师、众星、山林、川泽、五龙祠等及州县社稷、释奠。《旧唐书》卷四三，中华书局 1975 年版，第 1831 页。

④ 《新唐书·百官志一》："祠部郎中、员外郎，各一人，掌祠祀、享祭、天文、漏刻、国忌、庙讳、卜筮、医药、僧尼之事。"《新唐书》卷四六，中华书局 1975 年版，第 1195 页。

稷祭祀礼仪的太常寺、① 掌观测天文、占候云气、制定历法的司天台②等神职机构。有资格主持国家祭祀者除皇帝之外，三公及相关官员也代表皇帝充当主祭。③ 这些人都是学习儒家文献，通过统一考试选拔出来的儒家学者，并且可能和国家其他各部官员互调流动。这就是宗法性传统宗教的宗教组织。

作为一种宗教，张践先生认为宗法性传统宗教与儒学的典籍文献合一，前者的礼仪典章主要保存在儒家经典中，"三礼"中关于"吉礼"和"凶礼"部分记载了宗法宗教的主要礼仪：《易》是宗教卜筮之书，《尚书》记载了历代圣王的宗教活动，《诗经》中的《雅》和《颂》本身就是宗庙之歌；汉代以后宗法宗教便借儒家经典而流传。④ 宗法性传统宗教的教义核心是天命神学，因此，承载其教义体系的基本典籍除了上述儒家经典外，还包括以正史"封禅书"、"郊祀志"、"灵征志"、"五行志"、"礼乐志"、"礼仪志"等为代表的史志典籍，以类书"天部"、"地部"、"礼部"、"征应部"、"应运部"、"符命部"、"休征部"、"咎征部"等为代表的类书文献，以及京房《易传》、《春秋运斗枢》、《孝经纬》之类的谶纬书。

董仲舒建立的天命神学的直接产物是符瑞灾异文化和汉代谶纬神学

---

① 《新唐书·百官志三》："太常寺，卿一人，正三品；少卿二人，正四品上。掌礼乐、郊庙、社稷之事，总郊社、太乐、鼓吹、太医、太仆、廪牺、诸祠庙等署，少卿为之贰。凡大礼，则赞引；有司摄事，则为亚献；三公行园陵，则为副；大祭祀，省牲、器，则谒者为之导。小祀及公卿嘉礼，命谒者赞相。凡巡幸、出师、克获，皆择日告太庙。"太常寺下设掌判寺事的太仆丞二人、掌辨五礼的博士四人、掌出纳神主、跪读祝文的太祝六人，以及奉礼郎、协律郎等职。参见《新唐书》卷四八，中华书局 1975 年版，第 1241 页。按：撰集志怪小说集《酉阳杂俎》的段成式，曾任太常少卿，参见《酉阳杂俎自序》。丁锡根：《中国历代小说序跋集》，人民文学出版社 1996 年版，第 301 页。

② 司天台即太史监，唐代，司天台隶中书省之下的秘书监，官长为司天监即太史令，据《旧唐书·职官志二》："太史令掌观察天文，稽定历数，凡日月星辰之变，风云气色之异，率其属而占候之。"《旧唐书》卷四三，中华书局 1975 年版，第 1855 页。

③ 三公指太尉、司徒、司空，《旧唐书·职官志二》："大祭祀，则太尉亚献，司徒奉俎，司空扫除"、"大祀，皇帝亲祭，则太尉为亚献，光禄卿为终献。若有司摄事，则太尉为初献，太常卿为亚献。"《旧唐书》卷四三，中华书局 1975 年版，第 1815、1831 页。《新唐书·百官志一》："三公……亲王拜者不亲事，祭祀阙则摄。"《新唐书》卷四六，中华书局 1975 年版，第 1184 页。

④ 张践：《儒学与宗法性传统宗教》，载《世界宗教研究》1991 年第 1 期。

的产生，也是宗法性传统宗教的重要特征。① 符瑞灾异即神明降现的关于吉凶祸福的征兆，一般通过自然界的灾变、祥瑞、当事人的梦象等来表现。《汉书·刘辅传》载刘辅上成帝书云："臣闻天之所与必先赐以符瑞，天之所违必先降以灾变，此神明之征应，自然之占验也。"② 谶纬是假托天命神灵的神秘宗教性预言，《说文》："谶，验也。有征验之书，河洛所出书曰谶。"纬本相对于经而言，是依傍经义的神学预言，与谶异名同实。③ 谶纬是儒学接受宗法性传统宗教影响而宗教神学化的产物。古代帝王以神道设教，借助于神权来进行统治，故而极为重视神灵的降显和预言，因为他们相信"国家将兴，必有祯祥；国家将亡，必有妖孽"。④ 汉班固《白虎通义》云："天下太平，符瑞所以来至者，以为王者承天统理，调和阴阳，阴阳和，万物序，休气充塞，故符瑞并臻，皆应德而至。"若人君荒暴，必致天地失和、人伦失序，各种灾异自然而至："天所以有灾变何？所以谴告人君，觉悟其行，欲令悔过修德，深思虑也。"⑤ 象征君权神授和太平盛世"圣王"受命祥瑞的"河图"、"洛书"的出世，为古代帝王所最为神往，《易·系辞上》："河出图，洛出书，圣人则之。"⑥ 董仲舒上汉武帝"对策"亦云："臣闻天之所大奉使之王者，必有非人力所能致而自至者，此受命之符也。天下之人同心归之，若归父母，故天瑞应诚而至。《书》曰：'白鱼入于王舟，有火复于王屋，流为乌。'此盖受命之符也。"⑦ 天命若选中某人统治天下，是不受人力左右的。春秋战国时期诸侯林立、衰象顿现，所以"凤鸟不至，河不出图"。⑧ 此种信仰背景下，易代之际，新兴力量往往利用图谶制造舆论、散布预言。

① 对符瑞、灾异的敬畏与向往在三代即已出现，但形成一种普遍的宗教文化心理，则在董仲舒以后。

② 《汉书》卷七七，中华书局 1962 年版，第 3251 页。

③ 钟肇鹏先生引述前人观点，认为谶与纬并无实质区别，就产生历史而言，谶先于纬，汉代方士化儒生以谶附经，产生了纬书。参见钟肇鹏《谶纬论略》，辽宁教育出版社 1991 年版，第 11 页。

④ 《礼记·中庸》，《礼记正义》卷五三，《十三经注疏》，上海古籍出版社 1997 年版，第 1632 页。

⑤ （清）陈立：《白虎通疏证》卷六，吴则虞点校，中华书局 1994 年版，第 283、267 页。

⑥ 《周易正义》卷七，《十三经注疏》，上海古籍出版社 1997 年版，第 82 页中。

⑦ 《汉书》卷五六《董仲舒传》，中华书局 1962 年版，第 2500 页。

⑧ 《论语·子罕》，杨伯峻《论语译注》，中华书局 1980 年版，第 89 页。

王莽篡汉，刘秀复国，皆得图谶之助，后者甚至将图谶宣示天下，以致整个国家笼罩在迷信鬼神的神秘气氛之中。图谶后来退出国家政治生活，但却连同与之相伴而生的符瑞文化一起被道教吸收，成为道教教义之一部分，因而显得错综复杂。① 迷信符瑞、好言灾异之风亦历久不衰，汉武帝、隋文帝、唐玄宗、武则天、宋真宗等是历史上有名的喜好符瑞的帝王，唐高祖李渊代隋立唐就充分利用了道士制造的政治谶言和符瑞，武则天甚至不惜纵容伪滥僧人改窜佛经，将自己神化为弥勒下生，为称帝制造宗教合法性，一些大臣如唐太宗朝的魏征撰集有《祥瑞录》（十卷）之类的书籍。② 谶纬符瑞的信仰基础是天命神学，这是宗法性传统宗教的理论核心，也是华夏民族延续数千年而不断的根本信仰，外来宗教和本土新兴宗教在中土得以认同、传播，不得不利用符瑞，假借天命，以此拨弄华夏民族这根敏感的宗教心弦。

值得注意的是，道教亦有符瑞灾异之说，此乃道教吸收宗法性传统宗教思想并受其影响而产生的。董仲舒调阴阳、顺四时、序五行、以政令配月令思想也是早期道教经典如《太平经》、《周易参同契》的特色，魏晋以后，神仙道教兴起，以长生成仙为最高宗教追求，符瑞之说渐非道教重要思想。相较于宗法性传统宗教，道教符瑞有四点不同，一是目的不同，前者是政治神学，是教内君权神授的自我论证，后者是道教为取得皇权支持的附会；二是时代不同，宗法性传统宗教的符瑞之说与该宗教相伴而生，后者产生于道教建立后；三是传播者不同，前者发现和报告符瑞的主要是君王和臣民，而且有专管符瑞的官署，如唐代的司天

---

① 代表宗法性传统宗教的国家政权官制体系中依然有掌管符瑞占候的官署，如唐代的司天台就有"每季录所见灾祥，送中书门下省，入起居注"的职责。《旧唐书》卷四三《职官志二》，中华书局 1975 年版，第 1855 页）礼部员外郎有甄别祥瑞，并向帝王报告的职责："凡景云、庆云为大瑞，其名物六十有四。白狼、赤兔为上瑞，其名物三十有八。苍乌、朱雁为中瑞，其名物三十有二。嘉禾、芝草、木连理为下瑞，其名物十四。大瑞，则百官诣阙奉贺。余瑞，岁终员外郎以闻，有司告庙。"参见《新唐书》卷四六《百官志一》，中华书局 1975 年版，第 1191 页。

② 唐高祖利用道教图谶事见南宋谢守灏编《混元圣纪》卷八，《道藏》第 17 册，文物出版社、上海书店、天津古籍出版社 1988 年版，第 854—856 页。武则天利用佛教伪撰佛经事见《旧唐书》卷一八三《外戚传》，中华书局 1975 年版，第 4742 页。又，唐初政治宽松，对谶纬、占卜之类控制并不严格，藏书自学《五经纬》、《尚书中侯》、《论语谶》等谶纬书籍不在禁限之列。参见（唐）长孙无忌等撰《唐律疏议》卷九"私有玄象器物条"，刘俊文点校，中华书局 1983 年版，第 196 页。

台和礼部员外郎，而后者主要是道士；四是最重要的一点，决定符瑞降现的神系不同，道教是三清为至上尊神的神系，以太上老君最为重要，宗法性传统宗教决定符瑞的是"天"或天帝。因道教是建立在传统社会基础上的本土宗教，具有极强的包容性和渗透力，经过融合改造以后，宗法性传统宗教的符瑞文化也成为道教教义之一。

作为官方意识形态的儒学与作为国家宗教的宗法性传统宗教的关系比较复杂。秦汉以前的夏、商、周三代，是宗法性传统宗教的形成阶段，具有完整而独立的宗教形态，春秋战国时期，脱胎于巫、史、祝、卜之类宗教职业者的儒家学派产生，[①] 可视作宗法性传统宗教走向礼制化与世俗化、演变为宗教礼俗的分野。这种变化并不意味着该宗教的消亡，而是在秦汉以后的一千多年中，与儒学一起深深植根于宗法血缘制度这块土壤上，相互影响发展，宗法性传统宗教为儒学稳定价值，儒家为其厘定礼仪，具有一致的价值取向。[②] 由此可以说，董仲舒完成了这样一个任务：他第一次给宗法性传统宗教以系统的理论论证，把传统的阴阳五行说和天命观上升到神学层次，建立了这一宗教的神学体系；作为儒生，他又把儒家的父权与宗教神权、世俗皇权结合起来，实现了三位一体，从而模糊了宗法性传统宗教与儒学的界限。从这个意义上讲，董仲舒完成了宗法性传统宗教的儒学化。

宗法性传统宗教的天命神学和儒家学说的伦理道德观念，共同构成中国古代社会的基本伦理准则和价值观念体系，是判定一切政教、人伦得失的基本标准。中国历史上的三教之争和外来宗教思想文化在中土的传播，必须符合这一价值体系。北魏太武帝灭佛法，下诏批评后汉荒君"事胡妖鬼，以乱天常"，以致天罚亟行，生民涂炭，并说"朕承天绪，属当穷运之弊，欲除伪定真，复羲农之治。其一切荡除胡神，灭其踪迹，庶无谢于风氏矣"。[③] 太武帝灭佛，虽然由信奉寇谦之新天师道之司徒崔浩助成其事，但其目的却并不在于维护道教，而是宗法性传统宗教的至

---

① 《汉书·艺文志》："儒家者流，盖出于司徒之官，助人君顺阴阳明教化者也。"《汉书》卷三〇，中华书局 1962 年版，第 1728 页。《说文解字》："儒，柔也，术士之称。"

② 张践：《儒学与宗法性传统宗教》，载《世界宗教研究》1991 年第 1 期。

③ 《魏书》卷一一四《释老志》，中华书局 1974 年版，第 3034 页。

上信仰——天的权威。佛教和道教在宗教史上的互相排斥与攻讦，最为对方要害的往往是悖离于宗法性传统宗教的和儒家伦理观念的教义和修行理念，而最终的仲裁者是代表教权的皇帝和各级官僚。道教攻击佛教的罪状之一便是髡残形体，不忠不孝，僧女溷厕，违背礼法，而道教的男女合气、符箓咒术，也常为佛教所诟病，但两教很少敢于挑战宗法性传统宗教和儒家伦理道德的权威，① 葛兆光先生也意识到这一问题，他说："从《弘明集》、《广弘明集》收录的资料来看，六朝时期佛教和道教的论争其实相当奇特，双方在教义道理上的争论并不算多，互相攻击的时候，发言的依据常常并不是自家的，却是以儒家伦理道德和政治为中心，得到皇权认可的道理，撰文批评的时候，预设的读者听众也并不是佛教徒或道教徒，而是皇帝和上层知识阶层。"② 所以，所谓的"三教合流"，是以宗法性传统宗教占据绝对地位为前提的。

第三节　宗法性传统宗教与唐五代笔记小说

宗法性传统宗教敬天法祖的核心教义以天命神学为根基，上天的意志通过天文地理、自然万物和社会人事的变化表现出来，所以君子须通过观物取象、占卜等方法逆知人生祸福与政教人伦得失，所谓"天生神物，圣人则之。天地变化，圣人效之。天垂象，见吉凶，圣人象之。河出图，洛出书，圣人则之"。③ 从文学史上流传下来的大量不为后世所重的祭天封禅、表贺祯祥、赋唱瑞应的文、教、表、赋等，可见古人对天命的敬畏与欣悦，如高祖李渊《献嘉禾教》、《即位告天册文》、中唐宰相裴度《神龟负图出河赋》、《白乌呈瑞赋》等。④ 这种思想自然会在小说尤其是随事而记、形式灵活的笔记小说中有所表现。李剑国先生从作家的

---

① 只有民间宗教敢于挑战王权、国家宗教和主流意识形态。东汉末年张角的太平道曾打出"苍天已死，黄天当立"的口号，发动起义，挑战东汉王朝的君权与教权，五斗米道亦有类似行动。这是民间道教的特点，经过魏晋南北朝清整后，道教成为正统宗教，失去挑战性。

② 葛兆光：《屈服史及其他：六朝隋唐道教的思想史研究》，生活·读书·新知三联书店2003年版，第13页。

③ 《周易正义》卷七，《十三经注疏》，上海古籍出版社1997年版，第82页中。

④ 《全唐文》卷一、卷三、卷五三七，中华书局影印本1983年版，第17、43、5451、5452页。

气性和艺术表现的特征角度，将唐五代志怪传奇划分为六种，即宗教家小说、语怪家小说、传奇家小说、寓言家小说、古文家小说和历史家小说，其中的宗教家小说包括佛教小说、道教小说、五行小说、宿命小说。① 后二者可以归入宗法性传统宗教影响下的小说，《广古今五行记》、《前定录》、《感定录》等中的相关作品所表现出的思想主要是宗法性传统宗教的特征。当然，语怪家小说、传奇家小说、寓言家小说、古文家小说和历史家小说也有部分作品浸润着宗法性传统宗教的思想。

一 天人感应与祯祥妖异

因为宗法性传统宗教的根本影响，唐人喜谈祯祥妖异，好言人生祸福，普遍相信无论重大社会事件的发生还是个人命运前途的改变，均有种种异相、征兆显现。这一认识渗透到唐五代小说作者的主体精神中，成为笔记小说创作的重要题材。这在《酉阳杂俎》、《独异志》、《宣室志》、《朝野佥载》等笔记小说集中有较为集中的体现。段成式《酉阳杂俎》卷一《忠志》：

> 肃宗将至灵武一驿，黄昏，有妇人长大，携双鲤咤于营门曰："皇帝何在？"众谓风狂。遽白上，潜视举止。妇人言已，止大树下。军人有逼视，见其臂上有鳞，俄天黑，失所在。及上即位，归京阙，虢州刺史王奇光奏女娲坟云：天宝十三载，大雨，晦冥忽沉。今月一日夜，河上有人觉风雷声，晓见其坟涌出，上生双柳树，高丈余，下有巨石。兼画图进。上初克复，使祝史就其所祭之。至是而见，众疑向妇人其神也。②

此乃典型的帝王受命应瑞故事。同卷中尚有"代宗即位日，庆云见，黄气抱日"的记述。小说中的妇人"臂上有鳞"，暗示她（它）是一条龙，

---

① 李剑国：《唐稗史考录——代前言》，载《唐五代志怪传奇叙录》，南开大学出版社1993年版，第31页。

② 段成式：《酉阳杂俎》卷一，《唐五代笔记小说大观》，上海古籍出版社2000年版，第560页。

所携双鲤鱼即是龙的标志。在古人的观念中，鲤鱼是水族中的瑞鱼，常与龙相伴而行，甚至鲤鱼就是龙，所谓"鱼龙混杂"的成语盖与此有关。如《太平广记》卷四二三引《剧谈录》"崔道枢"，崔道枢得一鲤鱼，长五尺，鳞鬣金色，其目光射人，异于常鱼，后被证明是雨龙；卷四二四引《潇湘录》"汾水老姥"，汾水边有一老姥获一赤鲤，颜色异常，不与众鱼同，亦为一龙。[1]"双鲤鱼"在中国文学中是信使的象征，汉乐府古诗《饮马长城窟行》："客从远方来，遗我双鲤鱼。呼儿烹鲤鱼，中有尺素书。"[2]唐代女冠李冶《结素鱼贻友人》诗："尺素如残雪，结为双鲤鱼。欲知心里事，看取腹中书。"[3]所以小说中的携双鲤鱼妇女，是代表天帝传达符命给当时还是太子的李亨（唐肃宗），她的出现，是李亨践祚九五的征兆。后来从虢州刺史处反馈的异变事件证明，那妇女是肃宗曾派祝史祭祀过的一个神。这里的祝史盖即主管祠祀的太常寺下属的太祝一类的职官，是宗法性传统宗教的神职人员。

帝王受命应瑞、臣下职位（主要是宰相及其他显职）的升迁、命运的改变，也有预兆。张读《宣室志》卷一：

> 李揆于乾元中为礼部侍郎，尝一日昼坐于堂之前轩，忽闻堂中有声极震，若墙圮。揆惊，入视之，见一蛤蟆俯于地，高数尺，魁然殊状。揆且惊且异，莫穷其来，即命家童以一缶盖之。客曰："夫蛤蟆者，月中之物，亦天使也。今天使来公堂，岂非上帝以荣命付公乎？"黎明启视之，已亡见矣。后数日，果拜中书侍郎平章事。[4]

这是一个天降瑞应的故事。李揆是肃宗时期人，曾于乾元年间主持贡举考试，因在考场为举子提供经、史和韵书，实行"开卷考试"而美声上闻。[5]中书侍郎平章事乃以侍郎知宰相职事，为人臣之殊荣，文人士夫梦

---

　　① 《太平广记》卷四二三、卷四二四，中华书局 1961 年版，第 3445、3453 页。

　　② （宋）郭茂倩：《乐府诗集》卷三八《相和歌辞》，聂世美、仓阳卿校点，上海古籍出版社 1998 年版，第 437 页。

　　③ 《全唐诗》卷八〇五，第 23 册，中华书局 1960 年版，第 9059 页。

　　④ 张读：《宣室志》卷一，《唐五代笔记小说大观》，上海古籍出版社 2000 年版，第 987 页。

　　⑤ 《旧唐书》卷一二六《李揆传》，中华书局 1975 年版，第 3559 页。

寐以求，因而附会其上的灵异故事尤多。非常之物为非常之事的征兆，是此类故事的基本思维逻辑。蛤蟆的硕大殊状、降临时的巨大声响以及神秘失踪，从视觉、听觉和心理角度均对当事人造成了震撼，制造了悬念，暗示将有不同寻常的事件发生，而"客"对蛤蟆降显的解读，使暗示变成了有根据的预言。《宣室志》卷十另有一则故事叙述李揆为中书舍人时，退朝遇白狐，被释为祥符，第二日果拜为礼部侍郎，似乎祥瑞一直伴随着这位未来宰相。《宣室志》关于唐代宰相祸福宠辱的故事尤多，卷二记载元载尚为一介布衣时，避雨神庙得神灵之助免于寇盗之祸的故事，① 他如王涯、李宗闵、李逢吉、王缙、李林甫均有事关个人命运的征验故事发生，故事的主题也是围绕他们相位展开的。类似故事在苏鹗《杜阳杂编》、张鷟《朝野佥载》等小说集中也有记载。这类故事鲜受佛教和道教的影响，实为本土之原创。在后世广为流传的汉代文学家贾谊创作《鹏鸟赋》的故事，大概是文人将个人命运与象征灾祥的自然物相联系的最早一例，据《搜神记》："贾谊为长沙王太傅，四月庚子日，有鵩鸟飞入其舍，止于坐隅，良久乃去。谊发书占之，曰：'野鸟入室，主人将去。'谊忌之，故作《鵩鸟赋》，齐死生而等祸福，以致命定志焉。"② 这个故事成为后世文学作品广泛征引的典故，也是唐代同类题材作品的前导。

汉代天命神学的建立，在主流意识形态完成了原始宗教变化观与天人感应之说的合流，形成了宗法性传统宗教的变化观，"张皇鬼神，称道灵异"的变怪之谈实成一社会风习，以致正史亦受浸染，阴阳变化、五行相生之说充溢其中。③ 正史《五行志》集变怪说之大成，如《汉书·五行志》、《隋书·五行志》、《新唐书·五行志》等。魏晋南北朝笔记小说如魏文帝曹丕《列异传》、张华《博物志》、干宝《搜神记》、祖冲之《述异记》，唐代段成式《酉阳杂俎》等将各个时代的变异之谈汇于一书。值

---

① 张读：《宣室志》卷一，《唐五代笔记小说大观》，上海古籍出版社 2000 年版，第 997 页。

② （晋）干宝：《搜神记》卷九，《汉魏六朝笔记小说大观》，上海古籍出版社 1999 年版，第 349 页。

③ 这样的合流并非意味巫术宗教的消亡，合流是在"罢黜百家，独尊儒术"后形成的天命神学体系之内完成的，巫术宗教的变化观被阴阳灾异、天人感应学说重新解读，革除了先秦以来王权政治的重巫之风，但在中央王权控制力较弱的边地和民间，重巫之风依然存在。

得注意的是，这些变异故事有明确的理论支持，特别是《搜神记》和《酉阳杂俎》，宗教说教和理论阐释色彩较为浓厚。《搜神记》多处引述京房《易传》作为"马化狐"、"人化蛾"、"龟毛兔角"、"女子化男"之类的变异故事的理论解释，以为这些怪异事件是暴君治世、兵甲将兴、妇人干政的象征；其卷六开篇即阐释了"妖怪论"："妖怪者，盖精气之所依物者也。气乱于中，物变于外。形神气质，表里之用也。本于五行，通于五事。虽消息升降，化动万端，其于休咎之征，皆可得域而论矣。"①所以《搜神记》写妖写怪主要目的依然是从非常之事中见吉凶、察时变，从而考见政治得失，阐明祸福所起。唐人小说中的变怪故事受到佛教和道教的渗透影响，所关注的已不再是传闻背后关于国家政治伦理的象征意义，而是为了解决个人祸福得失、满足好奇尚异的审美目的和增广见闻的实际需求。段成式《酉阳杂俎》卷十六至卷十九之广动植部、卷二十肉攫部的记述即出于此一目的，作者对各种草木虫鱼、飞禽走兽的记载，就是为了解决前人孤陋寡闻犯下的可笑错误，颇有科学精神。②

　　事实上，将人事命运乃至一国的运衰寄托在自然万物的变化上，意图从中发现天帝鬼神对人间的警示信息，并以之作为指导处理政事人际关系的重要标准，是没有多少科学依据的，古人也并非深陷其中而不拔。明代黄瑜在他的《双槐岁钞》卷一中就记载了一则"瑞瓜致异"的故事：洪武年间，应天府句容县民张谷宾家菜园产一"瑞瓜"，蒂结双实，献给朝廷，受到朱元璋的嘉奖祝贺。孰料此后兄弟二人遭昏吏诬陷，被抄家处死，妻子流贬，家破人亡，子孙后代亦流离颠顿，黄瑜感叹："由是观之，人家兴衰，固不系乎草木以为灾祥。"③ 这黄瑜也算是少有的怀疑论者。④

---

　　① 干宝：《搜神记》卷六，《汉魏六朝笔记小说大观》，上海古籍出版社1999年版，第316页。

　　② 参见段成式《酉阳杂俎》卷十六《广动植之一并序》，载《唐五代笔记小说大观》，上海古籍出版社2000年版，第673页。需要说明的是，此类记述并非笔记小说，仅可视为笔记，但其体现的宗教思想是一致的。

　　③ （明）黄瑜：《双槐岁钞》卷一，魏连科点校，中华书局1999年版，第10—12页。

　　④ 黄瑜对天人感应的认识只能说是偶尔提出的怀疑，因为《双槐岁钞》卷三"营建祥异"一条，就对明成祖朱棣营建北京行宫时的种种祥瑞异征津津乐道，如数家珍；他只是主张人君"不为伪瑞所惑"。这说明天人感应观念在古代的影响根深蒂固。参见（明）黄瑜《双槐岁钞》卷三，第52页；卷五"因灾却瑞"条，第100页，魏连科点校，中华书局1999年版。

二 运命定数与吉凶祸福

定数即定命，是一种宿命论观点，认为人的吉凶祸福由上天注定，非人力所能改变，亦为宗法传统宗教之核心思想之一。定数观念源于《周易》之建立在天命思想基础上之吉凶祸福观。《周易·系辞上》云："圣人设卦观象，系辞焉而明吉凶，刚柔相推而生变化。是故，吉凶者，失得之象也。……故君子居则观其象而玩其辞，动则观其变而玩其占，是以自天佑之，吉无不利。"① 吉凶是人事得失的表现，君子通过设卦占卜，观察卦爻象而预知吉凶。《周易》认为人事得失是由天命决定的，要求不违天命，故而推导出"乐天知命"的重要命题："乐天知命，故不忧。"② 明代叶山《叶八白易传》释《周易·离卦》九三爻辞曰：

> "日昃之离，不鼓缶而歌，则大耋之嗟，凶。"何也？叶子曰：达死生之分者，死期将至而不忧。刘元城夜半闻钟声，酣寝而熟睡是也。不达死生之分，则必畏死，畏死则必贪生，贪生则必有非望之冀、反道之图、侥幸苟免之计矣。此岂能免于祸哉！鸠摩罗什临死而令外国弟子诵三番神咒，其何益于死乎！何也？有可挽之天命，有当听之天命。③

天命是必须顺从的，面对上天注定的死亡命运，要有达观的态度，畏死贪生反乎天道，无益于免祸，此之谓命定论。不过，叶山的进步意义在于承认有"有可挽之天命"，并未将人推向无可作为的绝望境地。唐代锺辂认为，"人之有生，修短贵贱，圣人固常言命矣，至于纤介得丧，行止饮啄，亦莫不有前定焉"。他反对那种得之则喜，失之则忧，面对命运惶惶不可终日的行为，主张安于天命，坦然处之。④ 这点上，他放弃人与命

---

① 《周易正义》卷七，《十三经注疏》，上海古籍出版社1997年版，第76页中—77页上。
② 同上书，第77页下。
③ （明）叶山：《叶八白易传》卷八，文渊阁《四库全书》，经部·易类，第32册，第731页。
④ （唐）锺辂：《前定录自序》，丁锡根编《中国历代小说序跋集》，人民文学出版社1996年版，第552页。

运的抗争和奋斗，是不及叶山的。

因为相信吉凶祸福皆由命定，所以唐人对日常生活中发生的一些巧合现象深信不疑，认为命运使然，不可避免。这种运命观在笔记小说等文学作品中有深刻的表现。《太平广记》"定数"篇即言此也。唐张鷟《朝野金载》卷六：

> 魏征为仆射，有二典事之长参，时征方寝，二人窗下平章。一人曰："我等官职，总由此老翁。"一人曰："总由天上。"征闻之，遂作一书，遣"由此老翁"人者送至侍郎处，云："与此人一员好官"。其人不知，出门心痛，凭"由天上"者送书。明日引注，"由老人"者被放，"由天上"者得留。征怪之，问焉，具以实对。乃叹曰："官职禄料由天者，盖不虚也。"①

故事的真实性姑且不论，其婉转曲折，煞是有趣。一典事认为，他们的官职是由魏征这个老头决定的，另一人则认为由天决定，魏征偏不信邪，打算擢拔那位肯定自己的决定权的典事一员好官。岂料其人突患心痛，在不知情的情况下，把好事让给了"天定论"者。这件事使得魏征对流传已久的官职禄命皆由天定的说法深信不疑。五代孙光宪《北梦琐言》卷十三"雷电救王镕"，亦是一个冥冥之中命运注定的故事，讲述镇州节度使、赵王王镕为李匡威部将劫持，时"雷电忽起，雨雹交下，而屋瓦皆飞，拔大木数株"，王镕遂得获救。孙光宪认为王镕能脱此难，在位三十余年，是有神明扶持。② 言下之意，命中注定王镕有三十年王位。他如李复言《续玄怪录》"房杜二相公"，述房玄龄、杜如晦入相前黑毛手怪物的预言，亦为此类。

尽管历史上曾经出现过像东汉王符那样认为人的命运由天决定，但受自己的行为支配的观点，却并不占主导地位。王符云："凡人吉凶，以行为主，以命为决。行者，己之质也；命也，天之制也。在于己者，固

---

① 《唐五代笔记小说大观》，上海古籍出版社2000年版，第83—84页。
② （五代）孙光宪：《北梦琐言》，贾二强点校，中华书局2002年版，第273—274页。

可为也；在于天者，不可知也。"① 吉凶的主导在于自身，它的决定权在于天命。总体上讲，古人还是认为人在命运面前是脆弱而无助的，"命也已夫"、"天实为之，又何言哉"这样的悲叹，在现代生活中，也会常常听到，其影响之根深蒂固，可见一斑。

三 梦验

梦境对现实的预言功能，也是唐人着力探求的一个问题。人类自诞生之日起就开始了对梦境的思考，梦的问题也一直困扰着古人，以致产生了解梦占梦的专职人员和大量梦书，以"梦文化"来概括，丝毫不为过。古人将作梦解释为灵魂出行，如东汉王充《论衡·纪妖篇》云："且人之梦也，占者谓之魂行。"② 梦就是灵魂离开躯体后的经历，正如恩格斯所言说："在远古时代，人们还完全不知道自己身体的构造，并且受梦中景象的影响，于是就产生一种观念：他们的思维和感觉不是他们身体的活动，而是一种独特的、寓于这个身体之中而在人死亡时就离开身体的灵魂的活动。"③ 19世纪英国人类学家泰勒通过对原始人梦行为和梦心理的考察，认为灵魂观念即起源于原始人对做梦等的理解和解释，并在此基础上提出了著名的"万物有灵论"。④ 我国人类学田野调查和研究也表明，云南少数民族现今对梦的理解仍然停滞在蒙昧人和低级野蛮人的意识阶段，他们将梦中的现象跟现实现象等同看待，他们深信梦中出现的人的行为是暂时离开肉体的灵魂的行为，现实的人必须对自己出现于他人梦中和针对做梦者而出现的行为负责。⑤

梦的问题于中国人尤为重要，宗法性传统宗教建立后，对原始宗教的梦观念进行了改造，赋予梦以关乎政教人伦、人生祸福、生死寿夭的象征意义和预言功能。孔子云："甚矣吾衰也！久矣吾不复梦见周公。"⑥

---

① （东汉）王符著，（清）汪继培笺，彭铎校正：《潜夫论笺校正》卷六《巫列》，中华书局1985年版，第301页。

② 黄晖：《论衡校释》卷二十二，中华书局1990年版，第918页。

③ 恩格斯：《路德维希·费尔巴哈和德国古典哲学的终结》，人民出版社1972年版，第14页。

④ ［英］爱德华·泰勒：《原始文化》，连树声译，上海文艺出版社1992年版。

⑤ 杨学政：《原始宗教论》，云南人民出版社1991年版，第32页。

⑥ 《论语·述而》，杨伯峻《论语译注》，中华书局1980年版，第67页。

尧、舜、周公这样的古圣先贤是孔子推行政治理想的精神支柱，久不见梦，不仅是身体衰老的表现，也是政治理想遭遇挫折的象征。所以梦境中出现的场景、人物和事件被认为事关个人前途和命运。东汉思想家王符说："是故君子之异梦，非妄而已也，必有事故焉。小人之异梦，非橆而已也，时有祯祥焉。"① 唐代占梦之风亦颇盛，段成式《酉阳杂俎》载唐代善解梦者多人，尽管有几人是道士，但像秘书郎韩泉、补阙"杨子孙堇"等人善占梦，则说明上层士大夫亦乐于此道。② 五代以后，占梦者在官僚士大夫中逐渐减少，但以理学家为代表的文化阶层对梦的解释和探索并没有结束。梦的理论基础和哲学依据本为天人感应神秘主义神学，但真正对梦作出神学解释并将其纳入天人感应理论系统是由宋王昭禹、朱熹、吕祖谦等理学家完成的。王昭禹《周礼详解》云："梦者，精神之运也。人之精神往来，常与阴阳流通，而祸福吉凶皆通于天地，应于物类，则由其梦以占之，固无所逃矣。"③ 可见，占梦的主要目的在于逆知由天命主宰的吉凶祸福。

　　唐代小说记梦之作颇多，如沈既济传奇《枕中记》、李公佐《南柯太守传》、白行简《三梦记》、沈亚之《秦梦记》、《异梦录》等，通篇记梦，其中《枕中记》、《南柯太守传》、《秦梦记》、《异梦录》的创作动机和思想底蕴较为复杂，受到道教影响亦较为明显，真正体现宗法性传统宗教思想的是《三梦记》。《三梦记》由三则记梦之作组成，第一则是"彼有所梦而此遇之者"，写刘幽求奉使夜归，于路旁佛堂窥见其妻坐中语笑，愕然不得其解，于是掷瓦击之，妻众奔散，归家之后，其妻所述梦境正与幽求经历两相吻合。第二则是"此有所为而彼梦之者"，言白居易、白行简兄弟游冶曲江，得元稹书述梦中所见白氏兄弟游冶情景，第三则乃

---

　　① （汉）王符著，（清）汪继培笺，彭铎校正：《潜夫论笺校正》卷七《梦列》，中华书局1985年版，第321页。按："橆"字，刘文英解作"荣"，参见刘文英《梦的迷信与梦的探索》附录《〈潜夫论·梦列〉新校》，中国社会科学出版社1989年版，第347页。

　　② 段成式：《酉阳杂俎》卷八，《唐五代笔记小说大观》，上海古籍出版社2000年版，第618—620页。按："杨子孙堇"其人不可考，《新唐书》卷六十《艺文志》有"《张南史诗》一卷，字季直，幽州人。以试参军避乱居扬州杨子，再召之，未赴，卒。"（《新唐书》卷六十，中华书局1975年版，第1610页）则杨子为扬州地名，此人可能名为孙堇。刘文英《梦的迷信与梦的探索》解作"杨子堇"，参见该书，中国社会科学出版社1989年版，第54页。兹录存备考。

　　③ （宋）王昭禹：《周礼详解》卷二二，《四库全书》经部·礼类，第91册，第434页。

"两相通梦"的例子，写扶风窦质梦见女巫，后与女巫梦中情形相验无虚。白行简认为前代子史言梦虽多，但独无此三类"异于常者"之梦，故"备记其事，以存录焉"。① 此类故事其情节和创作动机均较为简单，无非为证明梦与现实相通的道理，于古人而言，可惊可叹，今日读来，颇为乏味，盖信仰不同使然。李亢《独异志》所载隋文帝故事，亦可一窥笔记小说记梦的不同之处以及隋唐时代的梦观念：

> 隋文帝未贵时，常舟行江中。夜泊中，梦无左手。及觉，甚恶之。及登岸，诣一草庵，中有一老僧，道极高。具以梦告之。僧起贺曰："无左手者，独拳也，当为天子。"后帝兴建此庵为吉祥寺，居武昌下三十里。②

释门本不言感梦解梦之事，此老僧受中土梦占思想影响颇深。虽然其占解有迎合杨坚称帝心理之虞，也不无根据。王符《潜夫论》将此类梦命为"极反之梦"，梦中情景与现实中将要发生的事完全相反，梦吉则凶、梦凶则吉。③《周公解梦书·化伤章第七》亦云："梦见斩伤见血，吉。"④此乃"无左手"被解为"当为天子"的根据。戴孚《广异记》"顾琮"故事亦值得注意：

> 顾琮为补阙，尝有罪系诏狱，当伏法。琮一夕忧愁，坐而假寐，忽梦见其母下体。琮愈惧，形于颜色。流辈问，琮以梦告之，自谓不祥之甚也。时有善解者贺曰："子其免乎！"问何以知之，曰："太夫人下体，是足下生路也。重见生路，何吉如之！吾是以贺也。"明

---

① 汪辟疆：《唐人小说》，上海古典文学出版社 1955 年版，第 108—110 页。

② 《太平广记》卷二七七，第 6 册，中华书局 1961 年版，第 2193 页。按：此条不见于《唐五代笔记小说大观》本《独异志》。

③ （汉）王符著，（清）汪继培笺，彭铎校正：《潜夫论笺校正》卷七《梦列》，中华书局 1985 年版，第 315 页。

④ 李零主编：《中国方术概观·杂术卷》，人民中国出版社 1993 年版，第 58 页。

日，门下侍郎薛稷奏刑失人，竟得免。琮后至宰相。①

这则故事如果用奥地利心理学家弗洛伊德的精神分析学说解读，是绝好的材料。弗洛伊德认为，显梦的背后有隐意即潜意识，潜意识的冲动是梦的真正创造者，只有在夜深压力松弛的时候受到压抑和抵抗的潜意识才得到表现，梦者通过幻觉实现了其所希望的本能满足；梦者也承认这些潜意识，曾在某个清醒的时候产生过这种思想，但是这种思想太奇特甚至令人憎恶，所以他会力加驳斥。② 顾琮身系诏狱，命悬一线，其压力和恐惧可想而知，然悖于常理之处在于他竟然梦见其母下体，严重地违背了传统伦理道德，所以他认为没有比这更不祥的事情了。但解梦者却从这个糟糕的梦境发现了顾琮的生机，解作吉梦，这也是中国传统占梦术的一般规律。③

宗法性传统宗教与佛教、道教的梦观念有区别，正如段成式所言："道门言梦者魄妖，或谓之三尸所为。释门言有四：一善恶种子，二四大偏增，三贤圣加持，四善恶征祥。成式尝见僧首素言之，言出《藏经》，亦未暇寻讨。"④ 三尸又名三鬼、三虫，分别居于人体头、腹、足中，是无形而主人生死灵魂的精物，每至庚申日上谗于上帝，降灾祸于人。⑤ 道教的梦由三尸所致说有宣教目的，并伴随着一系列的禳解祓除法术；佛教所言梦，系个人业因造作所致，这与宗法性传统宗教以天人感应为基础的梦观念有所区别。

---

① （唐）戴孚：《广异记》，方诗铭辑校《冥报记》、《广异记》合刊，中华书局1992年版，第38页。

② ［奥］弗洛伊德：《精神分析引论新编》，高觉敷译，商务印书馆1987年版，第10—12页。

③ 这里我们借用精神分析理论将顾琮梦见其母下体一事解作他的本能冲动，有惊世骇俗之感，势必会被嗤之以鼻，实际上弗洛伊德本人也承认许多人对他的精神分析持有异议甚至很愤怒，但在目前的科学水平下，这是最好的解释了。

④ 段成式：《酉阳杂俎》卷八《梦》，《唐五代笔记小说大观》，上海古籍出版社2000年版，第619页。

⑤ 王明：《抱朴子内篇校释》卷六《微旨》，中华书局1985年版，第125页。《云笈七签》卷八十二《庚申部·三尸篇》"梦三尸说"，李永晟点校，中华书局2003年版，第1857—1889页。

四　邪不干正与教争中的正儒形象

"邪不干正"是正统儒家面对各种淫祀、邪术、方术和法术的根本立场，也就是持否定态度。东汉王符云："夫妖不胜德，邪不伐正，天之经也。虽时有违，然智者守其正道，而不近于淫鬼。……故申繻曰：'人之所忌，其气炎以取之。人无衅焉，妖不自作。'"① 也就是说，妖邪之术不能战胜秉持儒家正道的人，一个人如果不畏惧、祭祀鬼神，妖怪之事就不会发生，实质在重弹孔子不语怪力乱神的老调。需要注意的是，儒家反对的是对"淫鬼"，即超出祭祀体制的鬼神的祭祀，对天命上帝、山川、社稷之神的祭祀仍然是其信仰体系的核心，不祭祀鬼神而相信鬼神的士大夫大有人在。

鬼神精怪能够幻化人形，如果秉持正道，一身正气，能够使鬼怪现出原形，是古人普遍的观念。刘义庆《幽明录》：

> 董仲舒下帷独咏，忽有客来，风姿音气，殊为不凡，与论《五经》，究其微奥。仲舒素不闻有此人，而疑其非常。客又曰："欲雨。"因此戏之曰："巢居知风，穴居知雨。卿非狐狸，即是鼷鼠！"客闻此言，色动形坏，化成老狸，蹶然而走。②

董仲舒被附会以这样的故事，可能与他对宗法性传统宗教的改革有关，天命神学体系得以建立，使其本人也蒙上了神秘色彩。他不仅能识破狐狸的原形，而且还能够战胜巫师的巫术。汉应劭《风俗通义·怪神第九》载："武帝时迷于鬼神，尤信越巫，董仲舒数以为言。武帝欲验其道，令巫诅仲舒，仲舒朝服南面，诵咏经论，不能伤害，而巫者忽死。"③ "朝服南面，诵咏经论"的举动，本身就带有法术意味，似乎儒家经典被赋予

---

① （东汉）王符著，（清）汪继培笺，彭铎校正：《潜夫论笺校正》卷六《巫列》，中华书局1985年版，第301页。

② （南朝宋）刘义庆：《幽明录》，《汉魏六朝笔记小说大观》，上海古籍出版社1999年版，第696页。

③ （汉）应劭撰，吴树平校释：《风俗通义校释》，天津人民出版社1980年版，第350页。

驱邪避祸的功能，故事的有趣之处在于，并无法术传统的儒家也介入了宗教斗法之中。诸如此类的故事在唐五代笔记小说中多有记载，如出自戴孚《广异记》的"李皓"：

> 唐兵部尚书李皓，时之正人也。开元初，有妇人诣皓，容貌风流，言语学识，为时第一，皓不敢受。会太常卿姜皎至，皓以妇人与之。皎大会公卿，妇人自云善相。见张说曰："宰臣之相。"遂相诸公卿，言无不中。谓皎曰："君虽有相，然不得寿终。"酒阑，皎狎之于别室。媚言遍至，将及其私。公卿迭往窥睹，时皓在座，最后往视。妇人于是呦然有声，皎惊堕地。取火照之，见床下有白骨。当时议者，以皓贞正，故鬼神惧焉。①

小说通过素有"正人"之美誉的李皓与公卿士大夫鲜明对比，向人们宣示立身持正、德操高尚的是鬼神畏惧的，很符合儒家的教化传统。

宗法性传统宗教与佛教斗法最著名的是唐高祖时的太史令傅奕与西域胡僧的斗争：

> 唐贞观中，西域献胡僧，咒术能死人，能生人。太宗令于飞骑中取壮勇者试之，如言而死，如言而生。帝以告太常少卿傅奕。奕曰："此邪法也。臣闻邪不犯正，若便咒臣，必不能行。"帝召僧咒奕，奕对之无所觉。须臾，胡僧忽然自倒，若为所击，便不复苏矣。②

> 傅奕常不信佛法。高祖时，有西国胡僧，能口吐火，以威协众。奕对高祖曰："此胡法，不足信，若火能烧臣，即为圣者。"高祖试之，立胡僧殿西，奕于殿东，乃令胡僧作法，于是跳跃禁咒，火出僧口，直触奕，奕端笏曰："乾元亨利贞，邪不干正。"由是火返焰

① 《太平广记》卷三二九，中华书局1961年版，第2615页。
② 《太平广记》卷二八五引《国朝杂记》，中华书局1961年版，第2268—2269页。亦参见《旧唐书》卷七九《傅奕传》。参见《资治通鉴》卷一九五，《佛祖统纪》卷三九，中华书局1956年版。

烧僧，立死。①

此故事颇为著名，参见《资治通鉴》卷一九五，还作为邪不胜正的典型为李亢《独异志》、刘禹锡《刘宾客嘉话录》、宋王谠《唐语林》、曾慥《类说》、元陶宗仪《说郛》等笔记或笔记小说集所称引。傅奕官太史令，职掌宗法性传统宗教的天文历数和风云占候，所以他与胡僧斗法就不是简单的儒佛之争，而是维护教权之争。② 通过《独异志》的记载，得知傅奕与胡僧斗法时，以浩然正气念诵一句"乾元亨利贞，邪不干正"，就令胡僧自贻其祸，死于非命。"乾元亨利贞"出《周易·乾卦》："乾，元亨利贞。"孔颖达疏云："元亨利贞者，是乾之四德也。……言此卦之德有纯阳之性……能使物坚固贞正。"③ 可见，此句卦辞含有纯阳刚正之气。宗法性传统宗教虽有自成体系的神灵，但却未能形成完整的神界故事，天帝和社稷、山川神灵的形象均是模糊的。而法术的施行须通过存想召请的神将来完成，这就造成了宗法性传统宗教未能像道教、佛教密宗那样形成完整的法术体系。所以傅奕从儒家经典《周易》（同时也是宗法性传统宗教经典）中拈来一句象征阳刚的卦辞，依凭个人正气和人格力量破解了胡僧咒术，所谓至诚之盛，妖不胜正，这正是华夏民族的传统心理。这种观念的源头应该是原始宗教。在巫术观念中，就有正气克蛊的例子。中山大学人类学家邓启耀先生曾经深入少数民族聚居的怒江流域进行巫蛊调查，为了体验当地民族深信不疑的巫蛊术，进入放蛊人家，与蛊女对谈共食，甚至亲身尝试她们配置的"迷药"，但并没有出现传说中的"中蛊"现象，当地人认为，这是因为邓先生"命硬"。④ "命硬"是民间对人的内在品格带有命定论色彩的朴素表述，命硬之人巫蛊鬼魅之

---

① （唐）李亢：《独异志》卷上，《唐五代笔记小说大观》，上海古籍出版社 2000 年版，第 921 页。

② 据（唐）彦琮《唐护法沙门法琳别传》卷上及道宣《集古今佛道论衡》卷丙等佛籍载，傅奕出身"黄巾"，即道士。他们认为傅奕排佛乃"党其所习"，见《大正藏》第 50 册，第 198 页下；第 52 册，第 380 页上。不能排除此种因素，但仅仅如此理解，恐狭隘了些。排佛时傅奕的身份是太史令，故其维护的自然是宗法性传统宗教，而非道教。

③ 《周易正义》卷一，《十三经注疏》，上海古籍出版社 1997 年版，第 13 页。

④ 邓启耀：《中国巫蛊考察》，上海文艺出版社 1999 年版，第 271—272 页。

类难以伤害。可见，在民族心理中，相信巫蛊法术可以控制外物的同时，也有对"正道"奈何不得的例外。这就是傅奕战胜胡僧咒术并获得强烈共鸣的原因。

作为儒家经典和宗法性传统宗教经典的《易经》，被赋予破解邪术的功能，在古代小说中并非仅此一家。清袁枚《子不语》卷八载，江陵书生吴某不信湖南人张奇神的邪术，当众折辱之。吴知张夜半必为祟害己，故持《易经》坐灯下而待，先后有金甲神、青面鬼挺枪持斧来害，吴生均以《易经》掷之，鬼神化为纸人。居夜半，张妻叩门求告，言其夫与二子不知被吴生何术所擒，几死，哀告再三，吴生还一纸人。次日得知，张与长子俱死，唯次子存。① 经、史、子、集四部，只有经有驱邪的功能，此处之所以为《易经》而非其他，盖与其之卜筮占验功能密切相关。在唐张鹭《朝野佥载》之"张简"中，讲《文选》的国子监助教张简却屡被野狐调弄，先后假形简及其妹，诳惑变幻，导致张简将其妹殴杀。② 这样的故事反映出儒家经典在人们心中的地位极高。

就正儒士大夫而言，鬼神不但不会加害，还会成为他们的保护神。张读《宣室志》卷二：

> 元载布衣时，尝与故礼部侍郎张谓友善。贫无仆马，弊衣徒行于陈蔡。□日暮，忽大风雷，原野昏黑，二人借行诣道旁神庙中以避焉。时有盗数辈，皆仗剑佩弧，匿于庙庑下。二人见之甚惧，且虑为其所害，即负壁而立，不敢动。俄闻庙中有声曰："元相国、张侍郎且至，群盗当速去，无有惊于贵人！"群盗惶怖驰去。二人相贺曰："吾向者以殍死为忧，今吾闻声，真神人之语也！"且喜且异。其后，载果相代宗，谓终礼部侍郎。③

---

① （清）袁枚：《子不语》卷八，朱纯点校，齐鲁书社1985年版，第185页。
② （唐）张鹭：《朝野佥载》，《太平广记》卷四四七引，第9册，中华书局1961年版，第3658页。按：此故事不见于《唐五代笔记小说大观》。
③ （唐）张读：《宣室志》卷二，《唐五代笔记小说大观》，上海古籍出版社2000年版，第997—998页。

这种山野小神本来是国家列为"淫祀"打击的对象，但在需要的时候，还是被搬来神化元载的命运。就唐人而言，能够位列宰辅，非常荣耀，也是天命注定的，所以那些小神、小鬼、强盗会望风披靡。《广异记》"狄仁杰"讲述狄梁公为监察御史时，焚禁江南淫祠多尽，唯端州蛮神难制，入庙者立死。重赏之下，有两人索敕牒持往，入庙宣示，遂制服蛮神并焚毁之。此蛮神后尾随狄公伺机报复，狄公惧，求之于善视鬼者。其人云："侍御方须台辅，还有鬼神二十余人随从，彼亦何所能为？"神遂还岭南。① 狄仁杰战胜蛮神有两个条件，一是敕牒，可能是皇帝诏书或授官文书，二是未来宰相之身，常有一帮小鬼神护佑他不受邪神所害。这当然是谀美想象之词。类似故事尚有《酉阳杂俎》卷九"事感"之"李彦佐"：

> 大和九年冬，彦佐乘舟赴浮阳传诏，舟至南郡触冰沉没，诏亦失之。彦佑忧惊，形销骨立。津吏畏惧，请彦佑为祝文以诘河伯。其旨曰："明天子在上，川渎山岳，祝史咸秩，予境之内，祀未尝匮，尔河伯泪鳞之长，当卫天子诏，何反溺之？予或不获，予斋告于天，天将谪尔。"祭祀毕已，河冰中断三十丈，乃得诏。段成式以为李彦佐依仗天及岳渎，精诚待人，为政严简，故有此应。②

其祝文依仗天和岳渎之神威慑小神河伯，体现的正是宗法性传统宗教思想。关于此点，我们在韩愈《祭鳄鱼文》中也能体会得到。

在唐代复杂的宗教环境中，佛道互相攻击的事件时有发生，这个过程中，宗法性传统宗教往往成为最终裁决者，直接可以决定双方的胜负曲直。唐李隐《潇湘录》"王屋薪者"：

> 王屋山有老僧，常独居一茅庵，朝夕持念，唯采药苗及松实食

---

① （唐）戴孚：《广异记》，方诗铭辑校《冥报记》、《广异记》合刊，中华书局 1992 年版，第 46 页。

② 段成式：《酉阳杂俎》卷九，《唐五代笔记小说大观》，上海古籍出版社 2000 年版，第 621—622 页。

之。每食后，恒必自寻溪涧以澡浴。数年在山中，人稍知之。忽一日，有道士衣敝衣，坚求老僧一宵宿止。老僧性僻，复恶其尘杂甚，不允。道士再三言曰："佛与道不相疏，混沌已来，方知有佛。师今佛弟子，我今道弟子，何不见容一宵，陪清论耳？"老僧曰："我佛弟子也，故不知有道之可比佛也。"道士曰："夫道者，居亿劫之前，而能生天生人生万物，使有天地，有人，有万物，则我之道也。亿劫之前，人皆知而尊之，而师今不知，即非人也。"老僧曰："我佛恒河沙劫，皆独称世尊。大庇众生，恩普天地，又岂闻道能争衡？我且述释迦佛世尊，是国王之子。其始也，舍王位，入雪山，乘曩劫之功，证当今之果，天上天下，唯我独尊，故使外道邪魔，悉皆降伏，至于今日，就不闻之。尔之老君，是谁之子？何处修行？教迹之间，未闻有益，岂得与我佛同日而言？"道士曰："老君降生于天，为此劫之道祖，始出于周。浮紫气，乘白鹿，人孰不闻？至于三岛之事，十州之景，三十六洞之神仙，二十四化之灵异，五尺童子，皆能知之。岂独师以庸庸之见而敢蔑耶？若以尔佛，舍父逾城，受穿膝之苦，而与外道角胜，又安足道哉？以此言之，佛只是群魔之中一强梁者耳。我天地人与万物，本不赖尔佛而生。今无佛，必不损天地人之万物也。千万勿自言世尊，自言世尊，世必不尊之，无自称尊耳。"老僧作色曰："须要此等人，设无此等，即顿空却阿毗地狱矣。"道士大怒，伸臂而前，拟击老僧，僧但合掌闭目。须臾，有一负薪者过，见而怪之，知老僧与道士争佛道优劣。负薪者攘袂而呵曰："二子俱父母所生而不养，处帝王之土而不臣，不耕而食，不蚕而衣，不但偷生于人间，复更以他佛道争优劣耶。无居我山，挠乱我山居之人。"遂遽焚其茅庵，仗伐薪之斧，皆欲杀之。老僧惊走入地，化为一铁铮。道士亦寻化一龟背骨，乃知其皆精怪耳。①

故事中道士和僧人为争本教之先后优劣，均将自己的教主神化到无以复

---

① 《太平广记》卷三七〇引，第 8 册，中华书局 1961 年版，第 2944—2945 页。

加的程度，并借机攻击对方的软肋，言语之间多有不逊。这种争论在历史上时常发生，除非在第三方的强力干预下强行裁决，否则常常无果而终。故事中的负薪者并不是普普通通的山民，能讲出这么一番严正的道理的，只有儒家。所以他是以儒家思想安身立命的隐士，他的言论代表的正是宗法性传统宗教和官方的立场，其言既出，僧道败形，原来是精怪作祟。

当然，需要说明的是，宗法传统宗教和儒家"邪不胜正"的思想是以天命观为前提的，如果一个人的行为被认为违背了天命，那么他就是失德之人，即使是所谓"正选"，亦无济于事。开元四年（716）发生在唐玄宗君臣之间关于山东蝗灾的争论，堪为代表。宰相姚崇认为妖不胜德，遂分遣御史赴山东捕埋蝗虫，汴州刺使倪若水等人以为蝗虫乃天灾，宜修德制之。姚崇力持己见，朝议喧然，会蝗灾愈烈，谏议大夫朝见复上书，请玄宗悔过修德，在强大的压力面前，姚崇不得不亲往检视。[①] 作为一代贤相，姚崇从治国利民的实际出发作出的合理决策，不得不让位于根深蒂固的天命论，令人惋惜。

宗法性传统宗教对小说创作的影响，也不限于上述几个方面，而且也受到佛教、道教的影响，有时很难加以区分。上述主题在道教思想体系中也有不同程度的存在，因为道教本来就是在原始宗教和宗法性传统宗教的基础上发展起来的，这种继承性是自然而然的。

小　结

宗法性传统宗教是在中国古代社会占有根本统治地位的国家宗教，形成于三代宗法社会。它与儒家思想产生于相同的宗教土壤之中，有着先天性的共同点。所以在汉代需要完善宗法性传统宗教的神学体系，进一步巩固其在国家宗教生活中的地位，以适应大一统王朝需要的时候，儒家学派和它的思想体系敏锐地把握住了历史机遇，建立了天命神学体系，并将两者紧密结合起来，从而巩固了儒家思想在国家政治生活中不可挑战的神圣地位。由于受到儒家思想的改造、融合，宗法性传统宗教

---

① （宋）王溥：《唐会要》卷四四"螟蛾"，中华书局股份有限公司1955年版，第789—790页。

具有浓厚的儒学色彩，所以古人将其称为"儒教"，从而造成了经久不息的争论。这种争论实则源于儒家思想体系自身的矛盾，问题的核心并不在于中国古代是否存在这样的宗教，而在于如何还原这种宗教的本来面目。这个以"敬天法祖"为教义核心的宗教，与佛教、道教有着诸多的不同，却是决定二者命运的根本宗教，修仙崇佛的宗教氛围里，依稀可辨的正是它的影子。它渗透到国家政治生活的各个领域，深刻地影响了几千年的中国古代社会，指导和规范着民族文化心理的形成，也是士大夫安身立命、修齐治平的文化根柢。

　　作为最能体现一个时代文化特质和精神面貌的文学作品，唐五代笔记小说将时人对天命的敬畏、命运的思考、吉凶祸福的彷徨和浩然正气的礼赞尽情表露其中，它展现的是一个与诗歌世界不同的精神世界，也是唐人文化心理最为真实的一面。

第三章 巫术文化与唐五代笔记小说

巫术是广泛存在于世界各地区和人类各历史阶段的宗教现象形态之一种，与祈祷、献祭、宗教禁忌一起构成宗教行为。人们习惯把这种宗教现象称为巫术宗教，简称巫教。但巫术是否宗教是一个有争议的问题，西方宗教学界一般不认为巫术是宗教，中国宗教学界以吕大吉先生为代表，一般认为巫术就是一种宗教现象。[①] 本章的研究对象是唐代巫术观念影响小说创作的情况，这个时期的巫术观念与原始社会大不相同，只能看作一种宗教文化现象，为避免不必要的争论，以"巫术文化"视之。

第一节 巫术的原理与法则

巫术以巫觋为核心展开宗教活动，故名。巫觋是从事通神事神活动的宗教职业者，《说文解字》："巫，祝也，女能事无形，以舞降神者也。觋，能斋肃事神明也，在男曰觋，在女曰巫。"可见古代巫觋是有性别分工的，后来成为巫师的统称。所谓"事无形"、"事神明"即通神之意，巫师通过一定的仪式表演，利用和操纵某种超人的神秘力量来影响日常生活、军国政事或自然外物。巫术的仪式表演常常采用象征性的歌舞形式，并使用某种被认为赋有魔力的实物和咒语。原始社会生产力低下、生存条件恶劣、科学技术极度落后，原始人类在强大的自然力面前是非常脆弱的。天地之间的风雨雷电，山河川岳的飞禽走兽，对原始人的生命均构成了现实威胁，在有限的力量无法战胜自然又不能作出科学合理

---

① 吕大吉：《宗教学通论新编》，中国社会科学出版社 1998 年版，第 293—302 页。

的解释的时候，这些自然现象和自然物，被认为由各种神灵所支配。

1872 年，英国著名的人类学家和宗教学家泰勒在其《原始文化》一书中，创立了著名的宗教起源于万物有灵论的学说。泰勒认为，原始人根据对睡眠、出神、疾病、死亡、梦幻等生理、心理现象的观察，推论出与身体不同的灵魂观念。将灵魂观念应用于万物，产生了万物有灵论；应用于死去的祖先，产生了祖先崇拜和纯粹灵魂观念；应用于非生命的自然物，产生了自然神和自然崇拜，直到最后发展为多神教和一神教。[①]泰勒的万物有灵论有大量翔实的人类学和宗教学的资料基础，揭开了原始人认识自然的思维世界。法国社会学家列维·布留尔则认为，在原始人那里，最初是没有灵魂观念的，代替它的是交织共存着的还没有融合成唯一个体的清晰意识的若干表象，他反对泰勒用现代人的逻辑定律来解释和理解原始人的思维，认为原始人的思维是具体的思维，不受逻辑思维的任何规律支配，完全不关心矛盾，也不能用逻辑思维解释，他称之为"原逻辑思维"。这种思维只拥有许多世代相传的、在社会集体中留下深刻烙印的具有神秘性质的"集体表象"，它们靠存在物与客体之间的神秘互渗来彼此关联。[②]也就是说，这种"集体表象"于原始人而言是相沿成习、被动接受的，并不需要绞尽脑汁解决"为什么"的问题。尽管布留尔的原始思维和泰勒的万物有灵论是对立的，但原始人在"最初"没有灵魂观念，并不等于否认灵魂观念在原始思维演进到一定阶段而出现。应当说，万物有灵论和原始思维是巫术的存在基础，在原始人的巫术活动中，除了合乎理性的因果联想外，还应该包含非理性的情绪活动。[③]事实上宗教学界和人类学界还是普遍接受了万物有灵论。至于"原逻辑思维"和受互渗律支配的"集体表象"，可以和万物有灵论完满结合起来对中国古代巫术行为作出合理解释。

巫术按照不同的分类标准，可以分为不同类型。按构成巫术的原理

---

①　[英]爱德华·泰勒：《原始文化》，连树声译，上海文艺出版社 1992 年版。

②　[法]列维·布留尔：《原始思维》第一章"原始人的思维中的集体表象及其神秘的性质"，丁由译，商务印书馆 1981 年版。

③　下文将要论述到的云南摩梭族、白族的虎崇拜，认为人虎同体，人就是虎，虎就是人，即是非理性的原始思维。

和法则，把巫术分为"模仿巫术"和"接触巫术"，这主要是英国人类学家弗雷泽的观点，他将这些认为物体通过神秘感应可以超时空相互作用的巫术统称为"交感巫术"。① 马林诺夫斯基从功能主义观点出发，将巫术分为生产巫术、保护巫术、破坏巫术；根据巫术社会功能的道德价值，也可把巫术分为"白巫术"和"黑巫术"。② 弗雷泽对巫术的分类是深刻的，揭示了巫术的基本原理和法则，打开了这个神秘世界之门。"交感巫术"遵循两条基本原则，一是"类似法则"（Law of Similative），又叫"相似律"，即凡是相似的事物都能相互感应，凡是相似的行为都能产生同样的效果。据此原则，施巫者如果要达到某种目的，只要模仿真的事物，使用此事物的象征物，就能达到目的。例如散居在我国滇川交界的普米族，在入山狩猎前，由一名猎手假扮猎物，身披鹿皮，头戴鹿角，背负一注满鲜血的皮囊，蹑足潜行，其他猎伴手拿猎具，呐喊追击。追近后，发箭射中皮囊，血液进溅，猎物倒地作鹿呻吟，猎手欢呼跳跃。他们认为经此仪式，此次入山狩猎必获丰盛猎物。③ 汉代巫蛊之风甚炽，武帝时发生的著名的"巫蛊之狱"，祸起于宫中流行埋木偶襃解咒诅的风气，江充诬称卫太子刘据（谥"戾"）制作了武帝的木偶，埋在宫中，诅咒武帝，结果引发了太子被杀的悲剧，连坐者甚众。④ 唐僖宗时的淮南节度副大使知节度事、兵马都统高骈被部将杀害后，行军司马杨行密率兵入城，掘高骈家地，得一铜人，"长三尺余，身被桎梏，钉其心，刻'高骈'二字于胸"，史臣认为有人用巫蛊厌胜之法欲其灭门："盖以魅道厌胜蛊惑其心，以至族灭"。⑤ 此均为类似法则支配的巫术。第二类条原则是"接触法则"（Law of Contact），又叫"接触律"，即认为两件事物相接触时，彼此都能给对方施加一定影响，当他们脱离实际接触后，可以

① ［英］詹·乔·弗雷泽：《金枝：巫术与宗教之研究》，徐育新、汪培基、张泽石译，中国民间文艺出版社 1987 年版。
② ［英］马林诺夫斯基：《巫术科学宗教与神话》，李安宅译，中国民间文艺出版社 1998 年版。
③ 杨学政：《原始宗教论》，云南人民出版社 1991 年版，第 3 页。作者认为这个狩猎前仪式是法术。关于法术与巫术的区别，后文有论述。
④ 《汉书》卷六三《戾太子刘据传》、卷四五《江充传》，中华书局 1962 年版，第 2741—2747、2178 页。
⑤ 《旧唐书》卷一八二《高骈传》，中华书局 1975 年版，第 4712 页。

继续相互作用。据此法则，施巫者认为如果要加害某人或某物，只需对该人或物接触过的物体施加影响，就可以达到目的。"接触巫术的根基在于部分与整体的交感，而且往往是超时空的交感。"① 我国彝族的"埋魂"巫术依据的就是这个法则。其术是将仇人的头发或穿过的衣物等埋藏，他们认为这样可以致人于死地。② 唐代朝野盛传的太宗吞蝗故事，作为一代明君亲政爱民的仁善之举彪炳史册，实际就是一次巫术性质的宗教行为。《唐会要》卷四四：

> 贞观二年六月十六日，终南等蝗。上至苑中，掇蝗数枚咒之曰："人以谷为命，而汝食之，是害吾百姓也。百姓有过，在予一人，尔若有灵，但当蚀我，无害百姓。"将吞之。侍臣曰："恐致疾。"遽来谏止。上曰："所冀移灾朕躬，何疾之避？"遂吞之。自是蝗不为灾。③

太宗在宫中捡食几只蝗虫，企图将蝗灾转移己身，并通过义正辞严的咒语，消灭了蝗灾，就是运用接触巫术法则，以部分影响控制全局。这个例子说明唐代巫术对家国政事的潜在影响，在强大的自然灾害面前，甚至政府也会出面组织一些关乎国计民瘼的巫术活动。我们首先得承认，包括唐太宗这样的最高统治者在内的唐人对巫术的威力还是存留一定的信仰，并非严加禁绝，如同汤用彤先生所说"人穷呼天，世乱敬鬼"，④在天灾面前，急于消灾弥祸的心理占据了上风，能有此等行为也就不足为奇。杜佑《通典》卷七亦载，天宝十三年（754）秋，京城连续阴雨，川谷泛滥，墙坏屋崩，政府一面开仓放粮，一面"遣京城诸坊人家，于门前作泥人，长三尺，左手指天，右手指地，十月方霁。"⑤ 这样的举动含有巫术意味，运用恐吓、咒诅、打骂等手段来控制、驱赶鬼邪，是

---

① 万晴川：《巫文化视野中的中国古代小说》，中国社会科学出版社 2003 年版，第 122 页。
② 吕大吉：《宗教学通论新编》，中国社会科学出版社 1998 年版，第 308—310 页。
③ （宋）王溥：《唐会要》卷四四《螟蜮》，中华书局股份有限公司 1955 年版，第 789 页。
④ 汤用彤：《汉魏两晋南北朝佛教史》，武汉大学出版社 2008 年版，第 50 页。
⑤ （唐）杜佑：《通典》卷七《食货七》，中华书局 1984 年版，第 41 页下。

巫术不同于人为宗教的重要特点，泥人左手指天，右手指地，在于表达对阴雨不止的上天的警告和恫吓，这在我国古代和现代少数民族的巫术活动中并不少见。如流传民间的著名的天狗吞日的传说，当发生日食时，我国许多民族都认为是太阳被天狗吞食，所以要对太阳呐喊，鸣枪放炮，敲锣打鼓，帮助太阳与天狗搏斗取胜。普米族巫师为病人治病时，手捧竹盆，内装石子若干，从病人身边往外掷石子，进而泼水，再往屋外撒石灰，口中念道："烂鬼，你滚吧！不要在家里捣乱，不然我就收拾你。"① 此乃受接触法则支配的巫术行为。所以说，巫术就是基于"相似法则"和"接触法则"的错误认识而采取的企图控制自然的方法，随之而产生的一切与巫术有关的行为和认识活动，可以称之为"巫术文化"。

第二节　巫术的历史演变及其与法术的区别

现在多数学者认为，巫术的产生早于巫觋，巫术发展的最初阶段是在不同感知上的个体巫术，经过诸多个体巫术的积累，出于维护整个部落共同利益的需要，集中了具有普遍意义或者可以广泛使用的巫术，才上升到公众巫术（即普遍巫术），从而产生专职巫师。② 同世界其他文明一样，华夏文明也经历了一个人神不分、家为巫史的原始宗教阶段，大约是新石器时代晚期以前。据《国语·楚语下》所载观射父语说，在少昊氏之前，"民神不杂"、"民神异业"，到了少昊衰世，九黎乱德，破坏了正常的宗教秩序，人人都可以祭神，家家都有巫史，出现了"民神杂糅"的局面，导致乱象顿生。直至颛顼高阳氏"绝地天通"的宗教改革，收拢教权，才结束了这种混乱局面："颛顼受之，乃命南正重司天以属神，命火正黎司地以属民，使复旧常，无相侵渎，是谓绝地天通。"③ 实际上，观射父杜撰的"民神不杂"的理想社会并不会存在于"绝地天通"之前，事实却是，"民神杂糅"、"家为巫史"正是原始宗教的特点，当代

---

① 宋兆麟：《巫觋——人与鬼神之间》，学苑出版社 2001 年版，第 216 页。
② 张紫晨：《中国巫术》，上海三联书店 1990 年版，第 60 页。
③ 徐元诰：《国语集解》，王树民、沈长云点校，中华书局 2002 年版，第 512—516 页。

人类学、宗教学、考古学的研究都可以证明这一点。所谓"绝地天通"就是阻断神人自由交往的渠道，由职业巫师掌管宗教祭祀特权，这只有在生产力发展到一定阶段才会出现。

"绝地天通"的宗教改革是建立国家宗教的重要步骤，也促成了原始宗教的演化，一向宗法性传统宗教演变，一向神仙方术演变。原始宗教的祭天、祭祖以及对天地山川和动植物的多神崇拜发展为以"敬天法祖"为主要特征的天帝崇拜神系，脱离血缘和地域局限建立了完整的思想体系，由村落走向了庙堂，依附政权建立了宗法性传统宗教。原始宗教的鬼神崇拜、精灵起灭观念以及禳解、厌胜、驱鬼、召魂等术，发展演变为后期的道教，巫师也变成了方士、道士。但原生形态的巫教，在后起的道教、宗法性传统宗教以及外来的佛教的压力和改造下，仍以顽强的生命力在民间传播，并在各个社会阶段留下了自己的痕迹。以唐代为例，江南的川湘皖赣吴楚闽粤之地，淫祀之风较为浓厚，试观以下几则资料。《新唐书·狄仁杰传》：

> 吴、楚俗多淫祠。[1]

《旧唐书·李德裕传》：

> 江、岭之间信巫祝，惑鬼怪，有父母兄弟厉疾者，举室弃之而去。[2]

《新唐书·罗珦传》：

> （庐州）民间病者，舍医药，祷淫祠。[3]

可见重巫祀鬼是江南之地的民间信仰特点。唐末高州（今广东高州）刺史房千里《投荒杂录》记载，振州（今海南三亚）民俗善咒术，凡海路

---

① 《新唐书》卷一一五《狄仁杰传》，中华书局1975年版，第4208页。
② 《旧唐书》卷一七四《李德裕传》，中华书局1975年版，第4511页。
③ 《新唐书》卷一九七《罗珦传》，中华书局1975年版，第5628页。

商贾船舶遇险漂流而至者，土民即登山披发咒诅，起风扬波，商船往往为其所得，由此致富。[①] 南方淫祀之风在游历仕宦南地诗人的诗歌中亦有所表现。孟郊《弦歌行》：

> 驱傩击鼓吹长笛，瘦鬼染面惟齿白。暗中崒崒拽茅鞭，倮足朱裈行戚戚。相顾笑声冲庭燎，桃弧射矢时独叫。[②]

此为当时的驱鬼娱神祭祀习俗，相同的场景也出现在李贺的诗中：

> 女巫浇酒云满空，玉炉炭火香冬鼕。海神山鬼来座中，纸钱窸窣鸣飚风。相思木帖金舞鸾，攒蛾一嚼重一弹。呼星召鬼歆杯盘，山魅食时人森寒。终南日色低平湾，神兮长在有无间。神嗔神喜师更颜，送神万骑还青山。（《神弦》）[③]

这是描写女巫降神的情形。再如天宝大历年间诗人李嘉祐在《夜闻江南人家赛神，因题即事》中描写到的景象：

> 南方淫祀古风俗，楚妪解唱迎神曲。锵锵铜鼓芦叶深，寂寂琼筵江水绿。雨过风清洲渚闲，椒浆醉尽迎神还。帝女凌空下湘岸，番君隔浦向尧山。月隐回塘犹自舞，一门依倚神之祐。韩康灵药不复求，扁鹊医方曾莫睹。逐客临江空自悲，月明流水无已时。听此迎神送神曲，携觞欲吊屈原祠。[④]

这是诗人眼中的江南赛神驱傩，经过了艺术化加工处理，但从李嘉祐的言语间可知他还是受到了此风的熏染，竟然产生了凭吊屈原的想法。

今天在少数民族聚居地区，仍然保留着较为完整的原始巫术风貌，

---

① 《太平广记》卷二八六引，第 6 册，中华书局 1961 年版，第 2282 页。
② 《全唐诗》卷三七二，第 11 册，中华书局 1960 年版，第 4182 页。
③ 《全唐诗》卷三九三，第 12 册，中华书局 1960 年版，第 4434 页。
④ 《全唐诗》卷二〇六，第 6 册，中华书局 1960 年版，第 2144 页。

如云南和广西的纳西族、壮族、景颇族、独龙族、苗族等都有自己的巫师，纳西族的巫师是东巴，所以人们习惯称他们信奉的巫教为东巴教；北方少数民族大多信仰萨满教，巫师为萨满。即使在广大汉族地区，巫术遗存依然存在，如巫蛊和厌胜之术就在民间有着顽强的生命力，对普通民众的生活施加影响，甚至在突遭重大社会事件时，重新抬头，助长社会不稳定因素。2003 年肆虐全国的"非典"危机期间，巫婆神汉纷纷出场，散布谣言，各自施展"法力"，降除病魔，就是明显的例子。这种巫术文化已经深深印入民族文化和民族心理中，很难彻底清除。今天如此，在古代的情形，亦可想见。

巫术与法术是有区别的。任继愈先生主编《宗教词典》这样解释"法术"："准宗教现象之一。起源于早期原始社会。幻想以特定动作来影响或控制客观对象。这类动作最初多为模仿。如于狩猎前举行模拟所欲猎取之鸟兽的动作而跳舞，佩带猛兽牙骨或雄牛利角而奔突；或为息风而吹气、为唤雨而撒水等。举行方式与原始的宗教仪式颇近似，但尚无依靠神力行事的观念。并且，宗教仪式的目的在于取悦神灵，求其赐助；法术则被认为，可凭特定动作本身，以奏所欲达到之效果。各种宗教及神灵观念出现后，法术仍继续存在，且仍无须以'神灵之助'为前提。""巫术，准宗教现象之一。起源于早期原始社会，可能略迟于法术。幻想依靠'超自然力'对客体强加影响或控制。与法术之不同在于已具模糊的'超自然力'观念；行巫者被认为具备此力。"①《宗教词典》的这个释义是建立在原始宗教的基础上的，其所说的"法术"是一个人类学概念，在原始宗教时代，固然可以将是否有超自然力观念作为区分法术和巫术的充分条件，可以认为"法术"不借助于神灵的力量，但我们不能忽视佛教、道教的发展传播和中国传统文化中的"法术"一词的含义。

除了民间巫师，中国的佛教和道教，都拥有大量企图凭借超自然力量和各种神秘手段支配鬼神、控制和改变外物或自身的秘术，包括自身的隐显变化、呼风唤雨、召劾鬼神、变化万物以及逆知祸福的各类秘术。

---

① 　任继愈主编：《宗教词典》，上海辞书出版社 1981 年版，第 725、486 页。

这类秘术一般被称为方术或者法术，宗教信徒宣扬其来自仙、佛或异人传授，懂得法术的人可以依此进入鬼神仙佛的世界，借助其力量降魔祛病、祈福求善。道教的法术一开始就是在神灵信仰的背景下形成的，符箓之术被说成是太上老君、原始天尊等尊神直接授予的，其所能召劾的鬼神范围很广、数量惊人，山神、龙王、城隍、里司都在常召之列，符箓的送达也主要通过神将来执行。道教法术与巫术有着深层的亲缘关系，法术经历了由原始巫术到战国秦汉方仙术再到道术，进而发展为道法体系的过程，它继承和发展了巫术的基本观念和施法手段，其主要不同之处在于，法术具有系统的理论支持和完备的神灵体系，而巫术没有。① 概括地讲，法术和巫术是一个不断变化和丰富的宗教学概念，在原始宗教时期，法术是没有神灵和超自然力观念的，而巫术有；佛道兴起、巫术走入民间以后，法术主要用来指称佛徒道士之类的宗教修行者所掌握的能够控制鬼神、自然以及变化自身的超人神力，而巫术主要指遗存下来的原始宗教信仰以及游离于佛教、道教和宗法性传统宗教之外的巫师所进行的宗教活动。所以，为区别道教法术与原始宗教法术，可将后者称为原始法术。

因为《宗教词典》定义及人们认识的模糊，许多本该属于道教法术的内容被当成了巫术，如万晴川在《巫文化视野中的中国古代小说》一书中将《西游记》和《封神演义》中各路神仙鬼怪的变化之术看作巫术，并且说孙悟空拔一根毫毛克隆一个同样的自己这样的神异，是一种接触巫术，② 这就混淆了法术与巫术的界限。孙悟空的七十二变有着复杂的宗教背景，如果说其受到道教法术和佛教"神变"的影响则大致不差。道教的法术是从巫术发展而来的，但已经脱离了巫术范畴。我们历来认为孙悟空的七十二变是法术不是巫术，显然是受佛道法术观的影响。

法术和巫术对中国古代小说的影响是深远的，是魏晋至隋唐笔记小说描写的重要内容。

---

① 关于巫术与法术的关系，参见刘仲宇《道教法术》第一章"道教法术的形成"，上海文化出版社 2002 年版。

② 万晴川：《巫文化视野中的中国古代小说》，中国社会科学出版社 2003 年版，第 105 页。

第三节 唐五代笔记小说精怪故事的巫术文化解读

在西方宗教学、人类学方法输入中国之前，由于缺乏对中国原始宗教的田野调查成果，人们很少认识到笔记体志怪小说创作与原始宗教有什么关系，很长一段时期此类小说的研究局限于所谓神话学范畴之内。在极"左"思潮泛滥时期，过度追求文学艺术的真实性、阶级性和政治寓意，喜欢用"现实主义"、"浪漫主义"的简单思维比附文学作品，甚至将文学中的鬼神精怪一概斥之为"封建迷信"，弃之如敝屣，严重地滞碍了神怪小说的研究。精怪故事是中国古代小说的重要题材，尤为魏晋南北朝至唐宋笔记小说创作所喜闻乐道。近年来，这一领域的研究日渐突出，如程蔷《唐人巫术观的文学表现》、刘仲宇《中国精怪文化》、张庆民《魏晋南北朝志怪小说通论》、孙逊《中国古代小说与宗教》、赵振祥《巫与古小说》、万晴川《巫文化视野中的中国古代小说》、朱恒夫《古代小说与巫教》，从理论和实践两方面作出了一定的成绩。这种探讨起步较晚，且囿于选题限制，仍留下了一些可供开拓的空间，一是对原始宗教与宗法性传统宗教、巫术与道教法术界限的区分不甚明晰；二是研究视野和材料的取舍局限于小说和宗教学领域，未能充分结合人类学田野调查和科学研究的成果，故而对小说创作心理动机、巫教背景和题材来源的探讨略显不足。① 所以有必要结合人类学研究成果，重新解读唐代笔记小说中的部分精怪题材故事。

---

① 如干宝《搜神记》卷十二《蛇蛊》载，"荥阳郡有一家，姓廖，累世为蛊，以此致富。后取新妇，不以此语之。遇家人咸出，唯此妇守舍。忽见屋中有大缸，妇试发之，见有大蛇。妇乃作汤，灌杀之。及家人归，妇具白其事，举家惊惋。未几，其家疾疫，死亡略尽。"（《汉魏六朝笔记小说大观》，上海古籍出版社1999年版，第375页。）朱恒夫先生解作"活蛊害人，死蛊害己"的巫蛊事件。（朱恒夫：《古代小说与巫教》，载《明清小说研究》1999年第1期。）而据人类学家杨学政先生的调查，在今天川滇交界的少数民族地区流行一种奇特的个人图腾，某户或某些人认为某种物类如猫、蛇、蛤蟆、松树、山韭等，是与他们的生命息息相关的源出母体，物在人在，物亡人亡，该物类保护自己不受伤害，也能为个人或家庭敛财富。传说永仁阿咪瓦村一名叫布茨咪的妇女以蛤蟆为个人图腾，藏于一瓮中喂养，后该妇女外出放牛，其子开瓮饮酒，发现大蛤蟆，投入火中烧死，该妇女当天即暴死于野外。（杨学政：《原始宗教论》，云南人民出版社1991年版，第160—163页。）此传说与《搜神记》所载故事情节非常相似，故当有深刻的宗教人类学的图腾崇拜背景，需结合相关材料解释之。

唐代小说精怪变形幻化故事以段成式《酉阳杂俎》、戴孚《广异记》、张读《宣室志》、薛鱼思《河东记》、《会昌解颐录》、皇甫氏《原化记》为代表，较为集中地体现了唐代巫术影响小说创作的情况。兹以《广异记》、《会昌解颐录》诸则虎故事为例，分析此类故事的成因和本质意义。① 如著名的《虎妇》故事：

> 唐开元中，有虎取人家女为妻，于深山结室而居。经二载，其妇不之觉。后忽有二客携酒而至，便于室中群饮。戒其妇云："此客稍异，慎无窥觑。"须臾，皆醉眠。妇女往视，悉虎也，心大惊骇，而不敢言。久之，虎复为人形，还谓妇曰："得无窥乎？"妇言初不敢离此。后忽云思家，愿一归觐。经十日，夫将酒肉与妇偕行。渐到妻家，遇深水，妇人先渡，虎方褰衣，妇戏云："卿背后何得有虎尾出？"虎大惭，遂不渡水，因尔疾驰不返。②

野兽抢人女（妇）为妻的故事在古代小说中多有所见，如著名的唐传奇《补江总白猿传》写欧阳纥之妻被白猿所掠、《广异记》之笔记小说"崔怀嶷"写老鼠取人女为妻、明代瞿佑《剪灯新话》传奇之"申阳洞记"等。这种类型的故事在我国民间文学中也大量存在，如台湾赛德克（泰雅族一支）《熊与美女》的故事，讲述一只熊抢走一位美丽姑娘想吃她的脑子，东北赫哲族有黑熊抢走一位姑娘同居的民间故事。③ 俄国学者李福清先生对中国古代小说与民间文学的密切关系多有研究，他指出这种关系表现在两个方面：一是民间文学通过作品、母题、形象和语言等对作家的创作产生影响；二是作家的创作对民间文学产生影响。④ 在讲唱尚未从寺院走向瓦肆的唐代，这种关系只能是作家文学汲取民间文学资料加

① 刘爱梅：《人虎之间——论唐代虎类小说的渊源及形象特征》（湘潭大学硕士学位论文，2002 年），认为唐代虎故事繁荣的意识渊源归于远古图腾意识的遗存，并提及古代虎祖崇拜，但论述极为简略，没有人类学资料的佐证，亦未能揭示出虎故事产生的深层原因。

② （唐）戴孚：《广异记》，方诗铭辑校《冥报记》、《广异记》合刊，中华书局 1992 年版，第 168 页。

③ ［俄］李福清：《中国小说与民间文学关系》，载《民族艺术》1999 年第 4 期。

④ 同上。

以保存记录或者再创造。由于唐代是一个历史意识比较强烈的时代，小说的创作以真实为最大审美追求，作者往往明确交代故事产生的时间、地点、人物，特意强调故事的来源，所以这类故事大多不是作者的独创，而是采自民间传说。①

民间文学中的动物故事来源于原始宗教的动物崇拜，其思想基础是民间普遍信仰的精灵起灭观念，尤以古代民间故事和少数民族民间故事最为接近其原貌。《虎妇》类型故事引人注目之处在于老虎的幻形变化，它可以在人形与兽形之间互相转换。此类故事另一特点是，凶猛的老虎极具人性，有人的语言、神态和生活习性，故事人物与老虎大多有亲属关系，或为夫妻，或为母（父）子，或为兄弟。这对现代人来说，似乎存在理解上的困难，但这正是民间动物崇拜和原始思维的特点。我国崇拜虎或者以虎为氏族图腾的少数民族甚多，如云南的摩梭人、彝、白、普米、哈尼、拉祜等民族，北方信奉萨满教的赫哲族、鄂伦春族等民族。摩梭人崇虎为祖先，他们的土司把虎作为首领的象征，并自认为是虎的化身，在当地摩梭人中流传着土司熟睡时现出虎形的传说，在他们的观念中，虎转为人，人化为虎，人虎同体是通常的观念，不足为奇。② 白族认为他们就是虎的后人，本民族中流传着许多虎与女始祖成婚的传说，例如在碧江流传的传说中说，远古洪水滔天，始祖夫妇生五女，二女儿与一大虎路遇，结为夫妻。婚后岳父与化为人形的老虎女婿一同打猎，女婿进山林中逐兽，岳父暗藏石后准备射杀猎物。不久，一虎驱赶一熊跑出，岳父开弓射死猛虎，事后才知此虎就是女婿。该虎留下的虎子虎孙发展成为氏族，是为白族。③ 在原始民族祭祀老虎等图腾动物的仪式中，一般要由氏族成员装扮老虎，如北方满族萨满教的虎神祭祀，萨满

---

① 关于唐代笔记小说与民间文学的关系，参考高友鹏《中国民间文学史》第七章有关"《酉阳杂俎》和唐代民间传说故事的保存"等相关论述。河南人民出版社 2001 年版。

② 杨学政：《原始宗教论》，云南人民出版社 1991 年版，第 187 页。关于土司化为虎的传说，系杨学政个人采集，转述于此："20 多年前，当地摩梭人传说，永宁土司和左所土司在熟睡时现出虎形；永宁土司现白额虎，左所土司现黑虎，因现虎形而吓倒随身侍卫和奴婢云云。"作者还征引了清人曹树翘《滇南杂志》记载的同类传说："元初，丽江之白沙里夷人木都牟地"，"卧于盘石之上，须臾变为虎，咆哮而去"。这是笔记小说采用民间传说的有力证据。

③ 乌丙安：《中国民间信仰》，上海人民出版社 1995 年版，第 60 页。

跳神代表虎神降临，另由一儿童充当虎仔，跳神中表现虎神的爱子之情。① 这个仪式并非艺术表演，所有参与其中的成员都认为他们就是真正的老虎，他们的行为就是老虎的行为，人与老虎之间是"互渗"的，这正是一种"原始逻辑"的思维。法国人类学家列维·布留尔说："对不发达民族的意识来说，自然现象是没有的。原始人根本不需要去寻找解释；这种解释已经包含在他们的集体表象的神秘因素中了。"② 世代相传的集体表象作为一种毋庸置疑的普遍知识，传承于原始人的族群心理之中，他们根本不需要思考人与老虎有什么区别，也不需要解释为什么人就是老虎、老虎就是人的问题。③ 美国人类学家克利福德·格尔茨也说，就宗教观而言，"日常生活的世界自身当然是一种文化的产物，因为它是根据世代相传的'顽固事实'的象征概念的框架而形成的，它是我们行为的确定场景和既定目标"，宗教观所明确关注的不是对那些更广泛的现实采取行动，而是接受他们、信仰他们。他还指出，宗教观念的真实性以及它与宗教情感、宗教体验的结合、加强是在宗教仪式中实现和完成的，这些宗教仪式形成了一个民族的精神意识。④ 法国社会学和人类学家爱弥尔·涂尔干和马塞尔·莫斯认为，即使在今天的社会，由于受集体意识的影响，这些社会仍然还有这样的信念：即使是异质性最强的事物也具有相互转化的可能性。⑤ 原始民族动物崇拜的观念通过祭祀仪式和世代口耳相传的氏族神话、传说不断放大、传播、接受，成为民族普遍信仰，他们相信人变为老虎、老虎变为人之类的事是真实发生的。这种观念也渗透到古代典籍之中，《山海经·海内经》郭璞注引《开筮》："鲧死三岁不腐，剖之以吴刀，化为黄能（熊）。"⑥《国语·晋语八》："昔者鲧违帝

---

① 乌丙安：《中国民间信仰》，上海人民出版社 1995 年版，第 60 页。

② ［法］列维·布留尔：《原始思维》，丁由译，商务印书馆 1981 年版，第 36 页。

③ 列维·布留尔引用了 K. von den Steinen 关于巴西北部波罗罗人金钢鹦鹉崇拜的调查来论证互渗律，他认为波罗罗人将金钢鹦鹉与人同等看待，并不是因为人死后就变成金钢鹦鹉或者金钢鹦鹉变成人，也不是他们为自己起的名字或者金钢鹦鹉与他们有亲族关系，而是他们确信他们已经是鹦鹉了，并为此自夸。［法］列维·布留尔：《原始思维》，丁由译，商务印书馆 1981 年版，第 69—70 页。

④ ［美］克利福德·格尔茨：《文化的解释》，韩莉译，译林出版社 1999 年版，第 136—138 页。

⑤ ［法］爱弥尔·涂尔干、马塞尔·莫斯：《原始分类》，上海人民出版社 2000 年版，第 6 页。

⑥ 《山海经》卷十八，上海古籍出版社影印浙江书局本 1989 年版，第 120 页。

命，殛之于羽山，化为黄熊，以入于羽渊。"[1] 有趣的是，采集、吸收、加工、改造这些故事的文学家和史学家，也对其"真实性"深信不疑，"如实"记录在文学作品和史学论著之中。宋吴曾言："偶读臧荣绪《晋书》称：'郭璞，有人见其睡形变鼋，云是鼋精也。'予乃知前辈张乖崖浴为猿，蔡君谟睡为蛇，其说不诬也。"[2] 吴曾的说法代表了古人的普遍观点，此种不合情理的人怪幻形故事，在文献中记载渐多，浸染成习，即成为一种无须辩驳之集体意识，"可信性"自然不容质疑了。

《广异记》"稽胡"、《会昌解颐录》"峡口道士"、《原化记》之"柳并"也是具有浓厚巫术思想的唐代小说，同时它们也受到了宗法性传统宗教、佛教、道教的渗透，在研究多元宗教对唐代小说的交互影响方面，具有标本意义。《峡口道士》讲述开元年间，峡口多虎暴，往来舟船多受其害，为了预防虎患，当地形成一个惯例，有船下峡之时，要预备一人饲虎。后有一船来到峡口，船上的豪强将一势单力孤的穷人推出饲虎：

　　其人乃执一长柯斧，便上岸，入山寻虎，并不见有人踪，但见虎踪而已。林木深邃，其人乃见一路，虎踪甚稠，乃更寻之，至一山隘，泥极甚，虎踪转多，更行半里，即见一大石室，又有一石床，见一道士在石床上而熟寐，架上有一张虎皮，其人意是变虎之所，乃蹑足，于架上取皮，执斧衣皮而立。道士忽惊觉，已失架上虎皮，乃曰："吾合食汝，汝何窃吾皮？"其人曰："我合食尔，尔何反有是言？"二人争竞，移时不已，道士词屈，乃曰："吾有罪于上帝，被谪在此为虎，合食一千人，吾今已食九百九十九人，唯欠汝一人，其数当足。吾今不幸，为汝窃皮，若不归，吾必须别更为虎，又食一千人矣。今有一计，吾与汝俱获两全，可乎？"其人曰："可也。"道士曰："汝今但执皮还船中，剪发及须鬓少许，剪指爪甲，兼头面脚及身上，各沥少血二三升，以故衣三两事裹之，待吾到岸上，汝可抛皮与吾，吾取披已，化为虎，即将此物抛与，吾取而食之，即

① 徐元诰：《国语集解》，中华书局 2002 年版，第 437 页。

② （宋）吴曾：《能改斋漫录》卷十八，上海古籍出版社 1979 年版，第 520 页。

与汝无异也。"其人遂披皮执斧而归。船中诸人惊讶,而备述其由。遂于船中,依虎所教待之。迟明,道士已在岸上,遂抛皮与之,道士取皮衣振迅,俄变成虎,哮吼跳踯。又抛衣与虎,乃啮食而去。自后更不闻有虎伤人,众言食人数足,自当归天去矣。①

峡口,疑即瞿塘峡口,属今重庆市。杜甫有《峡口二首》诗,其一云"峡口大江南,西南控百蛮",清人仇兆鳌《杜诗详注》引《方舆胜览》云:"瞿塘峡在夔州东一里,旧名西陵峡。"② 此地是古代少数民族聚居之地,巴蜀文化亦以重巫见称,所以《峡口道士》故事的成型,与此多有干系。道士化虎食人,显然不是道教教义,相反道教却有驱除猛兽毒虫的法术,东晋道士葛洪在《抱朴子·登涉》中主张人若登山,皆当斋戒七日,带升山符作周身三五法(禹步),可以避免虎狼毒虫犯人。③ 在巫术活动中,一切存在着的东西都具有神秘的属性,有生命的动植物和无生命的山石等都可能被赋予灵性广泛运用在巫术仪式中。小说中道士在虎皮被窃,迫不得已向舟人讲明事情原委之后,出一两全之策,要求舟人剪取须发、指甲,用旧衣包裹,做一假人,在身上各处沥洒鲜血两三升,待道士化为虎之后抛予之,任其攫食,则与食生人无异。此乃接触巫术,其基本原则是人体的部分或者其接触过的物体可以代表此人接受惩罚,如前文曾提及我国西南少数民族彝族的"埋魂"巫术,另外摩梭族巫师在治妇女不孕症时,用面团压制一具鼓腹妇女面偶,拔一撮该不孕妇女头发粘附于面偶头上,并在其腹部注几滴羊血或鸡血,象征月经。巫师对面偶诵念经咒,并拿面偶在不孕妇女腹部摩擦一番,日落后弃于村外丛林中,此面偶作为该不孕妇女的替罪物,赎去了不孕症,该妇女就会怀孕。④ 替罪物在巫术中应用极为广泛,举凡发生自然灾害、瘟疫、人畜患病等,都要举行仪式和巫术,把灾难和疾病转移给替罪物,达到

---

① (宋)李昉:《太平广记》卷四二六,第9册,中华书局1961年版,第3472—3473页。《会昌解颐录》原书已佚,按:《太平广记》引作《解颐录》。

② (清)仇兆鳌:《杜诗详注》卷十八,中华书局1979年版,第1554页。

③ 王明:《抱朴子内篇校释》卷十六《登涉》,中华书局1985年版,第299页。

④ 杨学政:《原始宗教论》,云南人民出版社1991年版,第255页。

禳灾避难的目的。所以《峡口道士》中被虎（道士）攫食的假人是舟人的替罪物，它代替舟人接受了本该被虎道士食杀的命运。

《峡口道士》中虎道士要求舟人在假人衣物上洒血自代，也是巫术行为。鲜血在巫术活动中具有双重功能，一是血食祭祀，二是巫术禳解。原始人可能从流血导致死亡这一现象发现了鲜血与灵魂的关系，故而赋予血液特殊的灵性和禳解功能，以致达到"凡是宗教仪式，都缺不了用鲜血来发挥某些作用"的地步。[①]《史记·封禅书》："其后二岁（按：汉高祖八年），或曰周兴而邑邰，立后稷之祠，至今血食天下。"张守节正义引颜师古云："祭有牲牢，故言血食遍于天下。"[②] 可见，鲜血与娱神通灵的杀牲祭祀有关，故而被赋予灵性。《广异记》"稽胡"故事情节亦与《峡口道士》大类：稽胡入山打猎，遇一朱衣道士，道士言己为虎王，天帝令其主施诸虎之食，稽胡亦在当食之列。禳解之法是："可作草人，以己衣服之，及猪血三斗，绢一匹，持与俱来，或可得免。"稽胡如其言，果得免。[③] 衣服代替稽胡，猪血象征活物，即生命，草人就成为稽胡的替罪物，代其受死。两则故事的共同之处很多，如巫术思维、宗法性传统宗教的天命思想等。值得注意的是，食人的道士形象的老虎或者老虎形象的道士，在裴铏《传奇》之马拯故事中，化虎食人的却是一老僧，小说分别选取代表道教和佛教的道士、老僧作为角色，也是唐代佛、道二教壮大发展与巫术思维合流，并向小说和民间文学领域渗透的结果。[④]

《广异记》"王太"故事则是原生态的巫术思维主导下的虎故事：

> 海陵人王太者与其徒十五六人野行，忽逢一虎当路，其徒云：

---

① ［法］爱弥尔·涂尔干：《宗教生活的基本形式》，渠东、汲喆译，上海人民出版社1999年版，第176页。

② 《史记》卷二八，中华书局1959年版，第1380页。

③ （唐）戴孚：《广异记》，方诗铭辑校《冥报记》、《广异记》合刊，中华书局1992年版，第168页。

④ 台湾学者梁丽玲指出，《峡口道士》"道士化虎食千人"的故事情节来源于佛经"唤人王食千人"的故事，主要参见《六度集经》卷四第四一则《普明王本生》、《旧杂譬喻经》卷上、《贤愚经》卷十一、《佛说狮子素驮娑王断酒肉》和南传《本生》第五七则。此说亦不无可能，于此可见《峡口道士》是唐代多元宗教文化影响的产物。梁丽玲：《贤愚经研究》，台北法鼓文化事业股份有限公司2002年版，第499页。

"十五六人决不尽死，当各出一衣以试之。"至太衣，吼而隈者数四。海陵多虎，行者悉持大棒，太选一棒，脱衣独立。谓十四人："卿宜速去。"料其已远，乃持棒直前，击虎中耳，故闷倒，寻复起去。太背走惶惧，不得故道，但草中行。可十余里，有一神庙，宿于梁上。其夕月明，夜后闻草中虎行。寻而虎至庙庭，跳跃变成男子，衣冠甚丽。堂中有人问云："今夕何尔累悴？"神曰："卒遇一人，不意劲勇，中其健棒，困极殆死。"言讫，入座上木形中。忽举头见太，问是何客，太惧堕地，具陈始末。神云："汝业为我所食，然后十余日方可死。我取尔早，故中尔棒。今以相遇，理当佑之。后数日，宜持猪来，以己血涂之。"指庭中大树："可系此下，速上树当免。"太后如言，神从堂中而出为虎，劲跃，太高不可得，乃俯食猪。食毕，入堂为人形。太下树再拜乃还。尔后更无患。[①]

海陵治今江苏泰州，在古代亦为巫风盛行之地。小说中遭王太棒击，后化为男子的猛虎，本为神庙中供奉的神主，这说明此故事乃是当地虎神崇拜的产物，也就是被官方视为淫祀的区域民间信仰。王太免祸之法，是涂己血于猪身，供奉虎食。这头猪就成为王太的替罪物，代其受死。

　鲜血也具有特殊的禳解功能。这可能源于古人对牲血的另一认识，即血液特别是狗血（有时也包括猪血和禽血如鸡血）是秽物，可破巫解蛊。我国云南洱源县白族流传的治蛊术"烧拼"（意为"压蛊"），认为蛊怕狗血、猪血或其他污秽的东西，在养蛊人家门上偷偷泼洒狗血之类的秽物，便可封住蛊门，蛊则不能放出害人。[②] 这是因为狗血腥味浓重，有以毒攻毒之功效。古代小说和民间传说中流传甚广的"陆沉—陷湖"故事，悲剧的发生往往是有人听信传言，出于好奇将犬（鸡、猪）血涂在石门之上（或者石狮子眼中），导致该地城陷为湖。[③] 道教法术体系形成以后，巫术观念中以秽破蛊的思维也得以保留了下来，并被用于法术的

① 戴孚：《广异记》，方诗铭辑校《冥报记》、《广异记》合刊，中华书局 1992 年版，第 174 页。
② 邓启耀：《中国巫蛊考察》，上海文艺出版社 1999 年版，第 251 页。
③ 详参见刘锡诚《象征——对一种民间文化模式的考察》，学苑出版社 2002 年版，第 90—103 页。

破解。五代前蜀青城山一道士善幻术，常引诱富室及民间未婚女子行"黄帝之道"，云是西王母、巫山神女、麻姑等降临，受其戕害而死者不可胜计，且依仗幻术行踪不定。少主王衍欲擒之，乃密使人携带猪狗之血，逐及倾头沃之，其术不能行，遂俯首就擒，对其秽行供认不讳。[①] 元末明初陶宗仪《说郛》卷二二引陈师道《后山谈丛》一故事云，宋太祖曾蓄养两头神猪，熙宁初年为不明所以的神宗解散，后有"妖人"直入大庆殿，据殿顶为乱，被抓获以后，宫中遍索猪血而不可得，人们才认识到，猪血可破解妖术。[②] 明黄瑜《双槐岁钞》卷九载，南京后府经历卜马益与一全真道士交好，此道士颇有法术，常以咒术钩致卜马益之姬妾，淫毒备至；益怒，急逮之，然道士锁梏辄脱，急以狗血涂之，乃械送京师伏诛。[③] 此等行为均为巫术遗存。必须明确的是，古人观念中秽物之所以能破解巫蛊和道教法术，是以神灵信仰为前提的，巫（法）师通过巫（法）术召请、驱役蛊灵、神将来完成施巫（法）过程，以加害对方。当遇到狗血等秽物时，蛊灵、神将会避而远之，巫（法）师失去了护持，法不能作，自然被战败。这些实际上均为想象世界的产物。巫术观念中的秽物包括人休的孔窍、各种排泄物、毛发、指甲屑、胎盘、脐带、血液以及身体的其他液体组成部分，都被派上了巫术的用场。[④] 在我国少数民族中，还认为破布、厕所旁的污泥等也具有解蛊的功能，其法是将这些东西拿回家烧后兑水喝。[⑤] 另外，民间宗教中也认为鸡犬粪汁、裸体女性等都可以破解邪术。乾隆三十九年（1774），山东鲁西北清水教徒起事，利用"邪术"、"神法"攻城，清军束手无策，情急之下，"忽一老弁

---

① （五代）王仁裕：《王氏见闻集》之"青城道士"，《太平广记》卷二八七引，第 6 册，中华书局 1961 年版，第 2287 页。按：此故事出处，《太平广记》引作《王氏见闻》，即为《王氏见闻集》，参见李剑国《唐五代志怪传奇叙录》，南开大学出版社 1993 年版，第 1095 页。

② 明刻陶宗仪《说郛》一百二十卷本，（明）陶宗仪等编《说郛三种》第 4 册，上海古籍出版社 1988 年版，第 1044 页。

③ （明）黄瑜：《双槐岁钞》卷九，魏连科点校，中华书局 1999 年版，第 190 页。

④ K. Th. Preuss, "Der Ursprung der Religion und Kunst," Globus, lxxxvi p. 20; lxxxvii. p. 19. 转引自［法］列维·布留尔《原始思维》中译本，丁由译，商务印书馆 1981 年版，第 30 页。

⑤ 邓启耀：《中国巫蛊考察》，上海文艺出版社 1999 年版，第 271 页。作者曾深入云南怒江流域少数民族地区调查，发现巫蛊秽物还包括草果、姜蒜、铁器、鸽子屎等，参见该书第 14、24 页。

急呼妓女上城，解其亵衣，以阴对之，而令燃炮，……贼为之夺气。知其术可破，益令老弱妓女裸而凭城，兼以鸡犬粪汁，敷帚洒之……"结果清水教徒一败涂地。这种今天看来污秽怪诞的战争场面却引起乾隆皇帝的重视和过问。① 这种宗教行为和法术活动，没有合理的逻辑联系，也无法用惯常道理解释。邓启耀先生认为，秽物治蛊是一种"非逻辑"的联想，难以找出这种奇怪联想的文化依据。② 这也就是列维·布留尔所说的世代相传的集体表象，是一种"原逻辑"的原始思维，不可能用理性的逻辑思维求解。

除上述所举巫术文化色彩浓厚的虎故事外，唐五代笔记小说里也有一些颇具文学性的好故事，情节描写生动，富于情趣化，如《广异记》"笛师"：

> 唐天宝末，禄山作乱，潼关失守，京师之人于是鸟散。梨园弟子有笛师者，亦窜于终南山谷，中有兰若，因而寓居。清宵朗月，哀乱多思，乃援笛而吹，嘹唳之声，散漫山谷。俄而有物虎头人形，着白袷单衣，自外而入。笛师惊惧，下阶愕眙。虎头人曰："美哉笛乎！可复吹之。"如是累奏五六曲。曲终久之，忽寐，乃呀嘻大鼾。师惧觉，乃抽身走出，得上高树。枝叶阴密，能蔽人形。其物觉后，不见笛师，因大懊叹云："不早食之，被其逸也。"乃立而长啸。须臾，有虎十余头悉至，状如朝谒。虎头云："适有吹笛小儿，乘我之寐，因而奔窜，可分路四远取之。"言讫，各散去。五更后复来，皆人语云："各行四五里，求之不获。"会月落斜照，忽见人影在高树上。虎顾视，笑曰："谓汝云行电灭，而乃在兹。"遂率诸虎，使皆取攫。既不可及，虎头复自跳，身亦不至，遂各散去。少间天曙，行人稍集，笛师乃得随还。③

---

① 清廷档案《朱批奏折》，乾隆三十九年十月七日舒赫德奏折，转引自马西沙、韩秉方《中国民间宗教史》，中国社会科学出版社2004年版，第1403页。

② 同上书，第271页。

③ 戴孚：《广异记》，方诗铭辑校《冥报记》、《广异记》合刊，中华书局1992年版，第172—173页。

这则故事中的"虎头人形"之物的形象，实际上尚残留了一些巫术文化的色彩，这样的形象在原始宗教崇拜的材料里并不鲜见。不过故事非常有趣，对"虎头人形"之物的语言、神态、形象的刻画描写均简洁而生动，如"因大懊叹"、"顾视笑曰"等，殊为难得，可称得上一篇优秀的笔记小说。

除虎之外，唐代笔记小说中描写较多的精怪有狐、蛇、鼠、狼、飞禽以及鱼、龟等水族，这些故事所表现出的宗教思想也很复杂，有道教的禳灾驱魔，佛教的因果报应，宗法性传统宗教的祥瑞灵异，也有原始宗教的动物崇拜，更有属于传统民间信仰的动物报恩故事，内容庞杂而丰富，是宗教文化研究的好素材。唐代笔记小说中最为发达的动物故事是狐故事，有作为祥瑞的九尾狐，有文化偏见下的胡人，有祸祟人间的妖狐，也有美丽动人的女狐。这些狐往往是道教法术和巫术对治的重要对象。李剑国先生《中国狐文化》一书是关于中国古代狐崇拜和狐文化现象的专题研究，作者指出，狐文化前期是图腾文化和符瑞文化，作为主要方面的是后期的妖精文化；狐妖身上非常特殊地体现着中国人的伦理观和女性观等，折射出的是对人的认识和评价而不是狐。[①] 这一研究可进一步推广到整个中国精怪文化的研究中去。

小　结

以巫术为重要特质的原始宗教，是华夏民族所经历的一个重要宗教阶段。宗法性传统宗教建立后，巫术观念和巫术行为逐渐淡出了国家政治生活，演变为不为政权和国家宗教容纳的"淫祀"。但这种原始宗教形态却以顽强的生命力留存于民族文化传统中，其对社会生活也产生了深远而潜在的影响，在社会变革和重大自然灾害面前，均能够感受到巫术文化的影子。尽管随着宗法性传统宗教、佛教、道教的传播和侵蚀，巫术的生存空间逐渐压缩，但其不会在短期内消亡，实则成为多元宗教文化的耕耘地，从而呈现出了巫道、巫佛杂糅的局面。

唐五代笔记小说中光怪陆离的精怪故事，是时代巫术文化的承载者。

---

①　李剑国：《中国狐文化》，人民文学出版社 2002 年版，第 2—3 页。

这些故事的形成和传播，与所在地的动物崇拜有密切关系，故事的要件也遵循巫术思维的基本原则。以虎故事为个案而言，虎在人形与兽形之间的自由幻化、人性与兽性的双重性格特质，是以原始宗教动物崇拜"人虎同体"思维为基础的；以毛发、爪甲、衣物、鲜血等制作替罪物的观念，所遵循的两大法则即接触法则和模拟法则，也是巫术的主要特点。因为巫术文化具有鲜明的族群特征和地域属性，所以此类故事的形成必有一个民间传播的基础，其直接来源应当是故事发生地流传的动物故事，从而也烙上了民间文学的烙印。

第四章　道教与唐五代笔记小说

　　道教是中国土生土长的宗教，是在原始宗教的基础上吸收中国古代文化发展起来的。唐五代时期道教一度位列国教，受到统治者的推崇，全社会也兴起了一股修道求仙的风气，在文人士大夫中，道教具有很大的影响。唐五代道教对笔记小说的影响非常深刻，借助小说辅教的同时，也深深渗透到小说创作中。

第一节　道教的兴起及其多源共生性

　　道教得名起于古代神道思想和其所标榜的《老子》的道论，作为一种宗教名称被独立使用则直接与魏晋时期流行的天师道即五斗米道有关，时人把这种民间道教称为"天师道"、"天道教"。道教的形成及其渊源非常复杂，是一个多源共生性的宗教。道教的符咒、斋醮、科仪多取自古代的鬼神祭祀活动与民间巫术；道教神仙思想、神仙谱系和神仙崇拜活动来源于战国至秦汉的神仙传说与方士方术；其基本经典和理论来源于先秦老庄哲学和秦汉道家学说以及阴阳五行思想；道教修行理念和炼养之术则继承了古代医学和体育卫生知识。[①]　实际上，早期道教的神仙谱系和教阶组织与宗法性传统宗教和封建官制有密切联系，如天师道的祭酒即取自汉代官制。道教的发展正是建立在不断蚕食宗法性传统宗教领地的基础上的，作为国家祭祀的天和五岳，演变为道教的玉皇大帝和五岳

---

　　① 任继愈主编：《中国道教史》（增订本），中国社会科学出版社2001年版，第9—17页。田诚阳将道经的思想渊源概括为四条：原始宗教与巫术是其神学之源；神仙信仰及方术是其仙学之源；道家学说及黄老是其道学之源；早期道教融儒释是其教学之源。参见田诚阳《道经知识宝典》第一章"道经溯源"，四川人民出版社1995年版。

帝君，如托名东方朔的《五岳真形图》就包括了东岳泰山君、西岳华山君等五位神灵。① 自东汉迄魏晋南北朝，道教的发展经历三个阶段，东汉晚期原始道教从民间崛起并形成，主要分为两支，一支是张陵在巴蜀创立的五斗米道，即天师道、正一道，另一支是张角在华北创立的太平道。三国两晋时期，民间道教组织发生分化，太平道消亡，五斗米道的一部分逐渐与神仙道教合流而脱去民间宗教的本色。东晋以后，民间道教经过改造，进一步发展为以仙道为中心的成熟的官方化新道教。

　　道教的演变与其早期教义和一系列宗教活动中的原始落后性有关。道教创立初期是一种民间宗教，以神鬼设教，用跪拜首过、符水咒语治病的方式争取信众，教阶高层有依仗武力、谋夺天下的预谋，传教的目的往往在于借助宗教外衣为起事做思想和组织准备，很容易与现政权产生剧烈冲突，从而遭致大规模镇压。太平道和五斗米道发动的大规模起义破坏性极大，导致汉末至东晋末年的长期动荡不安，社会生产遭到严重破坏。如东晋时期的孙恩、卢循起义，诛杀异己，祸及婴孩，烧杀劫掠，无所不为，尚未剔除掉原始巫教血族复仇的狂热野蛮。② 另外，一些道士借道教房中术之名行淫秽之事，致使淫风大盛，损辱了道教名声。所以，在起义平息后，摆在道教改革派面前的主要任务就是抛弃教团组织的准军事化色彩，修改教义，制订戒律，约束教众行为，"必须屈服于主流政治意识形态和主流伦理道德秩序，用种种神圣和庄严来包装和遮蔽，一方面割断历史，脱离世俗巫蛊的系统，避免整个宗教被牵连到'淫祀'、'邪教'，一方面重建系谱，使宗教圣洁化，使宗教与世俗政权有明确的界限，井水不犯河水"。③ 北魏道士寇谦之、南朝刘宋的陆修静和萧梁道士陶弘景担当起了清整道教的历史使命。他们的改革主要表现在整顿道教组织，反对利用道教作乱，建立教内受箓和教阶升迁制度；清除旧有的租米钱税制度和男女合气之术，创立清修炼养理论和规范；增订和改革斋醮仪范和戒律制度；构造神仙谱系，整理编写道经目录。

---

① （宋）张君房：《云笈七签》卷七九，李永晟点校，中华书局 2003 年版，第 1790—1794 页。
② 《晋书》卷一〇〇《孙恩传》、《卢循传》，中华书局 1974 年版，第 2631—2636 页。
③ 葛兆光：《屈服史及其他：六朝隋唐道教的思想史研究》，生活·读书·新知三联书店 2003 年版，第 53—54 页。

经过他们的改造，道教中的过度仪、涂炭斋以及一些世俗祭祀、民间方术、地区鬼神逐渐从上层道教及道教文献中淡出，面貌焕然一新，成为以重视经典科教与神仙养生之术为主要宗旨的新道教。

第二节　唐五代道教的创制改造与基本状况

唐五代道教的发展，伴随着复杂的政治风云，在对儒、释的斗争与融合改造中，取得了前所未有的繁荣局面。帝王将相、文人士大夫、凡庶百姓，出于各自不同的精神需求和现实需要，或服食养炼，幻想升仙长生，或侈谈怪异，希冀趋福避害，往来山林、庙堂，乐步终南捷径。道教研究者在提到唐代道教繁荣的原因时，均会论及唐王朝的政治动机，即利用王室与道家创始人老子同姓的机会，神化唐宗室，制造皇权神授舆论。[①] 一个主要表现是，大量政治谶言的出现，如大业十三年（617），以能预知吉凶著称的山人李淳风，称终南山老君显灵，亲口告诉他李渊当受天命。[②] 《混元纪胜》卷八记载的绛州民吉善行遇老君显灵事件，则把李唐的谱系说得清清楚楚："我是无上神仙，姓李字伯阳，号老君，即帝祖也。"[③] 如此重大事件，太上老君未能亲自知会李氏，却到处显灵托梦，这种政治谶言是李氏与他的追随者合演的一场君权神授的好戏，除了政治动机外，直切地显露了李唐强烈的民族认同意识。因为唐王室的身世一直是一个比较隐晦的问题，系出于宇文泰之胡汉六镇关陇集团，其母族具有胡族血统，[④] 这在仍然重视门第阀阅的初唐社会，是一个很

---

① 任继愈主编：《中国道教史》（增订本），第七章"唐代道教与政治"，中国社会科学出版社2001年版，第278—302页。

② （南宋）谢守灏：《混元圣纪》卷八引《金锁流珠》，《道藏》第17册，文物出版社、上海书店、天津古籍出版社1988年版，第854页上。

③ 《混元圣纪》卷八，《道藏》第17册，文物出版社、上海书店、天津古籍出版社1988年版，第854页下—855页上。

④ 唐高祖之母独孤氏、太宗之母窦氏、高宗之母长孙氏，皆是胡种，非汉族。详参见陈寅恪先生《唐代政治史述论稿》上篇《统治阶级之氏族及其升降》，《陈寅恪集》，生活·读书·新知三联书店2001年版。李唐王朝自身亦是北魏拓跋氏之后，唐彦琮《唐护法沙门法琳别传》卷下载，贞观十一年（637），法琳对太宗言："琳闻拓跋达阇，唐言李氏，陛下之李，斯即其苗，非柱下陇西之流也。……弃北代而认陇西，陛下即其人也。"太宗曰："法琳虽毁朕宗祖，非无典据。"《大正藏》第50册，第210页上、中，第211页下。

不利的因素，所以攀附老子，标举华夏正统是尊崇道教的重要原因。李唐王室编造的政治谶言之所以能够奏效，得到普通民众的拥护和认同，有着特定文化背景和普遍社会心理的支持，却不是道教自身的力量所致，或者说，李唐借道教以自神实际上迎合了普通民众的文化心理。相信天命和图谶，是三代秦汉以来形成的普遍宗教心理，是宗法性传统宗教的核心信仰之一，经过历史的积淀，成为华夏民族精神的重要构成。大凡帝王践祚，均要标榜"奉天承运"，天命所归，必感得天降甘露、地现宝鼎、野获神麟等，在芸芸子民中激起强烈的神秘感和敬畏感，欣然归化。李唐王朝尽管竭力标榜自己华夏贵胄的正统身份，扯上了老子和道教来论证自己的合法性，但其基本立足点仍然是在社会心理中根深蒂固的宗法性传统宗教，后来武则天代唐立周走的依然是"天授圣图"的老路，① 这就是中国古代宗教的实质所在。

　　唐代道教有以下特点。一是道教地位得到空前提高，居于三教之首，老子被推崇到至高无上的地位。高祖李渊位登九五之尊，道教助力甚多，故而作为政治回报，李渊、李世民父子执行扶持道教的政策，封赐道士，兴建道观，抬高了道士的地位。武德八年（625），唐高祖规定国家重要典礼，位次道教为先，儒教为次，释教为末。② 贞观十一年（637），唐太宗再次下诏重申崇道抑佛政策。③ 乾封六年（666），高宗封老子为"太上玄元皇帝"，命王公百僚和举子皆习《老子》，又敕隶道士宗正寺，道士

---

　　① 《旧唐书·则天皇后本纪》载，垂拱四年（688），"夏四月，魏王武承嗣伪造瑞石，文云'圣母临人，永昌帝业'……皇太后大悦，号其石为'宝图'。"《旧唐书》卷六，中华书局1975年版，第119页。

　　② （唐）道宣：《续高僧传》卷二五《释慧乘传》，《高僧传合集》，上海古籍出版社1991年版，第312页上、中。

　　③ 《道士女冠在僧尼之上诏》，（宋）宋敏求：《唐大诏令集》卷一一三，商务印书馆1959年版，第586页。（南宋）谢守灏：《混元圣纪》卷八，《道藏》第17册，文物出版社、上海书店、天津古籍出版社1988年版，第856页。按：太宗实行的是实用主义的宗教政策，道先佛后更多出于政治考虑而并非宗教信仰。贞观十五年（641），太宗幸弘福寺为穆太后追福，就道先僧后一事对寺僧曰："比以老君是朕先宗，尊祖重亲有生之本，故令在前。……师等宜悉朕怀。彼道士者，止是师习先宗，故位在前。今李家据国，李老在前；若释家治化，则释门居上。"（唐）道宣：《集古今佛道论衡》卷丙，《大正藏》第52册，第386页上。

行立在诸王之次，给予和李唐宗室同样的待遇。[①] 道教经历了武则天时短暂的地位下降，唐玄宗登基后，一改中宗、睿宗佛、道并崇的政策，再次执行崇道抑佛的政策，对老子大加封号，肯定老子在孔子和释迦牟尼之上，道教在儒、释之上，并限制佛教发展，沙汰僧尼，控制剃度规模。[②] 作为国家的统治者和李唐江山社稷的守护者，唐太宗和唐玄宗的崇道教、尚黄老政策无疑是从治国安天下的角度出发的。僧尼道士的无限扩张，逃避徭役，势必大量减少国家财政收入，增加社会不稳定因素；大量佛寺宫观的兴建，耗尽国库，亦是关乎国计民生的大事。故而，尽管唐初至玄宗时基本遵循崇道抑佛政策，并没有使道士的数量得到无限扩张。玄宗之后唐代诸帝的崇道活动，由于藩镇割据、社会动乱，并没有发展到很大的规模，比较有影响的是唐武宗和唐僖宗。武宗热衷神仙长生之术，宠信道士赵归真，并拜其为师，招至宫中修习法箓，服药炼丹，梦想升仙，已见前述。僖宗时期的唐王朝，内患纷然，政局动荡，僖宗的崇道主要表现为重其术技。如置金箓斋祈雨，是为民生；黄巢起义爆发后，派遣道士在内廷和蜀中道教名山修道场，设大醮，祈求太上老君用法术剿灭起义，是为挽救危亡。[③]

二是重外丹炼养和符箓法术，并在唐末五代由外丹道向内丹道演变，魏晋以来的神仙出世思想逐渐世俗化，并受到佛教影响而向神仙救世思想演变。道教的炼丹术被认为具有祛病强身、延年益寿乃至脱胎换骨、飞升成仙的功效，它还是取御的良药，不少梦想发财致富的文士商贾也孜孜以求企图掌握所谓的"黄白之术"炼出真金白银来。神仙是道教构筑的最具吸引力和迷惑力的宗教信仰，传说中的仙界是一个绛树结丹、紫霞流津、笙歌盈耳、玉女如云、令人魂销神迷的世界，引得王公大臣趋之若鹜，也成为文士弦歌吟唱的永恒主题。在唐代，神仙观念风行，

---

① （南宋）谢守灏：《混元圣纪》卷八，《道藏》第17册，文物出版社、上海书店、天津古籍出版社1988年版，第857页下—858页中。

② （宋）宋敏求：《唐大诏令集》卷一一三，《旧唐书》卷六《玄宗纪》，（南宋）谢守灏《混元圣纪》卷八，《册府元龟》卷五三、五四。

③ （五代）杜光庭：《道教灵验记》卷十四"僖宗金箓斋祈雨验"，（南宋）谢守灏《混元圣纪》卷九。分别参见《道藏》第10册，文物出版社、上海书店、天津古籍出版社1988年版，第849页下；第17册，第872—873页。

追求长生成仙的帝王和大臣及普通百姓为数众多，但真正成仙获得长生之术的人只存在于传说和道教辅教典籍中，许多帝王因为服食丹药致死，引发了对道教的信任危机。唐太宗、宪宗、穆宗、敬宗、武宗和宣宗以及五代梁太祖、南唐烈祖都是服食道士金丹致死，大臣中的李道古、李抱真、归登、孟简等人也死于非命，文学史上众所周知的初唐四杰之一的卢照邻，耽于服食丹砂方药，几乎丢掉性命。残酷的现实招致一些清醒的士大夫的批判，也促使道教内部展开了反思。韩愈曾撰《故太学博士李君墓志铭》，历数亲眼目睹服食丹药致死者六七人，痛陈丹药之弊害："余不知服食说自何世起，杀人不可计，而世慕尚之益至，此其惑也。"① 这些批评抑止了道教修炼在"外求"金丹大药上的努力，在五代宋初演变为内外丹兼修，直至内丹逐渐取代外丹。② 唐代与丹鼎道派同时盛行的是符箓派，任继愈先生主编《中国道教史》（增订本）第十章"唐代道教法箓传授"述之甚详，本章第三节亦有述，此处从略。

唐代道教总体趋势是日渐世俗化，其神仙观念也逐渐脱离神圣色彩而出现世俗化倾向。一个突出表现是"地仙"、"谪仙"观念的流行，文士之间亦以此类称号自夸与互相赞美，广为人知的如李白自称"酒中仙"，他也被诗人贺知章誉为"谪仙"。③ 唐人还乐于用"神仙"来形容美女，甚至被直接当作一种品鉴人物的标准，"女仙"在传奇小说中则往往是妓女的美称，如由张鷟创作的著名传奇《游仙窟》中的十娘、五嫂，实际上表现的是当时文人的狎妓经历，妓女被当成了女仙。孙逊《中国古代小说与宗教》将唐人文学中的此类描写称之为"仙妓合流"现象。④ 唐代神仙思想由出世向救世转变，发生在唐末五代，与这个特殊时代动乱频仍、民生多艰的社会现实有密切关系，也是宗教生存与发展的需要。

---

① 《韩昌黎全集》卷三四，中国书店 1991 年版，第 427 页。

② 外丹向内丹转化发生在五代宋初的观点参见任继愈主编《中国道教史》（增订本），中国社会科学出版社 2001 年版，第 521—524 页。

③ "酒中仙"出自杜甫《饮中八仙歌》，参见（清）仇兆鳌《杜诗详注》卷二，中华书局 1979 年版，第 83 页。

④ 孙逊：《中国古代小说与宗教》，第四章"唐人小说的仙妓合流现象"，复旦大学出版社 2000 年版。神仙观念的世俗化，参见孙昌武《道教与唐代文学》，人民文学出版社 2001 年版，第 167—174 页。

道教由于没有因果报应之说，缺乏惩恶扬善的教义，备受诟病。北周甄鸾曾耻笑道教窃取佛教因果理论构拟其"四果十仙"的名目，[1] 隋文帝也批评道教："（老庄）无申业报之言，岂畅因缘之旨"，判定佛教为高。[2] 为此，道教吸收了佛教救世思想，形成了自己的神仙救世理念。如杜光庭即言："善不徒施，仙固可学，功无巨细，行无洪纤，在立功而不休，为善而不倦也。"[3]

三是道教仪法在张万福、张承先、唐末道士杜光庭的进一步改革下，更加复杂和完备。虽然六朝以来道教一直在自我清理各种斋醮仪式，试图剥离宗教仪式中的血食祭祀及与世俗伦理相抵触的修行方式，但也因为各种道教门派在六朝隋唐时代的混融而变得杂乱无章。净化道教，规范斋醮授度仪式，建立完善的戒律制度，一直是道教改革派的理想："痛庸师之不学，悯流谷〔俗〕之无识，非非相承，其失不悟，以简便为适当，以古法为难行，则自张万福天师以来，尝病之矣。"[4] 张万福对道教的清理，包括完善经戒制度，规范经戒传授程序，整理斋醮仪服制度等，他的工作"大体奠定了陆修静以来，以灵宝斋法为基础的新斋醮仪范"。[5] 主要活动于晚唐五代的道士杜光庭的宗教改革，系统神化老子，全面阐述《道德经》，整理道教文献，修改斋醮科仪，加强了道教的理论建设，

<hr>

[1]　甄鸾：《笑道论》"偷佛因果"，唐道宣《广弘明集》卷八，《弘明集》、《广弘明集》合刊，上海古籍出版社1991年影印版，第156页下。

[2]　《诏立僧尼二寺记》，清王昶《金石萃编》卷八，《历代碑志丛书》第4册，第645页上。《佛祖统纪》卷三十九载唐高祖武德九年（626）李师政《内德论》云："死生无穷之缘，报应不朽之说，释氏之所明，黄老之未喻也。"《大正藏》第49册，第363页上。又唐彦琮《法琳别传》卷中载法琳批评道教"畜妻子用符书，祸福报应在一生之内"。《大正藏》第50册，第206页下。欧阳修《集古录跋尾》卷六《唐万回神迹记碑》记述当时流传的笑话云："世传道士骂老子云：'佛以神怪祸福恐动后人，俾皆信向，（故僧尼得享丰饶），而尔徒高谈清静，遂使我曹寂寞。'"《历代碑志丛书》第1册，第66页。

[3]　杜光庭：《墉城集仙录叙》，载《云笈七签》卷一一四，李永晟点校，中华书局2003年版，第2526页。

[4]　《无上黄箓大斋立成仪》卷一《仪范门》，《道藏》第9册，文物出版社、上海书店、天津古籍出版社1988年版，第378页中。

[5]　葛兆光：《屈服史及其他：六朝隋唐道教的思想史研究》，生活·读书·新知三联书店2003年版，第101页。关于张万福等人改革后的唐代道教经戒、法箓传授规制，任继愈主编《中国道教史》（增订本）有详细论述，参见该书第九章"唐代道教经戒传授"、第十章"唐代道教法箓传授"。

同时创作了大量竭力宣传道教信仰的辅教书籍。①

中国古代是一个皇权、神权与知识权力高度统一的社会，道教为立足于主流文化和上层社会，作出了自我清整和调适，放弃了可能导致与政治权力冲突的教义和组织方式，逐渐清除了违背主流意识形态和普遍伦理习惯的仪式。② 这实际上是一种双向运动，经过改造后的修炼方法和科仪制度为上层社会所接受，被摒弃的与主流和传统冲突的宗教活动则转入下层社会，秘密化、边缘化，但仍然保持着旺盛的生命力。道教与世俗逐渐剥离而官方化、上层化的过程，体现了上层的价值取向：道教的最高境界似乎是那些看上去深奥的理论、清净的生活、高雅的言论和飘然轻举的仙风道骨，这也是道教在公开场合赢得士人崇敬的关节点，所谓的"重玄"哲学在初中唐的兴盛和外丹术在唐代的风行也能说明这个问题。③ 唐代文人间炼丹服食几成一种风气，实融为当时文坛生活之一部分，除前文提到卢照邻，盛唐的李颀、李白、杜甫、常建，中唐的刘商、韩愈、白居易、元稹以及晚唐的陆龟蒙等人都有炼丹服食的经历，其中的元稹、杜元颖、崔玄亮等甚至中毒不痊。④ 还有一些诗人则通过对丹药的咏叹，表达其对隐居修道生活的向往之情，如初唐的沈佺期、"大历十才子"中的钱起、李端等。⑤ 服食丹药并在作品中表现出来似乎成为一种普遍的社会审美风尚和时代象征。唐代文学的道教色彩就是在这种服食慕仙、追求长生不老之风的浸淫下焕发出来的。另一方面，被正统

---

① 参见卿希泰主编《中国道教史》（修订本）第二卷，四川人民出版社 1996 年版，第 414—469 页。

② 道教为确立宗教神圣而与世俗剥离的过程被葛兆光先生称为"屈服"，大约开元天宝时期完成了最终的屈服。参见葛兆光《屈服史及其他：六朝隋唐道教的思想史研究》，第五章"最终的屈服——开元天宝时期的道教"，生活·读书·新知三联书店 2003 年版。

③ 重玄学派是魏晋以来，道教为解决哲学体系缺失问题而做出努力的结果。主要采用佛教的思辨方法和词旨来发挥老庄哲学，在隋至中唐臻于成熟。参见任继愈主编《中国道教史》，第六章"隋唐道教'重玄'哲学"。

④ 参见白居易《思旧》诗，朱金城笺注《白居易集笺校》卷二九，第 2023 页。

⑤ 沈佺期《过蜀龙门》："势将息机事，炼药此山东。"《全唐诗》卷九十五，第 4 册，中华书局 1960 年版，第 1023 页。钱起《夕游覆釜山道士观因登玄元庙》："倾思丹灶术，愿采玉芝芳。"《全唐诗》卷二三八，第 8 册，中华书局 1960 年版，第 2664 页。李端《游终南山因寄苏奉礼士尊师苗员外》"愿得烧丹诀，流沙永待师。"《全唐诗》卷二八六，中华书局 1960 年版，第 3278 页。

道教剥离的巫蛊鬼神之祀和作为道教核心内容之一的法术，才是下层民众信仰的重心所在，"那些被后代文人看不起的天象地理、阴阳五行、占卜祈禳、实用技术，实际上在古代人的心中拥有不言而喻的合理性"。[①] 对普通民众而言，成仙并非必不可少的终极追求，关注今世的幸福安稳才是最迫切的现实。[②] 生存环境的险恶、世俗生活的磨难与好生恶死、祛病求福乃至长生久视的天性，引发了对神秘力量的崇信和渴求。而对道教而言它也不能专奉老庄玄学，执着于高深哲理的探讨而捐弃厌胜劾鬼、符箓禁咒等可资生存与发展的实用技术。针对本土民众畏神祭神而又期望操纵控制神灵的功利主义态度，道教提供了祭祀神明的斋醮仪式和役使神灵的法术，这就是道教法术和鬼神观念所要解决的问题。如此而来，对非常事件的描述和记叙，既是这种崇信的伴生物，也是宗教传播的现实需求。

第三节 道教法术与唐五代笔记小说

法术是道教宗教实践活动的核心内容之一，是道派形成与传承的强有力的纽带。法术在符箓派形成过程中的地位非常重要，作为法术基本手段的符箓是该派重要的传法凭证。丹鼎派以变炼金石追求长生不老为主要修行方法，其本为法术之一种，论其方法，强调法天象地，炉鼎尺寸象征阴阳五行及天象运行之数，均未脱离法术思维。从修行实践角度讲，道教的宗教追求在于改变自己的形质和精神，以求合于"大道"，乃至白日飞升，至少也尸解成仙，这样便不能不寻求和借助于各种变化自身的法术。[③] 所谓"大道"乃道教最高信仰，是化生万物的终极实体，南

---

① 葛兆光：《屈服史及其他：六朝隋唐道教的思想史研究》，生活·读书·新知三联书店2003年版，引言第7页。

② 南朝茅山上清派规定，每年三月十八日是茅盈等神仙下凡传授上清要道的日子，远近道俗会聚茅山，但茅山宗师陶弘景却失望地发现，道俗更关注的是祈福禳灾的灵宝斋法："看人唯共登山作灵宝唱赞，事讫便散，岂复有深诚密契，愿睹神真者乎？纵时有至诚一两人，复患此喧秽，终不能得专心。"《真诰》卷十一陶弘景注，《道藏》第20册，文物出版社、上海书店、天津古籍出版社1988年版，第557页下。

③ 刘仲宇：《道教法术》，上海文化出版社2002年版，第16页。本节有关法术的论述，参考了此书相关论述。

宋道士白玉蟾说："夫老氏之教者，清静为真宗，长生为大道，悟之于象帝之先，达之于混元之始，不可得而名，强目曰道。自一化生，出法度人。法也者，可以盗天地之机，穷鬼神之理，可以助国安民，济生度死。本出乎道，道不可离法，法不可离道。道法相符，可以济世。"① 可见法由道而生，法是手段，道是本体，道、法相符，融为一体，此已是济世思想指导下的道法观念。道教法术的理论原理即在于"道体法用"，《道法会元》卷一《清微大道密旨》开卷即云："道乃法之体，法乃道之用"。②《云笈七签》卷四五《秘要诀法》开篇也阐述了"道"与"术"的关系：

> 道者，虚无之至真也；术者，变化之玄伎也。道无形，因术以济人；人有灵，因修而会道。人能学道，则变化自然。道之要者，深简而易知也；术之秘者，唯符与气、药也。符者，三光之灵文，天真之信也。气者，阴阳之太和，万物之灵爽也。药者，五行之华英，天地之精液也。妙了一事，则无不应矣。③

虚无而难以直观感知、作为至真的道，只有借助变化无穷的法术，才能够济度众生。行法的主体是人，因此以术来体道，关键在人的修道。当人学了道，改造了自己的形质，就自然具备变化的本事。

道士修真成仙，一般隐之深山古林，以求隔绝俗世，清静求道，如此则难免与狼虫虎豹、山精木魅遭遇同处。在葛洪看来，山中遍藏年老成精、幻化人形的木石之怪、山川之精，所以道士入山必有其术，否则会遭到不测："凡为道合药，及避乱隐居者，莫不入山。然不知入山法者，多遇祸害。……山无大小，皆有神灵，山大则神大，山小则神小也，

① （宋）白玉蟾：《道法九要序》，《道法会元》卷一，《道藏》第 28 册，文物出版社、上海书店、天津古籍出版社 1988 年版，第 677 页。

② 《道法会元》卷一，《道藏》第 28 册，文物出版社、上海书店、天津古籍出版社 1988 年版，第 674 页上。

③ （宋）张君房编：《云笈七签》卷四十五，第 2 册，李永晟点校，中华书局 2003 年版，第 1005 页。

入山而无术，必有患害。"① 葛洪提供的入山之术有"升山符"、九寸明镜、《三皇内文》、《五岳真形图》、药、节、印、章、玉策等，乃早期之法术手段。前引《云笈七签》指出道教法术的基本手段，即符、气、药，体现了宋代以前道教法术的部分法术要件，宋代以后伴随外丹术的式微，药的地位降低，对于法术方法更加强调咒、诀、步罡，加上符，成为四个最重要的手段。五代前蜀杜光庭《道教灵验记》中已见端倪，涉及的法术包括符箓、神咒，诀，法器有剑、印等，没有药。② 明代的《灵宝无量度人上经大法》云："夫大法旨要有三局，一则行咒，二则行符，三则行法。咒者，上天之密语也，群真万灵随咒呼召，随气下降。符者，上天之合契也，群真随符摄召下降。法者，主其司局仙曹，自有群真百灵，各效其职。必假符咒，呼之而来，遣之而去，是曰三局。"③ 可见明代道法尤重符咒。道门施法时，还要借助多种法器，作为坛场布置、指挥神将吏兵等之用，比较重要的有剑、印、令牌、旗幡、镜、灵图、法水等，和符箓、咒、诀、步罡、丹药一起构成了道法体系。通过笔记小说和敦煌道教小说可以一窥唐代道教法术的面貌。

一　符箓

符是用墨汁或调制成的丹砂书写于纸、帛等上的屈曲作籀篆及星雷之文的神秘符号，道教宣称符由天地本真的自然之炁结成，是被神灵赋予特殊神力的通灵文字。约成书于隋唐之际的《洞玄灵宝玄门大义》解释说，神符"即龙章凤篆之文，灵迹符书之字是也"④。箓是道箓、法箓、宝箓的简称，亦属道教符书，为道徒之入教凭证与行法依据，分为两种，一种登录道士名录，称登真箓，另一种记载神仙之符图名籍，上列天曹神仙官属名讳，常有符图神像杂写其中，佩之者可以召遣鬼神，驱邪禳灾，护卫己身，一般通称为符箓。箓的来历同样不简单，《正一修真略

---

① 王明：《抱朴子内篇校释》，中华书局 1985 年版，第 299 页。

② 收录于《道藏》第 10 册。《道教灵验记》未有丹药应验的故事，但有仙草药灵验的记载。

③ 《灵宝无量度人上经大法》卷三六，《道藏》第 3 册，文物出版社、上海书店、天津古籍出版社 1988 年版，第 807 页中。

④ 《洞玄灵宝玄门大义》"释名第二"，《道藏》第 24 册，文物出版社、上海书店、天津古籍出版社 1988 年版，第 734 页中。按：原书二十卷，今仅存残本一卷。

仪》云："神符宝箓，其出自然，故于元始赤明浩劫之初，浑茫之际，空中自结飞玄妙气，成龙篆之章，乃元始神尊化灵应气然也。"① 符箓实际是道教的通神工具，它的作用被无限夸大，大凡考召驱邪、治病驱瘟、变化外物，乃至护家捉贼，无不灵验。《太上老君说益算神符妙经》云："神符神符，泄自太无。生天生地，与道卷舒。佩奉之者，厄难消除，得成真道，身升玄都。"② 其文字诡异难识，所以一般掌握在道士手中，懂得书符行符的人就可以召神劾鬼、镇邪扶正。陆修静《太上洞玄灵宝素灵真符》："凡一切符文，皆有文字，但人不解识之，若解读符字者，可以录召万灵，役使百鬼，无所不通也。"③ 唐代道士比较推重符箓之术，高宗武后朝的著名方士明崇俨，以通符箓之术役召鬼神、假神道参与政事见重于高宗，累迁正谏大夫；④ 著名的好道皇帝唐武宗也在其周围收罗了许元长、王琼等符箓之士，还曾鼓动许、王二人与先朝的明崇俨一较高下。⑤ 唐僖宗时，藩帅高骈好符箓之术，南蛮寇西川，高骈选骁锐军士若干，人人背神符一道出战，据说南蛮望风而遁。⑥

　　唐五代笔记小说中宣扬符箓制服鬼神精怪，自神其术的故事颇多，一般以符为多，较少箓。杜光庭《录异记》卷四关于广都县民杨知遇得当地小神盘古三郎护佑引路的故事，是道教的箓在笔记小说中得以反映的一例。故事主要讲述盘古三郎在当地作威作福，远近敬畏，杨知遇曾受正一盟威箓，胆壮过庙门而大喝，神竟奈何不得。⑦ 至于神符降怪除妖的故事，数量甚多。如牛肃《纪闻》之"邢和璞"运用符箓起死回生；⑧

---

① 《正一修真略仪》，《道藏》第 32 册，文物出版社、上海书店、天津古籍出版社 1988 年版，第 175 页中。

② 《太上老君说益算神符妙经》，《道藏》第 11 册，文物出版社、上海书店、天津古籍出版社 1988 年版，第 643 页下。

③ 陆修静：《太上洞玄灵宝素灵真符》，《道藏》第 6 册，文物出版社、上海书店、天津古籍出版社 1988 年版，第 344 页上。

④ 《旧唐书》卷一九一《明崇俨传》，中华书局 1975 年版，第 5097 页。

⑤ 《列仙谭录·唐武宗朝术士》，《太平广记》卷七四引，第 2 册，中华书局 1961 年版，第 466—477 页。

⑥ （五代）孙光宪：《北梦琐言》"高太尉骈请留蛮宰相事"，贾二强点校，中华书局 2002 年版，第 235 页。《太平广记》卷一九○引题作"南蛮"，第 4 册，中华书局 1961 年版，第 1422 页。

⑦ 杜光庭：《录异记》卷四，《唐五代笔记小说大观》，上海古籍出版社 2000 年版，第 1527 页。

⑧ 《太平广记》卷二六，第 1 册，中华书局 1961 年版，第 174—175 页。

段成式《酉阳杂俎》卷八记扬州女道士康紫霞自言少时梦中被召，天符令其摄将军位巡视南岳，接受南岳神的马前迎拜等。[①] 在戴孚《广异记》之"赵参军妻"中，赵州卢参军罢官回京，其妻于五月五日赴市购求续命物，临出门忽暴心痛而卒，参军急往哭求正谏大夫明崇俨，明崇俨告诉他此乃泰山三郎所为，并授符三通，令次第焚之。卢参军如言累烧三符，其妻遂活，并道出个中原委：原来好色的泰山三郎看中卢妻色美，欲行霸占，所以无端夺了她的性命。小说从卢妻的视角叙述了她被召至泰山后所看到的情形：执行符令的上利功曹和直符使者先后前来责问泰山三郎，令其速将卢妻送还，三郎的态度虽由先前的强硬恶劣转为缓和，但并未丝毫让步，直至两使者携太一直符而至，摧毁了他的老巢，夺回卢妻。[②]"河东县尉妻"讲述的是河东南县尉李某之妻王氏被华山府君攘取后，行符者先后书墨符和朱符各一通，解救了王氏，这里朱符的神力强于墨符。[③] 华山神和泰山神的三公子虽是名义上的岳神，实则可能是巧取豪夺、淫人妻女的唐代土豪官绅的化身，道教通过神符制服豪强这样的说教，使下层士民在面对险恶的官场和残酷的社会现实时，仍然能够寄予善意的期待。同样的故事在敦煌变文《叶净能诗》中被敷衍得更加形象生动：唐玄宗时的著名道士叶净能，行至华阴县，有常州无锡县令张某，偕同夫人，奠祭华岳神求福，其妻忽被岳神娶为三夫人，夜半三更而亡。县令不知，哭天抢地，悲切异常。叶净能问明原委，知乃岳神所为，遂担保助张令夺回其妻。小说写道：

> 净能遂取笔书一道黑符，吹向空中，化为着黑衣神人，疾速如云，即到岳神庙前。门人一见，走报岳神云："太一使至。"岳神便屈，使人直入殿前，言："太一传语，因何辄娶他生人妇，离他夫妇，失其恩爱？"岳神启使人曰："皆奉天曹远配，与之作第三夫人，

---

① （唐）段成式：《酉阳杂俎》卷八，《唐五代笔记小说大观》，上海古籍出版社 2000 年版，第 618 页。

② （唐）戴孚：《广异记》，方诗铭辑校《冥报记》、《广异记》合刊，中华书局 1992 年版，第 47—48 页。

③ 同上书，第 49 页。

非关太一之事。乃使回，但依此谘报。"使人唱喏，劣时却回。具依岳神言语谘说。净能作色愠然。又取朱笔书符，吹向空中，化作一使人，身着朱衣，顷刻之间使至。岳神趋走下殿，祗对使人。使人曰："不当取他生人妇为妻，太一极怒。今取张令妻何处？"岳神启言使人曰："岂敢专擅取他生人妇为妻，皆奉天曹匹配，伏惟使者照其谘说，即为恩幸。"使人曰："莫为此女人损着府君性命，累及天曹！"岳神曰："伏维太使，善为分疏，终不敢相负。"使人回至店中见净能，具传岳神言语，云皆奉天曹匹配，为定三夫人，非敢专擅。净能闻说，作色重容，怒使使人曰："大不了事！"嘬在一边，又取雄黄及二尺白练绢，画道符吹向空中，化为一大将军。身穿金甲，障上兜鍪，身长一丈，腰阔数围。乃拔一剑，大叫如雷，双目赫然，犹如电掣。展转之间，便至岳神庙前。其时张令妻正拜堂次，使者高声作色，"咄！这府君，因何取他生人妇为妻，太使极怒，令我取你头来！"都不容岳神分疏，拔剑上殿，便拟斩岳神。岳神见使者上殿，忙惧不已，莫知为计，劣时便走。诸亲向前，哀祈下拜，使但令将张令妻去，亲情请回报府君，不用留此女人，致他太一嗔怒。岳神自趋走下殿，长跪设拜，哀祈使者。劣时却领张令妻归衣于店内，不经时向中间，张令妻即再苏息。报言夫："我在岳神前拜堂之次，忽有一将军，身穿金甲，障上兜鍪，拔剑上殿，拟斩岳神；岳神怕他，而乃放妾却回。"张令见妻所说，喜悦自胜，遂与妻同礼谢净能，启言："尊师救得妻子再活，恩重岳山，未委将何酬答？"张令遂于笈中取绢廿疋上尊师。张令曰："唯置得此绢，未免贫自孤遗。令身与妻子，即合永为奴仆，以谢恩私，伏望尊师，特收薄礼。"净能曰："道之法门，不将致物为念，不求色欲之心，不贪荣贵，唯救世间人疾病，即是法门。以长官夫妇情深，净能遂救其性命，但劣赴任，将绢以充前程，无使再三。净能西到长安，自有财帛。"妻遂拜辞净能。[①]

---

① 王重民等编：《敦煌变文集》，人民文学出版社 1957 年版，第 216—218 页。此处系据编者校订成果直录。

与《广异记》"赵参军妻"和"河东县尉妻"相较，《叶净能诗》无论故事情节的生动性、人物描写的形象性、语言的个性化均胜出几筹。净能所行三道符，一为黑符，化为黑衣神人；次为朱符，化为朱衣神人；第三符最为神威，用雄黄及二尺白练绢书就，化为身长一丈、腰阔数围、手持法剑的金甲大将军，终于制服了岳神，这里的雄黄和法剑在道教法术体系中是很重要的施法手段。敦煌变文是用来讲唱的，《叶净能诗》敷衍出这样一个神符战胜岳神的故事，显示了唐人对道教符箓神力的迷信。值得注意的是，《叶净能诗》的神仙救世思想较为突出，叶净能说"唯救世间人疾病，即是法门"，显然受到了佛教的影响。在唐人小说中，作恶多端的岳神及其眷属，有时也是符箓召请的重要神将，如《广异记》"长孙无忌"，无忌的美人被狐所魅，相州崔参军书符一道，召来五岳神，制服妖狐。[1] 这种自相矛盾的现象，实则揭示了不同宗教文化的对立与融合。作为恶神形象的岳神及其眷属，本为宗法性传统宗教和民间信仰的神灵，道教为自神其术，自然要拿它们来试验符箓的威力；而作为神将被符箓驱遣的五岳神，则是进入道教神系的五岳帝君，这是两者的不同之处。另一方面，这说明《广异记》中的故事，可能出自不同讲述者之口，不是戴孚个人的创作。

二　咒术

咒又称神咒、秘咒、神祝，是用来对付敌害，护身辟邪的神秘语言，也是通灵致神的手段。咒源于原始巫术，并在其中占据重要地位，我国先秦典籍中就有施行咒语的记载，如传说出自尧时伊耆氏的蜡辞："土反其宅，水归其壑。昆虫毋作，草木归其泽。"[2] 祝是咒的早期形式，《尚书·无逸》周公曰："民否则厥心违怨，否则厥口诅祝。"孔颖达疏："诅祝，谓告神明令加殃咎也。以言告神谓之祝，请神加殃谓之诅。"[3] 可见咒语

---

① （唐）戴孚：《广异记》，方诗铭辑校《冥报记》、《广异记》合刊，中华书局1992年版，第195—196页。

② 参见《礼记正义》卷二六《郊特牲》，《十三经注疏》，上海古籍出版社1997年版，第1454页上。

③ 《尚书正义》卷一六，《十三经注疏》，上海古籍出版社1997年版，第222页下。

可分为娱神的祝词和害人的诅词。后来用"祝"指称祭祀时的祭主,《说文》:"祝,祭主,赞辞者。"诅即我们后世所言的咒语。

咒术并不是道教所特有的现象,原始宗教、佛教尤其是密宗、乃至宗法性传统宗教均有咒术内容,所不同者在于咒法在本教教法修持中的地位。宗法性传统宗教建立以后,咒术主要用于治病和祭祀仪式,地位、作用有所下降,性质有所变化,但其影响依然存在。在王朝的正式官制中,有掌咒禁祓除的咒禁博士,隶太医署。《新唐书·百官志三》:"太医署……咒禁博士一人,从九品下。掌教咒禁祓除为厉者,斋戒以受焉。"①可见宗法传统宗教的咒禁远不如道教那么应用广泛。

咒语的威力,被道徒夸大到无以复加的地步。如《太上正一咒鬼经》:"吾含天地炁,咒毒杀鬼方,咒金金自销,咒木木自折,咒水水自竭,咒火火自灭,咒山山自崩,咒石石自裂,咒神神自缚,咒鬼鬼自杀,咒祷祷自断,咒痈痈自决,咒毒毒自散,咒诅诅自灭。"②在这里咒语几乎成为无所不能、战无不胜的利器,除能驱神杀鬼、断金折木、消弭水火、治病疗疾外,还有破除旨在加害于人的诅咒的能耐,即以咒破咒。《弘明集》卷八《辨惑论》所引一则流行于南北朝的道教咒语,则反映了咒语的另一种功能:"咒曰:天道毕,三五成,日月明,出窈窕,入冥冥,气入真,气通神,气布道。气行奸邪鬼贼皆消亡,视我者盲,听我者聋。敢有谋图我者,反受其殃,我吉而彼凶。……"③这则咒语的施行和行气相结合,所以又叫禁咒、气禁,用来反制加害者,其基本原理是"接触法则",念起咒来,敌人的加害法反诸其身,有点黑巫术的味道。咒术在道教法术体系中,不及符箓应用广泛,但仍是道教法术中不可或缺的要件,和符、诀、步罡、法器的使用紧密结合,共同完成法术的施行。唐末道士杜光庭《神仙感遇传》中一则故事,讲述太上道君(即太上老君)授《神化》、《神咒》二经于西晋末道士王纂,令其拯救万民,

---

① 《新唐书》卷四八,中华书局 1975 年版,第 1245 页。

② 《太上正一咒鬼经》,《道藏》第 28 册,文物出版社、上海书店、天津古籍出版社 1988 年版,第 368 页上。

③ 释玄光:《辨惑论》,(梁)僧祐《弘明集》卷八,《弘明集》、《广弘明集》合刊,上海古籍出版社 1991 年影印版,第 49 页下。

济困除厄，纂按经品斋科，行于江表，疫毒镇弭，生灵又康。[①] 唐裴铏《传奇》之"邓甲"，邓甲师从茅山道士峭岩学得禁天地蛇术，归途中适遇会稽宰遭毒蛇螫足，遂于桑林之中结坛禁蛇，飞符召十里之内蛇几万条而至，"甲乃跣足攀缘上其蛇堆之上，以青篆敲四大蛇脑曰：'遣汝作五主，掌界内之蛇，焉得使毒害人？是者即住，非者即去。'"众蛇崩退，余一尺余长土色小蛇，邓甲叱其收毒，只见"如有物促之，只可长数寸耳，有膏流出其背"，小蛇不得已张口向疮吸之，会稽宰痊愈，小蛇皮裂化为水。[②] 邓甲到底念了什么咒语，不得而知，根据流传下来的道书看，咒语一般是诗体语言，末尾以"如律令"、"急急如律令"、"太上老君急急如律令"等收尾，试观戴孚《广异记》"薛义"故事：

> 秘省校书河东薛义，其妹夫崔秘者，为桐庐尉。义与叔母韦氏为客在秘家。久之，遇痁疾，数月，绵辍几死。韦氏深忧，夜梦神人白衣冠袷单衣。韦氏因合掌致敬，求理义病。神人曰："此久不治，便成勃疟，则不可治矣。"因以二符兼咒授韦氏，咒曰："勃疟勃疟，四山之神，使我来缚，六丁使者，五道将军，收汝精气，摄汝神魂。速去速去，免逢此人，急急如律令。"但疾发即诵之，及持符，其疾便愈。是时，韦氏少女年七岁，亦患痁疾，旁见一物，状如黑犬而虻毛。神云："此正病汝者，可急擒杀之，汝疾必愈。不尔，汝家二小婢亦当患疟。"韦氏梦中杀犬。及觉，传咒于义，义至心持之，疾遂愈。[③]

韦氏神咒为神人梦中所授，是为了强调其来历不凡，使用四言诗体语言便于记诵并能创造一种神秘气氛。"如律令"是汉代诏书和檄文的格式用语，意指按法令严格执行，无可容贷，后被民间巫师吸收，用来行法，

---

① 《太平广记》卷十五引，第 1 册，中华书局 1961 年版，第 103—104 页。
② （唐）裴铏：《传奇》，《唐五代笔记小说大观》，上海古籍出版社 2000 年版，第 1148 页。
③ （唐）戴孚：《广异记》，方诗铭辑校《冥报记》、《广异记》合刊，中华书局 1992 年版，第 39—40 页。

脱胎于巫觋的道教自然继承了这一形式。[①] 存想通灵是道教法术行持的基本原理，法师通过存思想象与其所召唤、皈依的神灵达到人神合一的境界，就道士而言这种宗教体验是真切的，神仙世界也是真实的，这是一种独特的宗教心理现象。所谓的六丁使者和五道将军是道教召请和役使的神将，[②] 是想象中执行法术的神灵，他们的对手也是具有邪术和破坏力的各种丑恶的精怪形象，如上述故事中的痁疾被想象成了长蚝毛的黑犬样的动物。离开存想，道术只余一副空壳，其神秘性也不复存在。[③]

值得注意的是，道教的咒禁之术并非神验无比，屡试不爽，唐代小说中道士行法无验的故事亦不少。《广异记》"长孙甲"：

> 唐坊州中部县令长孙甲者，其家笃信佛道。异日斋次，举家见文殊菩萨，乘五色云从日边下。须臾，至斋所簷际，凝然不动，合家敬礼恳至，久之乃下。其家前后供养数十日，唯其子心疑之，入京求道士为设禁，遂击杀狐。令家奉马一匹，钱五十千。后数十日，复有菩萨乘云来到，家人敬礼如故，其子复延道上，禁咒如前。尽十余日，菩萨问道士："法术如何？"答曰："已尽。"菩萨云："当决一顿。"因问道士："汝读道经，知有狐刚子否？"答云："知之。"菩萨云："狐刚子者，即我是也。我得仙来，已三万岁。汝为道士，当修清净，何事杀生？且我子孙，为汝所杀，宁宜活汝耶？"因杖道士一百毕，谓令曰："子孙无状，至相劳扰，惭愧何言！当令君永无灾横，以此相报。"顾谓道士："可即还他马及钱也。"言讫飞去。[④]

---

① 刘仲宇：《道教法术》，上海文化出版社2002年版，第179页。

② 贾二强先生考证，五道将军本是佛教尊神，隶属阎罗王掌管生死，参见贾二强《唐宋民间信仰》，福建人民出版社2002年版，第339—346页。

③ 《太平广记》卷二八九引陆长源《辨疑志》一则故事形象说明了存想在道教法术中的重要性："华山道士明思远，勤修道箓三十余年。常教人'金水分形之法'，并闭气存思，师事甚众。永泰中，华州虎暴。思远告人云：'虎不足畏，但闭气存思，令十指头各出一狮子，但使向前，虎即去。'思远兼与人同行，欲暮，于谷口行逢虎。其伴惊惧散去，唯思远端然，闭气存思，俄然为虎所食。其徒明日于谷口相寻，但见松萝及双履耳。"（《明思远》陆长源撰《辨疑志》三卷，其意在于"辨世俗流传之谬"。（《中兴馆阁书目》语）这个故事虽在揭露道士存思的愚妄，但从侧面说明，道教法术的基本原理即是存思通神。

④ （唐）戴孚：《广异记》，方诗铭辑校《冥报记》、《广异记》合刊，中华书局1992年版，第214—215页。

狐刚子显然是一个义狐，对以禁咒之术杀害同类的道士进行了戏剧性的调弄和羞辱，揭穿了道士以法术骗取财物的行为，颇有侠义色彩。同类故事还有《广异记》"韦明府"、《仙传拾遗》之"张殖"等。①

道教法术可用秽物破解，杜光庭《道教灵验记》卷十"王道珂天蓬咒验"云：唐僖宗时成都双流人王道珂，常以卜筮符咒为业，善诵天蓬咒，其城郭东门外白马将军庙，有妖狐作怪，浸成淫祀，道珂每次醉酒，均乘酒兴入庙诵天蓬咒一通，妖怪寂然。一日，道珂随一担蒜村人赴市，路过庙门，忽然倒地，被数头野狐拖进庙堂一番羞辱。原来蒜是秽物，神兵远之，不能护卫道珂之身，故遇此厄。②秽物破解法术的观念无疑来源于巫术思维，已见前述。

三　步罡踏斗

道教的步罡踏斗指道士在行法中施行的一种似行似舞的步伐，又称步罡蹑纪。步即禹步，据说是大禹的发明；③罡指魁罡，是河魁与天罡两星的合称，斗指北斗，均为星名，所以踏罡步斗是禹步与星斗崇拜相融合的产物。道家法术的施行，有一套自成体系的宇宙论以及在此基础上构造的宇宙模型为背景，踏罡步斗时，法师将九重之天凝想在铺设了罡图的十尺见方土地上，脚穿云鞋，随着道曲，按斗宿之象、九宫八卦之图步之，以为这样就可以摆脱五行相生相克的制约，神飞九天，上章天庭，获得禁制鬼神、破地召雷的神力。④其基本原理正是"模拟法则"，步罡飞步九天，重在模拟天象，认为浓缩了的天庭图景与真实的天庭无

---

①　"韦明府"，参见（唐）戴孚《广异记》，方诗铭辑校《冥报记》、《广异记》合刊，中华书局1992年版，第206—207页。"张殖"，见《太平广记》卷二四，第1册，中华书局1961年版，第161—162页。

②　杜光庭：《道教灵验记》卷十，《道藏》第10册，文物出版社、上海书店、天津古籍出版社1988年版，第835页。

③　《荀子》说："今羽士作法，步魁罡，即谓禹步也。"《洞神八帝元变经·禹步致灵》记载禹步来源说：相传大禹治水时，至南海之滨，见有鸟禁咒，能令大石翻动，而鸟禁咒时必踩出奇异步伐，大禹遂模仿之，运用于治水之方术。由于此术很灵验，又是大禹模仿创作，人们就称之为禹步。《道藏》第28册，文物出版社、上海书店、天津古籍出版社1988年版，第398页上。葛洪《抱朴子·登涉》所言道士入山所行"三五之法"即是踏罡步斗。

④　参见刘仲宇《道教法术》，上海文化出版社2002年版，第49—50页。

有不同，所以步罡驱邪制鬼是以获得了天庭神威的宗教心理为支撑的。据《洞神八帝元变经》，踏罡步斗在法术的行持中非常重要，乃"万术之根源，玄机之要旨"。① 道法系统中复杂的步罡之法在唐五代小说中虽有涉及，但极为简略，往往配合其他法术使用。五代道教小说《女仙传》之"樊夫人"故事中，樊夫人道术高超，升仙后降临人间，托名为湘媪救疾于闾里，多有神验。一日洞庭湖上有一巨船遇风暴触岛损毁，举船之人于岛上避难之时杀食一巨型白鼋，次日有城如雪，围绕岛上，并且逐渐缩小，百余人即将化为齑粉，情急之中前来救难的湘媪赶到，"攘剑步罡，喷水飞剑而刺之，白城一声如霹雳，城遂崩。乃一大白鼋，长十余丈，蜿蜒而毙，剑立其胸。遂救百余人之性命。"② 段成式《酉阳杂俎》卷二《玉格》载，晋时江东毒蛇成灾，道士吴猛欲除之，经过考验，他选择了弟子许谨阳与他一同行事，"及遇巨蛇，吴年衰，力不能制，许遂禹步救剑，登其首斩之"。③ 小说对步罡的描写很简略，具体情形只能从道书之中窥其一二。不过，这也说明在道教盛行的唐代，步罡作为常见法术，已熔铸了唐人的社会生活中，在诗歌中也有反映，如唐元稹《开元观闲居酬吴士矩侍御三十韵》："禹步星纲动，焚符灶鬼詹。"④ 这是步罡与符箓结合的例子。

同样，行踏罡步斗之术而不验的事件也经常发生，《太平广记》卷二八九引陆长源《辨疑志》：

> 李长源常服气导引，并学禹步方术之事，凡数十年。自谓得灵精妙，而道已成，远近辈亲敬师者甚多。洪州昼日火发，风猛焰烈，从北来。家人等狼狈，欲拆屋倒篱，以断其势。长源止之，遂上屋禹步禁咒。俄然火来转盛，长源高声诵咒，遂有迸火飞焰，先著长源身，遂堕于屋下。所居之室，烧荡尽。器用服玩，无复孑遗。其

① 《洞神八帝元变经·禹步致灵》，《道藏》第 28 册，文物出版社、上海书店、天津古籍出版社 1988 年版，第 398 页上。

② 《太平广记》卷六十引，第 2 册，中华书局 1961 年版，第 372—374 页。

③ 段成式：《酉阳杂俎》卷二，《唐五代笔记小说大观》，上海古籍出版社 2000 年版，第572 页。

④ 《全唐诗》卷四百五，第 12 册，中华书局 1960 年版，第 4518 页。

余图箓持咒之具，悉为灰烬。(《李长源》)[1]

李长源仗着数十余年的"道行"，自以为法力无边，足可灭火，却落得如此狼狈，可见其对法术的"神力"已狂热到执迷不悟的地步。

在道教法术的行持中，与步罡踏斗同样属于形体动作的法术还有掐诀，又称握诀、捻诀、手诀、神诀等，简称为诀，指在手掌和手指上掐某些部位或手指间结合成某些固定姿势，起到通幽洞微、召御鬼神的作用。诀目各有名称，大多称某某诀，如本师诀、玉清诀，也有称手印或印的，少数称局，如雷局。从诀目的性质来看，它是依据"交感原理"构造的象征体系，每种诀目都有相应的象征意义，如北帝诀象征北极紫微大帝降临，金桥诀象征接引亡魂升天的金桥，雷局象征天雷，被象征物对鬼神外物具有强大的感应强制功能，从而达到控制驱遣的目的。掐诀和步罡是道教行法时的形体动作，往往与发符、念咒等配合使用，共同构成完整的行法过程。据刘仲宇先生研究，诀法与步罡踏斗一样古老，[2]但在唐代笔记小说中的表现非常有限，个中缘由盖与其不及符咒应用广泛有关。

四　药

药也是道教重要的法术手段，有草木药和金石药，与由金石炼制的金丹统称为丹药。段成式《酉阳杂俎》提到的仙药有钟山白胶、沧浪青钱、火枣交梨等几十种。[3]采药与合药是道士追求长生成仙的重要修行方式，也是古代文学作品描写的重要主题。《山海经》中就有"不死之药"的记载，表明远古时人们已开始相信世间存在能令人长生不死的药物。战国秦汉时燕齐一代的方士宣扬东海中有蓬莱、方丈、瀛洲三神山，"诸仙人及不死之药皆在焉"，成为齐威王、齐宣王、燕昭王、秦始皇、汉武帝

---

① 《太平广记》卷二八九引《辨疑志》第6册，中华书局1961年版，第2298—2299页。
② 刘仲宇：《道教法术》，上海文化出版社2002年版，第191页。
③ 段成式：《酉阳杂俎》卷二，《唐五代笔记小说大观》，上海古籍出版社2000年版，第568页。

等多次派人入海采药的直接动因。①

道教服药，是为了断除人体因服食五谷而浸润的混浊之气，颐神保命，驻寿延年，乃至返老还童，长生不老，甚或飞步仙庭。《洞神八帝元变经》云：

> 药之为用，广矣大矣，然则含灵通识，莫不资之，所以存身。故还丹玉液，神仙之秘道，异草灵芝，养生之要路。故药者，可谓流形之命，圣达之心，语其功也，或能兴云致雨，愈疾通神，威虎辟兵，禳灾厌盗；或明人耳目，或移人性灵。故金朱增年，银屑益寿，石膏发汗，大戟必泻，麻黄见鬼，莨菪拾针，此乃药性殊能，无所不致。斯则与覆载侔功，四时齐变，功庸无尽，难得而称焉。②

可见，药除养生功能外，还可治病驱邪、消灾远祸，无所不能，与符箓和咒语比较，虽功能稍次，但其法术功能的发挥，同样是建立在神灵信仰的基础上的。唐代炼制丹药，颇成风气，一些道士亦以"点石成金"、善合长生之药等秘术见贵于豪门，如太宗时的张道鹤、高宗时的刘道和、玄宗时的张果、宪宗时的柳泌、武宗时的赵归真等，均是著名的例子。张读《宣室志》卷五载，兰陵萧逸人举进士不第，遂隐居学神仙之道。起初行辟谷服气之术，冀延其寿。然积十年余，发尽白，色枯而背偻，齿有堕者，逸人大怒："吾弃声利，隐身田野间，绝食吸气，冀得长生。今亦衰瘠如是，岂我之心哉？"遂弃仙从商。后修葺园屋，掘地得一物，肥润微红，逸人大恐，以为太岁，遂烹而食之。自是耳聪目明，齿发重生，神气清悟。后得一道士相告，所食乃灵芝，食者可与龟鹤齐寿，神仙可致。萧逸人放弃服气长生的修炼，最后却因服食仙药而返老还童，这正是唐代道教的特点，即不再坚持六朝道教的服食辟谷以求长生的理论。又《宣室志》卷八载，好神仙的吴郡蒋生有眼不识真

---

① 《史记》卷二八《封禅书》，中华书局 1959 年版，第 1369—1370 页。

② 《洞神八帝元变经》"饵药通神第六"，《道藏》第 28 册，文物出版社、上海书店、天津古籍出版社 1988 年版，第 399 页下—400 页上。

仙，错过向章全素学习烧炼金丹仙术的机会，则是宣扬饵金石药可长生的例子。[①]

五 法器

道教法术的行持，常使用种类繁多的法器，主要有剑、镜、杖、印、令牌、天蓬尺、铃、钟及各种灵图。[②]法器上面往往刻绘有各种神秘符文，取法天地，象征神力，这是法器被认为具有灵性的重要原因。杜光庭《道教灵验记》提到的灵验法器有天师剑、黄神越章印、天蓬印等。约成书于北宋天圣五年（1019）的《云笈七签》，其卷四十八《秘要诀法》记载的道教法器主要有宝镜、神杖、神枕、明灯等。

不同的法器在道教的发展历程中是陆续出现的，在各个时代的重要程度亦有差别。大致而言，令牌创自北宋末以后，剑、印等在东汉正一盟威道时已经使用，在唐代道法中的地位依然重要，但其威力稍逊于镜。镜的起源较早，商代已经出现了中国最早的铜镜，其作为道教法器，大约东汉时已开始使用，葛洪《抱朴子·登涉》云："古之入山道士，皆以明镜径九寸以上，悬于背后，则老魅不敢近人。"[③]镜的主要功能在于能使精魅现出真形，葛洪说：

> 万物之老者，其精悉能假托人形，或眩惑人目而常试人，唯不能于镜中易其真形耳。……或有来试人者，则当顾视镜中，其是仙人及山中好神者，顾镜中故如人形。若是鸟兽邪魅，则其形貌皆见镜中矣。又老魅若来，其去必却行，行可转镜对之，其后而视之，若是老魅者，必无踵也，其有踵者，则山神也。[④]

---

① （唐）张读：《宣室志》卷五、卷八，《唐五代笔记小说大观》，上海古籍出版社 2000 年版，第 1021—1022、1054—1055 页。

② 关于法剑，参见张泽洪《道教的法剑》，载《中国道教》2002 年第 3 期。

③ （东汉）王充《论衡·订鬼》已有"物老成精"的思想："鬼者老物精也。夫物之老者，其精为人；亦有未老，性能变化，象人之形。"黄晖：《论衡校释》卷二十二，中华书局 1990 年版，第 934—935 页。

④ 王明：《抱朴子内篇校释》卷十七，中华书局 1985 年版，第 300 页。

"物老成精"是《抱朴子内篇》的重要思想，千奇百怪的精怪鬼魅是道教法术对治的主要对象。当然，葛洪所言几种鬼魅现形的情形均为无稽之谈，但对文学作品的影响却是现实存在的。后世的神怪小说如《西游记》、《封神演义》中"照妖镜"即起源于此，清曹雪芹《红楼梦》中的风月宝鉴也是道教法器镜的一种。李商隐诗云："我闻照妖镜，及与神剑锋。寓身会有地，不为凡物蒙。"① 说明诗人们对"照妖镜"的威力和传说还是了解的。李商隐说照妖镜的威力比得上神剑，实际上在唐代小说中法镜的威力大于神剑。初唐王度传奇《古镜记》以自叙体讲述了一枚古镜降妖除魔的传奇经历：王度从隋汾阳侯生处得一宝镜，其友人薛侠亦获一神剑，两人相约一较法力，将剑、镜同置一室，结果宝镜吐光明照一室，而神剑却无复光彩，于是侠叹曰："天下神物，亦有相伏之理也。"② 隋唐五代道教法镜较之葛洪的时代法力更强，不仅可以使精魅现形，而且赋予了直接击杀的神威。《古镜记》中经宝镜临照的侍婢鹦鹉、芮城蛇妖、嵩山山公、毛生均现出原形受创而死。

道教的法器常常与其他法器及符咒步罡等法术配合使用，如剑与咒语配合形成所谓的剑咒，《道法会元》卷一五四"敕剑咒"曰："日间剑光照吾体，夜间剑光照吾身。天神闻之低头入，地神闻之鞠躬行。应是天魔外道，邪鬼神祇，妖孽怪物之类，急速潜藏，头破脑裂，急急如混元上帝律令！"③

六 炼养术

炼养术亦属于法术，道教的炼养术非常繁杂，较为人所熟知的除上文提到的服食方药，还有辟谷、房中术、内丹及各类气法，是唐五代小说描写的一大门类。辟谷即在一定时间内乃至长期不食蔬谷和烟火食，

---

① 《李肱所遗画松诗书两纸得四十韵》，刘学锴、余恕诚《李商隐诗歌集解》，第 1 册，中华书局 1998 年版，第 144 页。

② 汪辟疆：《唐人小说》，上海古典文学出版社 1955 年版，第 4—5 页。这篇作品历来作为唐代小说的优秀作品传奇看待，实际上就是道教的辅教小说，艺术水平也不甚高。

③ 《道藏》第 29 册，文物出版社、上海书店、天津古籍出版社 1988 年版，第 809 页下。

往往与"食气"相结合；房中术则将性生活引入修行，认为可以去秽存真，长生成仙，后者因为违背儒家伦理规范，常为正统观念所攻击。① 内丹是将外丹原理转入体内修行，不再借助于金石丹药，而是强调以精气神为"药物"，以身体为"炉鼎"的修炼方法。

炼气（炁）是道教重要的炼养方法，通过存想、导引之法，积累精气神以养寿成真。《云笈七签》引天台白云撰《服气精义论序》云："夫气者，道之几微也。几而动之，微而用之，乃生一焉！……登仙之法，所学多途，至妙之旨，其归一揆。……若乃为之速效，专之尅成，与虚无合其道，与神灵合其德者，岂唯气乎！"《云笈七签》引《太清导引养生经》还有一个"神气养形说"，认为气为神之母，神为气之子，神气双修、守中抱一可以养形，主张"心游于恬淡，饮漱于玄泉，胎息于无味，则神光内照，五气生灵，自然有紫烟上浮，五彩交映"，这才是所谓的"真仙之术"。② 法术中炼气的目的不是改造自己的身体，而是以之招致神将，或达到与神合一的境地。因为符箓、咒语等法术的执行要由神将来完成，神将主要通过存想行气招致，所以气是法师法力的源泉，没有以行气为基础的法术，是不成功的。如唐末祖舒创立的清微派的"清微丹法"，即强调内炼与符箓融合，创立于北宋末的神霄派，所传"神霄雷法"也主张以内炼为本，外用符箓为末，该派宗师王文卿论及行气与道法的关系时说："道贯三才，为一气耳。……道法以气而感通……倘中无所主，气散神昏，行持之际，徒以符咒为灵，侥幸于万一，吾见其不得也矣。"③

道教还从自然界的龟、蛤蟆、鳖等动物的形体和生活习性中接受启

---

① 道教经过寇谦之、张万福等人的清整后，房中术被剔除出道法体系，而且房中术的再兴与内丹道有密切关系，所以在尚重外丹的唐代，小说中表现出的相关内容较少。《太平广记》卷二八五引牛肃《纪闻》之"北山道者"、引郑綮《开天传信记》之"东明观道士"、卷二八七引五代王仁裕《王氏见闻集》之"青城道士"等即是不多的几例。

② 分别参见张君房编《云笈七签》卷五十七"诸家气法"，李永晟点校，中华书局 2003 年版，第 1243—1244 页；卷三十四"杂修摄"，第 771—772 页。

③ 《道法会元》卷一，《道藏》第 28 册，文物出版社、上海书店、天津古籍出版社 1988 年版，第 675 页上。

发，创造了所谓的"虾蟆龟鳖等气法"。① 虾蟆是蛙和蟾蜍的统称，与龟、鳖等均为水陆两栖，大概道教徒认为这些动物不食五谷血肉，呼吸天地日月之精气，能够长生不死，故而模仿他们的形态创立了相应的炼气之法，龟因为寿命较长，还被当成道教灵物。魏晋六朝流行的说法是"食草者善走而愚，食肉者多力而悍，食谷者智而不寿，食气者神明不死"。葛洪主张辟谷食气应该在特殊情况下，配合其他方法使用，反对急断，所以认为这种说法是"一家之偏说"。② 尽管如此，这种说法作为一种普遍认识，依然比较流行，亦是小说描写的重要题材。魏晋六朝以服气养生为题材的小说尤多，也形成了固定的故事模式：堕坑（墓）—被救生还—追述坑中经历（曾仿某物服气）—验证是龟（蛤蟆等）。如南朝宋刘义庆《幽明录》故事一则：

> 汉末大乱，颍川有人将避地他郡。有女七八岁，不能涉远，势不两全。道边有古冢穿败，以绳系女下之。经年余还，于冢寻觅，欲更殡葬。忽见女尚存，父大惊，问女得活意，女云："冢中有一物，于晨暮徐辄伸头翕气，为试效之，果觉不复饥渴。"家人于冢寻索此物，乃是大龟。③

此类描写在魏晋六朝笔记小说中比比皆是，其目的在于为道教的服气辟谷之术张目，并将其作用夸大，实则是葛洪所批评的"偏说"，但却是六朝道教养生术的实际状况。逮至隋唐，外丹术重要性凸显，服药炼丹之风转盛，效龟鳖之服气法淡出。唐代小说中通过服气成仙的例子很少，这与唐代神仙观念的变化不无关系。前文所引张读《宣室志》卷五萧逸

---

① 《云笈七签》卷三十四"杂修摄"引《太清导引养生经》，李永晟点校，中华书局2003年版，第752—758页。如龟鳖行气法：以衣覆口鼻，不息九通，正卧，微微鼻出内气，愈鼻塞不通。反两手据膝上，仰头像鳖取气，致元气至丹田，治腰脊不知痛。手大拇指急捻鼻孔不息，即气上行至泥丸脑中，令阴阳从数至不倦。以左手急捉发，右手项中，所谓血脉气各流其根。闭巨阳之气，使阴不溢信明，皆利阴阳之道也。
② 葛洪：《抱朴子·杂应》引，王明《抱朴子内篇校释》卷十五，中华书局1985年版，第266页。
③ （南朝宋）刘义庆：《幽明录》，《汉魏六朝笔记小说大观》，上海古籍出版社1999年版，第699页。

人对服气的怀疑，说明了这一问题。至五代修仙观念发生演变，内外丹兼修，反映在小说中的炼养观念亦有所变化。前蜀杜光庭《仙传拾遗》"卢殖"假道士姜玄辨之口云：

> 术之与道，相须而行。道非术无以自致，术非道无以延长。若得术而不得道，亦如欲适万里而足不行也。术者虽万端隐见，未除死篆。固当栖心妙域，注念丹华，立功以助其外，炼魄以存其内，内外齐一，然后可适道，可以长存也。①

"立功以助其外，炼魄以存其内"即内外丹兼修。这段话可看作道教道法理论的精要，准确概括了"大道"与"法术"、"法术"与"长生成仙"的关系。道、法关系前文有述，杜光庭的创新在于主张要达到修仙成真、长生不死的境界，必须内炼心神、外修法术，这也是实现道教终极追求——大道的必由之路。

小　结

唐代道教的空前繁荣，源于李唐王朝的政治利用和官僚士绅的推波助澜，也得力于其在长达数百年的发展中，所进行的一系列清整与改造活动。宗教清整运动剔除了教义和组织制度中原始落后的成分，而建立在传统宗教文化基础上的多源共生性，则使其获得了得天独厚的发展机遇，一步步从民间走向庙堂，奠定了其在唐代的国教地位。

道教利用李唐借老子以自重的历史机遇，将它的宗教触角伸向了社会生活的各个角落，进一步刺激了求仙修道的社会风习，文学作品中充斥着大量描写。关注现世幸福的功利主义态度，使唐代的符箓道派得到了较大的发展，作为其核心知识与技术的法术体系，衍生出了形形色色的神奇故事，也成为唐代笔记小说表现的一大门类。

道教法术论其要旨，可以分为控制自身变化的修仙、通灵术和控制鬼神外物变化的驱鬼役神术两大类。法术的行持，是为了赋予修道者以

---

① 《太平广记》卷二十四，第 1 册，中华书局 1961 年版，第 162 页。

超自然的神力，解决现实世界与人生理想的矛盾和冲突，弥补现实的缺陷，满足人类征服自然、控制乃至改变生老病死、解脱生死流转进程的心理渴求。道教将法术的神力极度拔高，涉及问题的范围，也几乎涵盖了现实生活的方方面面，这与佛教主张通过造像写经、供僧礼佛等获得无量福报有着显著的区别。检讨唐五代笔记小说，作为道教法术要件的符箓、咒术、丹药、法器和炼养术，在唐人生活中竟然产生了如此重要的影响。这些在今天看来枯燥乏味、宗教说教色彩浓厚的小说作品，对于了解唐人的宗教文化生活，却是必不可少的。

第五章　佛教与唐五代笔记小说

　　佛教创立于公元前6—前5世纪的古印度，佛教创立的时代，是一个产生大思想家的时代，老子、孔子和释迦牟尼这三位对中国古代社会影响深远的思想家，作为先行者对社会和宇宙人生的真谛各自展开了探索，分别创立了道家、儒家思想体系和佛教。扩张和传播是宗教的基本生存本能，佛教产生后从印度半岛随军事扩张传至中亚西域，并在汉代由西域传入中国，[①] 开始在中土扎根发展。后经译渐广、教法流布，中国僧人探根溯源、寻求正宗佛法的历程随之展开，中印交通得以开辟，传法路线亦趋多样。至唐代，玄奘西行，义净南渡，挈来大量经论律法，三藏该备，宗派渐分，佛教实成与道教并立之一大宗教。

第一节　佛教弘传中国与传统宗教心理

　　中国佛学是接受从西域南海等地传入的印度佛教思想而又参酌传统思想消化融汇的产物，这两种思想在寻找契合点的同时不可避免地发生了冲突和争论，公元4—5世纪的魏晋南北朝是冲突和争论最为激烈的时期，荷兰汉学家许理和将这段时期的佛教弘传形象化为"佛

---

　　① 佛教最早何时传入中国，一直存在争论，一般认为东汉明帝时传入，汤用彤先生认为传法之始当上推至西汉末叶哀帝时，其依据是《三国志》卷三〇《魏书·东夷传》裴松之注引魏鱼豢《魏略·西戎传》，关于大月氏使者伊存口授博士弟子景卢以佛经的记载。参见《汉魏两晋南北朝佛教史》，武汉大学出版社2008年版，第34—36页。

教征服中国"。① 这个时代奠定了佛教在中国人宗教信仰中的地位,成长为一个传播一千多年的正宗大教,在隋唐五代达到全盛。作为国教的宗法性传统宗教如何就接受了一个"无君无父"的"夷狄之教"? "不语怪力乱神"、强烈关注现世、注重政教伦理的儒家思想体系又如何容纳了"胡神"林立、弃绝尘世的异教?以修齐治平为己任、民族心理保守、复古情结根深蒂固的文人士大夫又何以纷纷皈依佛教?这是一个值得继续探讨的问题。

当人们产生一些在现实社会中不能实现的愿望时,总是寄希望于他所崇奉的宗教,借助于宗教提供的神力护持或者构筑的彼岸世界来实现这个愿望。美国宗教学家罗德尼·斯达克(Rodney Stark)、罗杰尔·芬克(Roger Finke)指出,人们需要宗教是因为宗教是某些回报的唯一可信的来源,当人们改换教会甚至宗教时,通常不是因为他们的喜好改变了,而是因为新的教会或信仰更有效地吸引了人们一直就有的喜好。② 日本学者福井文雅也说:"某种异文化之融入,或者说被引进另一个文化圈时,从被纳入的一方而言,通常原已存在了能被引进的因素。印度佛教传入中国时也是如此。"③ 中国民众传统的宗教文化心理是相信神灵不虚、敬畏神异事件和神力、相信天人感应、善恶有报。前文曾说到,中国古代宗法性传统宗教作为根本的国家宗教,奠定了古人基本的宗教情感和宗教心理,其影响主要表现在这样几个方面,即对"天命"、祖先和社稷神灵等的敬畏感,接受天命启示、祖灵护佑时产生的依赖感和安宁感,对"神变"事象的惊异感,天人合一的神秘感以及违背天意、祖训和神灵意志时产生的罪恶感。在宗法性传统宗教和残留巫术文化的影响下,形成了传统天道观影响下的朴素报应观念、鬼神观念、感应观念。当佛教传入时,佛陀很快被视为古圣先贤一样的神灵,佛教被当作

　　① *The Buddhist Conquest of China：The Spread and Adaptation of Buddhism in Early Medieval China*,中文译本名为《佛教征服中国:佛教在中国中古早期的传播与适应》,李四龙、裴勇等译,江苏人民出版社 2003 年版。

　　② [美]罗德尼·斯达克、罗杰尔·芬克:《信仰的法则——解释宗教之人的方面》,杨凤岚译,中国人民大学出版社 2004 年版,第 103、105 页。

　　③ [日]福井文雅:《道教与佛教》,载福井康顺、山崎宏、木村英一、酒井忠夫监修,朱越利、徐远和等译《道教》第二卷,上海古籍出版社 1992 年版,第 72 页。

鬼神方术，佛教地狱观向传统泰山治鬼说的渗透、果报轮回说与传统灵魂观念的合流，即是宗教传统的真实体现。《牟子理惑论》在设问并解答"佛是什么"的问题时，就将其比喻为"三皇神"、"五帝圣"，还说佛是"道德之元祖，神明之宗绪"；其观念中的佛更是拥有飞天入地、变化无穷、来去无形、百毒不侵的大神通，自令愚氓百姓靡然风化。[①]魏晋时期佛教般若之学之所以大行于世，实在于般若理趣与道家学说有类似之处，如般若的"性空"、"无相"、"无生"与《老》《庄》的"无"、"无名"、"无为"。东汉安世高译《佛说大安般守意经》时，用"生"、"灭"、"有"、"无"等概念译"安"、"般"，并将后来译为"持息念"的"安般守意"译为"清静无为"，契合道家思想，却掩盖了其本色意义。[②]此种现象正如汤用彤先生所言："佛教自西汉来华以后，经译未广，取法祠祀。其教旨清静无为，省欲去奢，已与汉代黄老之学同气。而浮图作斋戒祭祀，方士有祠祀之方。佛言精灵不灭，道求神仙却死。相得益彰，转相资益。……其兴隆之由，虽在教法之渐明，而浮屠道术互相结合，必尤为百姓崇奉之主要原因也。"[③]亦即佛教契合了民族传统信仰而被接受传播。

　　真正的佛教哲学的传入，开始于东汉桓帝年间前来内地从事译经事业的西域僧人安世高、支娄迦谶，后又经过支谦等人的阐扬，奠定了本土佛学思想的基础。但最早传入中土的佛教形态，应该是佛像而

---

　　① 《牟子理惑论》这样描写佛的神通："恍惚变化，分神散体，或存或亡，能大能小，能圆能方，能老能少，能隐能彰，蹈火不烧，履刃不伤，在污不辱，在祸无殃，欲行则飞，坐则扬光。"（《牟子理惑论》，《弘明集》卷一，《弘明集》、《广弘明集》合刊，上海古籍出版社 1991 年影印版，第 2 页中）这跟《周易》的神变观念两相契合，《周易·系辞上》："阴阳不测之谓神。"王弼注云："神也者，变化之极，妙万物而为言，不可以形诘者也，故曰阴阳不测。"（《周易正义》卷七，《十三经注疏》，上海古籍出版社 1997 年版，第 78 页）所以隋代高僧吉藏在解《法华经》"神变相"时，直接引用了《周易》的思想，其《法华经义疏》卷二解释"神变相"说："阴阳不测为神，改常之事为变，有所表彰称相。"（《大正藏》第 34 册，第 471 页下）

　　② 参见《大正藏》第 15 册，第 163 页下—164 页上。吕澂先生还指出，安世高之所以特别注意安般守意（持息念）这一禅法，因为该禅法要求有意识地控制呼吸，同时要求专注一心，与道家讲究吐纳、食气等养生之术相仿，很适合中国人的口味。《中国佛学源流略讲》，中华书局 1979 年版，第 29 页。

　　③ 汤用彤：《汉魏两晋南北朝佛教史》，武汉大学出版社 2008 年版，第 53—54 页。

不是佛经，^① 这也与中国传统宗教素重偶像崇拜不无关系。古代的宗庙祭祀和祖先崇拜，必在宗庙中设置祖先牌位，周代以前祭祖设"尸"，即安排生人代替死者，一般由死者孙辈担任。《礼记·曾子问》："曾子问曰：'祭必有尸乎？……'孔子曰：'祭成丧者必有尸，尸必以孙，……无孙则取于同姓可也。'"^② 秦汉以降，人们逐渐用"神主"代替"尸"，即制作木牌，上书祖先名讳、爵位，祭祀时向祖先进献酒馔。再后来，又杂用祖先画像受祭，这种制度保存到今天，民间祭祖在祭堂悬挂祖先画像，遇有亲人丧亡，依然设置祖先灵位接受亲人的缅怀和吊唁。东汉王延寿《鲁灵光殿赋》对汉景帝之子恭王余灵光殿画壁"杂物奇怪，山神海灵"的描写，表明汉代人将自然神灵的形象绘于宫殿墙壁以示观想崇敬，也是古代神灵崇拜重视偶像的表现。^③

向民间信仰渗透是佛教融入中国文化的重要手段。中国民间存在形形色色的"淫祠"，有人格神、自然神、各种精怪及与之相应的巫师阶层，人的力量在这些精怪面前是微弱的，所以巫师得以大行其道。佛教传入后，这些民间信仰渐被佛教渗透。宋赞宁《宋高僧传》卷二六《唐湖州佛川寺慧明传》：

> （佛川）泉侧有吴王古祠，风俗淫祀，滥以牺牲，于是（慧）明夜泊庙间，雷雨荐至，林摧瓦飞。倾之，雨收月在，见一丈夫容卫甚盛。明曰："居士，生为贤人，死为明神，奈何使苍生每被血食，

<hr>

① 吕澂：《中国佛学源流略讲》，中华书局1979年版，第20页。佛教初传中土的最早记载，是《三国志》裴松之注引魏鱼豢《魏略·西戎传》关于西汉哀帝元寿元年（72）大月氏使者伊存口授博士弟子景卢浮图经一事，吕澂先生引日人白鸟库吉研究认为此说不可信。因为贵霜王朝前二代不信佛教，而大月氏又在其前，当时是否已有佛教流传，值得研究；且伊存以国家大使身份授经，则佛教必为其统治者崇信方有可能。（《中国佛学源流略讲》，中华书局1979年版，第19页）按：佛经的传入，涉及译经人才问题，而文献有征的最早译经者是后汉桓帝建和初年（147）赴洛阳的西域安息人安世高。（汤用彤校注《高僧传》卷一《安清传》，中华书局1992年版，第4页）又据《后汉书》，永平八年（65），楚王英遣使奉缣入朝请罪，明帝诏曰："楚王诵黄老之微言，尚浮屠之仁祠，洁斋三月，与神为誓，何嫌何疑，当有悔吝？"（《后汉书》卷四二《楚王英传》）则是关于佛教最早的可信记载，亦可见当时佛教仅为一种祭祀，祭必有像，此不待言。

② 《礼记正义》卷一九，《十三经注疏》，上海古籍出版社1997年版，第1399页。

③ （清）姚鼐：《古文辞类纂》卷七十一，浙江古籍出版社1998年版，第257页下。

岂知此事殊尔业耶？"神曰："非弟子本意，人自为之。"礼忏再三，因与受菩萨戒。神欣然曰："师欲移寺，弟子愿舍此处，永奉禅宫。"后果移寺于祠侧，获铜盘之底，篆文有"慧明"二字焉。①

中国传统文化面对外来思想和宗教时的反应是比较复杂的。佛教初传中土时，在未形成气候之前，被视为方术之一种，人们以好奇、新鲜的态度把佛当成神来看待，礼敬称赞的是他的神通变化本领；上层士大夫将初传入的佛教般若学说与道家学说两相比照，找到了共同之处，助长了魏晋清谈之风。但随着佛教教义教理的逐渐输入和日益明晰，僧人团体的出现，其与宗法性传统宗教和儒家伦理思想、道教的冲突变得尖锐起来。这个影响中国文化和民族心理近两千年的外来宗教与中国传统思想和宗教的冲突和融合亦随之展开。

第二节　晋唐三教之争与佛教发展的基本状况

统治阶级的优容和默许使得佛教很快壮大起来，也引起了一些士大夫和部分当权阶层的警惕和反对，针对佛教的争论也从此展开。

历史上关于儒、释、道的争论主要集中在以下几点：

其一，沙门不敬王者，绝弃礼法，有违纲常名教。中国是一个以宗法礼教传统为立国之本的中央集权国家，君权至高无上，不容许有任何凌驾王权之上的力量。②佛教规定沙门必须削发剃度，出家修行，免除对世俗政权的义务，不受国家世俗礼法的约束和监护。这种殊国方俗，势必受到以维护纲常伦理自任的士大夫的激烈反对，如发生在公元340年的东晋庾冰庾氏集团和以何充为中坚的王氏集团之间的争论、公元402年发生在桓玄和高僧慧远之间的论战，争论的核心问题就是沙门是否应该礼敬王者。③庾冰认为先王根据父子之敬建立君臣之序及各种法度和礼

---

① （宋）赞宁：《宋高僧传》卷二六，范祥雍点校，中华书局1987年版，第664—665页。
② 作为古代中国根本大教的宗法性传统宗教也接受王权的控制。
③ 有关争论文献参见（梁）僧祐《弘明集》，《弘明集》、《广弘明集》合刊，上海古籍出版社1991年影印版。

秩，是有深刻原因的，既然如此，礼法名教就不能轻易弃之，沙门"矫形骸，违常务，易礼典，弃名教"，实在值得怀疑和忧虑。① 针对这些质疑，何充等反驳道，沙门守戒专一，并非以形骸怠慢礼敬，相反，"每见烧香祝愿，必先国家，欲福佑之隆，情无极已"，如果强令沙门参拜，势必破坏这些修善之法。② 后来桓玄重提沙门礼敬王者的问题，并要求慧远作出回答，慧远指出，出家是方外之宾，所以要绝迹于物，"凡在出家，皆隐居以求其志，变俗以达其道"，只有服章方面不与世俗同礼，修道生活高尚清净，才能拔救万民脱离苦海；僧人的钵盂、袈裟等并非朝宗廊庙器服，让剃发毁形的僧人接受和执行宗法礼仪，本身就不合礼制。③

实际上，慧远的胜利并不彻底，沙门仍然没有脱离接受王权政治控制的命运，相反，佛教传播过程中，主动或被迫作出自我调适，力图在教义允许的范围内尽可能削弱与世俗政权和宗法礼教的冲突。早在慧远之前，他的老师高僧道安就深切地认识到"不依国主，则法事难立"，乃分张徒众，令其游历各地传法。④ 北魏沙门法果，因戒行精至颇受太祖道武帝拓跋珪礼遇，在面临沙门是否应当礼敬王者的问题时，法果采取了灵活变通手法，《魏书·释老志》记载："法果每言，太祖明睿好道，即是当今如来，沙门宜应尽礼，遂常致拜。谓人曰：'能鸿道者人主也，我非拜天子，乃是礼佛耳。'"⑤ 几近于诌。据道宣《续高僧传·慧乘传》记载，唐武德八年（625），高祖诏老先孔次释末之意，时为秦王的李世民教诫准备抗辩的慧乘云："但述佛宗，先敷帝德。"要求阐扬佛理之前先称述帝王之德，慧乘采纳其言，终使高祖回心转意。⑥ 唐代沙门法琳与世

---

① 《庾冰重讽旨谓应尽敬为晋成帝作诏》，（梁）僧祐《弘明集》卷十二，《弘明集》、《广弘明集》合刊，上海古籍出版社 1991 年影印版，第 81 页上。

② 参见何充、褚翌、诸葛恢、冯怀、谢广等人的奏疏，（梁）僧祐《弘明集》卷十二，《弘明集》、《广弘明集》合刊，上海古籍出版社 1991 年影印版，第 81 页。

③ （梁）僧祐：《弘明集》卷十二，《弘明集》、《广弘明集》合刊，上海古籍出版社 1991 年影印版，第 85 页上、中。

④ （梁）慧皎：《高僧传》卷五《释道安传》，汤用彤校注，中华书局 1992 年版，第 178 页。

⑤ 《魏书》卷一一四《释老志》，中华书局 1974 年版，第 3031 页。

⑥ （唐）道宣：《续高僧传》卷二十五，《高僧传合集》，上海古籍出版社 1991 年版，第 312 页中。

俗王权的抗争却是在经受缧绁之苦和恶毒攻击的艰难处境下进行的，实乃一部血泪史。据载，法琳撰《辩正论》，云有念观世音者，临刃不伤，太宗敕令七日自念，试验临刑能否自免。法琳狱中悲叹："草命如悬露，轻生类转蓬"，经历了痛苦的心灵抉择后，七日期满，太宗诏问，琳答"七日已来，不念观音，惟念陛下"，"陛下即是观音"。① 根据方立天先生总结，中国佛教与儒家世俗伦理协调的方式有删改、比附、衍生、补益等方式，也就是对不合中国传统伦理思想的佛经教义进行删改，以佛教伦理比附儒家伦理，根据社会需要和儒家伦理取向引申、阐发伦理思想，匡救和弥补儒家伦理的局限和弊端。② 西晋竺法护译出《佛说盂兰盆经》后，在汉地派生出盂兰盆节（每年七月十五日），节日期间讲唱目连救母故事正是对此经及《撰集百缘经》等所载相关故事的演绎和风俗节令化。在唐代，盂兰盆节因为倡孝更是为朝野所重，高宗、武后、玄宗、代宗诸朝在宫廷、寺院常举行盂兰盆法会。③ 题为姚秦鸠摩罗什译的疑伪经《佛说父母恩重难报经》和敦煌遗书中保存的《父母恩重经讲经文》，也可以看作佛教与儒家孝道相调和的产物。

唐代这种冲突和调和并没有结束，高祖时太史令傅奕数次上书请求革除佛教，与中书令萧瑀和沙门法琳争论颇为激烈，抨击佛教是"逃背其父，以匹夫而抗天子，以继体而悖所亲"的"无父之教"。④ 唐太宗贞观五年（631）就颁布诏令要求僧道礼敬父母，七年（633）又取消了这条法令；⑤ 龙朔二年（662），高宗敕令僧道致敬父母，受到沙门道宣、威秀等二百余人的上表抗拒，只好于同年取消诏令；⑥ 玄宗开元二年（714）闰二月，再令女冠僧尼致敬父母，不同于前朝的是，史籍中并无僧尼反

---

① （唐）道宣：《续高僧传》卷二十五《法琳传》，《高僧传合集》，上海古籍出版社1991年版，第316页下。（唐）彦琮：《唐护法沙门法琳别传》卷下，《大正藏》第50册，第210页下—211页上。

② 方立天：《中国佛教哲学要义》，中国人民大学出版社2002年版，第882—892页。

③ 张弓：《汉唐佛寺文化史》，中国社会科学出版社1997年版，第953—956页。

④ 《旧唐书》卷七九《傅奕传》，中华书局1975年版，第2716页。

⑤ （宋）志磐：《佛祖统纪》卷三十九，《大正藏》第49册，第364页上、中。

⑥ 《旧唐书》卷四《高宗纪》，中华书局1975年版，第83页。（唐）彦悰纂录《集沙门不应拜俗等事》卷六，《大正藏》第52册，第473页。

对的记载，似乎僧人们已丧失了与王权抗衡的能力和勇气。① 至宋代僧人大多跪伏在世俗王权之下，以人臣自处，曾撰《宋高僧传》的沙门赞宁，在《进高僧传表》中自称为"臣"，"诚忧诚恐，兢惕之至"。② 这是有趣的现象，公元4—5世纪"征服"了中国的佛教，最后却被宗法礼教"征服"了，正如法琳所言："虽形缺奉亲，而内怀其孝；礼乖事主，而心戢其恩。"③ 有点外佛内儒的味道。

其二，蠹民害政，耗费大量国家财富，僧人借此逃避征役和刑罚，减少国家财税收入，滋生社会不稳定因素。佛教徒出家为僧，不受国家法律制度约束，不事生产，其生活来源以僧尼化缘和施主施舍为主，当僧团规模无限膨胀时，势必产生一个坐食获利的群体，对社会生产和国家财税收入的影响是显而易见的。在东汉和西晋时期，佛寺基本遵循佛教戒律依靠供养和募化存续，资助者多是士大夫和世族，大约在东晋和南燕时，佛寺开始获得国家的定额供给，南北朝时期北方和南方供僧更盛，或割拨田产，或岁俸，或调拨国家租赋，以资奉养，寺院地产也逐渐形成。隋唐时期延续了这一政策，继续供给名僧大寺，寺院普遍有了以寺田为主的寺产，这样就导致了部分寺院兴贩逐利，经商放贷。④ 供给规模的无限扩大和寺院经济的过度膨胀当然是国家政权不能容忍的。另外一些作奸犯科之人常常混迹寺院僧团，逃避惩罚，是对国家刑宪制度的挑战，自然引起士大夫和政权组织的忧虑和反对。如桓玄就批评道："京师竞其奢淫，荣观纷于朝市，天府以之倾匮，名器为之秽黩，避役钟于百里，逋逃盈于寺庙，乃至一县数千，猥成屯落。邑聚游食之群，境积不羁之众，其所以伤治害政，尘滓佛教固已。"⑤ 武则天时，宰相狄仁杰上书，对武氏大兴佛法，导致寺院规模和僧人迅速膨胀，占用大量庄

---

① 《旧唐书》卷八，中华书局1975年版，第172页。据（宋）志磐《佛祖统纪》卷四十，四月又罢致敬。《大正藏》第49册，第373页中。

② （宋）赞宁：《进〈高僧传〉表》，载赞宁《宋高僧传》，范祥雍点校，中华书局1987年版。

③ （唐）彦琮：《唐护法沙门法琳别传》卷上，《大正藏》第50册，第199页上。

④ 本书关于寺院供养制度的论述参考了张弓《汉唐佛寺文化史》上卷《基壤篇》，中国社会科学出版社1997年版。

⑤ 《桓玄辅政众与僚属教》，载《弘明集》卷十二，《弘明集》、《广弘明集》合刊，上海古籍出版社1991年影印版，第86页上。

园良田，耗竭国库，穷奢极侈表示悲痛。① 中宗、睿宗时的辛替否、宪宗时的韩愈、白居易、武宗时的李德裕亦有类似言论。开元十九年（731）玄宗曾下诏禁断当时风行的俗讲，事由亦在于兹："因依讲说，眩惑闾阎；溪壑无厌，惟财是敛。津梁自坏，其教安施；无益于人，有蠹于俗。或出入州县，假托威权；或巡历村乡，恣行教化。因其聚会，便有宿宥；左道不常，异端斯起。"② 所以佛教在唐代达到全盛以后，产生的最突出的问题就是浮食避役，聚众滋事，伤民害政。

对此问题僧人并非没有清醒认识，他们在募缘和接受供养的同时也尝试垦田自种，解决实际生活问题。北方寺僧垦田始于公元 4 世纪初，南方则以慧远为早，唐代中叶以后，禅宗南宗各系自洪州禅创始人马祖道一和他的弟子百丈怀海以后开始开辟山林，建立"农禅合一"的僧伽经济制度，即"禅林"、"丛林"。马祖住山时即造林耕种，百丈更是饮食节俭，躬耕力作，他创立"普请法"作为"禅门规式"，倡导上下均力，不分等级，一体劳作，"一日不作，则一日不食"，他还以"清规"的形式将这种制度规范下来了。③ 这种"农禅合一"的制度不能不说是佛教受到批评和非难后探索新出路的结果。④

其三，夷夏之争。荷兰汉学家许理和说中国人有着强烈的文化优越感和自足感，士大夫中存在着普遍的排外情绪，⑤ 这是由孔孟开创的儒家文化的保守性和复古心理决定的。孔子曰："夷狄之有君，不如诸夏之亡

---

① 《旧唐书》卷八九《狄仁杰传》，中华书局 1975 年版，第 2893—2894 页。

② 《诫励僧尼敕》，载（宋）宋敏求《唐大诏令集》卷一一三，商务印书馆 1959 年版，第 588 页。

③ （宋）赞宁等：《宋高僧传》卷十《百丈怀海传》，范祥雍点校，中华书局 1987 年版，第 236 页。《祖堂集》卷十四《百丈和尚》，中华书局 2007 年版，第 636 页。按：百丈制订之清规，世称古清规，后佚，元顺帝至元元年（1335）敕命重修，是为《百丈清规》，其卷六"普请法"有述，参见《大正藏》第 48 册。

④ 北宋丞相张商英撰《护法论》，其卷一回应世人攻击僧徒"不耕而食"云："释氏有刀耕火种者，栽植林木者，灌溉蔬果者，服田力穑者矣，岂独今也！如古之地藏禅师，每自耕田，尝有语云：'诸方说禅浩浩地，争如我这里种田博饭吃。'百丈惟政禅师命大众开田，曰：'大众为老僧开田，老僧为大众说大法义。'大智禅师曰：一日不作，一日不食。……"《大正藏》第 52 册，第 640 页中。

⑤ ［荷］许理和：《佛教征服中国：佛教在中国中古早期的传播与适应》，李四龙、裴勇等译，江苏人民出版社 2003 年版，第 335—336 页。

也。"①孟子说："吾闻用夏变夷者，未闻变于夷者也。"②两位圣人所说的"夷"指中原王朝之外的楚、吴等边地之国，统称蛮夷、夷狄。这种轻视文化发展水平低缓、处于中原文化圈之外的民族、国家的态度后来成为士人普遍的文化心理。魏晋南北朝时期佛教不再被当作鬼神方术时，围绕佛教关于其来历、性质的争论也随之展开；同时，北方少数民族大举入侵，出现"五胡乱华"的局面，民族关系复杂化、民族矛盾也日趋尖锐，夷夏之辩的出现并非偶然。大约发生在433年衡阳太守何承天和名士宗炳之间的论战，焦点是佛教作为"夷狄之教"是否适合在中夏传播的问题。何承天从中外人性之不同出发论述佛教不适合中国："华戎自有不同，何者？中国之人禀气清和，合仁抱义，故周孔明性习之教；外国之徒受性刚强，贪欲忿戾，故释氏严五戒之科……"③桓玄在给中书令王谧的信中也说："佛教之兴，亦其指可知。岂不以六夷骄强，非常教所化，故大设灵奇，使其畏服？既畏服之，然后顺轨。此盖是本惧鬼神福报之事，岂是宗玄妙之道耶？"④将佛教的诞生归结于为化导"外国人"的贪欲忿戾之气，改造人性，未免偏激简单化，但的确反映了时人的普遍认识。北魏政权以胡族入华，却以华夏正统身份自居，极力排毁佛教，太平真君七年（446）三月太武帝灭佛诏曰："昔后汉荒君，信惑邪伪，妄假睡梦，事胡妖鬼，以乱天常，自古九州之中无此也。"⑤直斥佛为胡神、胡妖。刘宋明帝泰始三年（467），道士顾欢作《夷夏论》，力陈佛教乃夷狄之教，非中夏所宜取，以中夏之性，效西戎之法，如同舟不可陆行，车不可水涉。司徒袁粲托名僧人通公驳之，往复辩难，从而引发了一场论战。⑥《弘明集》保存下了当年论战的珍贵文献，收于《弘明集》卷七的有谢镇之《与顾道士析夷夏论》、朱昭之《难顾道士夷夏论》、朱

① 《论语·八佾》，杨伯峻《论语译注》，中华书局1980年版，第24页。
② 《孟子·滕文公上》，杨伯峻《孟子译注》，中华书局1960年版，第125页。
③ 《宗居士炳答何承天书难白黑论》所引何承天答宗炳书，《弘明集》卷三，《弘明集》、《广弘明集》合刊，上海古籍出版社1991年影印版，第20页中。
④ 《桓玄与王令书论道人应敬王事》，《弘明集》卷十二，《弘明集》、《广弘明集》合刊，上海古籍出版社1991年影印版，第82页中。
⑤ 《魏书》卷一一四《释老志》，中华书局1974年版，第3034页。
⑥ 事见《南齐书》卷五四，中华书局1972年版，第931—933页。《南史》卷七五，中华书局1975年版，第1875—1879页。

广之《疑夷夏论谘顾道士》、慧通《驳顾道士夷夏论》、僧愍《戎华论析顾道士夷夏论》等。隋唐五代，佛教扎根中夏全盛传播已是不争的事实，士大夫反佛主要因其伤政害民，对佛教"胡教"身份的攻击相对减少，但来自道教徒的攻击却有增无减，最著名的自然是唐武宗时的长安道士赵归真、罗浮道士邓元起、衡山道士刘玄靖，他们为了确立道教的独尊地位，竭力排毁佛教。[①] 除了言语攻击，一些道士还试图通过做法将佛教赶出中土。齐王琰《冥祥记》载，刘宋刘龄奉佛法，其父暴亡，邻家道士魏叵善章符，言刘奉胡神，所以衰祸未已，乃教唆其焚毁经像。其法不灵，"叵等师徒，犹盛意不止；被发禹步，执持刀索，云斥佛还胡国，不得留中夏，为民除害也。"后魏叵遭报，体内发疽而死。[②] 这虽是佛教徒附会的护法故事，但这样的事件应当发生过。

在传统的文化复古心理的作用下，古代知识分子倾向于以先圣典籍有否记载作为判断一种新思想、新宗教是否异端的标准。李剑国先生说："极为重视历史的纵向联系，以求得历史的连续和延伸而不致断裂，这是我们民族的固有文化心理。它造成了一种意识，即传统意识。这种意识甚至变成本能，变成潜意识。"[③] 本能的历史传统造就了文化复古心理，汉晋时期就有人这样批评佛教："佛道至尊至大，尧舜周孔曷不修之乎？七经之中不见其辞。子既耽诗书悦礼乐，奚为复好佛道喜异术？岂能踰经传、美圣业哉？"[④] 魏晋南北朝时期这种论调颇为流行，西晋道士王浮甚至于晋成帝咸康六年（340）撰成《老子化胡经》，言"老子入夷狄为浮图"，以佛为道教弟子。[⑤] 唐代三教之间依然争吵不休，攻击的声音主

[①] 事见《旧唐书》卷一八《武宗纪》、《佛祖统纪》卷四二、日僧圆仁《入唐求法巡礼行记》卷四。

[②] （齐）王琰：《冥祥记》，载鲁迅《古小说钩沉》，齐鲁书社 1997 年版，第 321—322 页。

[③] 李剑国：《唐稗史考录——代前言》，载《唐五代志怪传奇叙录》，南开大学出版社 1993 年版，第 12 页。

[④] 《牟子理惑论》引，《弘明集》卷一，《弘明集》、《广弘明集》合刊，上海古籍出版社 1991 年影印版，第 2 页下。按《牟子理惑论》真伪及作者问题有争议，汤用彤先生认为其书非伪，为汉代人所作。参见《汉魏两晋南北朝佛教史》，武汉大学出版社 2008 年版，第 51—55 页。梁启超、吕澂先生力陈其伪，认为约当成书于晋宋之间，参见吕澂《中国佛学源流略讲》，中华书局 1979 年版，第 24—27 页。

[⑤] 《老子化胡经》残卷见于敦煌遗书，收录于《大正藏》第 54 册。

要来自宗法传统宗教和道教。这种争三教先后的举动刺激了佛教徒，僧人和奉佛的士大夫一般针锋相对，引经据典，竭力论证佛教在中夏传播的历史何其悠久。[①] 这些观点见收于汤用彤先生《汉魏两晋南北朝佛教史》，如刘宋宗少文"伯益知有佛"、唐法琳周昭王二十四年佛诞说、王子年《拾遗记》之浮图显圣说、释道安、朱士行之秦始皇时佛教传法说等，均是为互争先后杜撰附会的伪说，殊不足据。[②]

其四，僧尼守道不严，戒行有亏。佛教关于出家受戒的律典传入中国以后，曹魏甘露五年（260）出现了中国第一位僧人朱士行，两晋以后，僧伽渐备，但律法制度并不完善。据慧皎《高僧传》记载，鸠摩罗什出《十诵律》之前，北方仅有僧业译的戒本流传，后鸠摩罗什出《十诵律》，菩提流支传大部，北地律法渐备。南方的戒律主要流行《十诵律》，由僧业、慧询和西域律师卑摩罗叉等僧人传来，齐梁时代律法始大盛，戒定慧三学全备，人们才明白"入道即以戒律为本"。[③] 由于此前对戒律的不甚明了，加之僧团和出家人数的增加，难免出现一些秽行。《牟子理惑论》虚设的提问可能是汉晋时期出现的代表现象："今沙门耽好酒浆，或蓄妻子，取贱卖贵，专行诈绐，此乃世之伪，而佛道谓之无为耶。"饮酒蓄妻，从事商业活动均违背了佛教戒律，而佛教却对此无所作为，这是不能容忍的。但僧人戒行不严并非普遍现象，事实上，针对这样的非难，辩护者往往举"尧不能化丹朱，周公不能训管蔡"这样的例子来反驳。[④] 这样的辩护在残酷的现实面前往往不堪一击。北魏太武帝灭佛法的导火线是长安一寺院私藏兵器、财物和大量酿酒工具，按验还发现了僧人与贵室妇女淫乱的屈（曲）室，均为太武帝

---

① 唐高祖时，道士出身的太史令傅奕批评先圣未曾言佛，沙门法琳辩称："夫天文历象之秘奥，地理山川之卓诡，经脉孔穴之诊候，针药符咒之方术，诗书有所不载，然孔未之明言，然考之吉凶有时而徵矣，察其行用而多效矣。且又周孔未言之物，蠢蠢无穷，诗书不载之法，茫茫何限，信乎书不尽言，言不尽意！何得拘六经之局教，而背三乘之通旨哉！"（元）释念常：《佛祖历代通载》卷十一，《大正藏》第49册，第565页下。

② 汤用彤：《汉魏两晋南北朝佛教史》第一章"佛教入华诸传说"，武汉大学出版社2008年版。

③ （梁）慧皎：《高僧传》卷十一《慧猷传》、《僧业传》、卷末论语及卷二《鸠摩罗什传》。

④ 《牟子理惑论》，《弘明集》卷一，《弘明集》、《广弘明集》合刊，上海古籍出版社1991年影印版，第4页中。

所不能容，最终酿成祸及无辜的法难。[①]《广弘明集》卷七载北齐儒林学士章仇子陀上后主高纬疏曰："自魏晋已来，胡妖乱华，背君叛父，不妻不夫，而奸荡奢侈，控御威福，坐受加敬，轻欺士俗。妃主昼入僧房，子弟夜宿尼室。"[②]代表了正统士大夫对佛教的一种态度，也是他们反对佛教的最大理由和最有力武器。至于沙门举旗造反的事件史不绝书，其背景亦颇为复杂，许多是有弥勒教和摩尼教背景的民间宗教起事，这些造反事件造成了社会动乱，受到打压的同时也祸及正统佛教，对此后文有论述。至于僧人与贵室妇女淫乱的事件，在唐代有代表性的是太宗合浦（高阳）公主与沙门辩机，武则天与白马寺伪僧怀义，秽乱宫闱，声名颇恶，当然也受到了严惩。[③]部分僧尼的秽行的确败坏了佛教形象，也成为明清市井小说描写的重要题材，如《禅真逸史》、《禅真后史》、《灯草和尚》等。

其五，教义之争。作为一种宗教，佛教的核心内容是教义体系，佛教传入中国，带来了与华夏传统思想迥异的宗教观念，自然会引起与固有之传统思想激烈的交融碰撞。原始佛教的基本教义是四谛、十二因缘、八正道、三法印等，大乘佛学有重要发展，但普通民众感兴趣的并非诸如此类高深的哲理，而是佛教所宣扬的世间皆苦、业报轮回、涅槃无我思想，即人生理论。对国人产生最大心理冲击的即是因果报应理论，对此持怀疑态度的士大夫亦不在少数，自东晋以来，何承天、范缜、刘峻、傅奕、韩愈、李翱、欧阳修、程灏、程颐、朱熹等曾经著文予以质疑或抨击。唐代傅奕反佛最力，他曾尖锐地批评佛教："演其妖书，述其邪法，伪启三途，谬张六道，恐吓愚夫，诈欺庸品。凡百黎庶，通识者稀，不察根源，信其矫诈。乃追既往之罪，虚规将来之福。布施一钱，希万倍之报。持斋一日，冀百日之粮。……其有造作恶逆，身坠刑网，方乃狱中礼佛，口诵佛经，昼夜忘疲，规免其罪。……窃人主之权，擅造化

---

① 《魏书》卷一一四《释老志》，中华书局1974年版，第3033—3034页。

② 《广弘明集》卷七，《弘明集》、《广弘明集》合刊，上海古籍出版社1991年影印版，第137页上。

③ 《新唐书》卷八三《合浦公主传》，中华书局1975年版，第3648页；《旧唐书》卷一八三《薛怀义传》，中华书局1975年版，4741—4743页。

之力，其为害政，良可悲矣。"在对佛教报应理论的不经之说大加挞伐的同时，其立足点依然是维护人主掌管国家刑宪的威权。[①]

佛教的涅槃无我理论，则直接与道教长生成仙的宗教追求相牴牾，从而受到道教徒的猛烈抨击。唐武宗时道士赵归真这样批评佛教："佛生西戎，教说不生，夫不生者，只是死也。化人令归涅槃，涅槃者，死也。盛谈无常苦空，殊是妖怪，未涉无为长生之理。"[②] 认为涅槃就是死，死则不能长生，这与无常苦空的道理同样属于异端邪说，自然与长生成仙、白日飞升的美妙和期待格格不入。唐武宗喜好服食成仙，憎嫉释氏，以道徒为师，故而赵归真等人的私心谗言极具煽动性，最终酿成了会昌法难。这种批评和斗争的结果使佛教也学会了占验禳解、服食辟谷之类的术技。唐太宗时，沙门智勖以迎占祸福、惠弘以能视鬼与太宗之女合浦公主私通，高宗永徽年间与公主和驸马房遗爱谋反被诛。[③] 这些都是受道教影响出现的。与涅槃无我理论相关联的是佛教的六道轮回说。印度早期佛教涅槃理论指身心的永灭生死，彻底断除一切烦恼，这与因果轮回之说存在内在矛盾。因果轮回特点是关注事物之间的因果联系，特别重视"业力"对人生命运的感召和决定作用，如此势必推导出一个转生轮回的主体，与涅槃无我的灰生灭智、根本寂灭相抵触，这也是造成部派佛教分裂的重要原因。在佛教传入中国以后，其轮回转生和修戒成佛之说自然被中土视为承认人死精神不灭，并发展出作为轮回报应主体的"神"。魏晋南北朝关于"有神"与"无神"的争论很激烈，但最终还是有神论占了上风，辩论的胜利为佛教因果报应和转生轮回说的广泛传播扫平了障碍。

佛经传译过程中的"格义"之法的应运而生，就是激烈冲突和争论的结果。佛教入传中土，由于思维习惯和表达方式等方面的原因，势必造成中国人对其教义理解的困难，于是早期译经僧如康法朗、竺法雅、毗浮、昙相等创造了"格义"之法，将佛书的名相与中国固有的思想和概念相比附，将相同者固定下来，作为以后译经的规范。这样做的目的

---

① 《旧唐书》卷七九《傅奕传》，中华书局 1975 年版，第 2715 页。
② ［日］圆仁：《入唐求法巡礼行记》卷四，上海古籍出版社 1986 年版，第 180 页。
③ 《新唐书》卷八十三《合浦公主传》，中华书局 1975 年版，第 3647 页。

自然是为了加深中国人对佛教教义的理解，同时也是为了减少来自反佛力量的非难，汤用彤先生说："况佛法为外来宗教，当其初来，难于起信，故常引本国固有义理，以申明其并不诞妄。"[1] 另一方面，总体上讲，夷夏之争的一个结果就是促成了儒释道的进一步交融和佛教广泛传播的事实。这也体现了本民族文化心理的另一面，即"前进中的回顾"，[2] 师古而不泥古，并不故步自封、抱残守缺。

总而言之，佛教在中夏的扎根与传播过程中出现的与道教和儒家伦理观念的冲突，是矛盾对立的统一体，批评者是为了维护儒家伦理思想的统治地位和君权，而赞成者则是为了巩固代表君权的教权，其实质是相同的。具体而言，发生在魏晋南北朝时期的三教之争，其实质是佛教作为外来新宗教与中夏固有之传统思想交融过程中，在士大夫之中产生的文化认同和心理调适问题，这种调适是双向的，其结果造成佛教在中国广泛传布的事实。而隋唐五代的三教之争，则是对佛教全盛后由此产生的弊端的深刻反思，其实际情况是，反佛思想依然未能形成社会主流，崇佛修道，成为文人士大夫双重的宗教追求。史载唐初反佛最力的傅奕，提出反佛主张时，附和者寥寥，仅有太仆卿张道源以之为是；晚年，他对"妖胡乱华，举时皆惑"和自己的主张不为众人采纳而悲叹，告诫子孙当读老庄周孔之书，传习名教，勿学佛教。[3] 玄宗时的宰相姚崇临终时遗书诫子，言佛教是"亡国破家"之教，深斥世俗之人追亡荐福之虚妄，同时也批评了道教追步佛教的现象，告诫子孙当警策在心，行持正法。但他也颇为无奈地表示，自己死后，子孙若不能全依正道，可顺俗情，设七僧斋，但止可以衣物充布施，不得辄用余财。[4] 此则是佛教势力强盛时，正统士大夫话语权暂失的结果。

三教之争的最终结果是佛教和道教向世俗皇权的彻底妥协，这种妥协的过程自佛教传入即已开始，完成于唐玄宗时期。日本学者砺波护和中国学者韩昇先生认为，佛教在玄宗年间彻底妥协于世俗王权，他们的

---

[1]　汤用彤：《汉魏两晋南北朝佛教史》，武汉大学出版社 2008 年版，第 160 页。
[2]　李剑国：《唐稗史考录》，载《唐五代之怪传奇叙录》，南开大学出版社 1993 年版，第 12 页。
[3]　《旧唐书》卷七九《傅奕传》，中华书局 1975 年版，第 2717 页。
[4]　《旧唐书》卷七九《姚崇传》，中华书局 1975 年版，第 3028—3029 页。

证据就是玄宗开元二年诏令僧道致敬父母，史书中竟然没有片言只语关于僧尼反对抗争此事的记载。① 可为此说佐证的是高僧义净的一席话。义净曾撰《大唐西域求法高僧传》、《南海寄归内法传》，开元元年卒，曾谓"死丧之际，僧尼漫设礼仪。或复与俗同哀，将为孝子……斯乃重结尘劳，更为枷锁，从暗入暗……岂容弃释父之圣教，逐周公之俗礼，号咷数月，布服三年哉！"② 其言佛教僧人按照世俗礼法行丧葬之礼，与佛教本旨背道而驰，侧面反映了唐代佛教向世俗礼法的妥协和回归的状况。僧人以断灭生死妄惑、涅槃成佛为终极追求，其向作为皇权基础的宗法礼教的回归，无疑是后者胜利的象征。三教之争中最大的赢家，不是士大夫和僧道，而是皇权，这正是中国宗教的特点。③

第三节　佛法化导与小说辅教

为了化解来自士大夫和道教徒的强力质疑和抨击，同时，也为了对纷繁复杂的教义说教提供最简明的事实论据，佛教一边援引儒家经论和佛教教义进行反驳，一边附会、撰写、传播一些"记经像之显效，明应验之实有，以震耸世俗，使生敬信之心"的"辅道之书"，④ 以明佛说不妄，这是解决三教争论、化导众生的重要途径，此之谓小说辅教。⑤ 释门佛法化导与小说关系最密切者为俗讲，又可分为敷衍佛经的讲经文和敷衍佛教和史传故事的变文。讲经文严格来讲并非小说，变文一般作为小说来看待，如《降魔变文》、《破魔变》、《目连救母变文》、《八相变》等，

---

① ［日］砺波护著，韩昇编：《隋唐五代佛教研究》，韩昇、刘建英译，上海古籍出版社2004年版，第81页、韩昇序序8页。

② （唐）义净：《南海寄归内法传》卷二《尼衣丧制》，王邦维校注，中华书局1995年版，第107—108页。

③ 中国佛教从未脱离世俗王权，隋文帝仁寿二年（602），沙门昙迁称文帝云："佛为世尊、道为天尊、帝为至尊，其用各异。"文帝大悦。《续高僧传》卷十八，《高僧传合集》，上海古籍出版社1991年版，第253页。

④ 鲁迅：《中国小说史略》，东方出版社1996年版，第37页。

⑤ 释家辅教，途径多样，有观想佛像、壁画的"像教"，有寺院俗讲等。此处所言"小说辅教"，系立足今人认识之说，盖古之僧徒，撰集此类经像显效故事，乃以纪实之体写作，非为创作小说也。

大多出自对佛经神变故事的演绎和描述。文士之奉佛者撰集多为感应传、报应记类笔记小说，自魏晋南北朝至隋唐此等小说大量出现，就是这一宗教动机的实践结果。成书于魏晋南北朝的小说如东晋谢敷撰，刘宋傅亮编《光世音应验记》、张演《续光世音应验记》、萧齐陆杲《系观世音应验记》、刘宋刘义庆《宣验记》、齐王琰《冥祥记》、北齐颜之推《冤魂志》等。唐五代笔记小说如唐临《冥报记》、萧瑀《般若经灵验》（佚）、法海《报应传》（佚）、阙名《金刚经灵验记》、卢求《金刚经报应记》、王毂《报应录》等等以及散布在其他传奇志怪小说集如戴孚《广异记》、张读《宣室志》、张鷟《朝野佥载》等中的感应、报应故事。佛教观念对中国民众宗教心理和社会文化产生最大影响者为因果报应观念、地狱观念和佛教法术，这些也是魏晋至唐代小说表现的重要主题。

一　因果报应

因果报应是佛教教理的"根要"，是对普通信众最具震撼力、能够规范和约束其行为的根本教义。早期佛教也是以因果报应、六道轮回①之说来吸引和促使信众皈依佛教的，唐五代小说体现出的佛教因果报应主题，主要可以分为两大类，一是礼敬三宝与神迹感应，属于佛教的神性观，指信众尽心皈依佛、法、僧三宝而获致的神迹感应；二是业因造作与善恶报应，属于佛教的报应观，指众生因自身行事造作而获致的必然结果，善因善果，恶因恶果，毫发不爽。贞观十一年（637），唐太宗下诏批评佛教，有云"神变之理多方，报应之缘非一"，② 即准确揭示了唐代佛教吸引信众的这两大法宝。实际上，这两个问题是相互关联的，根据佛教的教义，普通民众是否礼敬三宝，也有相应的善恶报应。"人是有意识的存在物，有记忆和智力，能够形成有关如何取得回报和避免代价的解释。"③ 佛教通过宣教和各种感应果报故事，强化了普通信众的记忆，形

---

① 六道指众生在解脱之前，各依作业的善恶而往趣的世界，自下而上为地狱、饿鬼道、畜生道、阿修罗道、人道、天道。

② （唐）道宣：《集古今佛道论衡》卷丙，《大正藏》第 52 册，第 382 页下。

③ ［美］罗德尼·斯达克、罗杰尔·芬克：《信仰的法则——解释宗教之人的方面》，杨凤岚译，中国人民大学出版社 2004 年版，第 106 页。

成了关于信仰与果报的记忆模式，即关于通过何种手段获得何种报应的固定的认识，这些认识很清晰地反映在小说中。

为了行文通畅，本书第一个问题集中阐述神迹感应。

（一）礼敬三宝与因缘感应

原始佛教要求世俗信徒尽形寿礼敬"三宝"，受持三皈依，以超脱生死轮回，获得无量福德。佛、法、僧三宝构成了佛教的基本组织和制度，是支撑佛教体系的核心，皈依、供养三宝，也是佛教传播壮大和生存发展的基础，所以佛教特别强调信众对三宝的净信问题。《增一阿含经·三宝品》：

> 尔时，世尊告诸比丘："有三自归之德。云何为三？所谓归佛第一之德，归法第二之德，归僧第三之德。"

此即"三皈依"。之所以行三皈依，在于佛、法、僧如同由乳而酪而酥最终得到的醍醐一样，是天地世间最尊最上之无上法宝，众生若能承事之，便受天上、人中之福。[①]《杂阿含经》也说，释迦牟尼在流行瘟疫的释氏石主聚落说法，四方男女受持三皈依，皆得往生人道、天道。[②] 而《杂宝藏经》宣扬的不敬三宝的恶报则是触目惊心的：

> 世间有人，悭贪嫉妒，不信三宝，不能供养父母师长，将来之世，堕饿鬼中，百千万岁，不闻水谷之名，身如太山，腹如大谷，咽如细针，发如锥刀，缠身至脚，举动之时，支节火然，如此之人，剧汝饥苦，百千万倍。[③]

也就是说，不敬三宝，要堕入饿鬼道，遭受各种苦痛毒戮，永世不得翻身。可见，早期佛教主要宣扬不敬三宝会招致的恶报，至于礼敬三宝的福报，是比较模糊的，仅仅是转生六道中的人、天道。这样的说教对注

---

① 《增一阿含经》卷十二，中国佛教文化研究所点校，宗教文化出版社 1999 年版，第 169 页。
② 《杂阿含经》卷三十九，中国佛教文化研究所点校，宗教文化出版社 1999 年版，第 911 页。
③ 《杂宝藏经》卷一，《大正藏》第 4 册，第 449 页下。

重福瑞灵异、天人感应的中国人来说，是不够的。

　　较之于原始佛教，大乘佛教更加重视神性观，突出渲染信徒修行过程中出现的神迹感应。神迹崇拜的提升与教主释迦牟尼的神化同步进行。原始佛教的神迹，主要集于教主释迦牟尼一身，他成佛后获得了所谓的"六通"："神足通"、"天眼通"、"天耳通"、"他心通"、"宿命通"、"漏尽通"。前五通阿罗汉、菩萨乃至外道和凡夫通过修习均可达到，唯有"漏尽通"只有佛才可获致。[①] 大乘佛教的佛有百千亿，不可胜计，能够获得"六通"的自然不止释迦牟尼一佛。六通中的"神足通"是外化的神通，修得"神足通"，身能飞天入地、出入三界、变化自在，此即所谓的"神通神变"。[②]《牟子理惑论》将佛描述成一个"恍惚变化，分神散体，或存或亡，能大能小，能圆能方，能老能少，能隐能彰，蹈火不烧，履刃不伤，在污不辱，在祸无恙，欲行则飞，坐则扬光"的神，[③] 突出的就是佛的神通神变。这样的神通是外现给信众观想的，目的在于令其产生惊异感，唤起净信之心，皈依三宝，所以又叫"神变相"。鸠摩罗什译《妙法莲华经》（简称《法华经》）卷一《叙品》云：

　　　　尔时世尊，四众围绕，供养、恭敬、尊重、赞叹。为诸菩萨说大乘经，名无量义，教菩萨法，佛所护念。佛说此经已，结跏趺坐，入于无量义处三昧，身心不动。是时天雨曼陀罗花、摩诃曼陀罗花、曼殊沙花、摩诃曼殊沙花，而散佛上及诸大众。普佛世界，六种震

---

　　① 所谓"六通"：一、神足通：亦名身通，谓出入三界，变化自在；二、天眼通：谓能照见世间种种形相及众生生死情状；三、天耳通：谓能听闻世间种种声音及众生种种语言；四、他心通：谓能了知众生种种心念；五、宿命通：谓能了知宿世之事；六、漏尽通：谓断除一切烦恼惑业，脱离生死轮回。参见《长阿含经》卷九、《中阿含经》卷十九、《俱舍论》卷二十七、《大智度论》二十八、《成实论》卷十六。

　　② 佛有三种神变，一为说法神变，二为教诫神变，三为神通神变，参见《杂阿含经》卷八、《瑜伽师地论》卷二十七、《大宝积经》卷八十六。据《大宝积经》卷八六《大神变会》，神通神变主要通过变现各种神迹吸引信众，"或现一身而作多身，或现多身而作一身"、"山崖墙壁，出入无碍"、"身上出火身下出水，身下出火身上出水"、"入地如水履水如地"、"日月威德以手扪摩"、"或现大身，至于梵世，乃至广大遍覆三千大千世界"等等。《大正藏》第 11 册，第 492 页下。

　　③《弘明集》卷十二，《弘明集》、《广弘明集》合刊，上海古籍出版社 1991 年影印版，第 2 页上。

动……佛放眉间白毫相光，照东方万八千世界，靡不周遍……尔时，
弥勒菩萨作是念：今者，世尊现神变相，以何因缘而有此瑞？……
文殊师利语弥勒菩萨摩诃萨及诸大士、善男子等："如我维忖，今佛
世尊，欲说大法，雨大法雨，吹大法螺，击大法鼓，演大法义。诸
善男子，我于过去诸佛，曾见此瑞，放斯光已，即说大法。是故当
知，今佛现光，亦复如是，欲令众生，咸得闻知一切世间难信之法，
故现此瑞。"①

经文为了突出《法华经》的灵异，竭力宣扬佛说该经时出现的种种神迹，
天雨众花、世界震动、白毫相光等等，均非同寻常。"神变相"是佛教引
导众生体悟真如实相的权宜方便，是佛教宣化众生的方便法门之一，一
如赵朴初先生所言："无相是佛法的究竟义，有相是佛法的方便道。"②

　　佛教信徒十分重视崇信三宝感得的瑞相。玄奘《大唐西域记》卷二
记述了一则神变应现的故事：有二贫士，皆求造像，画工乃共画一像示
之。二人心生疑虑，画工曰："何思虑之久乎？凡所爱物，毫厘不亏。斯
言不谬，像必神变。"言未讫而像现灵异，分身交影，光相照著，二人悦
服。③《太平广记》卷一一三引《法苑珠林》载，东晋恒山沙门释道安注
《般若道行密迹》诸经，析疑甄解二十余卷，恐所解不符佛说，乃誓曰：
"若所说不违理者，当见瑞相。"遂梦见宾头卢，言其注经，殊合道理。④
梁武帝天监十五年（508），有感于"希有异相，犹散众篇"，武帝令沙门
宝唱等在僧旻集录的基础上，钞集各类佛典，分类编排，撰成《经律异
相》一书。⑤异相就是差别相、假象，其目的是为了体悟真如实相，亦是
权宜方便。

　　自魏晋至唐五代，以佛教因缘感应为主题的笔记小说作品，数量甚
多。三皈依之皈依佛，主要通过崇拜佛像和念佛来行持对观念形态中的

---

　　① 《大正藏》第9册，第2页中—3页下。
　　② 赵朴初：《〈佛教画藏〉系列丛书总序》，《〈佛教画藏〉系列丛书》，东方出版社1999年版。
　　③ （唐）玄奘撰述，辩机缀辑：《大唐西域记》卷二"健驮逻国"，季羡林等校注，中华书
局2000年版，第242页。
　　④ 《太平广记》卷一一三，第3册，中华书局1961年版，第782页。
　　⑤ （梁）宝唱：《经律异相序》，载宝唱等编《经律异相》，《大正藏》第5册，第1页上。

佛的礼敬。齐王琰自述撰《冥祥记》，即源于对观世音金像的两次托梦。他说："镜接近情，莫逾仪像；瑞应之发，多自此兴。"① 意谓礼敬仪像能产生亲近感和依赖感，最能表达尽心皈依佛教的虔诚；瑞应神迹的示现，也多源于对佛像的崇拜。《冥祥记》就记载了这样一个故事：葛洪之后葛济之秉承先世遗风，信奉道教，其妻纪氏乐佛法，一日方织，忽然天空出现不可思议瑞相：

> 忽觉云日开朗，空中清明……见西方有如来真形，及宝盖旛幢，蔽映天汉。心独喜曰："经说无量寿佛，即此者耶？"便头面作礼。……济亦登见半身及诸旛盖，俄而隐没。于是云日鲜彩，五色烛耀，乡比亲族，颇亦睹见。两三食顷，方稍除歇。自是村间多归法者。②

原来是纪氏奉法虔诚，感得无量寿佛降现。此事对当地民众影响很大，以至于很多人皈依佛法。善于从内部瓦解对手，将反佛不奉法者或异教徒打入三恶道，是佛教宣教的常用手法。丹鼎道派的代表人物葛洪的后人也奉了佛法，这对道教的讽刺和打击自然是巨大的。《太平广记》卷一一五引唐牛肃《纪闻》云，开元初年，同州（治今陕西大荔县）有数百家人信奉普贤菩萨，遂在州之东西各建普贤邑社一所，造像设斋供养。有一奴婢于斋场产一子，于是取名为普贤。年至十八，顽劣异常，备尝各种劳役之苦。一日举行斋会，只见：

> 此竖忽推普贤身像而坐其处。邑老观者，咸用怒焉，既加诟骂，又苦鞭挞。普贤笑曰："吾以汝志心，故生此中。汝见真普贤不能加敬，而求此土像何益？"于是忽变其质为普贤菩萨身，身黄金色，乘六牙象，空中飞去，放大光明，天花采云，五色相映，于是遂灭。邑老方悟贤圣，大用惊惭。其西社为普贤邑斋者，僧徒方集，忽有妇人，怀妊垂产，云："见欲生子。"因入菩萨堂中，人呵怒之，不

① 鲁迅：《古小说钩沉》，齐鲁书社1997年版，第277页。
② 同上书，第323页。

可禁止。因产一男子，于座之前，既初产生，甚为污秽，诸人不可提挈出，深用诟辱。忽失妇人所在，男变为普贤菩萨，光明照烛，相好端丽，其所污秽，皆成香花，于是乘象腾空，稍稍而灭。诸父老自恨愚暗，不识普贤，刺眇其目者十余人。由是言之，菩萨变观。岂凡人能识。（《普贤社》）①

同州之人对普贤像的礼敬可谓虔诚备至，但却有眼无珠，对真普贤的降现熟视无睹，最后，普贤菩萨化出本相，乘六牙白象而去，一时光明彻照、天花乱坠，人们才认识到错过了表达虔诚的绝好机会。民间相传四大菩萨常变幻各种形象，垂迹降显，考验信众的虔诚。开成会昌年间，日僧圆仁渡海求法，在五台山怖怖惕惕，见一极贱之人，亦不敢作轻蔑之心；若逢驴畜，亦起疑心，唯恐是文殊菩萨化现。② 受这种宗教氛围和传说影响之深可见一斑。

同样，小说中写经、礼僧的灵验也是毫发不爽。唐韦仲珪，性至孝，犹信佛教，父死，为之守孝三年，白日负土成坟，夜则敬诵《法华经》不倦。一日晨，见绕墓生灵芝七十二株，皆朱茎紫盖，光色异常。邻里以为祥瑞，报告州县，刺史辛君昌采芝封奏，朝廷诏表奖励。③ 灵芝本为宗法性传统宗教和道教的瑞应，佛徒奉法，也感得灵芝降现，最能拨动"天人感应"这根传统的神经。这样的故事在今天看来毫无意趣可言，但在唐人中引起的叹赏和轰动却是我们无法想象的。由礼敬三宝衍伸开来的是对一切佛、菩萨、佛经、佛像的供养和崇敬，《太平广记》所收《金刚经》、《法华经》、《观音经》应验故事和"崇经像"类故事即是如此。这些故事教导民众，写经造像会脱离生死苦海，消灾弭祸，所以信众不但不能毁弃经像，还要积功累德。

相较于魏晋六朝，唐五代小说对神迹的描写生动而成熟得多。前者的描写大多照抄照搬佛经，最著名的是《观世音应验记三种》，几乎照抄

___

① 《太平广记》卷一一五引，第3册，中华书局1961年版，第800页。
② ［日］圆仁：《入唐求法巡礼行记》卷二，上海古籍出版社1986年版，第108页。
③ （唐）唐临：《冥报记》"唐韦仲珪"，方诗铭辑校《冥报记》、《广异记》合刊，中华书局1992年版，第21—22页。

《法华经·观世音菩萨普门品》而来，所以艺术成就不是很高。而唐代小说大大拓展了相关题材，故事情节也显得丰富曲折，可读性进一步增强。

（二）业因造作与因果报应

中国固有报应思想是建立在"天道观"的基础上的，俗言所谓"遭天谴"即是，但这种报应思想并没有形成系统理论。《周易·坤卦·文言》云："积善之家必有余庆，积不善之家必有余殃。"① "善不积不足以成名，恶不积不足以灭身。小人以小善为无益而弗为也，以小恶为无伤而弗去也，故恶积而不可掩，罪大而不可解。"② 这种报应观认为，小善小恶积聚到一定程度，必将导致最终的爆发，"近者报于当时，中者报于累年之外，远者报于子孙之后"。③ 前人作善作恶将给自身乃至他的子孙后代带来祸福，而决定报应的是"天道"。④ 这种果报观念后来发展成为道教的"承负说"。与此不同的是，佛教强调个人的善恶决定自身的祸福，死后承受报应的主体是灵魂，无论灵魂怎样轮转投生，相应的报应必将伴随直至其遭报为止。高僧慧远《三报论》将报应分为三类：

> 经说业有三报：一曰现报，二曰生报，三曰后报。现报者，善恶始于此身，即此身受。生报者，来生便受。后报者，或经二生、三生、百生、千生，然后乃受。⑤

唐临《冥报记》卷首序言对佛教因果报应的阐述则更加明白：

> 释氏说教，无非因果，因即是作，果即是报，无一法而无因，无一因而不报。然其说报，亦有三种：一者现报，于此身中作善恶

---

① 《周易正义》卷一，《十三经注疏》，上海古籍出版社 1997 年版，第 19 页上。

② 《周易正义》卷八，《十三经注疏》，上海古籍出版社 1997 年版，第 88 页上、中。

③ 唐临：《冥报记》卷上序言，方诗铭辑校《冥报记》、《广异记》合刊，中华书局 1992 年版，第 1 页。

④ "天道福善祸淫"，语出《尚书正义》卷八《汤诰》，《十三经注疏》，上海古籍出版社 1997 年版，第 162 页上。

⑤ 《弘明集》卷五，《弘明集》、《广弘明集》合刊，上海古籍出版社 1991 年影印版，第 35 页上。

业，即于此身而受报者，皆名现报；二者生报，谓此身作业不即受
之，随业善恶，生于诸道，皆名生报；三者后报，谓过去身作善恶
业，能得果报，应多身受，是以现在作业，未便受报，或次后生受，
或五生十生，方始受之，是皆名后报。①

在佛教看来，人的一言一行都处于因果联系中，有因必有果，作业必有
报。所谓现报，即此身作业，此身受报，当下兑现，如张读《宣室志》
卷八：

> 唐邠州景云观道士王洞微者，家于孝义县。初为小胥，性喜
> 杀，尚渔猎钓弋。自弱冠至壮年，凡杀狼狐雉兔泪鱼鳖飞走，计以
> 万数。后为里尹，患病热月余，忽觉室内有禽兽鱼鳖万数，环其榻
> 而噬之，疮痏被身，殆无完肤。中夕之后，其父母、妻子、兄
> 弟，俱闻洞微卧内，有群鸟啁啾，历然可辨。凡数年，疾益甚。
> 或有谓洞微父曰："汝子病且亟，宜迁居景云观。"于是卜□徙
> 居。月余，会群道士修斋授箓，是夕，洞微瘳。后十年，竟以疾
> 卒。（《王洞微》）②

王洞微在做道士之前，还是个下级小吏的时候，杀生无算，做了里尹之
后，果报就开始了：被他残害的飞禽走兽水族一起将他咬得遍体鳞伤，
体无完肤。病情日渐沉重，就躲到道观里，恰好遇到道士修斋授箓，就
遁入道门，期免其报，还真苟延残喘十余年，但最终未能逃脱，死于非
命。这则故事一则说明现报之不爽，二则说明道教并不能使人超脱果报
的命运。这当然是佛教的说教，在道教自己的教义和制度中有一套完整
的法术体系，可以治病祛邪，安保自身不受伤害。

生报，谓此身作业，此身暂不受报，但死后根据善恶的不同转生相

---

① 唐临：《冥报记》卷上序言，方诗铭辑校《冥报记》、《广异记》合刊，中华书局1992年
版，第2页。

② 张读：《宣室志》卷八，《唐五代笔记小说大观》，上海古籍出版社2000年版，第1053—
1054页。

应的六道。最可注意者乃唐高祖、太宗两朝反佛最力的太史令傅奕，唐临《冥报记》言，因其生前毁谤佛法，死后堕无间地狱；刑部侍郎宋行质性不信佛，有慢易之言，并以前生未作"功德"，也于死后受苦。[①] 再如敦煌变文《目连变文》，佛陀的弟子目连的母亲没有听从目连的嘱咐供养僧人，还欺骗了他，命终堕入阿鼻地狱（即无间地狱），受尽诸般苦楚，经目连广修功德，转经设盂兰盆会才得以从地狱道转生畜生道最后生人天道。[②] 佛教出于传法需要，为此等怠慢毁禁佛法之人安排的结局很是惨烈，通过这种方法引起怖惕之心。不敬佛法有恶报，信奉"外道邪法"也会受到惩罚：

> 吴可久，越人，唐元和十五年居长安，奉摩尼教。妻王氏，亦从之。岁余，妻暴亡，经三载，见梦其夫曰："某坐邪见为蛇，在皇子陂浮图下，明旦当死，愿为请僧，就彼转《金刚经》，冀免他苦。"梦中不信，叱之。妻怒，唾其面。惊觉，面肿痛不可忍。妻复梦于夫之兄曰："园中取龙舌草，捣傅立愈。"兄寤走取，授其弟，寻愈。诘旦，兄弟同往，请僧转《金刚经》。俄有大蛇从塔中出，举首遍视，经终而毙。可久归佛，常持此经。[③]（《吴可久》）

摩尼教是唐代外来宗教，主要在胡人和民间传播，曾经受到数次禁制，更是受到佛教的猛烈攻击。这里的吴可久夫妻因为是摩尼教徒，受来生之报，妻死转生为蛇，最终因吴请僧转《金刚经》才得以脱离畜生道。

后报，现世作业后，既不当下立报，也不于死后即转生六道，而是从第三生（次后生）起甚至轮转多生以后才接受果报。张鷟《朝野佥载》卷二：

---

① 唐临：《冥报记》，方诗铭辑校《冥报记》、《广异记》合刊，中华书局1992年版，第91、69—71页。

② 敦煌遗书中的《目连变文》有三个卷子，分别名为《目连缘起》、《大目乾连冥间救母变文并图一卷并序》、《目连变文》，参见王重民等编《敦煌变文集》卷六。

③ 《太平广记》卷一〇七引《报应记》第3册，中华书局1961年版，第727页。

梁有磕头师者，极精进，梁武帝甚敬信之。后敕使唤磕头师，帝方与人棋，欲杀一段，应声曰："杀却。"使遽出而斩之。帝棋罢，曰："唤师。"使答曰："向者陛下令人杀却，臣已杀讫。"帝叹曰："师临死之时有何言？"使曰："师云：'贫道无罪，前劫为沙弥时，以锹划地，误断一曲蟮。帝时为蟮，今此报也。'"帝流泪悔恨，亦无及焉。(《磕头师》)①

磕头师前世为沙弥，犯不杀生之戒，当时未报，死后依然生在人道，现报、生报均未应验，但他却获得了后报：被梁武帝误杀了。这样的例子以及后报的说教无非是为了说明：因果报应永远无法回避。

相对前两报，后报的故事比较少见。实际上，自从北齐颜之推《冤魂志》开始，就已不满足于佛教的来世果报，而强调作业者的现世报应。中国佛教提供给宗教信仰者的是一个通过自身努力就可以得到神力护持、免于生死流转的宗教世界，而道教则将宗教权力牢牢掌握在教徒手中，相对而言，作为核心内容的道教法术，是常人无缘掌握的，所以中国的佛教徒的数量远远大于道教徒，他们因为对来世的期待而普遍关心现世的幸福。

二　轮回与唐代地狱观

对死后世界和来世的关切，是世界民族的普遍心理，各种宗教都不可避免地为他们的信众构建了形形色色的彼岸世界，大致可分为二元对立的"天国"和"冥界"，如基督教的天堂和地狱、伊斯兰教的天园和火狱、佛教的净土世界和地狱、道教的天庭和酆都等。我国的原始宗教和宗法性传统宗教的彼岸世界是不成熟的，仅仅是朦胧的"天"和"地下"、"黄泉"、"酆都"、"泰山"等。佛教认为人按照生前作业的不同，

---

① 张鷟：《朝野佥载》卷二，《唐五代笔记小说大观》，上海古籍出版社 2000 年版，第 27 页。按：吴海勇、陈道贵《梁武帝神异故事的佛经来源》一文认为，《磕头师》故事源于唐人小说对《贤愚经》卷四《出家功德尸利苾提品》国王昙摩苾提故事的镕裁演绎，其目的在于佛徒为梁武帝奉佛亡国进行辩护。载陈允吉主编《佛经文学研究论集》，复旦大学出版社 2004 年版，第 360—369 页。

在"六道"之间轮回转生，传入中国以后，对中土最大冲击就是地狱观，经过几百年的改造融合后，在唐代奠定了影响中国人一千多年的中土地狱观念。

佛教入华之前，本土的冥界经历了一个发展变化的过程。战国时代，可以分为北方的"黄泉"和南方的"幽都"。黄泉见于《左传·隐公元年》，郑武公将支持其弟共叔段夺权的母亲姜氏囚禁于城颍，并发誓说："不及黄泉，无相见也。"①"黄泉"即死后世界。"幽都"主要流行在今天的湖南、湖北一带的古楚国，战国时楚国著名诗人宋玉在《楚辞·招魂》里说："魂兮归来！君无下此幽都些。"②此幽都指地下幽冥之地，是楚人认为的亡魂居住地。大约秦汉以后，随着统一的中央集权王国的建立，形成了北方以太（泰）山为中心的"太山治鬼"观念和南方以蜀地酆都平都山为中心的"酆都鬼城"。四川酆都是古代"鬼文化"发达的巴人的重要活动地区，也是早期道教天师道的传习之地、天师治（又称酆都治）所在地。《晋书·李特传》称张道陵之子、第二代天师张鲁在汉中以鬼道教百姓，所以酆都鬼城是道教的阴曹地府。③

太山治鬼是中国古代影响最大的冥界观念。据《后汉书·许曼传》，许曼祖父许峻"自云少尝笃病，三年不愈，乃谒泰山请命。"④晋张华《博物志》引《孝经援神契》云："太山，天帝孙也，主召人魂。东方万物始成，故知人生命之长短。"⑤可见汉晋时期，太山掌管人的生死已经是普遍观念。但太山神治下的冥府到底是何情形，却是随着佛教地狱观念的传入在魏晋六朝时期才逐渐明朗起来的。佛家地狱观念对泰山治鬼的影响表现在两个方面，一是早期经译以"太山"译"地狱"，以至出现"太山地狱"这样的经译词汇，表现为太山冥界对佛教地狱的渗透

---

① 《春秋左传正义》卷二，《十三经注疏》下册，上海古籍出版社1997年版，第1715页下—1717页上。

② （宋）洪兴祖：《楚辞补注》，白化文点校，中华书局1983年版，第201页。

③ 《晋书》卷一二〇，中华书局1974年版，第3022页。按：道教阴曹地府本为传说中的罗酆山，后被附会为四川酆都之平都山。

④ 《后汉书》卷八二，中华书局1965年版，第2731页。

⑤ （晋）张华：《博物志》卷一，《汉魏六朝笔记小说大观》，上海古籍出版社1999年版，第187页。

融合；① 二是佛教地狱观念对泰山治鬼的蚕食、改造，直至取而代之。从晋干宝的《搜神记》到南朝宋刘义庆的《幽明录》、《宣验记》，可以理出一条泰山治鬼与佛教地狱观念交互影响的轨迹来。《搜神记》不言佛教，但这种影响是可见的，其卷四"胡母班"讲述泰山人胡母班途经泰山，泰山府君托其传书，中途如厕，"忽见其父著械徒作，此辈数百人"，这应当是佛教的观念。② 此时的泰山冥界，其主宰是泰山府君，不仅收聚鬼魂，而且掌司惩戒，初步受到了佛教的影响，但尚无明确的因果报应观念。逮至南朝宋刘义庆时，佛教地狱观念已经与泰山治鬼观念相互交融，如《幽明录》之"巫师舒礼"，故事讲述舒礼因杀生淫祀，被拘往泰山，受尽一番苦毒后，放回重生，从此不再作巫师。③ "赵泰"故事中的赵泰则真真切切入了一次泰山府君掌管的地狱。"热熬"、"铁床"、"牛头人身"鬼这些佛教地狱中才有的物事，均出现于小说中，佛教因果报应的说教已渗透到故事中，泰山府君则成了佛教护法。但泰山地狱的主宰仍然是泰山府君而不是阎罗王，捉拿舒礼到泰山的也是土地神而不是鬼吏。

阎罗王成为泰山府君的上司，甚至最终取而代之，发生在隋唐时期。据《隋书》卷五二《韩擒虎传》记载，韩擒虎死后，成为地狱主宰阎罗王：

其邻母见擒门下仪卫甚盛，有同王者，母异而问之。其中人曰："我来迎王。"忽然不见。又有人疾笃，忽惊走至擒家曰："我欲谒王。"左右问曰："何王也?"答曰："阎罗王。"擒子弟欲挞之，擒止之曰："生为上柱国，死作阎罗王，斯亦足矣。"因寝疾，数日竟卒，

---

① 如东汉安世高译《佛说分别善恶所起经》："何谓五道? 一谓天道；二谓人道；三谓饿鬼道；四谓畜生道；五谓泥犁太山地狱道。"（《大正藏》第17册，第516页下）姚秦竺佛念译《出曜经》卷十《学品第八》："罪心已固，不虑后缘，出言招祸，以灭身本，渐当入泰山地狱、饿鬼、畜生。"《大正藏》第4册，第665页中。关于泰山治鬼对佛教地狱观的渗透，参见萧登福《道家道教与中土佛教初期经义发展》，上海古籍出版社2003年版，第420—422页。

② （晋）干宝：《搜神记》卷四，《汉魏六朝笔记小说大观》，上海古籍出版社1999年版，第303—305页。

③ （南朝宋）刘义庆：《幽明录》，《汉魏六朝笔记小说大观》，上海古籍出版社1999年版，第706—707、739—741页。

时年五十五。^①

韩擒虎乃隋初骁将，《隋书·韩擒虎传》本传言其容貌魁伟，文武双全，因平陈有功位居公侯，当时威望极高，确为阎罗王的上佳人选。这说明隋朝时期，人们已经认识到佛教地狱与泰山冥界的不同之处，地狱的主宰才真正归乎本主阎罗王。如此而来，摆在唐人和佛教徒面前的主要问题就是如何处理佛教地狱与泰山冥界的关系，阎罗王与泰山府君的执掌权限又该如何划分。唐代小说反映了这种划分的最终结果。唐临《冥报记》卷中"唐眭仁蒨"^② 讲述了这样一个故事：赵郡邯郸人眭仁蒨出行，遇一贵人，贵人告诉他：

> "吾是鬼耳，姓成名景，本弘农人，西晋时为别驾，今任临胡国长史。"仁蒨问"其国何在？王何姓名？"答曰："黄河已北，总为临胡国。国都在楼烦西北沙碛是也。其王是故赵武灵王，今统此国，总受太山控摄，每月各使上相朝于太山，是以数年来过此，与君相遇也。吾乃能有相益，令君预知祸难，而先避之，可免横害。唯死生之命与大祸福之报，不能移动耳。"

临胡国是统治西北沙碛的鬼国，要接受泰山统一节制，每月派使者朝贡泰山，如同周边民族政权向唐王朝称臣一样。这说明不仅中土有冥府观念，中原王朝周边的民族政权也根据泰山治鬼说形成了自己的冥府系统，可以与《后汉书·乌桓传》关于乌桓部族死后魂归赤山的记载相印证。^③ 小说通过人鬼问答的形式，为天国冥界安排了一个清晰的谱系：

> 蒨问曰："道家章醮，为有益否"景曰："道者，天帝总统六道，

---

① 《隋书》卷五二，中华书局1973年版，第1341页。

② （唐）唐临：《冥报记》，方诗铭辑校《冥报记》、《广异记》合刊，中华书局1992年版，第26—28页。

③ 《后汉书·乌桓传》："俗贵兵死，敛尸以棺，……肥养一犬，……使护私者神灵归赤山。赤山在辽东西北数千里，如中国人死者魂神归岱山也。"《后汉书》卷八十，中华书局1965年版，第2980页。

是谓天曹。阎罗王者如人天子，泰山府君如尚书令，录五道神如诸尚书。若我辈国如大州郡。每人间事，道上章请福，天曹受之，下阎罗王云，某月日得某甲诉云云，宜尽理，勿令枉滥。阎罗王敬受而奉行之，如人之奉诏也。"

天国鬼界按照人间官制被排出了一个完整而等级森严的谱系，道教的天帝是最高神，统摄六道，佛教的阎罗王、五道将军统归其管辖。阎罗王被比附为人间天子，泰山神相当于人间宰相，虽地位显赫，仍居于阎罗王之下。至此，阎罗王稳稳把住了泰山神上司的位子，但却沦为道教天帝的臣属，成为中国化的神灵，这样的谱系已经奠定了民间地狱信仰的基本格局。与此相对应，《广异记》之"费子玉"、"李洽"故事中，发帖追人魂魄的是阎罗王，如"费子玉"：

  天宝中，犍为参军费子玉官舍夜卧，忽见二吏至床前，费参军子玉惊起，问谁，吏云："大王召君。"子玉云："身是州吏，不属王国，何得见召？"吏云："阎罗。"子玉大惧，呼人备马，无应之者，仓卒随吏去。至一城，城门内外各有数千人，子玉持诵《金刚经》，尔时恒心诵之。又切念云："若遇菩萨，当诉以屈。"须臾，王命引入，子玉再拜，甚欢然。俄见一僧从云中下，子玉前致敬。子玉复扬言，欲见地藏菩萨，王曰："子玉，此是也。"子玉前礼拜。菩萨云："何以知我耶？"因谓王曰："此人一生诵《金刚经》，以算未尽，宜遣之去。"王视子玉，忽怒问其姓名，子玉对云："嘉州参军费子玉。"王曰："犍为郡，何嘉州也？汝合死，正为菩萨苦论，且释君去。"子玉再拜辞出。菩萨云："汝还，勿复食肉，当得永寿。"引子玉礼圣容。圣容是铜佛，头面手悉动。菩萨礼拜，手足悉展，子玉亦礼。礼毕出门，子玉问："门外人何其多乎？"菩萨云："此辈各罪福不明，已数百年为鬼，不得托生。"子玉辞还舍，复活。……①

---

① （唐）唐临：《广异记》，方诗铭辑校《冥报记》、《广异记》合刊，中华书局1992年版，第132—133页。

这篇故事是纯粹的宣教小说，叙事层次并不清晰，叙事技巧亦不甚成熟，但作为研究唐代地狱观念的材料则有可取之处。这里，传统的泰山府君已经从故事中淡出，地狱的主宰是阎罗王，还有一个不受统属而与阎罗王私交甚好的地藏菩萨。地藏菩萨与观音菩萨、普贤菩萨和文殊菩萨并称中国佛教四大菩萨，其中观音菩萨主救度世间众生，而地藏菩萨主要救度地狱中所有"罪鬼"，因而在佛教徒中有广泛的信仰。据《地藏菩萨本愿经·忉利天宫神通品》和《分身集会品》载，释迦牟尼佛召地藏大士，令其永为幽冥教主，在自己灭度之后，未来佛弥勒出世之前，度脱世间一切受苦众生："汝当忆念，吾在忉利天宫殷勤付嘱，令娑婆世界至弥勒出世已来众生，悉使解脱，永离诸苦，遇佛授记。"地藏发愿："我今尽未来际不可计劫，为是罪苦六道众生，广设方便，尽令解脱，而我自身，方成佛道。"①即所谓：众生度尽，方证菩提；地狱不空，誓不成佛。可见在佛教地狱观念中，阎罗王是地狱之主，根据众生所作业因，决定寿算生死，而地藏菩萨则是这些罪苦众生的度脱者。《太平广记》卷三七九引《通幽记》"王抡"、卷一〇〇引《纪闻》"李思元"、"僧齐之"亦是类似的故事。

　　需要说明的是，在佛教改造泰山冥界的同时，北方道教也将泰山神纳入自己的神系，变身为所谓的"东岳大帝"，同时南方的丰都鬼城也受到了佛教的侵蚀，两教在尽一切努力融合传统信仰，蚕食对方的领地，以至于大约唐宋之交在川西接触、合流，产生了地狱十王信仰，阎罗王成为五殿阎王，泰山府君居第七殿，最终定格为中国民间传统信仰。地狱十王影响最大、形象最为清晰的依然是阎罗王，在唐代取代泰山府君是其产生深远影响而迈出的最重要的一步。

三　佛教咒术

　　早期印度佛教是在反对婆罗门教的基础上建立起来的，不习咒术，反对杀生祭祀，②僧徒以出世解脱为宗旨，修行以持戒、诵经、坐禅为

---

　　①　《地藏菩萨本愿经》卷上，《大正藏》第13册，第779页中、778页中。
　　②　印度民间流行禁咒，官方宗教婆罗门教也以明咒为重要的修行法术。大众部的《摩诃僧祇律》将咒术斥为邪命外道，禁止利用咒术化缘求食："颂咒行术，咒蛇咒龙，咒鬼咒病，咒水咒火，如是种种求食，是名口邪命。"《摩诃僧祇律》卷七，《大正藏》第22册，第287页上。

主，以法自娱，强调通过自修自律来实践证悟佛法、宣示佛法。部派佛教分裂、大乘佛教兴起以后，他力济度思想的流行伴随着神秘主义倾向的发展，原来被禁止的咒术渗透到佛教之中，印度民间流传的天神龙鬼等也被吸纳到佛教神系之中，或为佛教护法，或为佛教信众，或为佛法对治的妖魔鬼怪。特别是 7 世纪起，大乘佛教与婆罗门教和印度民间宗教融合，形成佛教密宗，以高度组织化的咒术、坛场、仪轨和本尊信仰为主要特征，修持方法出现法术化倾向。

分别以《大日经》和《金刚顶经》为核心的真言乘、金刚乘，是佛教密宗成熟的标志，是谓"纯密"，相应的，此前的密法则被称为"杂密"。真言乘是大悲胎藏密法，唐玄宗开元四年（716）由高僧善无畏传入中国。善无畏译《大日经》（即《大毗卢遮那成佛神变加持经》），为真言乘基本经典，认为众生都含藏成佛的菩提净心，以"三密"即身结印契的身密、口颂真言的语密、心作观想的意密为成佛的方便法门，崇拜本尊大日如来。金刚乘又称瑜伽密教，取金刚杵无坚不摧意，认为本宗的教法真实不可摧破，所向无敌，能斩断一切影响觉悟解脱的烦恼障碍；修行方法上特别重视瑜伽实践，三密并重犹重意密，强调在观想中实现个人与佛的相应，从而即身成佛；神格崇拜上突出了金刚神的地位，以《金刚顶经》为基本经典。开元八年（720）来华传教的金刚智和及弟子不空是中土金刚乘密教的代表人物。①

尽管原始佛教排斥咒术，但仍然在阿含部经典中保留了一些咒语。实际上，原始佛教反对的是利用咒术乞食谋财、伤害他人的行为，至于在后起的大乘佛教经典中，关于咒术的记述就更加多了。密教的最大特点是突出咒语在修持实践中的作用。咒语本为修行的手段、目的，与道教和民间宗教的禁咒有着本质的不同，但当其传播到原始宗教影响依然存在、道教法术盛行的中土时，很快被当作同类的术技，以至于互相融合、渗透，变得难以区分。《法苑珠林》卷六十《咒术篇·述意部》论述佛教咒术的功能：

　　夫神咒之为用也，拔蒙昧之信心，启正则之明慧，裂重空之巨

---

① 吕建福：《中国密教史》，第二节"密教的历史"，中国社会科学出版社 1995 年版。

障，灭积劫之深痼。业既谢道，黑法潜形。所以累圣式陈，众灵攸仰。……然陀罗尼者，西天梵音。东华人译，则云持也。持善不失，持恶不生。据斯以言，弥纶一化。依法施行，功用立验。或碎石拔木，或移痛灭痼。随声发而苦除，逐音飏而事举。或召集神鬼，或驾御虬龙。兴云布雨，集福祛灾。感应不穷，其来久矣。①

这段话简要概括了佛教咒术的功能。咒术既是扫除迷障、拔救众苦、觉悟解脱的工具，也是改变自然、驱除病痛、役使鬼神、驭龙降雨、祈福禳灾的手段。又据现存译于东晋、译者不详之《七佛八菩萨所说大陀罗尼神咒经》卷一，有一种名为"稣卢都呵"的陀罗尼神咒，能令"一万八千病以一咒悉已治之"；"胡稣多"神咒，能使"三千大千世界六种震动"；读诵"蜜耆兜"神咒，"众生所有业障、报障、垢重烦恼障，悉能摧灭无余。"② 简直神通广大到无以复加的地步了。五代孙光宪《北梦琐言》之"大轮咒术"，则是利用密教咒术加害他人的例子："释教五部持念中，有大轮咒术，以之救病，亦不甚效。然其摄人精魂，率皆狂走，或登屋梁，或啮瓷碗。间阎敬奉，殆似神圣。"③ 可见，佛教的咒术有持善扶正的功能，也是一种偶像伤害术，这方面一点也不逊色于道教。两者的相同之处在于都具有变化外物、对治鬼神、祛灾治病这些普通民众最为关心的功能；其不同之处在于，佛教的咒术也是证悟佛法、获得解脱的手段，这方面，是道教所欠缺的。另外，念佛诵经与念咒一样，均为佛教修行的功课，其功用无非是通过念诵获得神力护持，达到保身安命目的，或者实现自身的某些愿望。据说，念佛诵经要虔诚，而且愈是高声、次数愈多、过程愈艰苦，被所念佛听闻的机会才愈多，愿望实现的可能性也随之大大增强。④

---

① （唐）释道世：《法苑珠林》，周叔迦、苏晋仁校注，中华书局 2003 年版，第 1773—1774 页。
② 《大正藏》第 21 册，第 536 页中、下。
③ （五代）孙光宪：《北梦琐言》，贾二强点校，中华书局 2002 年版，第 417 页。
④ 明代中叶的民间宗教罗教创始人罗梦鸿，为实现长生的目的，早年侍从佛教僧人修悟佛法，在《苦功悟道卷》中自言"又参一步，单念四字，阿弥陀佛，念得慢了，又怕彼国天上，无生父母，不得闻见。"参见马西沙、韩秉方《中国民间宗教史》，中国社会科学出版社 2004 年版，第 190—191 页。

　　魏晋六朝时僧人多以咒术见知于当时，小说和僧传多有记载，此乃佛教在当时得以立足传播的现实条件。如前秦王嘉《拾遗记》之"天毒国道人"，擅种种变化之术，"咒术炫惑，神怪无穷"。① 齐王琰《冥祥记》之"晋沙门耆域"，记天竺僧人耆域梵呗三偈，并诵梵咒数千语，奇迹般地救活一垂死病人。② 此故事为慧皎《高僧传》卷九《耆域传》所采，被救者也明确为尚方署中人。③ 他如梁武帝时益州沙门尚圆，出家以咒术救物，仅一句"南无佛陀"就消弭了武灵王萧纪宫中的鬼怪：

　　　　释尚圆，姓陈，广汉洛人。出家以咒术救物，武灵王萧纪宫中鬼怪魅诸婇女，或歌或哭，纷然乱举。王乃令善射者控弦拟之，鬼乃现形，即放箭射，鬼便遥接，还返掷人。久而不已，闻圆持咒，请入宫中，诸鬼竞前作诸变现，龙蛇百兽，倏忽前后，在空在地，怪变多端。圆安坐告曰："汝小家鬼，何因敢入王宫？能变我身则可，自变万种，只是小鬼。可住，听我一言！"诸鬼合掌住立，圆始发云："南无佛陀！"鬼皆失所，自尔安静。④

佛教的鬼怪受"神变"思想的影响，较之中土鬼怪形象，显得更加灵动。尚圆对治的是一群捣蛋鬼，鬼怪的变化多端，实际也是为了突出咒术的灵验。

　　唐代"开元三大士"善无畏（637—735）、金刚智（671—741）和不空（705—774）来华，都曾有过应玄宗之命运用密咒祈雨的神通。《宋高僧传》卷二关于善无畏求雨的描写，颇具文学色彩：

　　　　……乃盛一钵水，以小刀搅之，梵言数百咒之。须臾有物如龙，其大如指，赤色矫首瞰水面，复潜于钵底。畏且搅且咒，顷之，有

---

　　① （前秦）王嘉：《拾遗记》卷四，《汉魏六朝笔记小说大观》，上海古籍出版社1999年版，第518页。

　　② 鲁迅：《古小说钩沉》，齐鲁书社1997年版，第282—283页。

　　③ （梁）慧皎：《高僧传》卷九，汤用彤校注，中华书局1992年版，第364—366页。

　　④ （唐）道宣：《续高僧传》卷二十七，《高僧传合集》，上海古籍出版社1991年版，第334页下。

白气自钵而兴，迳上数尺，稍稍引去。畏谓力士曰："亟去，雨至矣。"力士驰去，回顾见白气疾旋，自讲堂而西，若一匹素翻空而上。既而昏霾，大风震电，力士才及天津桥，风雨随马而骤，街中大树多拔焉。力士入奏而衣尽沾湿矣。①

原始佛教经典中常被金翅鸟啄食的弱小的龙，在中土佛教中与传统信仰相融合，成为司雨的神龙。祈雨法是密宗"四大法"之一，②早期密教经典中就有利用神咒祈雨之法，如北魏昙曜译《大吉义神咒经》、东晋帛尸梨蜜多罗译《大孔雀王神咒经》、隋那连提耶舍译《大云轮请雨经》等，这些经典后来大部被不空、义净等高僧重译过。唐代阿地瞿多译《陀罗尼集经》、菩提流志译《不空羂索神变真言经》等也有关于请雨、止雨的相关密法。这是佛教密宗有别于其他宗教派别之处，也是其在中土传播的有利条件。

　　同样，唐代小说中也将持念密咒的灵验宣扬得神乎其神。《广异记》之"李昕"：

　　　　唐李昕者，善持千手千眼咒。有人患疟鬼，昕乃咒之。其鬼见形，谓人曰："我本欲大困辱君，为惧李十四郎，不敢复往。"十四郎即昕也。昕家在东郡，客游河南，其妹染疾，死数日苏，说云："初，被数人领入坟墓间，复有数十人，欲相凌辱。其中一人忽云：'此李十四郎妹也，汝辈欲何之？今李十四郎已还，不久至舍。彼善人也，如闻吾等取其妹，必以神咒相困辱，不如早送还之。'"乃相与送女至舍。女活后，昕亦到舍也。③

疟疾被想象成疟鬼作怪，可用"千手千眼咒"制服。千手千眼咒即千手

---

① 　（宋）赞宁：《宋高僧传》卷二，范祥雍点校，中华书局1987年版，第21页。
② 　密宗"四大法"指依《大孔雀王神咒经》而立的孔雀王经法、依《大云轮请雨经》而立的请雨经法、依《仁王般若经》而立的仁王经法及依《守护国界主陀罗尼经》而立的守护经法。参见赖永海主编《中国佛教百科全书·经典卷》，陈士强撰，上海古籍出版社2000年版，第137页。
③ 　戴孚：《广异记》，方诗铭辑校《冥报记》、《广异记》合刊，中华书局1992年版，第30页。

千眼观世音菩萨无碍大悲心陀罗尼，简称大悲咒，初唐伽梵达摩译《千手千眼观世音菩萨广大圆满无碍大悲心陀罗尼经》，该经有智通、不空、菩提流志等异译本，咒本则有金刚智译本。[①] 千手千眼咒是咒语和手印相结合的密宗咒法，若能诵持者，一切善神龙王金刚会常随护卫，能使"世间八万四千种病，悉皆治之，无不差者。亦能使令一切鬼神，降诸天魔，制诸外道。若在山野诵经坐禅，有诸山精、杂魅、魍魉、鬼神，横相恼乱，心不安定者，诵此咒一遍，是诸鬼神悉皆被缚也。"[②] 功能跟道教符箓咒术不相上下，似乎无所不治、无所不能，只是更为夸张、"威力"更大。又如《广异记》"王乙"：

> 王乙者，自少恒持如意轮咒。开元初，徒侣三人。将适北河。有船夫求载乙等，不甚论钱直，云："正尔自行，故不计价。"乙等初不欲去，谓其徒曰："彼贱其价，是诱我也，得非苞藏祸心乎？"舡人云："所得资者，只以供酒肉之资，但因长者，得不滞行李尔。"其徒信之，乃渡。仍市酒共饮，频举酒属乙，乙屡闻空中言勿饮，心愈惊骇。因是有所疑，酒虽入口者，亦潜吐出，由是独得不醉。泊夜秉烛，其徒悉已大鼾。乙虑有非道，默坐念咒。忽见舡人持一大斧，刀长五六寸，从水仓中入，断二奴头，又斩二伴。次当至乙，乙伏地受死，其烛忽尔遂灭。乙被斫三斧，背后有门，久已钉塞，忽有二人，从门扶乙投水。岸下水深，又投于岸，血虽被体，而不甚痛。行十余里，至一草舍，扬声云："被贼劫。"舍中人收乙入房，以为拒闭。及报县，吏人引乙至劫所，见岸高数十丈，方知神咒之力。后五六日，汴州获贼，问所以，云："烛光忽暗，便失王乙，不知所之。"一疮虽破，而不损骨，寻而平愈如故，此持如意轮咒之功也。[③]

---

① 参见《大正藏》第 20 册，密教部三。

② （唐）伽梵达摩译：《千手千眼观世音菩萨广大圆满无碍大悲心陀罗尼经》卷一，《大正藏》第 20 册，第 108 页上、中。

③ 戴孚：《广异记》，方诗铭辑校《冥报记》、《广异记》合刊，中华书局 1992 年版，第 31—32 页。

如意轮咒即观自在菩萨如意轮陀罗尼咒，又叫如意轮陀罗尼，是用来消灾祈福的密咒。据菩提流志译《如意轮陀罗尼经》卷一《破业障品》，诵持如意轮咒能够破除四重五逆十恶罪障，一切狼虫虎豹、魑魅魍魉、刀兵水火皆不得伤，即使堕入无间地狱也能得到救拔。[①] 这些咒术万能的说教与道教的咒术观并无多大区别。

密宗在中土传播的过程中，发生了与道教法术递相融合渗透的现象，道教的施法手段和词汇大量出现在密宗法术中，有时很难对两者予以明确区分。唐牛肃《纪闻》之"牛腾"载，武则天秉政时，酷吏崔察用事，朝散大夫郏城令牛腾（自称布衣公子，奉佛），因罪外放，将过崔察勘问：

> 公子将见崔察，惧不知所为。忽衢中遇一人，形甚瑰伟，黄衣盛服，乃问公子："欲过中丞，得无惧死乎？"公子惊曰："然。"又曰："公有犀角刀子乎？"曰："有。"异人曰："公有刀子甚善。授公以神咒，见中丞时，但俯伏掐诀，（言带犀角刀子，掐手诀，乃可以诵咒。其诀，左手中指第三节横文，以大指爪掐之。）而密诵咒七遍，当有所见，可以无患矣。咒曰：'吉中吉，迦戌律，提中有律，陁阿婆迦呵。'"公子俯而诵之，既得，仰视异人亡矣，大异之。即见察，同过三十余人，公子名当二十。前十九人，各呼名过，素有隙，察则留处绞斩者，且半焉。次至公子，如其言诵咒，察久不言。仰视之，见一神人，长丈余，仪质非常，出自西阶，直至察前，右拉其肩，左搋其首，面正当背。而诸人但见崔察低头不言，手注定字而已。公子遂得脱，比至屏回顾，见神人释察而亡矣。……[②]

故事的主人公牛腾因奉佛而得一黄衣神人教授掐诀诵咒之法，根据神咒内容及《太平广记》引此故事入"崇经像"类来看，这则故事的宗教背景属佛教毫无疑问。故事有对掐诀情形的描述，掐诀本是道教的法术，

---

① 《大正藏》第20册，第189页中、下。《如意轮陀罗尼》有实叉难陀、义净和宝思维异译本，见《大正藏》第20册，密教部三。

② 《太平广记》卷一一二，第3册，中华书局1961年版，第778页。

— 201 —

此处盖将密宗的手印称为掐诀，密宗法术和道教法术出现了混融现象。密教典籍中常出现道教符、印形制，并常将咒语符箓化来使用，道教法术术语比比皆是。如唐人阿质达霰译《秽迹金刚禁百变法经》有"印法"，阐述印的形制和施法方法；"神变延命法"中甚至出现了"急急如律令"这样的道教法语："（符一道），心痛，书之立即除差，大吉大利，急急如律令。"① 密宗咒术何以演变成这副模样？台湾学者萧登福先生在《道教符箓咒印对佛教密宗之影响》一文中指出，内容包含道教符印和咒术语言的佛教经籍的撰译者，绝大多数为印度来华之传教僧，说明道教曾沿丝绸之路传至印度；另外唐代长安为国际大都市，道教又是国教，所以道教随来华经商传教者传入印度都是可能的。② 可备一说。

　　佛教密宗传入后，对当时的宗教格局最大的影响就是佛道、佛巫斗法，这是宗教之争、宗教冲突的重要内容。唐朝诸帝经常利用佛道祈年、求雨、禳解，并以此判定二教的优劣，最著名的求雨故事如前所述，是并称"开元三大士"的善无畏、金刚智和不空；玄宗还曾令术士和善无畏御前较量神迪，善无畏恬然不动，术士就已败下阵来。③ 又《宋高僧传》卷十七《唐京师章信寺崇惠传》载有关于崇惠与太清宫道士史华角力上刀山、下火海的故事。④ 在佛教徒的记载中，这些较量僧人们全部胜出，但道教徒并不这么认为，在他们的记载中，佛教往往输得很惨。唐中宗也曾命令著名道士叶法善与内道场僧人斗法，在僵持不下的时候，"叶法善取胡桃二升，并壳食之并尽。僧仍不伏。法善烧一铁钵，赫赤两合，欲合老僧头上。僧唱'贼'，裂裟掩面而走"⑤。此老僧据道士杜光庭《仙传拾遗》所言乃金刚三藏。⑥ 因为法术的高下关联到宗教的优劣问题，

---

　　① 《大正藏》第 21 册，第 160 页上。

　　② 灵庙论坛网，2002 年 9 月 15 日，http：//ak47. lhdmy. org/bbs/printthread. php？ threadid＝1787，2002－09－15。

　　③ 参见（宋）赞宁《高僧传》卷一《金刚智传》、《不空传》，卷二《善无畏传》，卷五《一行传》。

　　④ （宋）赞宁：《宋高僧传》卷十七，范祥雍点校，中华书局 1987 年版，第 425—426 页。

　　⑤ （唐）张鷟：《朝野佥载》卷三，《唐五代笔记小说大观》，上海古籍出版社 2000 年版，第 39 页。

　　⑥ （五代）杜光庭：《仙传拾遗》，《太平广记》卷二十二引，第 1 册，中华书局 1961 年版，第 146—150 页。

所以教徒们均不遗余力自神其教，丑化对方。

另外，民间流传已久的巫术观念对佛教咒术的影响亦不容忽略。晋陶渊明《搜神后记》"昙游"：

> 昙游道人，清苦沙门也。剡县有一家事蛊，人啖其食饮，无不吐血死。游尝诣之。主人下食，游依常咒愿。双蜈蚣，长尺余，便于盘中跳走。游便饱食而归，安然无他。①

剡县即今浙江嵊县，吴越文化亦以重巫称，"信巫鬼，好淫祀"，②昙游伏蛊的故事是佛教在江南传播时与巫蛊文化相互影响的表现。唐代，佛教与江南淫祠的冲突融合进一步加强。段成式《酉阳杂俎续集》卷七：

> 长庆初，荆州公安僧会宗，姓蔡，尝中蛊，得病骨立。乃发愿念《金刚经》以待尽，至五十遍，昼梦有人令开口，喉中引出发十余茎。夜又梦吐大蟮长一肘余，因此遂愈。荆山僧行坚见其事。③

这是一个诵经破除巫蛊的例子。至清代，甚至出现了以巫蛊之术害人取钱的"僧蛊"这样的异端。清人李庆辰《醉茶志怪》卷二载，其舅郭莘堂客居河南时，掘土得太岁，识者劝其禳解祭祀，不听。后遇一僧，言其神色青黯，腹中已有蛔虫，若能以十金相酬，当略为砭针，可保无恙。郭斥其妄，更不听。晚投逆旅，夜半吐泻大作，吐虫无算，其虫状如小蛇。郭大骇，急遣人寻僧亦不可得，遂亡。有人言，此乃僧之蛊术，贿之可免。④尽管在唐代尚未出现所谓的"僧蛊"，但诸如此类乌七八糟的事情的存在，无异于自取灭亡。唐武宗会昌二年（842）十月九日敕下："天下所有僧尼解烧炼、咒术、禁气、背军、身上杖痕、鸟文、杂工功，

① 《搜神后记》卷二，《汉魏六朝笔记小说大观》，上海古籍出版社1999年版，第448页。
② 《汉书》卷二八《地理志》，中华书局1962年版，第1666页。《隋书》卷三一《地理志》亦云"江南之俗，……俗信鬼神，好淫祀"，中华书局1973年版，第886页。
③ （唐）段成式：《酉阳杂俎续集》卷七，《唐五代笔记小说大观》，上海古籍出版社2000年版，第770页。
④ （清）李庆辰：《醉茶志怪》卷二，金东校点，齐鲁书社2004年版，第75页。

曾犯淫养妻，不修戒行者，并勒还俗。……"① 寻找借口，打击那些从事炼丹、禁咒的僧人，就成为武宗灭法的前奏。五代后周显德二年（955），佛教以同样原因再次遭禁："……符禁左道、妄称变现、还魂坐化、圣水圣灯妖幻之类，皆是聚众眩惑流俗，今后一切止绝。"② 这也是佛教最后走向衰落的重要原因。

第四节　寺院变相与笔记小说

魏晋至唐人对佛教的因果报应、神迹崇拜以及地狱观念认识，也通过大量绘制寺院变相和佛像的形式予以表达。诸如"法华变"、"涅槃变"、"维摩变"、"净土变"、"西方变"、"弥勒下生变"、"地狱变"等作品，遍布在洛阳、长安和全国的寺院中，著名的创作过佛画的画家有曹不兴、张墨、卫协、戴逵、顾恺之、曹仲达、袁倩、张僧繇、展子虔、张孝师、尹琳、吴道子、董谔、周昉等。他们的作品参见唐张彦远《历代名画记》卷三"记两京外州寺观画壁"和卷四至卷十《记历代能画人名》中。③ 这些变相的题材均来源于相关佛经，从魏晋南北朝到唐代，小说和寺院壁画所关涉的佛经和佛教题材的变化，与同时期佛教的发展状况是同步的。兹以佛经和佛经变相为例，通过归类分析，一窥其规律。④

表四　　　　　　　　　　魏晋南北朝笔记小说中出现的佛经

佛经小说	《首楞严经》	《法华经》	《观世音经》	《无量寿佛经》	《大品般若经》	《海龙王经》
南朝宋·刘义庆《幽明录》	—	—	—			
南朝宋·刘义庆《宣验记》				—		
南朝齐·王琰《冥祥记》	—					

按："—"表示该小说中有相关佛经的诵持获报或神迹灵验故事。

---

① ［日］圆仁：《入唐求法巡礼行记》卷三，上海古籍出版社 1986 年版，第 158 页。

② 《旧五代史》卷一一五《周书·世宗纪》，中华书局 1976 年版，第 1530 页。

③ 张彦远：《历代名画记》，秦仲文、黄苗子点校，人民美术出版社 1963 年版。

④ 佛经变相是"神变相"的物化形态。指根据佛经关于"神变"即"神变相"的描述，将其绘制在寺院壁画或者其他材料上面，作为信徒观想的对象，它的作用与读经诵经一样，都是弘法的手段。

表五　　　　　　　　　　　　唐五代笔记小说中出现的佛经

佛经小说	《法华经》	《观世音经》	《金刚经》	《涅槃经》	《华严经》	《维摩诘经》	《地藏菩萨本愿经》
唐临（600—659）《冥报记》	—	《法华经·普门品》	—	—		郎余令《冥报拾遗》	
牛肃（武后至代宗朝）《纪闻》							地藏菩萨
戴孚《广异记》（780—793）①						—	地藏菩萨
段成式（约803—863）《酉阳杂俎》							地藏菩萨
张读（834或835—886?）《宣室志》							
孙光宪（895—968）《北梦琐言》							—
（宋）洪迈（1123—1202）《夷坚志》						—	地藏菩萨

　　两表相比较，可以发现：第一，《法华经》的影响自魏晋迄宋代，经久不衰，特别是唐代，以其为题材敷衍的小说作品数量较多，其中最主要的是观世音救苦救难思想；魏晋六朝的观世音信仰以《观音经》为依托，唐代以后回复到《法华经·普门品》。这与天台宗的全盛和大力弘扬分不开，也与观世音信仰的民间接受有密切联系。第二，《金刚经》在唐代的影响骤然凸显，这与般若类经典地位的提升和禅宗的日渐兴隆不无关系。玄奘曾将般若类经典重新翻译过，新译本的问世，推动了此类经典的传播和信仰。太宗时的中书令萧瑀笃信佛法，常持《金刚经》，撰《般若经灵验》一十八条彰扬光大之；《金刚经》全称《金刚般若波罗蜜

---

　　① 戴孚生卒年不详，程毅中先生认为《广异记》作于德宗建中年间（780—783），李剑国先生认为作于贞元五至九年间（789—793）或五年前。综合两家意见，此书当成于780—793年间。本表所载作者生卒年即采自此二书及周勋初先生《唐代笔记小说叙录》。参见程毅中《唐代小说史》，人民文学出版社2003年版；李剑国《唐五代志怪传奇叙录》，南开大学出版社1993年版；周勋初《周勋初文集》第五册，江苏古籍出版社2000年版。

经》，属于禅宗重要典籍。① 第三，《涅槃经》灵验故事仅有数则，少量出现于牛肃《纪闻》、唐临《冥报记》和戴孚《广异记》中，其他小说中鲜见；《华严经》也有类似情况，主要原因在于这两部经典的理论推阐色彩太重，没有《金刚经》的简要，也没有《法华经》的简便易行，故而以其为题材敷衍的小说故事较少。第四，地藏信仰在唐代开始流行开来，并对传统的冥界观念和佛教地狱观念进行了改造。第五，宣扬空有不二菩萨行的《维摩诘经》，主要针对小乘佛教脱离世俗生活，闭门修行以求解脱的偏向，强调只要身处尘世而心超凡俗，涅槃境界就在世俗生活中，居家也能成佛，因而在士大夫中很有影响。这个阶层的宗教追求不同于普通民众，他们更倾向于内在的精神追求，那种念一句佛号、写一纸佛经就可摆脱生死轮回的说教，对他们来说，并无吸引力。这部经典的灵异故事仅在郎余令《冥报拾遗》、戴孚《广异记》中各出现一次，所以没有形成相关的故事体系。值得注意的是，保存在敦煌文献中的关于奉经感应的文言小说，如 P.3898 号写卷抄录唐释道宣《集神州三宝感通录》，有感应故事十五则，分别是人们诵持《法华经》、《观音经》、《净名经》、《华严经》、《涅槃经》、而得好报的故事。② 但此类故事数量少，且为僧徒所撰，这与文人所做有所不同，后者才能较为真实地反映时代的宗教信仰。

表六　　　　　张彦远《历代名画记》著录历代寺观画壁佛经变相

时代 ＼ 变相	地狱变	法华变	西方变	净土变	弥勒变	涅槃变	维摩变	华严变	金刚变	降魔变	本行经变	宝积经变	明真经变	其他变相
魏晋南北朝							1					1		
隋唐五代	7	2	3	3	2	3	2	2	2	1	3		2	13

注：数字表示变相出现的次数，隋唐五代的数据主要依据《历代名画记》卷三《记两京外州寺观画壁》、魏晋南北朝的数据主要来自卷四至卷五《叙历代能画名人》。

从表中可以看出：第一，变相的大量出现是在隋唐五代，数量最多的是地狱变相。唐代画家张孝师以善画冥中事著名，画圣吴道子号之为

① 《太平广记》卷一〇二引《报应记》第 3 册，中华书局 1961 年版，第 688 页。
② 邵宁宁、王晶波：《说苑奇葩——晋唐陇右小说》，甘肃教育出版社 1999 年版，第 224—228 页。

"地狱变"，① 这说明对隋唐佛教绘画艺术影响最大的也是佛教的地狱观念，这也与小说中大量的地狱描写相一致。魏晋南北朝时期，变相的创作处于起步阶段，但这个时期的佛像绘画却异彩纷呈，如晋荀勖、张墨、顾恺之、宋袁倩的《维摩诘像》、晋卫协《楞伽七佛》等，以及以释迦牟尼形象、修行经历和说法过程为题材的佛画。② 其中相对较多的佛画是维摩诘像及变相一铺，说明《维摩诘经》在魏晋至隋唐五代士人中有较大的影响，这与他在小说中的寂寥形成了对比。第二，在唐代小说中出现过的佛经，几乎都有相应的经变相被绘制在两京及外州的寺院壁画中。尽管净土类经典很少出现在小说中，但净土思想却对小说创作具有很深影响。根据表六可以看出，包括弥勒净土和弥陀净土在内，净土类变相共八铺，所占比例与地狱变相相侔。这说明对美好世界的期待、渴望与对死亡世界的关心、恐惧相互交织，是一种较为普遍的宗教文化心理。

　　唐代出现的以经像崇拜为题材的小说，辅教目的比较明显，而以变相和其他佛画为主的寺院壁画，同样具有强烈的辅教色彩。信众通过观想壁画，产生强烈的宗教情绪，这种印象会转化为规范、约束其行为的社会意识，甚至为求摆脱生死困扰而皈依佛教。另一方面，文学家也从寺院壁画中汲取素材，尝试文学创作风格的转型和突破。允吉先生在《论唐代寺院壁画对韩愈诗歌的影响》、《韩愈〈南山诗〉与密宗"曼荼罗画"》两文中指出，韩愈诗歌的构思和塑形，显示他受到寺院壁画的影响，特别表现在受奇踪异状、地狱变相和密宗曼荼罗画的启发；寺院壁画焕然的艺术成就和诡怪的造型特点，广泛而纵深地影响着当时人们的精神生活，实乃中唐文学尚怪审美风尚之一大渊薮。③ 所以唐代小说家对地狱和净土世界的想象和描写，除了借鉴佛经、道听途说以外，观想寺院变相当为一重要途径。敦煌变文也有与寺院《地狱变》、《降魔变》相对应的《地狱变文》、《降魔变文》、《破魔变文》等。④

---

　　① 张彦远：《历代名画记》卷九，秦仲文、黄苗子点校，人民美术出版社 1963 年版，第171页。

　　② 张彦远：《历代名画记》卷五、卷六，秦仲文、黄苗子点校，人民美术出版社 1963 年版。

　　③ 陈允吉：《论唐代寺院壁画对韩愈诗歌的影响》、《韩愈〈南山诗〉与密宗"曼荼罗画"》，载《古典文学佛教溯源十论》，复旦大学出版社 2002 年版。

　　④ 参见王重民等编《敦煌变文集》，人民文学出版社 1957 年版。

第五节 《太平广记》"妖妄部"与唐五代佛教的异变

　　唐五代是中国佛教发展的黄金时期，大多数佛教宗派形成于这一时期，有些宗派则在这一时期经历了生成、鼎盛和消亡的全过程，如玄奘创立的法相宗，也有像三阶教这样的宗派在尚未完全成熟的时候即招致打击而消亡。可以说，唐五代社会是中国佛教滋生、演变的黄金时期，佛教由全盛而走上了激烈分化组合的道路。社会的急剧变革和佛教在下层民众间的传播，导致了佛教的衍变和异化，正统佛教产生了一些新的变化，甚至出现了异端化倾向，此处称之为佛教的"异变"。所谓异变，是相对于正统佛教而言的，是指佛教的发展和变化出现了脱离正统宗教发展轨道的现象，但又跟我们所说的佛教发展出民间宗教教派有别，可以说是正统佛教发展成民间宗教过程中的一种现象。关于唐五代的民间宗教，如摩尼教、弥勒教等与唐五代笔记小说的关系，本书第六章"民间宗教与唐五代笔记小说"有论述，此处主要讨论唐五代佛教发展过程中异变现象。

　　佛教的异变具有何种特征，是需要首先探索的问题。唐五代时期，佛教早已扎根成长为受到官方正式承认并支持传播的正统宗教，尽管也曾发生过唐武宗和后周世宗的大规模法难，以及部分官僚士大夫和道教徒的攻击、非难，但这并不能改变佛教立足中土的客观事实。唐武宗与周世宗灭佛有宗教信仰的原因，更重要的是政治原因，至于道徒和部分士大夫的反对意见，仍然是佛教初传中国遇到的反对意见的老调重弹，不属于因"异变"而引起的反弹。我们需要搞清唐五代佛教出现的新情况，这种新情况势必有悖于正统宗教的宗旨，甚至威胁到封建政治伦理体系，触发统治体系的警觉和强烈反应，引起官方和宗教人士的担忧、质疑、不满乃至压制、打击，被抨击为"妖妄"、"妖邪"、"左道"。① 这才是异变的佛教的基本特征。我们看看唐五代时期的几则官方文书。

---

　　① 此处所言民间宗教化的佛教，自然不包括魏晋南北朝时期就已形成流传的弥勒教、大乘教等民间宗教教派，而主要指唐五代佛教出现的新变化。

唐玄宗开元十九年（731），曾下《诫励僧尼敕》，禁断在社会上颇为流行的俗讲：

> 说兹因果，广树筌蹄，事涉虚玄，渺同河汉。……近日僧道，此风犹盛。因依讲说，煽惑闾阎；溪壑无厌，惟财是敛。津梁自坏，其教安施；无益于人，有蠹于俗。或出入州县，假托威权；或巡历村乡，恣行教化。因其聚会，便有宿宵；左道不常，异端斯起。自今以后，僧尼除讲律以外，一切禁断。……①

诏令里提到的"讲说"就是俗讲。唐玄宗认为，僧人在民间私自以俗讲的形式宣扬果报，有蛊惑民众、伤风败俗、假托威权、私行教化、非法聚集、聚敛财物等不端行为，如不加以控制，就会演化为左道异端，类似于我们今天所说的邪教。这种现象的放任自流，会削弱皇权威信，败坏名教纲常和社会伦理规范，剥夺中央王朝对社会民众的有效组织和管理，威胁统治秩序，所以必须提高警惕，严加禁断。宪宗元和十年（815）五月，再下诏书，整顿全国俗讲：

> 京城寺观（俗）讲，宜准兴元元年九月一日敕处分；诸畿县（俗）讲，宜勒停；其观察使节度州，每三长斋月，任一寺一观置（俗）讲，余州悉停，恶其聚众，且虞变也。②

这里表现出来的仍然是对俗讲容易导致聚众生变的担忧。通过上述材料的分析可见，能够触动统治者敏感神经的不外乎这几点：一、假托神佛，传习法术，散布社会流言，耸人耳目，蛊惑民众；二、非法聚众，特别是夜聚晓散，男女杂处，有导致聚众淫乱或生民变之虞；三、聚敛财物，乃至害人性命。这些特征可以作为判断佛教异变的依据。

宋代以后，因为摩尼教、祆教等外来宗教转变为秘密宗教，在江南

---

① （宋）宋敏求：《唐大诏令集》卷一一三，商务印书馆1959年版，第588页。
② 《册府元龟》卷五十二《帝王部·崇释氏二》，中华书局1962年版，第579页中。

民间传播，佛教的异端教派日益发展壮大，并与摩尼等教相互渗透，相互影响，产生了众多的民间宗教组织。自元明以后，更是迎来了民间宗教的辉煌时期，如白莲教、无为教、黄天教等。中央王朝跟民间宗教组织的冲突加剧，处置措施也日渐严厉，进入全面的对抗状态。这些成熟的民间宗教组织也具备自身的一些特征。《宋会要辑稿》刑法二《禁约》载宋大观二年（1108）信阳军言：

> 契勘夜聚晓散，传习妖教及结经社、香会之人，若与男女杂处，自合依条断遣外，若偶有妇女杂处者，即未有专法。乞委监司，每季一行州县，觉察禁止，仍下有司立法施行。①

宋代是一个民间宗教渐兴的时代，出现了诸如二桧（会）子、牟（摩）尼教、四果、金刚禅、明教或揭谛斋之类名目的、以"吃菜事魔"为特点的民间宗教结社，受到宋王朝的敌视和多次镇压。这些宗教结社受到批评的一个重要特征是"男女杂处"的混乱局面和"夜聚晓散"的诡秘行为。再如宋徽宗宣和二年（1120）十一月四日臣僚关于明教及摩尼教的上书言：

> 温州等处狂悖之人，自称明教，号为行者。……每年正月内，取历中密月，聚集使者、听者、姑婆、斋姊等人，建设道场，鼓扇愚民男女，夜聚晓散。……②

宋高宗绍兴二年（1137）十一月二十九枢密院言：

> 宣和间，温、台村民多学妖法。号吃菜事魔。……千百成群，夜聚晓散，传习妖教。……③

---

① （清）徐松：《宋会要辑稿·刑法二》之四八，大东书局1935年版，第165册。
② （清）徐松：《宋会要辑稿·刑法二》之七八，大东书局1935年版，第165册。
③ （清）徐松：《宋会要辑稿·刑法二》之一一一，大东书局1935年版，第165册。

这样的行为不独是聚众，更会滋生淫乱行为，其对社会风气的腐蚀败坏作用岂能为士大夫和官方所容忍坐视？至于在聚会中传习幻术，假托神佛降生转世，更让统治者惊恐不安，这会严重动摇封建神权的根基，因为唐高祖、武则天就是这么上台的。如果没有蛊惑民众和假托妖邪之虞，民间自发的念佛、吃斋、静修行为并不会受到官方的禁制。我们可以以清政府对江南无为教的态度来说明这一问题。明末清初以后，在浙江、福建和江西等江南一带，流传着一支自称为"罗教"的民间宗教教派，源于明中叶北直隶密云后卫运粮军士、山东即墨籍人罗梦鸿创立的无为教。这支无为教即南传无为教，主要有三个较为著名的教派：浙江处州府丽水县人应继南（1527？—1582）创立的"无极正派"、浙江处州府庆元县人姚文宇（1578—1646）创立"灵山正派"以及浙江金华人潘三多（1826—1872）创立的"觉性正宗派"①。无为教是清廷镇压的重要对象，应继南和姚文宇均死于官方之手。雍正年间，禁罗教甚严，当时的福建巡抚刘世明以"习无为罗教者阖家吃斋，臣通饬严禁"上奏朝廷，雍正皇帝却以"但应禁止邪教惑众，从未有禁人吃斋之理，此奏甚属乖谬纷扰"的谕旨，将奏折驳回。② 至于后来的无为教觉性正宗派，因为教主潘三多推行宗教改革，革除了烦琐的修行仪式，反对教徒修习法术、敛聚钱财，主张通过内在修悟明心见性，弱化了江南无为教的反社会色彩，颇具平民意识，从而赢得了官方和社会的理解、宽容。这说明，民间宗教只要不与官方争夺对民众的教化权、冲击政府的组织管理权，妨害行政事务，危及政权，统治者是不以邪教论处的。

新兴宗教的产生，大都经过一个民间传播的过程。无独有偶，早期基督教教会，也因为一些特征而受到罗马政府的误解和疑虑。如基督徒不向罗马神庙献祭，不承认作为神庙至高大祭司的罗马皇帝的神性，被认为是蔑视罗马政府和皇帝；最初的基督教会非常封闭，他们盼望建立

---

① 关于江南无为教的研究，学界有较大的分歧，本书持江南无为教乃罗梦鸿无为教南传支派的观点。此外，关于潘三多江南无为教觉性正宗派的研究，参见拙文《〈问答宝卷〉解析——江南无为教觉性正宗派的传世经卷》，载《世界宗教研究》2008 年第 4 期。

② 蒋良骐：《东华录》卷三十一，转引自马西沙、韩秉方《中国民间宗教史》，中国社会科学出版社 2004 年版，第 353 页。

来世的上帝的永恒天国，宣扬耶稣是拯救世界和施行末日审判的弥赛亚，引起统治者的警惕和防范，以为其具有反政府倾向；"圣餐"礼仪被怀疑是吃人肉人血；"集体生活"被怀疑是搞不道德活动。① 同样，在伊斯兰教创教初期，尽管遭遇的最大困难是部落战争和氏族冲突，但穆罕默德所宣扬的关于安拉独一和无限威力的说教、关于现世浩劫和末日审判迫近的警告、对古代民族遭遇厄运惩罚的渲染，以及对追逐财富的谴责和对道德正义的伸张，吸引下层人民，却与麦加贵族的世俗观念截然对立，触动了后者的宗教、政治和经济利益，因而遭到了反对和迫害。② 而这些强烈的反正统宗教和反政府色彩的特征，在反映佛教异变现象的故事中是不存在的。

通过上述分析，我们能够比较清晰地看出唐五代时期异变后的佛教与宋元以后的民间宗教的区别特征。虽然某些特征有重合，但关键的区别是前者仅仅是一种现象，而后者是一种宗教形态。唐五代笔记小说中反映佛教异变现象的宗教故事，部分被《太平广记》的编纂者们选编入"妖妄"部目卜，显然也是注意到这一问题。所谓"妖"，与受到世俗民众崇敬供奉的神、佛对立，"妄"者荒诞、荒谬之意，所以《太平广记》的"妖妄部"收录的是与正统宗教观念相背离的异端现象和行为。今以此为基本素材，探究唐五代佛教的新变化。

《太平广记》"妖妄部"共三卷，收录三十八则故事，发生在唐五代时期的有三十五则。原出自五代孙光宪《北梦琐言》的《陈仆射》是关于五代民间宗教弥勒教的故事。与佛教有关的具有民间宗教化倾向的故事有《于世尊》、《贺玄景》、《双圣灯》等数则。《于世尊》原出五代孙光宪《北梦琐言》，《太平广记》收录于卷二八九：

> 遂州巡属村民，姓于，号世尊者，与一女，皆逆知人之吉凶，数州敬奉，舍财山积。錾凿崖壁，列为佛像，所费莫知纪极。节度许公存，以其妖妄，召至府衙，俾其射覆。不中，乃械而杀之，一

① 王美秀、段琦、文庸、乐峰等：《基督教史》，江苏人民出版社 2006 年版，第 44 页。
② 金宜久：《伊斯兰教史》，江苏人民出版社 2006 年版，第 46—48、49 页。

无神变。于其所居，得五色文麻絚，以牛载仅百驮，钱帛即可知也。每夜会，自作阿弥陀佛，宫殿池沼，一如西方。男女俱集，念佛而已。斯亦下愚之流，岂术神耶，将有物凭之耶？[1]

于世尊作为一介村民，假托阿弥陀佛，替人预测吉凶祸福，赢得几州民众信奉，借此聚敛财富，且每夜男女聚集念佛，不但有违佛教戒律，亦是对封建秩序的挑战。但五代王蜀东川节度使许存最终感兴趣的是于世尊是否真有神通变化，并能预测吉凶，最终冠了个"妖妄"的罪名斩了，这说明于世尊仅仅是聚会念佛，聚敛钱财，并无结社行为，因此并不是成熟的民间宗教结社，但却是佛教弥陀净土信仰的异变。

中国弥陀净土信仰的宗教理论基础奠基于东晋慧远（334—416）、北魏昙鸾（476—542），但弥陀净土宗的真正开创者却是隋唐之际的道绰（562—645）和唐代僧人善导（613—681）。隋唐之际弥勒信仰衰落而弥陀信仰逐渐盛行，这个时期的弥勒信仰演化成了弥勒教，最终在南宋时跟茅子元创立的白莲宗融合，进而演变为白莲教，成为影响广泛的著名民间宗教，在元末发展成为横扫元朝统治势力的农民起义的主体信仰。所以唐五代时期的笔记小说中的弥勒信仰也不再是一种纯粹的佛教信仰，而是弥勒教的思想基础，并且与摩尼教发生合流。关于这一点，本书第六章有述。

弥陀净土思想取代弥勒教的结果是，在民间掀起了弥陀信仰的风气。从唐五代的笔记小说中我们发现，弥陀净土信仰被社会下层接受，得到了敬奉和传播。我们比较唐道宣撰《续高僧传》和宋王古辑《新修往生传》所载道绰、善导修行事迹，考察净土高僧和民间的净土修养的差异。《续高僧传·道绰传》云：

> 自绰宗净业，坐常面西。晨宵一服，鲜洁为体。仪貌充伟，并部推焉。顾眄风生，舒颜引接。六时笃敬，初不缺行。接唱承拜，生来弗绝。才有余暇，口诵佛名，日以七万为限，声声相注，弘于净业。[2]

---

[1]　《太平广记》卷二八九，中华书局1961年版，第2301页。

[2]　（唐）道宣：《续高僧传》卷二十，《高僧传合集》，上海古籍出版社1991年版，第273页上。

而《新修往生传》记载，善导一切名利无心起念，护持戒品，纤毫不犯，粗衣恶食，目不视女色，口不绮词戏笑，将信徒的供养财物悉数用来营造伽蓝塔舍，"每自独行，……京华诸州僧尼士女，或投身高岭，或寄命深泉，或自堕高枝，焚身供养者，略闻四远，向百余人。诸修梵行弃舍妻子者，诵阿弥陀经十万至三十万遍者，念阿弥陀佛日得一万五千至十万遍者，及得念佛三昧往生净土者，不可知数。或闻导曰：'念佛之善生净土耶？'对曰：'如汝所念遂汝所愿。'对已，导乃自念阿弥陀佛，如是一声，则有一道光明从其口出，十声至百声光亦如此。"①净土大师们的修行，从表面上看，与民间的修行没有什么特别的差异，都是聚会口称阿弥陀佛佛号，日以数万遍，近乎痴狂，但他们的处境和命运却是截然不同。原因就在于前者获得官方的认可和支持，他们的梵修行为集中在宗教场所，期望通过专修净土，得以往生。如善导，竭力保持与信众的距离，即使发生狂热信徒的极端崇拜行为，也能撇清干系。而诸如于世尊则假托弥陀佛，妄言吉凶祸福，敛取钱财，且"夜会"念佛，神秘鬼祟，脱离了官方掌控，往往被视为对现实统治秩序的威胁，所以被目之为妖妄予以取缔，则是再正常不过的结局了。《于世尊》这则小说表明，唐代形成的弥陀信仰在五代时已发生异变，出现了民间宗教化的倾向。到了宋代，民间净土结会之风出现并增多，弥陀信仰逐渐演变为民间宗教。还是在于世尊所在的遂宁一地，宋代就出现了民间弥陀信仰结社的现象。据宋志磐《佛祖统纪》卷二十九记载，宋代遂宁人冯揖，号不动居士，晚年"专崇净业，作西方礼文，弥陀忏仪"，归居乡里后，作净土会。②这说明五代时在遂州一地民间出现的弥陀净土信仰，在宋代已经演化为民间宗教结社，称得上是真正的民间宗教现象了。到了南宋，白莲宗、白云宗等宗派的出现，表明独立形态的民间宗教组织出现了，在元代发展成为声势浩大的反政府武装红巾军的组织基础。

《太平广记》卷二八八所载贺玄景故事，出自张鷟《朝野佥载》：

---

① （宋）王古：《新修往生传》卷中佚文《释善导传》，《续藏经》第 78 册，第 163 页下。
② （宋）志磐：《佛祖统纪》卷二十九，《续藏经》第 49 册，第 283 页下。

景云中，有长发贺玄景，自称五戒贤者，同为妖者十余人。于陆浑山中结草舍，幻惑愚人子女，倾家产事之。给云至心求者必得成佛。玄景为金薄袈裟，独坐暗室，令愚者窃视，云佛放光，众皆慑伏。缘于悬崖下烧火，遣数人于半崖间披红碧纱为仙衣，随风习飐。令众观之，诳曰："此仙也。"各令着仙衣以飞就之，即得成道。克日设斋，饮中置莨菪子，与众餐之。女子好发者，截取为剃头，串仙衣，临崖下视，眼花恍惚，推崖底，一时烧杀，没取资财。事败，官司来检，灰中得焦拳尸骸数百余人。敕决杀玄景，县官左降。①

所谓"五戒贤者"指奉行佛教五戒的居士，能持五戒者均会受到信徒们的尊敬和礼遇。这则故事中的贺玄景，却是一介欺世盗名之徒，他利用了唐代民众复杂的宗教信仰结构，采取了混合佛、道的手段幻惑愚人，致使盲从的信徒们失财丧命。其人以"长发"为基本特征，诳惑信众，为他们服食药物（莨菪子又名天仙子，有毒，古方可入药），假造神仙境界，以助人成仙为名图财害命，有滑向邪教的倾向。这种异端现象的出现，自然与唐代崇佛修仙的宗教氛围有关，也只有在佛教、道教发展到极盛的阶段后才会出现。佛教在经过了武则天时期（684—704）的昌盛发展，至唐睿宗景云年间（710—711）出现贺玄景这样的宗教异端现象，表明佛道的共同传播在民间出现了宗教混同的现象，这种混同并非宗教交融和宗教论争意义上的"三教同源"、"三教合一"，而是预示着一种新宗教形态的孕育，可以视作元明以后混同释道的民间宗教的萌芽。

与《贺玄景》不同的是，原出自唐陆长源《辨疑志》的《双圣灯》则是一个宗教背景更为复杂的故事：

长安城南四十里，有灵母谷，呼为炭谷。入谷五里，有惠炬寺。寺西南渡涧，水缘崖侧，一十八里至峰，谓之灵应台。台上置塔，

_____

① 《太平广记》卷二八八《妖妄部》，亦参见（唐）张鷟《朝野佥载》卷五，《唐五代笔记小说大观》，上海古籍出版社 2000 年版，第 65 页。

塔中观世音菩萨铁像，像是六军散将安太清置造。众传观世音菩萨曾见身于此台。又说塔铁像常见身光。长安市人流俗之辈，争往礼谒，去者皆背负米曲油酱之属。台下并侧近兰若四十余所，僧及行童，衣服饮食有余。每至大斋日送供，士女仅至千人，少不减数百，同宿于台上，至于礼念，求见光。兼云：常见圣灯出，其灯或在半山，或在平地，高下无定。大历十四年，四月八日夜，大众合声礼念，西南近台，见双圣灯。又有一六军健卒，遂自扑，叫唤观世音菩萨，步步趋圣灯向前，忽然被虎拽去。其见者乃是虎目光也。①

这篇小说很可能受到摩尼教或者袄教的影响，而并非简单的观世音信仰。疑问在于以下几点：

第一，"惠炬寺"的名称问题。"炬"有二义，一为火把，《说文》作"苣"；二指蜡烛。"炬"当为蜡烛之义，古代燃蜡烛为灯照明，故"惠炬寺"之得名当为就灯取义，下文关于寺中常见圣灯出的传言足可佐证。第二，安太清的族属问题。这个六军散将安太清，是不是粟特胡人安禄山、史思明的大将安太清，不可妄断。检两《唐书》，安太清本为禄山大将，禄山死后，受其子安庆绪节制，庆绪死，遂归史思明。太清与唐朝大将郭子仪、李光弼多次交手，后投降光弼。② 降后如何处置，史无明文，是否遇赦得建惠炬寺观音像，亦不好猜测。"安"姓是唐代昭武九姓胡之一，粟特人之一支，此乃学界共识。如安禄山、安延祖、安神俨，李抱玉、李抱真弟兄二人本亦为安姓胡人。③ 粟特胡族的宗教信仰很复杂，一般来讲，袄教是主要宗教，也夹杂信仰佛教、摩尼教和景教信仰。④ 其摩尼教信仰常和佛教信仰相混杂，特别是内地胡人，佛教化的程

① 《太平广记》卷二八九，第6册，中华书局1961年版，第2299页。
② 《旧唐书》卷一一○《李光弼传》、卷一二○《郭子仪传》，中华书局1975年版，第3309、3451页；《新唐书》卷一三五《哥舒曜传》、卷二二五《史思明传》，中华书局1975年版，第4572、6427页。
③ 参见向达《唐代长安与西域文明》，河北人民出版社2001年版，第24—26页；蔡鸿生《唐代九姓胡与突厥文化》，中华书局1998年版，第38—39页。
④ 龚方震、晏可佳：《袄教史》，上海社会科学院出版社1998年版，第233—235页。参见林悟殊《早期摩尼教在中亚地区的成功传播》，《摩尼教及其东渐》，中华书局1987年版，第41页。

度更重。所以这个安太清的信仰问题也值得探讨。第三，关于"双圣灯"。佛教遇有斋会祭供，也燃灯，但仅仅作为供养佛像的祭具使用，未有将对灯的顶礼膜拜置于对佛菩萨的崇敬之上。此小说中六军健卒和士女大众，对双圣灯表现出的狂热宗教情绪，显示出了摩尼教明灯崇拜的特征。摩尼教崇尚光明，所以在宗教仪式中燃灯供奉，即光明宝灯，是为宗教圣物，象征驱除黑暗魔王的光明使者，对之进行祭祀活动是摩尼教的重要特征。《摩尼教残经一》云："是时惠明使于其清静五种宝地，栽蒔五种光明胜誉无上宝树；复于五种光明宝台，燃五常住光明宝灯。"① 所以，双圣灯可能是摩尼教的神物。"惠炬寺"之得名，可能受上述引文之"惠明使"和"光明宝灯"启示，各取一字而成。第四，斋会仪轨问题。大斋日士女千百人同宿灵应台，这与佛教戒律是相悖的，佛教明确反对僧尼男女混厕。但这种行为在摩尼教中却符合教法，且有明确规定。《摩尼教残经一》：

> 常乐清静徒众，与共住止；所至之处，亦不别众独寝一室，若有此者，名为病人。
>
> 常乐和合，与众同住，不愿别居，各兴异计。②

《摩尼光佛教法仪略·寺宇仪》也规定，寺院设五堂，"法众共居，精修善业；不得别立私室厨库。每日斋食，俨然待施；若无施者，乞丐以充。"③ 摩尼教要求信众同住同宿，不能离开众人单独居止。这应当是一种自然的居住状态，同处一室，共同礼拜修行。从官方对摩尼教的批判可以证实这种修行方式是被严格执行了的。如前引后梁贞明六年陈州摩尼教徒母乙起事，其徒众"不食荤茹，诱化庸民，揉杂淫秽，宵聚昼散"，千百成群，夜聚晓散，正与《双圣灯》的描写相符合。那些礼敬双圣灯的徒众同宿一台，夜观圣灯，白天散去，各为其事。《摩尼光佛教法仪略·寺

---

① 《摩尼教残经一》释文，载林悟殊《摩尼教及其东渐》附录，中华书局 1987 年版，第 222 页。
② 林悟殊：《摩尼教及其东渐》附录，中华书局 1987 年版，第 225、228 页。
③ 同上书，第 232 页。

宇仪》规定徒众不得私设厨库,斋日于寺中等待施主供养,《双圣灯》言礼谒铁像者皆背负米曲、油酱之类前往惠炬寺,两者亦有相吻合之处。所以,《双圣灯》崇拜双灯当为受到摩尼教渗透。另外,小说中的"灵母谷"亦值得注意和研究,"灵母"究竟指什么,是观音菩萨还是摩尼教的生命母(汉译善母),资料缺乏,待考。

由于摩尼教寄形于佛教传播,所以很难仅从文献资料记载的僧名、寺名中区分出摩尼教的痕迹,同样,仅凭个别的佛教词汇或教义也不能贸然认定其属于佛教。因为唐人将摩尼教、景教和祆教的教徒、寺院按照与佛教一样的称呼来对待,一律称为僧人和寺院,从而造成了理解上的混乱。这则故事使我们看到了唐代佛教受到摩尼教影响的影子,与唐初摩尼教初传时大量吸收佛教词汇以自见的状况有所不同,所以这是很明显的佛教的异变现象。

在《太平广记》的"幻术部"也出现了"妖僧"形象。《功德山》一篇出自五代王仁裕《王氏见闻》:

> 唐巢寇将乱中原,汴中有妖僧功德山,远近桑门皆归之,至于士庶,无不降附者。能于纸上画神寇,放入人家,令作祸祟,幻惑居人,通宵继昼,不能安寝。或致人疾苦,及命功德山赠金作法,则患立除之。又画纸作甲兵,夜夜于街坊嘶鸣,腾践城郭,天明即无所见。又多画其犬,焚祝之,夜则鸣吠,相咬啮于街衢,居人不得安眠,命而赠之,即悄无影响。人既异其术,趋术者愈众。又滑州有一僧,颇善妖术,与功德山无异,公私颇患之。时中书令王铎镇滑台,遂下令曰:"南燕地分有灾,宜善禳之。"遂自公衙至于诸军营,开启道场,延僧数千人。僧数不足,遂牒汴州,请功德山一行徒众悉赴之,遂以幡花螺钹迎至卫。赴道场之夕,分选近上名德,入于公衙,其余并令散赴诸营礼忏。洎入营,悉键门而坑之,方袍而死者数千人。衙中只留功德山已下莫长,讯之,并是巢贼之党,将欲自二州相应而起,咸命诛之。[1]

---

① 《太平广记》卷二八七,第6册,中华书局1961年版,第2286页。

妖僧功德山故事发生的背景是唐末黄巢起义时期，政治纷争，军阀割据，宦官乱政，民间暗潮涌动，佛教界也异端纷起。功德山的这种"妖术"，分明是道教法术的那一套，可见佛道异端交融，已被不法僧人利用，为患民间，甚至成了黄巢起事的工具，而中书令王铎的镇压也是异常的残酷，数千僧人死于非命，斗争相当激烈。这则故事表明，唐末的正统佛教业已走向衰落，佛教的异端已经不再蛰伏于中央和地方政权之下敛财害命了，它有了政治诉求，实实在在地威胁到了王权统治。

唐五代佛教的异变现象并不具备成熟宗教的四个特征，其本质上属于正统宗教的异端化倾向。在制约中衍变，是唐五代佛教的一个重要特征，这个时期，佛教在发展过程中出现了一些具备民间宗教特征的"异化"现象，但尚未演变为真正的民间宗教，是正统佛教衍生民间宗教的过渡期。唐五代佛教的异变，孕育了宋元以后形形色色的民间宗教教派，所以在中国民间宗教史上是一个重要的萌芽时期。宋元以后的民间宗教组织，大多是国家宗教、佛教、道教等正统宗教的衍生和变异教派，少数是摩尼教、祆教、景教等境外传入教派。

小　结

佛教和道教一样，对唐代社会生活产生了重大的影响，这其中自然不能排除统治者个人出于政治目的的扶持与抑制，其能迅速发展的重要原因在于长达几百年的三教之争。争论乃至斗争使佛教不断调整其教义和组织制度，向代表宗法性传统宗教和儒家伦理体系的皇权妥协，并彻底融入了中土社会，取得了合法弘传的机会和权利。业报轮回、神通变化之类由这个外来宗教输入的教理，成为华夏民族伦理道德体系和宗教信仰的重要组成。所以在唐代，尽管三教之争依然激烈，但其重心已不在于佛教是否夷狄之教、是否适合于中土传教，而在于如何控制佛教规模，使其不至于过于强大而伤民害政，以及如何加以进一步的改造，令其为我所用。唐代数百年的宗教控制，主要是围绕这两点展开的。

小说与变相辅教，成为宗教斗争和佛教传播的有力手段，论其要旨，大抵不出二端，一者因缘感应，二者因果报应，此乃佛教震耸世俗之根要。佛教地狱观在唐代取代传统的太山治鬼说，是一个重要的宗教文化现象，自兹而后，地狱成为中土传统信仰，影响深远。以咒术为核心的佛教法术，弥补了佛教与道教争取信众过程中的不足，而唐代密宗的传入，又助其波澜，吸收道教法术观念，乃至难分难解，亦其末流耳。

唐五代的佛教，经过迅猛发展进入鼎盛期后，也出现了异变现象，初步具备了一些民间宗教的特征，尚未发展成熟为民间宗教教派，与这个时期在民间流传的摩尼教、弥勒教等有所区别，但也是值得关注的现象。这些异变现象在唐五代的笔记小说中有所反映，既可以作为宗教小说研究的对象，也可作为考察唐五代佛教向民间宗教衍变的绝好素材。

第六章 民间宗教与唐五代笔记小说

民间宗教是一个复杂的充满争议的概念，分歧的关键在于如何定性民间秘密会社、民间信仰及与之伴随的仪式、习俗等。国内外学界的主要看法一般分为两类，一类认为它们就是宗教或类宗教组织，但更多学者倾向于不认同它们为宗教。在一般汉学家看来，民间宗教可以指非官方的秘密教派，也可以指有文本传统的道教、儒家哲学和佛教的民间散布形态。美国学者欧大年（Daniel Overmyer）以"民间宗教教派"这样的名称区别民间宗教与秘密会社，认为民间教派与佛教的关系最为密切。① 俄国科学院远东研究所学者马良文博士（Владимир Вячеславович Мачявин）认为民间宗教属于在中国传统宗教（佛教、道教）基础上和宗教意识世俗化过程中发展起来的晚期宗教，它与民间信仰有别。② 国内学者倾向于认同民间宗教的存在，且一般认为民间宗教指的是"制度化的宗教"，即一般具有经卷、仪式、教规，以及与之相应的信仰体系与组织方式，能够激发并维持教徒的终极关怀。③ 我国台湾学者王见川、李世伟也认为，民间宗教与民间信仰有别，相对于制度化或正统化的佛教、道教、伊斯兰教等"既成宗教"而言，民间宗教含有制度化宗教的某些特征，例如明确的教义、教主、经典、神职人员等，通常不为官方所承认，只能在民间求生存，如台湾戒严时期的一贯道、慈惠堂等。④ 内地比较有

---

① ［美］欧大年（Daniel Overmyer）：《中国民间宗教教派研究》，上海古籍出版社 1993 年版。

② ［俄］马良文：《中国民间宗教刍议》，载《世界宗教研究》1994 年第 1 期。

③ 金尚理：《民间宗教与中国社会》，载《海南师范学院学报》（哲学社会科学版）2001 年第 4 期。

④ 王见川、李世伟：《战后以来台湾的"宗教研究"概述——以佛、道与民间宗教为考查中心》，载张珣、江灿腾合编《当代台湾宗教研究道伦》，宗教文化出版社 2004 年版，第 473 页。

影响的著作如马西沙、韩秉方《中国民间宗教史》，所言民间宗教就指有宗教经典、宗教制度和组织的秘密教派。① 本书所言民间宗教，既指符合吕大吉先生宗教四要素说、与官方确立的正统宗教相对、流传于民间的宗教形态或宗教组织，也包括传入中土而流传于民间的外来宗教。

　　民间宗教相对于得到官方支持的正统宗教而言，其差异更多地表现在政治范畴，而不是宗教本身。世界上一些著名的宗教如佛教、基督教、伊斯兰教无一例外都经历过民间宗教阶段。佛教的创立者释迦牟尼虽然出生王族，但佛教在最初是受印度官方宗教婆罗门教排斥的，在底层传播，影响扩大后才得到了部分王国的支持而迅速壮大起来。佛教传入中国后，也曾引起政治高层的激烈争论，被视为夷狄之教，比附于神仙方术。我国土生土长的道教，在两汉时期被目之为邪教，因为其教义和组织严重威胁了中央政权，受到绞杀。汉末的黄巾起义更是直接导致了军阀混战、王朝覆灭的命运，所以诸如曹操之类的统治者对五斗米道等保持高度的警惕。来自中央王权的高压促使道教在教义、仪式、组织方面进行了改造，最后走向上层，成为官方认可的正统宗教。但民间宗教的生成从来没有停止过，这与民间世俗信仰有关，也与阶级压迫和社会下层的苦难生活有关。魏晋以后至隋唐后起的民间宗教可分为两种情况，一是正统宗教如佛教的流衍或异端，如弥勒教、大乘教；二是遭官方限制、弹压，或虽得到官方短时间承认，但仍然在民间传播的外来宗教，如摩尼教、祆教等。②

第一节　弥勒信仰与弥勒教

　　弥勒净土信仰和弥勒救世思想，在南北朝和隋唐时期流传甚广，其基本经典和教义即来自佛教。东汉末年《大乘方等要慧经》的译出，将

---

　　① 马西沙、韩秉方：《中国民间宗教史》，中国社会科学出版社2004年版。
　　② 唐代摩尼教、祆教也曾得到官方有限的认可，但这种认可并非一种成熟、连续的宗教政策，曾多次遭到禁制，而且常常受到佛、道二教的攻击。最重要的是，摩尼教和祆教的传播渠道和信众群体主要是胡人，汉人信奉二教的非常少，且主要在民间。《太平广记》卷一〇七引《报应记》"吴可久"故事中，吴氏夫妇因信奉摩尼教，其妻坐邪见转生为蛇，是少有的一例明确提到信奉摩尼教的例子。《太平广记》卷一〇七引，第3册，中华书局1961年版，第727页。

弥勒净土观念引入中国，催生大量相关经典，有译经，也包括一些伪经。弥勒净土信仰以《弥勒上生经》、《弥勒下生经》、《弥勒成佛经》为主要经典。① 根据这些经典记载，弥勒是波罗奈国劫婆利村人，出身于上层大婆罗门家族，释迦牟尼佛在祇园说法时，弥勒也与会。他是将继释迦牟尼之后成佛的菩萨，佛预言弥勒"从今十二年后命终，必得往生兜率陀天上"。② 兜率陀天即兜率天，所在即为弥勒净土，是一个庄严华贵、百宝具足、天女成群的理想世界，往生净土是弥勒信仰的终极追求。弥勒净土信仰分为两个层次的内容，一是上生信仰，也就是所谓慈宫的信仰，弥勒由凡人而修成菩萨果，上至兜率天；信众死后均可往生兜率天宫即慈宫，免除轮回，永不退转；二是下生信仰，弥勒以菩萨的身份从兜率天下生转轮圣王所在的阎浮提世界，于龙华树下得成佛果，三行法会，伏妖除魔，救度世人，此即后世流传甚广的"龙华三会"。其对普通信众最大的吸引即在于未完全摒弃人的欲望，它所宣扬的净土兜率天宫满足了现世难以企及的物质享受和精神追求；更重要的是，弥勒下生救世成佛的信仰迎合了中土各阶层长寿久视、祛灾除魔、追求美好生活的普遍心理需求。弥勒信仰所构筑的理想世界，与魏晋南北朝战乱频仍、动荡不安的残酷社会现实形成了鲜明对比，更加增强了人们对净土世界的向往，将改变现实命运的希望寄托在弥勒佛身上，从而产生了广泛的信众基础。

　　弥勒净土信仰作为大乘佛教的一个流派，受到上层社会和下层民众的普遍信奉。但在社会底层，它却与传统的假神权以"应天革命"的社会心理结合起来，启迪了民间反抗社会压迫的渴望和追求美好世界的意识，从而幻生出各种异端思想和民间宗教结社，乃至出现沙门举旗造反的事件。如后赵建武三年（337）安定（今甘肃泾川）人侯子光自称佛太子，"从大

---

　　① 此三经系简称，实际包含五部经典，即（晋）代失译《弥勒来时经》、姚秦鸠摩罗什译《弥勒下生经》、（唐）义净译《弥勒下生成佛经》（此三经为同本异译）、（南朝宋）沮渠京声译《观弥勒上生兜率天经》、鸠摩罗什译《弥勒大成佛经》各一卷，合称"弥勒五部经"。也有将《增一阿含经》卷四十四的别生、误题为"西晋竺法护译"的《弥勒下生经》一卷，连前合称"弥勒六部经"。参见赖永海主编，陈仕强著《中国佛教百科全书·经典卷》，上海古籍出版社 2000 年版，第 79 页。

　　② （南朝宋）沮渠京声译：《佛说观弥勒菩萨上生兜率天经》，《大正藏》第 4 册，第 418 页下。

秦国来，当王小秦国"，聚众称帝。① 北魏宣武帝延昌四年（515）在冀州、渤海（今河北冀县、南皮一带）爆发的佛教异端大乘教的暴动，教首沙门法庆所打口号是"新佛出世，除去旧魔"。② 唐长孺先生认为，所谓"新佛"，毫无疑问就是从兜率天宫下降的弥勒佛。③ 在隋唐五代时期，打着弥勒下生旗号救世的底层社会运动史不绝书。隋大业六年（610），"有盗数十人，皆素冠练衣，焚香持华（花），自称弥勒佛，入自建国门。监门者皆稽首。既而夺卫士仗，将为乱。齐王暕遇而斩之，于是都下大索，与相连坐者千余家。"④ 大业九年（613），唐县人宋子贤，善幻术，能变佛形，自称弥勒出世，远近惑信，谋举兵袭乘舆，事泄，伏诛。同年，扶风沙门向海明"自称弥勒佛出世，潜谋逆乱。人有归心者，辄获吉梦。由是人皆惑之，三辅之士，翕然称为大圣。因举兵反，众至数万"，"自称皇帝，建元白乌"。⑤ 唐武德元年（618），"怀戎沙门高昙晟，因县令设斋，士民大集，昙晟与僧五千人拥斋众而反，杀县令及镇将，自称大乘皇帝，立尼静宣为邪输皇后，改元法轮。"⑥ 唐玄宗开元初年，贝州（今河北清河）人王怀古煽惑世俗曰："释迦牟尼佛末，更有新佛出，李家欲末，刘家欲兴，今各当有黑雪下贝州，合出银城。"因妖言惑众被杀。⑦ 沙门假托弥勒举旗造反，也引起了教内僧众的警惕和竭力反对，据《续高僧传·昙选传》，高祖武德初，沙门智满聚众三百余僧，受其制约，昙选至其寺，责其聚众恐坏佛法，以"前代大乘之贼，近时弥勒之妖"戒之。⑧ 这种担心并非多余，自高宗咸亨五年（674）起，朝廷开始下敕明令禁止民间假托弥勒佛聚众："长发等宜令州县严加禁断。其女妇识文解

　　① 《晋书》卷一〇六《石季龙载记》，中华书局1974年版，第2767页。又见（五代）杜光庭《录异记》，《太平广记》卷二八四引，第6册，中华书局1961年版，第2267页。
　　② 《魏书》卷十九《元遥传》，中华书局1974年版，第445页。
　　③ 唐长孺：《北朝的弥勒信仰及其衰落》，载《唐长孺社会文化史论丛》，武汉大学出版社2001年版，第187页。
　　④ 《隋书》卷三《炀帝纪》，中华书局1973年版，第74页。
　　⑤ 《隋书》卷二十三《五行下》，中华书局1973年版，第662—663页。《资治通鉴》卷一八三，中华书局1956年版，第5686—5687页。
　　⑥ 《资治通鉴》卷一八六，中华书局1956年版，第5833页。
　　⑦ 《册府元龟》卷九二二，中华书局1960年版，第10889页。
　　⑧ 《续高僧传》卷二十五《昙选传》，《高僧传合集》，上海古籍出版社1991年版，第310页中。

字堪理务者，并预送比较内职。"①《唐大诏令集》卷一一三载有玄宗开元三年（715）十一月十七日一则诏令，云"比有白衣长发，假托弥勒下生，因为妖讹，广集徒侣，称解禅观，妄说灾祥，别作小经，诈云佛说，或辄蓄弟子，号为和尚，多不婚娶，眩惑闾阎，触类实繁，蠹政为甚"，要求郡县各级严加勘察，将犯事者绳之以法，杜绝妖邪。② 玄宗的诏令大约针对王怀古等事件而发，嗣后，民间利用弥勒起事较为少见，但弥勒信仰依然根深蒂固，爆发动乱的可能仍旧存在。③

第二节　寄形于弥勒信仰的摩尼教

民间假托弥勒起事，预其事者的主要特征是"白衣长发"、"素冠练衣"、"持白伞白幡"，这一现象引起了研究者的注意。马西沙、韩秉方先生认为弥勒教起事之所以尚白，一是因为古印度佛教所传入的西域胡人俗尚衣白，这些信奉佛教的少数民族大举迁入中原，其风气浸染华夏，所以胡人聚居较为集中的地区都尊尚白色；二是受南北朝至隋唐时期即在社会上流传的白衣观世音的形象影响，与弥勒信仰两相融合的结果。④ 林悟殊先生则指出，尚白是摩尼教的一个特征，《摩尼光佛教法仪略》言摩尼"串以素帔"，"其居白座"，规定摩尼教信徒的前四个等级"并素冠服"，即要穿白衣戴白帽；高昌发现的摩尼教壁画所绘的摩尼教僧侣亦正是着白色冠服等等。⑤ 林悟殊先生还引用澳洲华裔学者柳存仁的研究指出，弥勒教信徒所打的弥勒旗号与摩尼教有关，这种关联很可能是两教

---

① 敦煌遗书，S.1344 号，转引自唐长孺《唐长孺社会文化史论丛》，武汉大学出版社 2001 年版，第 191 页。

② （宋）宋敏求：《唐大诏令集》卷一一三，商务印书馆 1959 年版，第 588 页。

③ 宋庆历七年（1047），王怀古所在的贝州，爆发了宣毅军小校王则假托佛号的事件。载《宋史》卷二九二《明镐传附王则传》，中华书局 1977 年版，第 9770 页。

④ 马西沙、韩秉方：《中国民间宗教史》，中国社会科学出版社 2004 年版，第 48—49 页。

⑤ 林悟殊：《摩尼教及其东渐》，中华书局 1987 年版，第 56 页。《摩尼光佛教法仪略》释文一卷，开元十九年拂多诞译，载林书附录，第 230—233 页，其《形相仪第二》云："摩尼光佛……串以素帔，做四净法身，其居白座，像五金刚地。"其《五级仪第四》将摩尼教徒分为五个等级，分别是"十二慕阇"、"七十二萨波塞"、"三百六十默奚悉德"、"阿罗缓"、"耨沙喭"，并云："阿罗缓以上，并素冠服。"按：《摩尼光佛教法仪略》也引《摩诃摩耶经》"佛灭度后一千三百年，袈裟变白，不受染色"，以证摩尼教徒衣白的合理性。

在中亚糅合掺杂的结果。① 后来马西沙先生受到柳存仁和林悟殊研究成果的启发和影响，对自己的观点作了重要补充和修正，详细阐述了古代历史上弥勒教和摩尼教相互渗透融合的情况。② 这些成果的作出，为探讨古代弥勒教和摩尼教在民间的传播演变轨迹以及外来宗教的民间宗教化扫平了道路。由此可以断定，北魏宣武帝延昌四年（515）沙门法庆，大业九年（613）唐县人宋子贤、扶风沙门向海明，唐武德元年（618）怀戎沙门高昙晟，唐玄宗开元初年贝州人王怀古的起事属弥勒教或者受到摩尼教渗透的弥勒教徒起义，而隋大业六年（610）妖人为乱，则属于假托弥勒的摩尼教。③

摩尼教产生于古波斯萨珊王朝，是以创始人摩尼的名字命名的。摩尼教的教义核心是二宗三际论，二宗指明与暗，三际指初际、中际和后际，是二宗在过去、现在、未来三个时期的不同表现。摩尼把明暗二宗当作世界本原，光明和黑暗是两个相邻的国度，光明王国充满光明、善美、平和、秩序、洁净，它的最高统治者是察宛（Zawān，古波斯语，汉译明父或大明尊，常称之为明土），黑暗土国充满烟火、闷气、飓风、污泥、毒水，到处是残暴、愚痴、紊乱，国内居有凶恶的"五类魔"，最高统治者黑暗魔王具备了五类魔的各种丑恶特征。据《摩尼光佛教法仪略·出家仪》，初际时，"未有天地，但殊明暗"，明与暗相互对立，互不侵犯，但在中际，黑暗魔王对光明王国发动了侵略，"暗既侵明，恣情驰逐；明来入暗，委质推移"。为了拯救光明王国，大明尊先后召唤生命母（汉译善母）、明友、大般、净风子等人擒杀众魔，制止了黑暗对光明的入侵，还创造了天地。战斗中分别代表气、风、明、水、火的五明

---

① 柳存仁先生认为这些起义与摩尼教有关，而林悟殊先生则修正认为，这是弥勒教受了摩尼教的影响。参见林悟殊《摩尼教及其东渐》，中华书局 1987 年版，第 56—57 页。

② 马西沙：《民间宗教志》，上海人民出版社 1998 年版，第 24、54—58 页；马西沙：《历史上的弥勒教与摩尼教的融合》，载方立天主编《宗教研究》2003 年第 1 期，中国人民大学出版社 2004 年版。按：马西沙、韩秉方《中国民间宗教史》1992 年上海人民出版社初版，新版由中国社会科学出版社 2004 年出版。

③ 北魏宣武帝延昌四年（515）暴动的沙门法庆的宗教信仰比较复杂。据《魏书·元遥传》，法庆善"祆幻"、"又合狂药，令人服之，父子兄弟不相知识，唯以杀害为事"、"所在屠灭寺舍，斩戮僧尼，焚烧经像"，这样的举动其宗教背景绝非简单的弥勒教，可能与祆教有关，容专文论述。《魏书》卷十九《元遥传》，中华书局 1974 年版，第 445 页。

子被众魔吞噬，为了拯救五明子，大明尊进行第三次召唤，经过一番错综复杂、惊心动魄的战斗，魔王最终被战败，但光明子却被包藏在由一对恶魔孕育的人类元祖亚当、夏娃的身体中，还有一部分包藏在由众魔排泄物变化而成的动植物中。为了恢复光明，拯救光明子，大明尊先后派遣了一连串使者下生人间，摩尼是继琐罗亚斯德、佛陀、耶稣等被派到人间的最后一个使者。他下生人间是为了传布经戒律定慧等法，以及三际二宗的教旨，帮助魔鬼的子孙——人类拯救灵魂。得救灵魂回归光明王国，从而实现所谓的后际："教化事毕，真妄归根；明既归于大明，暗亦归于积暗。二宗各复。两者交归。"那些堕落不悔的灵魂，则将在世界的末日与黑暗物质一道被埋葬到地狱里。摩尼的二宗三际论是一个完整的宗教神话体系，吸收了当时流行于美索不达米亚一带各种教派的思想，对世界的本原、形成和世界的未来作出了自己的解释，如耶稣、亚当、夏娃之类的人物即来源于基督教，善恶二元论思想借鉴自诺斯替教派和袄教。①

　　崇尚光明、驱除黑暗是摩尼教教义核心所在，在具体的宗教仪式中，表现为对日月的崇拜，常以明灯作为光明的象征。明何乔远《闽书》记载："摩尼佛名末摩尼光佛，……其教曰明，衣尚白，朝拜日，夕拜月，了见法性，究竟光明"。②宋庄绰《鸡肋编》卷上亦云："不事神佛，但拜日月，以为真佛。"③《摩尼教残经一》云："是时惠明使于其清静五种宝地，栽莳五种光明胜誉无上宝树；复于五种光明宝台，燃五常住光明宝灯。"④摩尼教徒的戒律也是比较严格的，信徒不吃荤，不喝酒，不结婚，不积聚财产；每天忏悔入教前犯过的十种不正当行为，即虚伪、妄誓、为恶人作证、迫害善人、播弄是非、行邪术、杀生、欺诈、不能信托及做使日月不喜欢的事情；信徒要遵守十戒，即不拜偶像、不谎语、不贪、

---

　　①　以上论述，参见林悟殊《摩尼的二宗三际论及其起源初探》，所引《摩尼光佛教法仪略·出家仪》，具载《摩尼教及其东渐》，中华书局1987年版，第12—34页及附录。

　　②　（明）何乔远：《闽书》卷七《方域志》第1册，厦门大学闽书校点组校点，福建人民出版社1994年版，第171—172页。

　　③　（宋）庄绰：《鸡肋编》卷上，萧鲁阳点校，中华书局1983年版，第12页。

　　④　《摩尼教残经一》释文，载林悟殊《摩尼教及其东渐》附录，中华书局1987年版，第222页。

不杀、不淫、不盗、不行邪道巫术、不二见、不惰、每日四时（或七时）祈祷。①

摩尼教是外来宗教，要在文化背景和社会心理迥异的中国传布，必然遭遇佛教初传中国时一样的认同障碍，本土化是外来宗教克服障碍的主要途径。摩尼教回避了直接冲击中国传统伦理道德和宗教信仰的风险，选择寄形于同样具有异域背景的佛教传教，借用佛教词汇阐释其教义体系，乃至吸收添加佛教教义，以至于初入中国时被误作佛教的一宗。② 汉译摩尼教经典中，诸如"佛"、"无明"、"烦恼"、"法身"、"涅槃"、"解脱"、"净土"、"法门"、"妙庄严"、"神通变现"、"开示方便"这样的佛教术语，以及"时诸大众，闻是经已，如法信受，欢喜奉行"这样为佛教所专有的经体语言比比皆是。③ 摩尼教的三际说也被比附为佛教的三世说，《佛祖统纪》卷四八："其（按：指摩尼教）经名《二宗三际》。二宗者，明与暗也。三际者，过去、未来、现在也。"④ 摩尼教比附佛教的能力非常奇特，甚至令人瞠目，他们诵持《金刚经》，并取经义为己所用。《佛祖统纪》同卷又载："尝考《夷坚志》云，吃菜事魔，三山犹炽。为首者紫帽宽衫，妇人黑冠白服，称为明教会。所事佛衣白，引经中所谓'白佛言，世尊'，取《金刚经》'一佛二佛三四五佛'，以为第五佛。"⑤ 为了证成本教教义并促其传播，不惮任意曲解佛教经文的本义，"白佛"之"白"本为启白、告知之意，这里被理解成白色；《金刚经》"一佛二佛三四五佛"言佛少也，本意是说一个奉法的信徒应修善于无量千万佛，而不是局限于一劫一佛，这里也被曲解为摩尼教的五光明佛，⑥ 可见其对

---

① 林悟殊：《摩尼教及其东渐》，中华书局1987年版，第19页。

② 林悟殊认为摩尼教经典中的佛教思想并非其所固有，而是入传中亚后逐步增添进去的。同上书，第68—69页。

③ 参见林悟殊《摩尼教及其东渐》附录所收《摩尼教残经一》、《摩尼光佛教法仪略》、《下部赞》等摩尼教经典的释文。

④ （宋）志磐：《佛祖统纪》卷四八，《大正藏》第49册，第431页上。

⑤ 同上。按：庄绰《鸡肋编》卷上言摩尼教"亦诵《金刚经》"，第12页。

⑥ 《金刚经》："当知是人，不于一佛二佛三四五佛而种善根，已于无量千万佛所种诸善根。"（明）朱棣：《金刚般若波罗蜜经集注》，上海古籍出版社1984年版，第60页。五明佛，即气、风、明、水、火五明子，摩尼教经典《下部赞》："敬叹五大光明佛，充为惠甲坚牢院。"林悟殊：《摩尼教及其东渐》附录，中华书局1987年版，第251页。

佛教的依附之深。会昌四年（844），宰相李德裕为唐武宗拟诏，限制摩尼教传播时，也以佛教作参照："佛是大师，尚随缘行教，与苍生缘尽，终不力为。朕深念异国远僧，欲其安堵，且令于两都及太原信向处行（摩尼）教，其江淮诸寺权停。"① 可见唐王朝也有意以佛教教义作为评判摩尼教的标准，这说明李德裕等人可能也发现了摩尼教假托佛教的特点，故以之为况，有助于说服对方。唐代摩尼教所宣扬的摩尼下生人间拯救人类灵魂的教义与弥勒下生信仰有着共同之处，此即摩尼教徒妄称佛教、诈言弥勒的主要原因。

摩尼教主要在中亚西域以及内附的胡人之中传播，如高昌回鹘政权奉摩尼教为国教。根据现有资料，摩尼教在唐武则天延载元年（694）得到官方正式承认，许可其正式传教，但大约5世纪下半叶已经传入中国。② 即使得到武则天首肯，针对摩尼教的攻击丝毫没有减弱，它的世界末日说、教徒白衣长发的骇俗装扮以及来自异域的"夷狄之教"身份，使其成为儒释道三家攻击的口实。玄宗开元二十一年（733）七月，终于下令禁断摩尼教："末摩尼法本是邪见，妄称佛教，诳惑黎元，宜严加禁断。以其西胡等既是乡法，当身自行，不须科罪者。"③ 玄宗此诏主要禁断汉人信奉摩尼教，对胡人自相传播信奉"乡法"，却表现出了足够的宽容，这也使得摩尼教能在内附胡人中继续传播。"安史之乱"爆发后，为了借力信奉摩尼教的回鹘军队平定叛乱，唐王朝对摩尼教采取优容政策，允许其在长安乃至全国设立摩尼寺。④ 会昌年间，随着回鹘势力的衰落，武宗认为摩尼教与中原人民缘分已尽，遂逐步采取限制、裁汰、抄检的措施，直至彻底取缔。⑤ 官方的几次禁断，使摩尼教转入民间秘密传播，并且多次被农民起义利用，如后

---

① （唐）李德裕：《赐回鹘可汗书意》，载《会昌一品集》卷五，《四库全书》集部·别集类，第1079册，第135页。

② 柳存仁：《唐前火祆教和摩尼教在中国之遗痕》，载《世界宗教研究》1981年第3期。林悟殊：《摩尼教入华年代质疑》，载林悟殊《摩尼教及其东渐》，中华书局1987年版。

③ （唐）杜佑：《通典》卷四十"萨宝府祆正"注，中华书局1984年版，第229页下。

④ （宋）志磐《佛祖统纪》卷四十一："（大历三年）敕回纥奉摩尼者建大云寺。"《大正藏》第49册，第378页下。

⑤ （宋）赞宁：《僧史略》卷下《大秦末尼》条，《大正藏》第54册，第253页下。参见前引李德裕《赐回鹘可汗书意》。

梁贞明六年（920）在陈州（今河南淮阳）爆发的母乙起事，史载"陈州里俗之人，喜习左道，依浮图氏之教，自立一宗，号曰'上乘'。不食荤茹，诱化庸民，糅杂淫秽，宵聚昼散。州县因循，遂致滋漫"。① 宋赞宁《僧史略》对此事亦有记载，直言母乙乃"末尼党类"，自号"上上乘"，佛为"大乘"。② 这个记载可能更为可信，母乙以佛为"大乘"，自号"上上乘"，说明他虽然假托佛教，但还是将自己凌驾在佛教之上，这在当时只有摩尼教才会这样做。摩尼教在宋元文献中一般称为明教。

一 史书所见假托佛号之民间宗教起义的归类分析

以山西为代表的胡人聚居的北方广大地区，自古民风剽悍，其地沙门受其浸染，亦雄才果敢，有假托佛教发动暴动的传统。唐朝立国之初，边地最大的军事威胁来自东突厥，战端屡起。乱世扰攘，僧人或为自保，或为反抗侵扰，多次揭竿起事。《续高僧传》卷十九《智满传》云：

> （高祖）武德五年（622），猃狁孔炽，戎车载饰，以马邑沙门雄情果敢，峰燧屡举，罔弗因以太原地接武乡，兵戎是习，乃敕选二千余僧充兵两府。③

可见太原之民因受北地胡族侵扰，形成习武练兵的风习，如此环境，僧人也是个个果敢勇猛，这则不难理解为何那么多的沙门造反事件起自山西、河北等地。为明晰起见，将魏晋至唐末五代沙门假托佛号起事事件列表如下：

---

① 《旧五代史》卷十《梁书·末帝纪》，中华书局1976年版，第144页。
② 《僧史略》卷下，《大正藏》第54册，第253页下。
③ （唐）道宣：《续高僧传》卷十九，《高僧传合集》，上海古籍出版社1991年版，第262页下。

表七　　　　　　　　　　　　正史所见假托佛号之民间宗教起义

时间	地点	教首	身份	事件	出处
后赵建武三年（337）	安定（今甘肃泾川）	侯子光		自称佛太子，从大秦国来，当王小秦国，聚众称帝	《晋书》卷一○六《石季龙载记》
北魏延昌四年（515）	冀州（今河北）	法庆	沙门	自号"大乘"，以归伯为十住菩萨、平魔军司、定汉王，杀一人者为一住菩萨，杀十人为十住菩萨	《魏书》卷一九《元遥传》
北魏正光五年（524）	汾州五城郡（今山西临汾一带）	冯宜都、贺悦回成等	山胡摩尼教徒	妖妄惑众，假称帝号，服素衣，持白伞白幡，率诸逆众，于云台郊抗王师	《魏书》卷六九《裴良传》
*隋大业六年（610）	长安	盗数十人	盗	皆素冠练衣，焚香持花，自称弥勒佛，入建国门为乱	《隋书》卷三《炀帝纪》
*隋大业九年（613）	唐县（今河北唐县稍北）	宋子贤		善为幻术，每夜，楼上有光明，能变作佛形，自称弥勒出世，远近惑信，聚徒数千人，潜谋作乱	《隋书》卷二十三《五行志》；《资治通鉴》卷一八二
*隋大业九年（613）	扶风（今陕西扶风）	向海明	沙门	自称弥勒佛出世，人有归心者，辄获吉梦。举兵作乱，称皇帝，建元白乌	《隋书》卷二十三《五行志》；《资治通鉴》卷一八二
唐武德元年（618）	怀戎（今河北宣化）	高昙晟	沙门	与僧五千人拥斋众反，自称大乘皇帝，立尼静宣为邪输皇后，改元法轮	《旧唐书》卷五五《高开道传》；《资治通鉴》卷一八六
唐永淳二年（687）	延州（今陕西延安）、绥州（今陕西绥德）	白铁余	羁胡	埋铜佛于地，称"此地数见佛光"，"见佛光者，百病即愈"，大设斋，卜吉日以出"圣佛"，"乡人服归，自号'光王'，遂作乱"	《朝野佥载》卷三，《资治通鉴》卷二○三、《旧唐书》卷八三《程务挺传》
*唐开元初（713年起）	贝州（今河北清河）	王怀古		谓人曰："释迦牟尼佛末，更有新佛出，李家欲末，刘家欲兴，今各当有黑雪下贝州，合出银城"	《册府元龟》卷九二二
后梁贞明六年（920）	陈州（今河南淮阳）	母乙	摩尼教徒	"依浮图氏之教，自立一宗，号'上上乘'。不食荤茹，诱化庸民，糅杂淫秽，宵集昼散"。画一魔王踞座，佛为其洗足	《旧五代史》卷十《梁书》；《僧史略》卷下

　　按：此表参照了马西沙、韩秉方《中国民间宗教史》一书相关表格，并有所补充修正，参见该书第50—51页。加"*"者为假托弥勒佛的暴动事件。

　　分析此表，有三个特点：第一，这些民间暴动或事件大多假托佛号，以弥勒佛为多，吸引俗民。① 第二，假托弥勒佛事件集中爆发于隋炀帝至唐玄宗这段时期，这可能与隋末唐初的战乱有关，乱世扰攘，僧尼亦得参与武装斗争。如民间流传的"十三棍僧救唐王"故事，即源于洛阳少林寺僧助秦王李世民平定王世充之事，为此李世民曾遣使褒奖，僧昙宗等被封为大将军。② 武德、永淳年间高昙晟、白铁余事件盖其流波。唐玄宗开元二十一年禁断妄称佛教的摩尼教后，这种事件逐渐平息，直至唐末五代战乱再度出现。第三，事件发生地主要在河北、山西、甘肃、陕西、河南这些内附胡人比较集中的地区，假托弥勒佛的暴动者基本组成为沙门、胡人和摩尼教徒。唐代胡人的地位比较低，所以往往成为暴乱起义的中心力量。摩尼教徒的基本组成也是胡人，如高宗永淳二年的延州羁胡白铁余，据其姓氏，可能是龟兹人后代，其国崇信佛教。③ 唐王朝统治中心所在两都和太原、河北等地是摩尼教的传播重地，前引唐武宗会昌元年（841）李德裕撰《赐回鹘可汗书》，书中说回鹘破亡，摩尼教在江淮吴楚之地已不适合传播，考虑到教徒是"异国远僧"，故令其"于两都及太原信向处行教"。所谓"信向处"盖指摩尼教信仰最有影响力之地区。另外，《宋史》卷二百九十二述及宋代庆历七年（1047）贝州王则造反事件时说："贝、冀俗尚妖幻，相与习为《五龙》、《滴泪》等经及诸图谶书，言'释迦佛衰谢，弥勒佛当持世。'"④ 贝州，治今河北清河；冀州，治今河北冀县。《五龙》、《滴泪》经是后起的摩尼教经典，王则造反，是受到摩尼教渗透的弥勒教徒。⑤ 故可说魏晋至唐五代北方广大地区

① 开元十三年贝州人王怀古事件所谓的"新佛"即是弥勒。其他几起暴动事件由于史载不详未可遽断。

② 张遵骝：《隋唐五代佛教大事年表》，载范文澜《唐代佛教》附录，人民出版社1979年版，第118页。

③ 《隋书》卷四八《西域传·龟兹传》："龟兹国，都白山之南百七十里，汉时旧国也。其王姓白，字苏尼咥。"（《隋书》卷四八，中华书局1973年版，第1851页。）《新唐书》卷二二一《西域传·龟兹传》："贵浮图法……，俗断发齐顶，惟君不剪法。姓白氏。"（《新唐书》卷二二一，中华书局1975年版，第6230页。）关于唐代长安之汉化西域胡人状况以及白为龟兹胡姓，参见向达《唐代长安与西域文明》，河北教育出版社2001年版，第5—42页。

④ 《宋史》卷二九二，中华书局1977年版，第9770页。

⑤ 马西沙先生考证《滴泪经》即《佛祖统纪》卷三九所言《佛说滴泪经》，属摩尼教经典，并且认为王则所行教法是受到摩尼教影响的弥勒教。此说甚是。参见马西沙《历史上的弥勒教与摩尼教的融合》，载方立天主编《宗教研究》2003年第1期，中国人民大学出版社2004年版。

发生的假托佛号起事事件，大多有胡人宗教背景。

二 唐五代小说中假托佛菩萨的妖狐的族属教源

在正史中记载中央王权与异端宗教弥勒教、摩尼教斗争、冲突的同时，唐五代小说中也出现了幻形为佛、菩萨并与佛道斗法，扰乱人间的狐妖形象，主要出现在戴孚《广异记》中，兹列举分析如下：

表八　　　　　　　　《广异记》所见唐代狐妖假托佛菩萨故事

时间	地点	狐妖	对手	事件及特征	出处
永徽中	太原（今山西太原）	老狐	僧服礼	有人假托弥勒佛。"见其形底于天，久之渐小，才五六尺，身如红莲花在叶中"	《僧服礼》
武则天时	洛阳宫中	牝狐	大安和尚	有女自称圣菩萨。"人心所在，女必知；所言皆验"	《大安和尚》
	代州（今山西代县）	老狐	道士	"菩萨乘五色云而降"，与女私通有娠，并诫不令他人知。道士做法，遂现形	《代州民》
	坊州（今陕西黄陵）	天狐	道士	狐剐子化为文殊菩萨。"乘五色云从日边下"，与道士斗法，道士败	《长孙甲》
	汧阳（今陕西千阳县）	老狐	道士罗公远	天狐化文殊菩萨惑人并与道士斗法，败。"五色云生其舍。又见菩萨坐狮子"	《汧阳令》
	河南洛阳思恭里	千年狐赵门福、康三	唐参军	老狐化佛令僧及唐参军家人食肉。"五色云自西来，中有一佛"	《唐参军》

分析此表，亦有三个特点：第一，妖狐自称或化为弥勒佛、文殊菩萨，蛊惑愚氓；第二，故事发生地在山西、陕西、河南及京城；第三，幻化佛形的无一例外是狐，它们的对手大多是道士和僧人。关于故事发生的时间，《僧服礼》和《大安和尚》，明确为高宗永徽中和武则天称帝时期（690—704）；《汧阳令》中出现的罗公远，是生活于唐玄宗时期的著名道士，则此三篇故事均发生在玄宗开元二十一年颁布禁"白衣长发"妄称佛教诏之前或前后。《广异记》的作者戴孚生活于肃宗、代宗和德宗时期，书中所记最晚为建中年间（780—783）事（《张鱼舟》），书约成于建中元年至贞元九年间（780—793）；而上述故事中明确发生在开元末天宝初以后至贞元九年的则无一例。这至少说明此类故事的生

成和传播与玄宗出台诏令的背景有一定关系。那么，探究这些幻化佛、菩萨形象的"狐妖"的本质及文化意蕴，则有助于故事宗教背景的深入解读。以《僧服礼》为例：

> 唐永徽中，太原有人自称弥勒佛。礼谒之者，见其形底于天，久之渐小，才五六尺，身如红莲花在叶中。谓人曰："汝等知佛有三身乎？其大者为正身。"礼敬倾邑。僧服礼者，博于内学，叹曰："正法之后，始入像法；像法之外，尚有末法；末法之法，至于无法。像法处乎其间者，尚数千年矣。释迦教尽，然后大劫始坏，劫坏之后，弥勒方去兜率，下阎浮提。今释迦之教未亏，不知弥勒何遽下降？"因是虔诚作礼，如对弥勒之状。忽见足下是老狐，幡花旌盖，悉是冢墓之间纸钱耳。礼抚掌曰："弥勒如此耶！"具言如状，遂下走，足之不及。[1]

故事中自称弥勒佛下生的老狐，即山西太原"人"，前文所述五城山胡冯宜都、贺悦回成就是生活在山西汾州一带的胡人。小说叙述与史料的巧合为故事的正确解读提供了可能。在魏晋至唐代，胡人和胡僧是弥勒信仰的传播主体之一，其主要流传区域也是北方少数民族地区，因为自汉代以来，印度佛教文化传入主渠道就是胡人所在的西域，民族迁徙流动使得大量胡人和胡僧迁徙游历到以洛阳、长安为中心的北方广大区域，山西、河北、甘肃等地最为集中。从唐人流传下来的文学作品和史料中常常发现胡人和胡人文化的身影。唐张读《宣室志》卷八记载了这样一个故事：振武军都将太原人王含，其母金氏为胡人女，善弓马捕猎，喜食生肉，后来人们发现她是一只狼。[2]捕猎生食本为胡人生活习惯，当地人却目之为狼，此乃胡汉文化冲突导致的种族偏见，这种偏见的影子在现代社会中也是存在的。另一方面，这则故事也说明，唐代山西太原一带，胡汉通婚杂居的情况比较普遍。所以，"僧服礼"故事中现出原形的

---

① 戴孚：《广异记》，方诗铭辑校《冥报记》、《广异记》合刊，中华书局1992年版，第196页。
② （唐）张读：《宣室志》卷八，《唐五代笔记小说大观》，上海古籍出版社2000年版，第1048页。

老狐，我们也可以理解为是老胡的隐喻。在唐代前后，将胡人贬称为"狐"、"野狐"也是有案可查的。《搜神记》卷十八载：

> 吴中有一书生，皓首，称胡博士，教授诸生。忽复不见。九月初九日，士人相与登山游观，闻讲书声，命仆寻之。见空冢中，群狐罗列，见人即走。老狐独不去，乃是皓首书生。（《胡博士》）①

南朝宋刘敬叔《异苑》卷八：

> 胡道洽者，自云广陵人，好音乐医术之事。体有臊气，恒以名香自防，惟忌猛犬。自审死日，诫弟子曰："气绝便殡，勿令狗见我尸也。"死于山阳。殡毕，觉棺空。即开看，不见尸体。时人咸谓狐也。（《胡道洽》）②

戴孚《广异记》载：

> 唐有杨氏者，二女并嫁胡家。小胡郎为主母所惜。大胡郎谓其婢曰："小胡郎乃野狐尔，丈母乃不惜我，反惜野狐。"……（《杨氏女》）③

"隐喻的基础便是某种植根于相似性的替换"。④胡"与"狐"谐音可能是胡人被喻为狐的重要原因。胡道洽姓胡，即表明其具有胡人血统，"胡博士"谐音即为"狐博士"；体有臊气（即所谓狐臭）和畏犬的习性也符合野狐的生理特征；"自云广陵人"显然是自卑情结驱使欲隐其族属，此乃时人目其为野狐的依据。陈寅恪先生在《狐臭与胡臭》一文中说，所谓狐臭，最早之名应为胡臭，本专指西域胡人之体气，"疑此腋气本由西胡

① （晋）干宝：《搜神记》卷十八，《汉魏六朝笔记小说大观》，上海古籍出版社1999年版，第420页。

② （南朝宋）刘敬叔：《异苑》卷八，《汉魏六朝笔记小说大观》，上海古籍出版社1999年版，第675页。

③ 《广异记》，方诗铭辑校《冥报记》、《广异记》合刊，中华书局1992年版，第211页。

④ 罗钢：《叙事学导论》，云南人民出版社1994年版，第2页。

种人得名，迨西胡人种与华夏民族血统混淆既久之后，即在华人之中亦间有此臭者，傥仍以胡为名，自宜有人疑为不合。因其复似野狐之气，遂改'胡'为'狐'矣。"① 王青先生在此基础上加以补充，认为早在西域开通之初，即汉代，随着贾胡和僧人的涌入，"狐"就成为对胡人的歧视性称呼；胡人被称为"狐"，并不是狐狸自然属性和特征的人格化，也不是其文化属性发展的必然结果，而是与西域胡人的生理特征、文化习俗、技能特长有关，早期的狐怪故事反映的是文化偏见下的西域胡人形象。② 其结论是有很强说服力的。这种文化偏见的形成必须有共同的社会心理支持，只有此种认识成为一种共同观念时，才能形成共同的社会心理。将胡人比附为野狐甚至认为胡人就是狐妖，于唐代已经成为一种普遍认识。如上举《杨氏女》，胡人之间也以此互相诋毁调笑。又张鷟《朝野佥载》卷五云："周有婆罗门僧惠范，奸矫狐魅，挟邪作蛊，趑趄鼠黠，左道弄权。"③ 将印度僧人称为"狐"。还有著名的关于安禄山和哥舒翰两个积怨颇深的胡将之间的一席对话，足为佐证。《新唐书·哥舒翰传》："翰母，于阗王女也。禄山谓翰曰：'我父胡，母突厥；公父突厥，母胡。族类本同，安得不亲爱？'翰曰：'谚言"狐向窟嗥，不祥"，以忘本也。兄既见爱，敢不尽心。'禄山以翰讥其胡，怒骂曰：'突厥敢尔！'"④ 这里的"胡"是以昭武九姓为主体的西胡，突厥是北方游牧民族，7世纪初至7世纪中期曾一度是昭武九姓的宗主国并建立监摄系统，⑤ 在种族上略优于九姓胡，所以才有两人这番有趣的对话。由此可见，以狐喻胡，甚至胡人自比为狐，在魏晋至唐代是一个种族歧视性质的文化现象。

《僧服礼》中自称弥勒佛、来自太原的野狐是传播弥勒信仰的山西胡人，其被博通佛学的僧人服礼斗败并化出原形，实质是辩论失败的隐喻。

① 陈寅恪：《寒柳堂集》，《陈寅恪集》，生活·读书·新知三联书店2001年版，第159页。
② 王青：《早期狐怪故事：文化偏见下的胡人形象》，载《西域研究》2003年第4期。此文有删节，作者原稿刊于象牙塔：国史探微网，2004年2月22日，http://www.xiangya-ta.net/data/articles/a01/360.html，2004-02-22。
③ 张鷟：《朝野佥载》卷五，《唐五代笔记小说大观》，上海古籍出版社2000年版，第65页。
④ 《新唐书》卷一三五《哥舒翰传》，中华书局1975年版，第4571页。
⑤ 蔡鸿生：《唐代九姓胡与突厥文化》，中华书局1998年版，第6—7页。

弥勒信仰自魏晋南北朝以来即在中土广泛传播，许多高僧如东晋道安既是般若学者也是弥勒信仰的崇拜者，这与其他宗派并无实际冲突，为何却败在服礼之下？其要害在于太原人的胡人身份及其假托弥勒佛。弥勒下生信仰宣扬弥勒以菩萨身份下生阎浮提世界降妖除魔，济度众生往生净土，并无人人都可修证弥勒佛的说教，因为弥勒佛是唯一的，那么自称弥勒佛无疑是佛教的异端；另一方面，隋唐时期出现的几起沙门和摩尼教徒假托弥勒佛起事暴乱事件，此之谓"弥勒之妖"，引起了王朝和正派僧人的警惕，所以假托佛号必然受到正统僧人的抨击。通过分析也可以肯定《唐参军》中的妖狐是胡人。

　　唐洛阳思恭里，有唐参军者，立性修整，简于接对。有赵门福及康三者投刺谒。唐未出见之，问其来意，门福曰："止求点心饭耳。"唐使门人辞，云不在。二人径入至堂所。门福曰："唐都官何以云不在？惜一餐耳！"唐辞以门者不报。引出外厅，令家人供食，私诫奴，令置剑盘中，至则刺之。奴至，唐引剑刺门福，不中；次击康三，中之，犹跃入庭前池中。门福骂云："彼我虽是狐，我已千年。千年之狐，姓赵姓张；五百年狐，姓白姓康。奈何无道，杀我康三？必当修报于汝，终不令康氏子徒死也！"唐氏深谢之，令召康三。门福至池所，呼康三，辄应曰："唯。"然求之不可得，但余鼻存。门福既去，唐氏以桃汤沃洒门户，及悬符禁。自尔不至，谓其施行有验。久之，园中樱桃熟，唐氏夫妻暇日检行，忽见门福在樱桃树上，采樱桃食之。唐氏惊曰："赵门福，汝复敢来耶！"门福笑曰："君以桃物见欺，今聊复采食，君亦食之否？"乃频掷数四以授唐。唐氏愈恐。乃广召僧，结坛持咒。门福遂逾日不至。其僧持诵甚切，冀其有效，以为己功。后一日，晚霁之后，僧坐楹前，忽见五色云自西来，迳至唐氏堂前。中有一佛，容色端严。谓僧曰："汝为唐氏却野狐耶？"僧稽首。唐氏长幼虔礼甚至，喜见真佛，拜诸降止。久之方下，坐其坛上，奉事甚勤。佛谓僧曰："汝是修道，请通达，亦何须久蔬食，而为法能食肉乎？但问心能坚持否！肉虽食之，可复无累。"乃令唐氏市肉。佛自设食，次以授僧及家人，悉食。食毕，忽见坛上是赵门福。举家叹恨，为其所误。门福笑曰："无劳厌我，我不来矣！"自尔不至也。①

这篇故事对赵门福的描写极富情趣化，其言行举止与人一般无二，若非赵自言，我们很难理解他就是千年野狐。赵门福的伙伴为康三，"康"为昭武九姓之一，来自西胡康国。②且赵言"五百年狐，姓白姓康"，此处提到的"白"也是龟兹胡姓。康三既为胡人，赵门福当亦为胡人。这篇故事的真实背景，当是两位行游洛阳的胡人投谒乞食的悲惨遭遇：唐参军听明来意之后，拒不接见，还让刺死了康三；赵门福一怒之下，大闹唐家果园，导致冲突升级，参军请僧人作法驱邪，门福乃将计就计，化为一佛，受到虔诚礼敬。令人捧腹的是，唐参军和作法僧诚惶诚恐地听信了赵门福的教导，食肉破戒，胡人的聪明狡黠于此可见。《代州民》中的胡人则是另一番景象：他假托菩萨，与民女私通，事泄被杀。③可见，胡人假托佛、菩萨的名号游行乡间之间，信奉者众，已成一重要社会问题。

唐代来华西域胡人，以善经商行医著名。他们中的一部分，利用汉地民众的崇佛心理，假托佛、菩萨现世，谋取生资。这些未经佛法修证而自称佛、菩萨的老少狐等，最后被证明无一例外是野狐外道，而故事的发生地又是传播弥勒教和摩尼教的胡人较为集中的北方地区，特别是山西，时间又在唐玄宗和武宗敕断摩尼教、视其为邪教之前，不能说上引《广异记》故事中的老狐与传播弥勒信仰的胡人无关。盗用佛教名称

---

① 《广异记》，方诗铭辑校《冥报记》、《广异记》合刊，中华书局1992年版，第212页。

② 昭武乃隋唐时西域政权名，位于今中亚阿姆、锡尔两河流域，其生居地汉魏时称粟弋或粟特，唐代称率利或速利。《新唐书》卷二二一《西域传·康传》："康者，……始居祁连北昭武城，为突厥所破，稍南依葱岭，即有其地。枝庶分王，曰安，曰曹，曰石，曰米，曰何，曰火寻，曰戊地，曰史，世谓'九姓'，皆氏昭武。"（《新唐书》卷二二一，中华书局1975年版，第6243页。）按：九姓不止此数，《隋书》卷八三《西域传·穆国传》："穆国，都乌浒河之西，亦安息之故地，与乌那曷为邻。其王姓昭武，亦康国王之种类也，字阿滥密。"（《隋书》卷八三，中华书局1973年版，第1856页。）参见蔡鸿生《唐代九姓胡与突厥文化》，中华书局1998年版，第1—5页。

③ 《广异记》，方诗铭辑校《冥报记》、《广异记》合刊，中华书局1992年版，第208页。

自封佛、菩萨也正是民间宗教的重要特点。[①] 这些胡人以假托佛菩萨的身份接受供养，往往能聚集一大批信众，当社会矛盾激化时，很快会转化为民间宗教结社，演变为反抗政权的社会动乱。所以小说中的狐妖形象是现实生活中的胡人的妖魔化，两者是相伴而生的。

《广异记》之后，狐妖假托佛、菩萨的现象不见于其他小说集中，可能受到玄宗开元二十一年禁断摩尼教徒妄称佛教和武宗会昌年间灭摩尼教的影响，与假托现象减少乃至消亡不无关系。与此相应，正史中假托佛教的起义、暴乱也湮没无闻。晚唐五代，随着唐王朝的逐步瓦解，社会苦难的加深，此类现象重新抬头，小说中以五代孙光宪《北梦琐言》为代表。[②] 见下表：

表九　　　五代孙光宪《北梦琐言》所见"妖人"假托佛、菩萨故事

时间	地点	妖人	对手	事件及特征	出处
五代	遂州（今四川遂宁）	村民姓于号世尊	节度使许存	逆知人之吉凶，每夜会，自作阿弥陀佛，男女聚集念佛。数州敬奉。许公试之，一无神验，乃杀	《于世尊妖妄》
五代	青城县（今四川青城县）	弥勒会（金刚禅）妖人	仆射陈敬瑄	制造谣言，伪作陈仆射行李赴节度使任，树一魁妖，共翼佐之，为敬瑄擒杀	《妖人伪称陈仆射》

《北梦琐言》记载的这两起事件，《太平广记》卷二八九均收入"妖妄"部，都有假托神佛的特点，村民于世尊假托阿弥陀佛，弥勒会妖人假托弥勒佛，但两者的性质并不相同，前者是唐五代弥陀信仰在民间传播的结果，于世尊不过假托阿弥陀佛骗取钱财，男女聚集，也仅止于念诵阿弥陀佛佛号，连作者也认为是"下愚之流"，荒诞不经。本书第五章视其为唐五代佛教异变的表现，并不作为民间宗教现象来看待。至于青

---

① 如北魏宣武帝延昌四年（515）沙门大乘教暴动，教主法庆以归伯为十住菩萨、平魔军司、定汉王，自号"大乘"，杀一人者为一住菩萨，杀十人为十住菩萨。《魏书》卷一九《元遥传》，中华书局 1974 年版，第 445 页。

② 《北梦琐言》的性质，李剑国先生《唐五代志怪传奇续录》不收，则不以之为志怪传奇集；中华书局《历代史料笔记丛刊》收录刊出，则以此书为史料。周勋初先生《唐人笔记小说考索》、《唐代笔记小说叙录》论之为笔记小说。（二书收录于《周勋初文集》第五册，江苏古籍出版社 2000 年版。）唐刘知几《史通·杂述》以"琐言"为"偏记小说"之一类，目之为《世说新语》、《裴子语林》一类街谈巷议。谨按《北梦琐言》有言神语怪之作甚多，如"公孙通投生为驴"、"武穆王巡边遇怪"之类，故以小说目之，未为过也。

城县弥勒会妖人伪托陈仆射，则符合典型的弥勒教基本特征。"妖人"假托新到任的节度使陈敬瑄，意图窃取节度使一职，危及地方政权，陈敬瑄处置弥勒会也采取了残酷镇压手段，官方与民间宗教的冲突是很激烈的。此两则故事均发生于蜀地，已经改变了魏晋以来以北方为中心、以胡人为主体的特点；明确出现"弥勒会"的说法，表明民间宗教结社的严密性进一步加强；除了弥勒佛和诸菩萨外，阿弥陀佛也成为妖人假托的对象，这表明在民间弥陀净土信仰逐渐取代弥勒净土。南宋以后，出现了大规模的民间宗教组织白莲教，即源于弥陀净土信仰。①

孙光宪在"妖人伪称陈仆射"故事中的"弥勒会"三字下注曰："北中金刚禅也。"② 以"弥勒会"为"金刚禅"。同书"柳大夫不受润笔"附李德阳故事云："梁世，兖州有下猛和尚，聚徒说法，檀施云集，时号金刚禅也。"③ 孙光宪既将弥勒会目之为金刚禅，则后者亦当为受弥勒信仰影响的民间宗教结社，或言弥勒教亦可。但金刚禅的具体情形，它与摩尼教是否有关联，则值得探索。南宋陆游《渭南文集》卷五《条对状》云：

> 妖幻邪人，平时诳惑良民，结连素定，待时而发，则其为害未易可测。伏思此色人处处皆有，淮南谓之二檜子，两浙谓之牟尼教，江东谓之四果，江西谓之金刚禅，福建谓之明教、揭谛斋之类。名号不一，明教尤甚。④

元末明初陶宗仪《说郛》卷十五引宋俞成《萤雪丛说》"茹蔬"云：

> 吃菜事魔，正生此患，至于贪财恋色，男女混置，修二会子，说金刚禅，皆幻术也。⑤

---

① 参见马西沙、韩秉方《中国民间宗教史》，第四章"佛教净土信仰的演进与白莲教"。
② （五代）孙光宪：《北梦琐言》，贾二强点校，中华书局 2002 年版，第 75 页。
③ 同上书，第 251 页。
④ （南宋）陆游：《渭南文集》卷五，《四库全书》集部·别集类，第 1163 册，第 346 页下。
⑤ 明刻：《说郛》一百二十卷本，（明）陶宗仪等编《说郛三种》第 3 册，上海古籍出版社 1988 年版，第 721 页上。

这些以幻术和"吃菜事魔"为特点的民间宗教组织包括二檜（会）子、牟（摩）尼教、四果、金刚禅、明教或揭谛斋。陈垣先生认为，二檜子当即摩尼教的"二宗"，四果系白云，非摩尼教，不言金刚禅。① 吴晗先生持相同观点，认为四果为白云宗，余皆为摩尼教；金刚禅以明教徒亦诵《金刚经》名，揭谛斋以明教徒斋食之故。② 马西沙、韩秉方先生则认为，"四果"为白莲教，因为白莲教信仰四种果报土，其他为摩尼教。③ 四果为白莲教当不会错，金刚禅、二檜（会）子与摩尼教则到底是怎样的关系值得继续探讨。南宋王质《雪山集》卷三《论镇盗疏》云：

> 往在江西，见其所谓食菜事魔者，弥乡亘里，诵经焚香，夜则哄然而来，旦则寂然而亡。其号令之所从出，而语言之所从授，则有宗师，宗师之中有小有大，而又有甚小者。其徒大者或数千人，其小者或千人，其甚小者亦数百人。其术则有双修、二会、白佛、金刚禅，而其书则又有《佛吐心师》、《佛说涕泪》、《小大明王出世》、《开元经括地变文》、《齐天论》、《五来曲》。其所以为教戒传习之言，亦不过使人避害而趋利，背祸而向福。④

这里提到的"食菜事魔"的教徒的修行方式及其经典具有摩尼教特征，因为《小大明王出世》是摩尼教经典。那么这条记载表明，双修、二会（檜）、白佛、金刚禅确实与摩尼教有关。白佛可能就是"白衣佛会"，摩尼教在受到官方弹压时，有改易名称、变相传播的传统，"白衣佛会"即其名称之一。南宋高宗绍兴七年（1137）十一月二十九枢密院言：

> 宣和间，温、台村民多学妖法。号吃菜事魔。鼓惑听众，劫持州县。朝廷遣兵荡平之后，专立法禁，非不严切。访闻近日，又有

① 陈垣：《摩尼教入中国考》，《陈垣学术论文集》第一集，中华书局1980年版，第365页。
② 吴晗：《明教与大明帝国》，载《读史札记》，生活·读书·新知三联书店1956年版，第246页。
③ 马西沙、韩秉方：《中国民间宗教史》，中国社会科学出版社2004年版，第295—296页。
④ （南宋）王质：《雪山集》卷三，《四库全书》集部·别集类，第1149册，第369页。

妖猾，改易名称，结集会社。或名白衣佛会，及假天兵，号迎神会。千百成群，夜聚晓散，传习妖教。州县坐视，全不觉察。[1]

前引陆游《条对状》已言"两浙谓之牟尼教"，又南宋宣和二年（1120）十一月四日臣僚亦上言"温州等处狂悖之人，自称明教。"[2] 则这里的宗教组织当是明教即摩尼教。枢密院认为这个"吃菜事魔"的妖邪会社，奸猾异常，善于改换名称掩人耳目，由于受到镇压，所以后来改名为白衣佛会、迎神会之类的名称。二会（檜）子，当为一种变化鬼神的妖法。明罗贯中《三遂平妖传》以宋仁宗庆历年间的受到摩尼教影响的弥勒教徒王则起事为背景，其第十七回《文彦博领兵下贝州，曹诏讨血筒破妖法》，写王则变化鬼兵魔将、豺狼虎豹战胜了文彦博的大军，曹伟（副诏讨）告诉文彦博道："王则这家法术，和尚家唤做'金刚禅'，道士家唤做'左道术'，若是两家法都会，唤做'二会子'。皆是邪法。"[3] 可见"二会子"是兼擅佛、道两家变化法术的"妖术"，它与摩尼教的关系不能等同起来。由此可知，金刚禅是一种以变化鬼神为法术的佛教异端，孙光宪认为青城县弥勒会即金刚禅，这说明金刚禅就是弥勒会的修行法术，它受到摩尼教的影响，但并非摩尼教。

自会昌五年灭佛法和摩尼教等，摩尼教经过一段时间的沉寂，在民间继续传播。唐末的战乱割据，北方地区为祸最深，所以弥勒教、摩尼教等大多转移南方，以至于宋代民间宗教结社此起彼伏。唐代小说中孕育在北方胡人文化基础上的假托弥勒佛、菩萨的狐妖形象亦从此消失。

第三节　祆教与景教

与摩尼教同时在唐代传播的外来宗教还有祆教、景教。祆教是波斯

---

① （清）徐松辑：《宋会要辑稿》刑法二"禁约"，第165册，中华书局1957年影印本，第6551页。

② （清）徐松辑：《宋会要辑稿》刑法二，第165册，中华书局1957年影印本，第6534页下。

③ （明）罗贯中：《三遂平妖传》（二十回本），第十七回，北京大学出版社1983年版，第118—119页。

的民族宗教，即琐罗亚斯德教。琐罗亚斯德，又译作苏鲁支，为该教先知和创始人。祆教大约南北朝时传入中土，因崇火、拜火而得名，唐人亦称之为火祆教、拜火教、胡祆，火对祆教徒来说是地、空、天三界之火，是胜利之火，是人体中生命之火。除火之外，祆教还崇拜水，据说先知苏鲁支总是在河里很深处取最纯净的水预备豪麻祭，他受天神阿胡拉·玛兹达的召唤，接受全部祆教教义时，正在河边取水。① 祆教主张善恶二元论，宣称宇宙是由善神阿胡拉·玛兹达和恶神安格拉·曼纽共同主宰的。阿胡拉·玛兹达是智慧之主，是正义的保护者，是唯一永恒、不被创造的神，他创造了洁净的世界和宇宙诸神，而恶神安格拉·曼纽则创造了一切邪恶的事物和魔鬼，它的出现使得本来洁净的世界变得不洁净了。阿胡拉·玛兹达最终将集结一切善的力量战胜邪恶的安格拉·曼纽。那邪恶的追随者将在经历了最后一次审判后，连同他们的居所一起被摧毁，得到最坏的存在，所有向善的义人的灵魂将获得肉体而复活，永生不老、无病无灾，与阿胡拉·玛兹达一起，生活在四季如春的幸福乐园里。② 根据现有资料和学界研究成果，祆教主要在周边少数民族以及内地胡人聚居区传播，真正信奉祆教的汉人并不多，王公大臣之信教者更为鲜见。③ 尽管祆教留下了丰厚的艺术遗产，④ 但在唐人文学作品中的

①　龚方震、晏可佳：《祆教史》，上海社会科学院出版社 1998 年版，第 56 页。
②　同上书，第 57—62 页。
③　唐代少数有粟特血统的藩镇边将具有祆教背景，如代宗时泽潞节度使李抱玉，据《旧唐书》本传及《新唐书·宰相世袭表》，本为安国人，其祖先周隋时为凉州祆教萨宝（祆教教职），安史之乱后，耻与禄山同姓，归化李唐，赐姓李。参见向达《唐代长安与西域文明》，河北教育出版社 2001 年版，第 24 页；龚方震、晏可佳《祆教史》，上海社会科学院出版社 1998 年版，第 236—237 页。又，据荣新江先生考证，安禄山也是粟特人，信奉火祆教，其名字粟特语意为"光明神"，所以安史之乱有祆教背景。（荣新江：《安禄山的种族与宗教信仰》，《第三届中国唐代文化学术研讨会论文集》，台北中国唐代学会 1997 年版。）但这并不足以得出祆教在唐王朝统治阶层传播的结论，相反，这些归化李唐的粟特重臣纷纷改教。宗教社会学理论认为，"随着人们与委身于不同传统的宗教的人具有或形成更强的依恋，他们就会改教"。（［美］罗德尼·斯达克、罗杰尔·芬克：《信仰的法则——解释宗教之人的方面》，杨凤岗译，中国人民大学出版社 2004 年版，第 149 页。）李抱玉之弟李抱真，德宗时位居宰相，晚年却信奉道教，还因服食丹药丧命，即是一例。（《旧唐书》卷一三二本传）
④　祆教艺术遗产包括墓葬、雕塑、壁画、画像石、建筑等，主要集中于新疆、甘肃、山西、河北、河南等地。祆教艺术的重要研究成果是姜伯勤先生的《中国祆教艺术史研究》，生活·读书·新知三联书店 2004 年版。

表现很有限，这是因为祆教艺术的创造者和唐代文学的创造者是两个不同的种族和文化群体，后者对祆教缺乏足够的了解。

景教发端于天主教异端聂斯脱利派。明代天启年间（1621—1627）《大秦景教流行中国碑》出土之前，基督教在唐及唐前的传播情况，因文献无征，不甚了了。此碑的发现，谱写了中国基督教研究史的序曲，有关唐代景教的研究，均围绕此碑展开，其流传情况，亦得以睹其大端。这块碑立于唐德宗建中二年（781），碑文记载了太宗贞观九年大秦景僧阿罗本偕经卷入华、太宗特许建寺传教，以及景教在高、玄、肃、代四朝的传播情况，这是有关景教入华年代的确切记载。① 关于碑文所蕴含的景教教义与基督教教义的相同之处，王治心先生《中国基督教史纲》有详细勘比。② 根据《大秦景教流行中国碑》的叙述，景教在唐代的传播是得到朝廷认可的，从宗教学的定义出发，不能视之为民间宗教，但景教在唐代受到的攻击并不少，这种短暂的许可并不足以认定它是官方宗教，它仍有民间宗教的诸多特征。唐人往往将景教、摩尼教、祆教混为一谈，统言为"波斯教"，这种局面直至明、清依然存在，③ 说明景教在唐代的影响，并没有碑义所说的那样兴盛，唐人对景教的认识，实在是模糊的。或许优越的民族文化心态造成了这种"集体无意识"，他们并不需要对三夷教作出明确区分。武宗灭法后，景教传播渠道被斩断，遭受沉重打击，最终败亡。

在贵霜王朝（约公元？—3世纪）衰落到伊斯兰教征服之前，中亚地区未能形成统一的中央集权制国家，城邦林立，所以也没有形成固定、统一的宗教信仰，佛教、景教、伊斯兰教、祆教和摩尼教各有传播，因

---

① 王治心先生认为，唐代以前甚至汉末中国已有基督教，证据是明代诗人刘子高诗集和李九功《慎思录》所载洪武年间江西庐陵掘出的大铁十字架，上铸孙吴赤乌年号，还有一副颇为工稳的对联。参见王治心《中国基督教史纲》，上海古籍出版社2004年版，第23页。按：此证据经不起推敲，可能是基督教徒自神其教的把戏。

② 王治心：《中国基督教史纲》，上海古籍出版社2004年版，第30—31页。

③ 太宗贞观十二年（638）敕建景寺诏文，称阿罗本为"波斯僧"，直到玄宗天宝四年（745），才由朝廷下诏，甄别波斯寺当为大秦寺，两则诏文具载《唐会要》卷四十九。但景教寺院称景寺或大秦寺，主要流行于教徒和官方，民间则习惯将其与祆教、摩尼教寺院混称为波斯寺或波斯胡寺。清代学者李文田、徐继畬认为景教就是唐代的祆教、火教，董立方、梁廷柟等则把景教与摩尼教、伊斯兰教混为一谈。详参见林悟殊《唐代景教再研究》，中国社会科学出版社2003年版，第49、56、5—6页。

此西域胡人群体的宗教信仰十分复杂。① 摩尼教、祆教、景教均从西域传入，其信徒主体为西域胡人。虽然唐王朝具有胡人血统，对内迁胡人和西域来华胡人采取宽松政策，但他们的地位并不高，常常成为宫廷宴乐及市井小儿取笑的对象，其维持生计之主要手段亦为货殖奇珍异宝、展演幻术异能，胡人妇女亦多歌舞取笑、当垆卖酒，甚至沦落风尘，卖笑为活，所谓"胡姬貌如花，当垆笑春风"②。三教常为佛道攻讦，《大秦景教流行中国碑》记述了景教传播过程中遇到的严峻局面："圣历年，释子用壮，腾口于东周；先天末，下士大笑，讪谤于西镐。"③ 连曾经同样被攻击为"夷狄之教"的佛教也来嘲笑它了，似乎想极力摆脱瓜葛，颇为耐人寻味。唐人以一种好奇尚异的文化心态和优越的民族心理看待胡人宗教，将其贬称为"夷教"，崇拜的神灵也被目之为"胡神"，道教徒甚至通过增撰《老子化胡经》应对新情况，继续打压所谓"夷教"。④ 唐舒元舆《鄂州永兴县重岩寺碑铭》就代表了唐人对待胡人及其宗教的主流态度："故十族之乡，百家之间，必有浮屠为其粉黛。国朝沿近古而有加焉，亦容杂夷而来者，有摩尼焉，大秦焉，祆神焉，合天下三夷寺，不足当吾释寺一小邑之数也。"⑤ 代表先进文化的士人和贵族对胡人宗教所持的疏离态度和绝对优越感，势必限制了后者在上层社会的传播壮大，其规模和数量自然难成气候。另外，祆教入华后奉行的不传教、不翻经的宗教政策，也不利于该教在唐人中传播。⑥ 武宗会昌五年灭法时，全国

---

① 林悟殊：《早期摩尼教在中亚地区的成功传播》，《摩尼教及其东渐》，中华书局 1987 年版，第 41 页。其复杂性从前引《魏书·元遥传》所载，北魏宣武帝延昌四年（515）发生暴动的沙门法庆的宗教信仰可以发见。又《旧唐书》卷一九八《西戎传·于阗国传》言该国"好事祆神，崇佛教"，《新唐书》卷二二一《西域传·康传》言其："尚浮图法，祠祆神。"这些国家的摩尼教在民间传播。林悟殊：《早期摩尼教在中亚地区的成功传播》，《摩尼教及其东渐》，中华书局 1987 年版，第 41 页。

② 李白：《前有樽酒行二首》之二，瞿蜕园、朱金城校注《李白集校注》，上海古籍出版社 1980 年版，第 252 页。

③ 《大正藏》第 54 册，第 1289 页中。

④ 《老子化胡经》本为晋成帝时道士王浮撰于咸康六年（340），佚失已久，敦煌文献中发现了卷一和卷十两篇残卷，中有老子西行化导摩尼的内容，乃道徒窃取摩尼教材料，玄化道教教义，抬高地位以与佛教抗争。参见林悟殊《〈老子化胡经〉与摩尼教》，载《摩尼教及其东渐》，中华书局 1987 年版。

⑤ 《全唐文》卷七二七，第 8 册，中华书局影印本 1983 年版，第 7498 页。

⑥ 陈垣：《火祆教入中国考》，《陈垣学术论文集》第一集，中华书局 1980 年版，第 320 页。

祆教、景教、回教教职人员总计三千人，这样的数量跟二十六万余之众的佛教徒相比，实乃相形见绌。① 真正让唐人感兴趣的是胡僧的幻术和异能。张𬸦《朝野佥载》卷三：

> 河南府立德坊及南市西坊皆有胡祆神庙。每岁商胡祈福，烹猪羊，琵琶鼓瑟，酬歌醉舞。酹神之后，募一胡为祆主，看者施钱并与之。其祆主取一横刀，利同霜雪，吹毛不过。以刀刺腹，刃出于背，仍乱扰肠肚流血。食顷，喷水咒之，平复如故。此盖西域之幻法也。
>
> 凉州祆神祠，至祈祷日祆主以铁钉从额上钉之，直洞腋下，即出门，身轻若飞，须臾数百里。至西祆神前舞一曲即却，至旧祆所乃拔钉，无所损。卧十余日，平复如故。莫知其所以然也。②

这类幻术实则为今日之魔术，在科学认识水平不高的时代，被神化为神异幻术，而祆教徒也乐为其事，在观者中引起神秘感。根据这个记载，可以判断段成式《酉阳杂俎》卷五《怪术》所载梵僧难陀幻术盖亦与祆教有关。此僧得如幻三昧，入水火，贯金石，变化无穷。常与三少尼俱行，蜀地戌将欲治其罪，僧曰："某寄迹桑门，别有药术。"从而受到戌将礼敬。这说明他的僧人身份系假托而已。且看他在戌将筵席上的表演：

> 饮将阑，僧谓尼曰："可为押衙踏某曲也。"因徐进对舞，曳绪回雪，迅赴摩跌，技又绝伦也。良久曲终，而舞不已。僧喝曰："妇女风耶？"忽起取戌将佩刀，众谓酒狂，各惊走，僧乃拔刀斫之，皆踣于地，血及数丈。戌将大惧，呼左右缚僧。僧笑曰："无草草。"徐举尼，三枝筇枝也，血乃酒耳。又尝在饮会，令人断其头，钉耳

---

① 《唐会要》卷四七《毁佛寺制》曰："其天下所拆寺四千六百余所，还俗僧尼二十六万余人，收充两税户。拆招提兰若四万余所，……隶僧尼属主客，显明外国之教。勒大秦、穆护、祆三千余人还俗，不杂中华之风。"第841页。《新唐书》卷五十二《食货志》记僧尼二十六万五千人，大秦、穆护、祆则仅有两千人。

② 张𬸦：《朝野佥载》，《唐五代笔记小说大观》，上海古籍出版社2000年版，第37—38页。

于柱，无血。身坐席上，酒至，泻入胆疮中，面赤而歌，手复抵节。会罢，自起提首安之，初无痕也。[①]

这种血腥的表演场面与《朝野佥载》描述的祆教徒的幻术别无二致。实则，早在晋干宝《搜神记》中就有此类表演，其卷二"天竺胡人"截舌、续绢、吐火、之类的幻术，也是触目惊心，但尚不足以判定其与祆教有何关联。

除幻术外，杂技表演也是祆教胡人的特长。苏鹗《杜阳杂编》卷中载，敬宗皇帝诞日，集天下百戏庆祝，有一幽州妓女石火胡，携养女五人"于百尺竿上张弓弦五条，令五女各居一条之上，衣五色衣，执戟持戈，舞《破阵乐》曲。俯仰来去，赴节如飞。"观者目眩心怯。[②] 从此妓（当为伎）的姓名看，可能是迁居幽州的石姓西域胡人，"火胡"盖取"拜火之胡"之意，当属祆教徒。石火胡的表演可能属于唐代立部伎杂戏一类。陈寅恪先生云："竿木之伎本附属于唐代立部伎之杂戏及柘枝舞者，而此种伎舞乃中央亚细亚输入我国艺术之一，其伎舞之人，初本西胡族类，又多世擅其业者也。"[③] 则进一步证明石火胡是信奉火祆教的西域胡人。

景教在唐代传播，没有像祆教那样表演幻术、拥有大量移民信徒，也没有像摩尼教一样得到回鹘这样的军事政治势力支持，而是依靠传教士高超的医术和制作奇器异巧的才能，走上层路线。据王治心先生考证，唐玄宗开元时期的僧人崇一，就是景教徒，他曾经治好了玄宗之兄、让皇帝宪的疾病，受到赐绯袍鱼袋的奖赏。[④]

---

① 段成式：《酉阳杂俎》卷五，《唐五代笔记小说大观》，上海古籍出版社 2000 年版，第597—598 页。

② （唐）苏鹗：《杜阳杂编》，《唐五代笔记小说大观》，上海古籍出版社 2000 年版，第 1387 页。

③ 陈寅恪：《狐臭与胡臭》，载《寒柳堂集》，《陈寅恪集》，生活·读书·新知三联书店2001 年版，第 159 页。

④ 王治心：《中国基督教史纲》，上海古籍出版社 2004 年版，第 35—36 页。参见林悟殊《唐代景教再研究》，中国社会科学出版社 2003 年版，第 92—95 页。僧崇一事载《旧唐书》卷九十五《让皇帝宪传》。

小 结

唐代是佛教发展的鼎盛期,自南北朝以来,弥勒信仰在民间和胡人中的传播,催生出了弥勒教这样的民间宗教组织,对佛教和现实政治秩序发出了挑战。唐代也是外来宗教摩尼教、祆教、景教传入传播时期。王朝宗教政策的不连续性,佛教、道教等的排斥、攻击,以及"三夷教"自身在教义体系和宗教传播方面的局限性,使其生存空间受到挤压,主要在胡人和极少数汉人中传播,且受到屡次打击,故本书也将其视为民间宗教之一种来研究。为了生存和发展,三夷教选择依附于同样属于外来宗教的佛教进行传播,甚至如摩尼教者将本宗教伪装成佛教弥勒信仰。摩尼教寄迹佛教及弥勒教徒假托弥勒佛的特点,启迪了笔者对唐代笔记小说狐妖假托佛菩萨故事的深入探讨。本书认为,这些狐妖形象是文化偏见下的传播弥勒信仰或其他佛教形态的胡人的隐喻,与作为民间宗教的弥勒教有着内在联系。

唐代笔记小说中出现的假托弥勒佛的狐妖故事,正是唐代胡人生活状况和民间宗教发展状况的生动表现。民间宗教并非士大夫出身的唐代小说作者的宗教信仰,故其难以正面影响小说创作,且数量有限,为数不多的几篇作品也需要通过大量的背景分析来确定。直到明代罗贯中《三遂平妖传》,才将北宋庆历七年贝州王则起事敷衍为长篇神魔小说,作为妖魔来描写,是弥勒教和摩尼教影响小说创作的显著例子。相对而言,由于祆教主要在胡人中传播,且未有假托佛教参与暴乱的现实可能,所以在笔记小说中仅留下了少量描写和记载。至于景教,则几乎湮没无闻。这也是唐代这个多元宗教时代宗教发展状况的真实反映。

第七章　宗教叙事与唐五代小说的审美观照

本章主要从文学的角度考察唐五代笔记小说的叙事特征和形象塑造问题，而非单纯的宗教文化阐释。这里我们截取三个方面加以阐释，即小说所展现的精怪世界、冥府地狱场景和时空观等，这是唐五代志怪类笔记小说描写的共同特征。最后从宗教批评的角度考察唐五代的笔记小说批评活动，发掘唐人及后世小说批评家在小说评论中的宗教传统及其话语体系，拓展关于唐五代笔记小说研究和评论的视野。

第一节　唐五代小说文本的时空建构

唐五代笔记小说展现给读者的时间和空间观念值得注意，特别是其营造的精怪世界和鬼神世界，也即自魏晋以来小说家们一直关注和着力探索的"幽冥"世界。他们对此充满了好奇和想象力，小说家笔下所描写和展示出来的幽冥世界的景象光怪陆离，令人应接不暇。虽然从总体上看，因为流传区域和讲说者不同而造成的故事版本有差距，但其展现出的小说家们的关注热点还是一致的。

一　光怪陆离的精怪世界

在中国古人看来，精怪与鬼神是两个不同的世界，这与我们今天对其混为一谈不甚一致。如司马迁《史记·留侯世家》言："学者多言无鬼神，然言有物。"所谓"物"，按照司马贞《史记索引》的说法，就是精怪。① 物

---

① （汉）司马迁：《史记》卷五五，中华书局 1959 年版，第 2049 页。按：司马贞《索引》云："物谓精怪及药物也。"

老为精的观念，由来已久，早在《周易》中就有阐述："精气为物，游魂为变，是故知鬼神之情状。"① 这里需要特别澄清的是，自汉代到宋代，精怪的含义跟我们今天所理解的大不相同，所谓"精气为物"或者"物老成精"的"物"，专指那些曾经与人类产生过密切关系、后来又被废弃或者遗弃不用的各种器物，均为无生命特征的用品。这些用品被废弃后，经过若干年，能够幻化为各种形状的精怪，作祟人间，造成不小的纷扰。而在明清以后，特别是进入现代社会后，人们对"精怪"、"妖怪"、"妖精"的概念逐渐没有了严格的区分，一般泛指神、佛、仙、鬼、人之外的世界，既有可能是各种自然物，也有可能是有生命的动植物、无生命的山石枯木、生活用具等，含义无限广泛了。细检宋初编纂的《太平广记》，我们会发现，"精怪"、"妖怪"、畜兽、禽鸟、水族、草木、昆虫、虎、蛇、狐、龙、蛟等的分类清楚明白，所收录的"精怪"故事全部关乎各种器物用品，没有"生物成精成怪"的观念和相应故事。

唐五代笔记小说里的精怪包罗万有，比如祖辈的枕头、废弃的粮袋、深埋地下的古钟、方相、明器、官宦人家的小玩偶、破旧的车辐、门扇、木勺、漆桶、灯座、酒瓮、铁铮、龟背骨等，还有"火"、"土"幻化的各种精怪。如张鷟《朝野佥载》载：

> 越州兵曹柳崇忽疡生于头，呻吟不可忍。于是召术士夜观之，云："有一妇女绿裙，问之不应，在君窗下，急除之。"崇访窗下，止见一瓷妓女，极端正，绿瓷为饰。遂于铁臼捣碎而焚之，疮遂愈。②

这里的瓷妓女当为柳崇家的玩偶，久之"成精"，为患柳崇。再如五代王仁裕《玉堂闲话》之"南中行者"云：

> 南中有僧院，院内有九子母像，装塑甚奇。尝有一行者，年少，给事诸僧。不数年，其人渐甚羸瘠，神思恍惚，诸僧颇怪之。有一

---

① 《周易·系辞传上》，周振甫《周易译注》，中华书局1991年版，第233页。
② （唐）张鷟：《朝野佥载》卷六，《唐五代笔记小说大观》，上海古籍出版社2000年版，第82页。

僧，见此行者至夜入九子母堂寝宿，徐见一美妇人至，晚引同寝，已近一年矣。僧知塑像为怪，即坏之。自是不复更见，行者亦愈，即落发为沙门。①

在这则故事里，成精为祟的却是僧院中的九子鬼母塑像。这是精怪观念深入佛教、佛教神灵形象移入精怪文化的表现。如果我们采用今天的精怪观念，则虎、蛇、狐等均可作此理解，涉及的唐五代笔记小说中的记载数量颇多。

唐人通过这些记载要展示什么问题？如何理解或者看待这些故事？除了我们在本书相关章节探讨的某些精怪信仰已经与宗法性传统宗教、佛教、道教等相互融合外，大部分故事并没有什么特别的宗教含义，也没有特殊的写作目的，仅仅是为了展示唐人所认识的这个精怪世界。他们认为精怪世界是真实存在的，世间的器物和有生命的动植物在特定的环境中会转化为精怪，人们在生活中遇到一些不能解释的病痛祸患的时候，应该考虑是不是有什么精物为怪。

精怪和鬼神的世界对唐人来说充满了神秘好奇，于是乎各种探幽测微的想象和描写涌现在文学作品和宗教经典中，构筑了一个光怪陆离的世界。

二　酷似人世的冥府地狱

冥府和地狱，是唐五代笔记小说着力描写的一个重要场域，也是佛教地狱观念与中国本土冥府观念相互交融的产物。这种交融的推动力，一是全社会崇佛佞佛的社会风气促进了佛教地狱观念的传播；二是人们对生命归宿和彼岸世界的普遍关注而产生了众多的文学想象；三是社会问题日益突出，特别是盛唐而下，王公贵族的社会形象日渐贬损，民众很轻易地将冥府鬼吏与之相联系、对比，加以文学创造。

我们所了解的唐五代小说中关于地狱描写的著名故事是敦煌变文《唐太宗入冥记》和《大目乾连冥间救母变文》，后者是演化自《盂兰盆

---

① 《太平广记》卷三六八，中华书局 1961 年版，第 2931 页。

经》的佛教故事，宣教意味浓厚，可以看作是典型的佛教辅教小说，而前者则是主旨复杂、众说纷纭的世俗故事。姑且不论《唐太宗入冥记》与玄武门兵变有何瓜葛，单就小说中关于阎罗地狱的描写，活脱脱一副人间官场，崔子玉与唐太宗之间关说交通、各怀鬼胎，如何不是现实人间的写照。此乃唐代地狱观念成熟并深入人心后的产物，而且描写相较于唐五代的笔记小说更显细腻、完备。这是单纯的地狱故事，但在唐五代笔记小说大量出现的，却是融合了中国传统山岳崇拜、佛教地狱信仰的冥府观念。

　　山岳崇拜在中国古代官方祭祀大典和民间信仰体系中占有重要地位，在漫长的发展历史中，不断嬗递演变、分化组合，逐渐定型为后来的以五岳为中心的山岳神系崇拜。五岳均有神，主掌泰山者是为泰山神，主西岳者为华山神，依此类推。五岳祭祀成为定制后，是"有天下者"每年都要进行的国家大典，主要也是为了祈求风调雨顺、国泰民安。华山和嵩山、衡山、恒山在国家祭祀大典中的地位是很难与泰山比的，往往作为泰山的陪祀。由人君排定的五岳座次，在唐前一直没有多大变化，直到唐代，李唐王朝和武周政权出于政治目的，才分别提升了华山和嵩山的地位。武则天登基后，为革故鼎新，巩固统治，利用武承嗣和雍州人唐同泰在洛水伪造的符瑞，进行了盛大的封禅活动，同时也对洛水附近的嵩山进行了加封，号嵩山为神岳，尊嵩山神为天中王，夫人为灵妃，嵩山的地位第一次高于泰山。嵩山在五岳中是中岳，这正好满足了武则天君临天下的欲望，同时也革故鼎新，适度清理了泰山的影响，树立了新的通告天意的主山。唐玄宗李隆基登基后，对五岳进行了全面的加封，先封西岳华山为"金天王"，然后陆续封泰山为"天齐王"、嵩山为"中天王"、衡山为"司天王"、恒山为"安天王"，至此，五岳之神跻身"王者"行列。华山之所以受此隆遇，是因为"玄宗乙酉岁生，以华岳当本命"，所以，先天二年（713）七月正位，八月癸丑，唐玄宗就迫不及待地对华岳进行大封。①

　　与官方祭祀大典中抽象的"神"不同的是，民间信仰的五岳神具有

---

① 《旧唐书》卷二十三《礼仪志三》，中华书局1975年版，第904页。

具体的形象，这归因于佛教的传入和道教思想的发展，对五岳信仰进行了不同程度的改造，将其纳入各自的神系，岳神的形象也随之逐渐丰满起来。他们有人的外形、语言、行为和情欲，即与人同形同性，这在宗教学上称为"神的人格化"。古人按照俗世生活的想象为泰山创造了家属和亲朋好友。晋张华的《博物志》将泰山与天帝拉上了关系，说泰山是天帝之孙，主召人魂；① 题为魏文帝曹丕撰的《列异传》则把泰山说成是天帝的外公，② 虽然有点颠倒错乱，却是泰山神人格化的一个主要表现。民间对五岳神的崇拜和形象塑造，是与五岳神的实际执掌深深相关的。题为东方朔撰的《五岳真形图》，就说拥有《东岳真形》可以"令人神安命延，存身长久"，拥有《南岳真形》"五瘟不加，辟除火光"，《中岳真形》的妙处在于"所向唯利，致财巨亿"、《西岳真形》可以"消辟五兵，入阵刀刃不伤"，《北岳真形》则"入水却灾，百毒灭伏"。③ 这种说法与民间关于五岳神的实际执掌是相互联系的，如关于《东岳真形》的说法就与泰山治鬼、掌管人死后的鬼魂的说法有关。

泰山治鬼的观念是在灵魂信仰和自然崇拜的背景下，伴随着古人对中国地理的认识而产生的。古人认为泰山是"万物之始"、"阴阳交代之处"。汉应劭《风俗通义》云："东方泰山，尊曰岱宗，……岱者，长也，万物之始，阴阳交代。"④ 古人喜欢用阴阳五行学说解释各种自然、社会现象，泰山之所以治鬼，是因为它位于"中国"的东方，东方与四季中的春相配，主化育万物，进而由万物的生灭荣枯联想到人也有生死。好生恶死是人类的本能，生死是古人最关切的问题。为了给死后的灵魂找到归宿，泰山被赋予了掌管人之祸福寿夭，知生命之长短的责任。泰山治鬼的起因还与封禅中的"禅"即祭地有关，鬼道属地，祭地仪式自然被赋予了与死相关的含义，进而与泰山联系起来。⑤

---

① （晋）张华：《博物志》卷一，《汉魏六朝笔记小说大观》，上海古籍出版社1999年版，第187页。

② 参见《列异传》"临淄蔡支"故事，鲁迅《古小说钩沉》，齐鲁书社1997年版，第90页。

③ （宋）张君房：《云笈七签》卷七十九，李永晟点校，中华书局2003年版，第1790—1791页。

④ （汉）应劭：《风俗通义》卷十，《百子全书》本，浙江古籍出版社1998年版，第1094页。

⑤ 贾二强：《唐宋民间信仰》，福建人民出版社2002年版，第15—16页。

　　泰山治鬼说在古代笔记小说中均有深刻的反映。魏晋六朝时期，泰山治鬼观念大行，成为笔记小说描写的重要对象，泰山神的形象也随之丰满生动起来。虽然泰山在国家祭祀大典中地位很高，但在笔记小说中完全没有接受人君祭拜封赏的气派和荣光，更像是一个主政一方的俗吏。地狱观念对东晋干宝《搜神记》的影响是可见的，其卷十五《贾文合》云：汉献帝建安中，南阳人贾偶因病而亡，鬼魂被一鬼吏捉至泰山，司命检阅生死簿后，发现系错拘，遣送回家，途遇同样被错召的弋阳令之女，相与还家，生还后结为夫妻。① 这个故事中，鬼魂先要经过司命的按验，阳寿未终者发回人间还魂重生，泰山神并未露面，所以难睹真容。《搜神记》卷四《胡母班》的主人公胡母班则亲见了泰山神：

　　　　胡母班，字季友，泰山人也。曾至泰山之侧，忽于树间逢一绛衣驺，呼班云："泰山府君召。"班惊愕，逡巡未答。复有一驺出呼之，遂随行。数十步，驺请班暂暝。少顷，便见官室，威仪甚严。班乃入阁拜谒。主为设食，语班曰："欲见君，无他，欲附书与女婿耳。"班问："女郎何在？"曰："女为河伯妇。"班曰："辄当奉书，不知缘何得达。"答曰："今适河中流，便扣舟呼'青衣'，当自有取书者。"班乃辞出。昔驺复令闭目，有顷，忽如故道。遂西行，如神言而呼'青衣'。须臾，果有一女仆出，取书而没。少顷复出，云："河伯欲暂见君。"婢亦请暝目。遂拜谒河伯。河伯乃大设酒食，词旨殷勤。临去，谓班曰："感君远为致书，无物相奉。"于是命左右："取吾青丝履来。"以贻班。班出，暝然，忽得还舟。遂于长安经年而还。至泰山侧，不敢潜过，遂扣树，自称姓名："从长安还，欲启消息。"须臾，昔驺出，引班如向法而进。因致书焉。府君请曰："当别再报。"班语讫，如厕。忽见其父著械徒作，此辈数百人。班进拜流涕，问："大人何因及此？"父云："吾死不幸，见谴三年，今已二年矣，困苦不可处。知汝今为明府所识，可为吾陈之，乞免此

――――――――――
　　① （晋）干宝：《搜神记》卷十五《贾文合》，《汉魏六朝笔记小说大观》，上海古籍出版社1999年版，第389—390页。

役，便欲得社公耳。"班乃依教，叩头陈乞。府君曰："生死异路，不可相近，身无所惜。"班苦请，方许之。于是辞出，还家。岁余，儿子死亡略尽。班惶惧，复诣泰山，扣树求见。昔驺遂迎之而见。班乃自说："昔辞旷拙，及还家，儿死亡至尽。今恐祸故未已，辄来启白，幸蒙哀救。"府君拊掌大笑曰："昔语君'死生异路，不可相近'故也。"即敕外召班父。须臾，至庭中，问之："昔求还里社，当为门户作福，而孙息死亡至尽，何也？"答云："久别乡里，自欣得还，又遇酒食充足，实念诸孙，召之。"于是代之。父涕泣而出。班遂还。后有儿皆无恙。①

汉魏时太守被尊称为府君，后来演化为对人的敬称，"泰山府君"的称呼表明当时人是以世俗官制来比附泰山神的。泰山神因为欠下了胡母班的人情，所以应其请求，特意将胡父从肮脏、苦重的劳作中解救出来，并且给了一个社公的美差，泰山治下的冥界情形，也得以初窥端倪。胡父在地狱"著械徒作"，则属佛教地狱观念，但故事并未言明胡父因何而入地狱劳作。这里，泰山神的形象仍然是模糊的，其作为神灵，却像普通的人一样书信往来，而且需要托人代为传递，具有浓厚的世俗生活影子。泰山神还是河伯的丈人，前文引《博物志》说泰山是天帝之孙，看来，神灵世界也通过结亲形成了一定的谱系。但这种牵强附会的说法并没有形成共识，同样在《搜神记》卷四，泰山之女却嫁给了西海神。② 不同的故事创作者给此女安排了不同的归宿，反映了民间信仰在传承过程中出现的变异状态。这个类型的故事，也出现在华山神信仰中，《搜神记》卷四《华山使》：

　　秦始皇三十六年，使者郑容从关东来，将入函关。西至华阴，望见素车白马，从华山上下。疑其非人，道住，止而待之。遂至。问郑容曰："安之？"答曰："之咸阳。"车上人曰："吾华山使也。愿

---

① 《汉魏六朝笔记小说大观》，上海古籍出版社 1999 年版，第 303—304 页。

② （晋）干宝：《搜神记》卷四《灌坛令》，《汉魏六朝笔记小说大观》，上海古籍出版社 1999 年版，第 306 页。

托一牒书，致镐池君所。子之咸阳，道过镐池，见一大梓，下有文石，取以款梓，当有应者，即以书与之。"容如其言，以石款梓树，果有人来取书。明年，祖龙死。①

祖龙指秦始皇，这个故事的雏形出现在《史记·秦始皇本纪》："（三十六年）秋，使者从关东夜过华阴平舒道，有人持璧遮使者曰：'为吾遗镐池君。'因言曰：'今年祖龙死。'使者问其故，忽不见，置其璧去。使者奉璧具以闻，始皇默然良久，曰：'山鬼固不过知一岁事也。'退言曰：'祖龙者，人之先也。'使御府视璧，乃二十八年行渡江所沉璧也。"② 显然，《搜神记》对《史记》进行了改写，但死去的是秦始皇而不是"见鬼"的郑容，耐人寻味，这是汉代的天人感应神学的余流，将鬼神的出现与国家大事联系起来，而不是个人吉凶祸福。这个故事与《胡母班》故事比较，其基本情节结构很相似，似乎华山信仰也受到了泰山治鬼说的影响，反映了华山信仰的提升，这可能与汉晋时期长期定都长安有关。两篇故事的基本故事情节，影响了唐传奇《柳毅传》的创作，柳毅传书就是胡母班传书的翻版。

《搜神记》卷十六《蒋济亡儿》故事则将泰山神进一步世俗化，径称为泰山令，且不再由固定的神灵充当，而是像世俗官吏铨选调动一样，有一定任期，期满从世间重新选拔。但神灵世界的任期制却滋生了"腐败"。故事中蒋济亡子苦于"地下"劳作的辛苦，得知太庙附近居住的孙阿被任命为新的泰山令后，托梦其母，希望交通孙阿，求其上任后给自己换个差使，最终如愿以偿，被任命为录事。似乎地狱并不是那么阴森严酷，相反充满世俗味。有意思的是，尽管成为泰山令意味着死亡，但孙阿得知此事反而迫不及待，正是世俗心理的反映。泰山令实行任命制后，其属下官吏也相应地实行了选拔制度，如南朝宋刘义庆《幽明录》中的吉翻石就被召为泰山主簿。③

---

① 《汉魏六朝笔记小说大观》，上海古籍出版社1999年版，第306页。
② （汉）司马迁：《史记》卷六，中华书局1959年版，第259页。
③ （南朝宋）刘义庆：《幽明录》，《汉魏六朝笔记小说大观》，上海古籍出版社1999年版，第739页。

如果说《搜神记》中的泰山神和华山神具有浓重的世俗生活影子，他们治下的鬼神世界受到佛教地狱观念的初步影响，那么《幽明录》和《宣验记》的佛教背景则比较明显。《幽明录》的思想比较复杂，其中的鬼神描写既反映了中土传统鬼神观，又有部分故事初步接受了佛教影响，但这种影响尚不成熟，许多鬼神故事呈现出由传统鬼神观向隋唐鬼神观过渡的迹象，可能属于作者早年初步接受佛教影响时的作品。《宋书·刘义庆传》称义庆"晚节奉沙门"，笃信佛教；[①]《辩正论·十代奉佛上篇》云："宋世诸王并怀文藻，大习佛经，每月六斋，自持八戒，笃好文雅，义庆最优，……著《宣验记》，赞述三宝。"[②] 我们比较阅读《幽明录》和《宣验记》发现，后者是一部较成熟的充满佛教因果报应的笔记小说集，应该作于义庆晚年，而前者则显得较为质朴。所以研究《幽明录》中数则与泰山神有关的故事，有助于考察泰山信仰的演变轨迹。如"巫师舒礼"故事：

　　巴丘县有巫师舒礼，晋永昌元年病死，土地神将送诣太山。俗人谓巫师为道人，路过冥司福舍前，土地神问吏："此是何等舍？"吏曰："道人舍。"土地神曰："是人亦道人。"便以相付。礼入门，见数千间瓦屋，皆悬竹帘，自然床榻，男女异处，有诵经者，呗偈者，自然饮食者，快乐不可言。礼文书名已到太山门，而身不至。推问土地神，神云："道见数千间瓦屋，即问吏，言是道人，即以付之。"于是遣神更录取。礼观未遍，见有一人，八手四眼，提金杵，逐欲撞之。便怖走还出门，神已在门迎，捉送太山。太山府君问礼："卿在世间，皆何所为？"礼曰："事三万六千神，为人解除祠祀，或杀牛犊猪羊鸡鸭。"府君曰："汝佞神杀生，其罪应上热熬。"使吏牵著熬所。见一物，牛头人身，叉礼著投铁床上，宛转身体焦烂，求死不得。经一宿二日，备极冤楚。府君问主者："礼寿命应尽？为顿夺其命？"校禄籍，余算八年。府君曰："录来。"牛首人复以铁叉叉

①　（梁）沈约：《宋书》卷五十一，中华书局1974年版，第1477页。
②　（唐）法琳：《辩正论》卷三，《大正藏》卷五十二，第504页中。

著熬边。府君曰："今遣卿归，终毕余算。无复杀生淫祀。"礼忽还活，遂不复作巫师。①

舒礼因杀生淫祀，被拘往泰山，受尽一番苦毒后，被放回重生，从此不再作巫师，带有佛教说教意味。在这里，佛教僧众和俗世巫师均被称为"道人"，反映了当时人对佛教的认识还不是很通透，尚在用道教词汇比附佛教。故事中，泰山府君治下的冥府已被阴森酷烈的佛教地狱代替，泰山神充当了佛教护法的角色，舒礼被捉到泰山也是因为违反了佛教不杀生的戒条。不过阎罗王尚未入驻冥府，泰山神仍是主宰，捉拿舒礼到太山的也是土地神而不是鬼吏，这说明佛教地狱观念尚未彻底取代泰山治鬼。《幽明录》中的另两则故事"赵泰"与"康阿得"，则是比较成熟的佛教果报故事了，具有浓厚的护教色彩。康阿得因为"起佛图塔寺，供养道人"而受到泰山府君的礼遇，赵泰虽然没有作恶，但因为对佛教"一无所为"，被泰山府君捉到，见识了地狱的恐怖和奉佛诵经的无量福德，从而皈依佛教。② 泰山府君完全成为佛教护法，他要接受佛的领导，判奉佛者或重生，或转世为人，将作恶者打入地狱；遇有被错追的，他就会趁机安排其参观地狱一番，接受深刻教育，从而皈依佛教。虽然泰山府君的冥府被佛教地狱侵蚀，但他仍是主宰，阎罗王成为他的上司，是唐代以后的事情。如本书第五章所举，《广异记》"唐眭仁蒨"就宣扬："阎罗王者如人天子，泰山府君如尚书令，录五道神如诸尚书。若我辈国如大州郡。每人间事，道上章请福，天曹受之，下阎罗王云，某月日得某甲诉云云，宜尽理，勿令枉滥。阎罗王敬受而奉行之，如人之奉诏也。"完全按照世俗政权的模式构建冥府，阎罗王地位迅速提升。

中国古代治鬼尊神除了泰山府君、阎罗王外，还有北斗、地藏王菩萨以及华山神等，影响最大的是泰山治鬼和阎罗王的地狱。由泰山神、北斗等到阎罗王、地藏王菩萨的转变，反映了佛教地狱观向中国传统宗教的一步步渗透，乃至取而代之。尽管泰山神并未彻底淡出中国民间信

---

① （南朝宋）刘义庆：《幽明录》，《汉魏六朝笔记小说大观》，上海古籍出版社 1999 年版，第 706—707 页。

② 分别参见《汉魏六朝笔记小说大观》，上海古籍出版社 1999 年版，第 739—741、746 页。

仰体系，在后代神魔小说《封神演义》中仍是一位"东岳泰山天齐仁圣大帝"，总管天地人间吉凶祸福，"执掌幽冥一十八层地狱，凡一应生死转化人神仙鬼，俱从东岳勘对，方可施行"，① 但这只是传统信仰的余绪，小说的描写，只不过是为了组织一个完整的神界谱系，与实实在在的民间信仰有一定距离。

唐人笔记小说中的岳神，形象大变，多数情况下是一个恶神形象，交通关节，受人钱物，淫人妻女，而且常常纵容妻儿属下淫乱人间。戴孚撰《广异记》，收录了大量泰山神和华山神的故事，小说所描绘的岳神形象与民间信仰中的庇护神大相径庭。虽然泰山府君是掌管生死的一方大神，但他的几位公子却并非善类。如《赵州参军妻》：

> 赵州卢参军新婚之任，其妻甚美。数年，罢官还都。五月五日，妻欲之市求续命物，上于舅姑。车已临门，忽暴心痛，食顷而卒。卢生号哭毕，往见正谏大夫明崇俨，扣门甚急。崇俨惊曰："此端午日，款关而厉，是必有急。"遂趋而出。卢氏再拜，具告其事，明云："此泰山三郎所为。"遂书三符以授卢："还家可速烧第一符，如人行十里不活，更烧其次；若又不活，更烧第三符。横死必当复生，不来真死矣。"卢还家，如言累烧三符，其妻遂活，顷之能言，云初被车载至泰山顶，别有官室，见一少年，云是三郎。令侍婢十余人拥入别室，侍妆梳。三郎在堂前，与他少年双陆，候妆梳毕，方拟宴会。婢等令速妆，己缘眷恋故人，尚且悲泪。有顷，闻人款门云："是上利功曹，适奉都使处分，令问三郎，何以取卢家妇？宜即遣还。"三郎怒云："自取他人之妻，预都使何事！"呵功曹令去。相与往复，其辞甚恶。须臾，又闻款门云："是直符使者，都使令取卢家妇人。"对局劝之，不听。对局曰："非独累君，当祸及我。"又不听。寻有疾风，吹黑云从崖顶来，二使唱言："太一直符，今且至矣！"三郎有惧色。风忽卷宅，高百余丈放之，人物糜碎，唯卢妻获存。三使送还，至堂上，见身卧床上，意甚凄

---

① （清）许仲琳编：《封神演义》第九十九回，人民文学出版社 1973 年版，第 992 页。

恨，被推入形，遂活。①

唐薛用弱《集异记》之《李纳》故事讲泰山神有"三郎子"、"七郎子"，则其至少有七个儿子。② 其中四郎好交游，三郎则是一个彻头彻尾的色鬼。③ 三郎常常运用邪术抢夺良家妇女，以供淫乐，而且蛮横霸道，他唯一畏惧的就是道家的太一真符。泰山神纵子行淫人间，家风败坏，其治下的地府更是异常黑暗，草菅人命，甚至出现鬼吏运用职权骗取钱财、吃喝玩乐的事。命不该绝的濮阳尉马某，因为人微官轻，就被地府做了手脚，代替剑南节度使章仇兼琼之死，丢了性命。④ 京兆武功人部澄被鬼吏骗至地府，受到恶劣待遇，最后只好上下打点，花钱消灾。最精彩的描写是部澄被带到中丞理冤屈院时：

> 澄乃大叫冤屈。中丞遣问："有何屈？"答云："澄寿未尽，又不奉符，枉被鬼拘录。"中丞问有状否，澄曰："仓卒被拘，实未有状。"中丞与澄纸，令作状，状后判检。旁有一人，将检入内。中丞后举一手，求五百千，澄遥许之。检云："枉被追录，寿实未尽。"中丞判放，又令检人领过大夫通判。至厅，见一佛廪小胡，头冠毡帽，著麂靴，在厅上打叶钱。令通云："中丞亲人，令放却还生。"胡儿持按入，大夫依判，遂出。复至王所，通判守门者就澄求钱。领人大怒曰："此是中丞亲眷，小鬼何敢求钱？"⑤

罩在泰山神头上的神圣宗教光环完全被赤裸裸的官场潜规则代替，中丞的道貌岸然，鬼吏的察言观色、趋炎附势，被刻画得形象生动。唐人对

---

① （唐）戴孚：《广异记》，方诗铭辑校《冥报记》、《广异记》合刊，中华书局1992年版，第47—48页。
② （唐）薛用弱：《集异记》，《博异志》、《集异记》合刊，中华书局1980年版，第40—41页。
③ 四郎好交游，见方诗铭辑校《冥报记》附《冥报记拾遗》"唐兖州人"条，《冥报记》、《广异记》合刊，中华书局1992年版，第85—87页。
④ 方诗铭辑校：《广异记》"章仇兼琼"条，《冥报记》、《广异记》合刊，中华书局1992年版，第93—94页。
⑤ 方诗铭辑校：《广异记》"部澄"条，《冥报记》、《广异记》合刊，中华书局1992年版，第150—151页。

泰山神及其治下的地府的这种描写，是泰山信仰走向没落的反映，泰山神因主宰人间生死祸福而产生的神秘感，日渐消解，走向世俗化。面对阎罗王的步步进逼，泰山神显得束手无策，只好充当了文士抨击官场黑暗的鲜活教材。

华山神"全家"不同于泰山神，未能掌握管理地府这样的肥缺，所以搞不了贪污腐败，但却普遍好色。华山府君和华山三郎父子，都有强抢民女的毛病：河东南县尉李某妻王氏貌美，被华山神看中，摄取了生魂而死于非命；李某还家，得知爱妻已死，伤心欲绝，正好得到一位善符箓之术的高人帮助，才用太一符追回了妻子。[1] 华山三郎之好色，一点都不逊于乃父。唐牛肃《纪闻》就描写了华山神的一次劣行：桃林令韩光祚，携带家眷去上任，途经华山庙，下车礼拜，刚入庙门，他的爱妾就当场暴毙。韩光祚不明就里，让人请来一位巫师，一问才知，原来华山三郎看上了他的爱妾，故而夺了性命。故事的结局，由于韩光祚奉佛，经过造像、修福、行善，得到佛法的护持，爱妾也得以保全名节。[2]《广异记》的"三卫"故事，则把华山三郎刻画成一个恶丈夫形象：

> 开元初，有三卫自京还青州，至华岳庙前，见青衣婢，衣服故恶，来白云："娘子欲见。"因引前行。遇见一妇人，年十六七，容色惨悴，曰："已非人，华岳第三新妇，夫婿极恶，家在北海，三年无书信，以此尤为岳子所薄。闻君远还，欲以尺书仰累，若能为达，家君当有厚报。"

原来，三卫遇见的妇人是华山三郎的新婚三夫人。可能是三郎好色成性，故态复萌，加之岳丈北海神久无音讯，故而婚后仅三年，新妇就受到冷遇和虐待。后来三卫受托将书信送到北海神处，北海神勃然大怒，当即调集神兵神将，双方在华山展开一场恶战，华山神败北。北海神的胜利，

---

① 方诗铭辑校：《广异记》"河东县尉妻"，《冥报记》、《广异记》合刊，中华书局 1992 年版，第 49 页。

② 《太平广记》卷三〇三引，中华书局 1961 年版，第 2399 页。

大大提高了女儿在婆家的地位，并重新焕发了迷人的光彩。①

华山神有三位夫人，一姓王，一姓杜，一姓萧，也颇不耐寂寞。开元中，赵郡李湜祭拜华岳庙，经过三夫人院，三位夫人幻形为生人，"迭与接欢"，并且双方约定："每年七月七日至十二日，岳神当上计于天，至时相迎，无宜辞让"。自此而后七年，每到这几日，李湜就要昏死一次，和三位夫人会会面，李湜还与萧夫人产生了爱情。然而好景不长，有位术士见李湜气色不好，疑其中邪，故为其画符一张，中断了这种奇遇。②

《广异记》的创作目的，据唐顾况《戴氏广异记序》所说，是"欲观天人之际，察变化之兆，吉凶之源"，以文辅助神明。③ 也就是借助文章穷究天地鬼神之变化，沟通人神之际，避祸求福。上述泰山神和华山神的故事，极好地实践了顾况的思想。这些故事受到道教和佛教交相影响，如泰山三郎和华山神、华山三郎、华山夫人就是被道教的太一真符战胜的，宣扬了道教符箓之术的威力；牛肃《纪闻》中的桃林令韩光祚，也是因为奉佛不杀生才得以从华山三郎手里夺过爱妾。这些小说作者的主观创作动机仍有辅教色彩，但这种描写的说教意味并不浓厚，故事的可读性恰恰在于泰山神和华山神的形象塑造上。泰山神和华山神及其家属被描绘成荒淫无道的形象，消解了神灵的神性和笼罩于其上的神秘感、敬畏感。中国民间信仰的特点是只敬善神，不事恶神，神灵的世俗化成为一个致命的危险，表明唐人逐渐把岳神迁移出了民间信仰体系，也标志着岳神信仰的式微。

唐人之所以把泰山神和华山神描写成此等形象，贾二强先生认为与唐代的吏风和贵族阶级生活情态有一定的关系。④ 此言甚是，特别是我们结合《广异记》对泰山神的描写可以得到证实。《广异记》还有更深层的宗教文化背景。佛教密宗在性力崇拜和大乐思想的基础上，将性关系引入修行，主张"以染害欲"，获得清净，刹那成佛，并建立了一套严密的

① （唐）戴孚：《广异记》，方诗铭辑校《冥报记》、《广异记》合刊，中华书局1992年版。
② 方诗铭辑校：《广异记》"李湜"条，《冥报记》、《广异记》合刊，中华书局1992年版，第51—52页。
③ 方诗铭辑校：《广异记》，《冥报记》、《广异记》合刊，中华书局1992年版，第1页。
④ 贾二强：《唐宋民间信仰》，福建人民出版社2002年版，第50页。

修行体制，这对唐人的影响是潜在的。道教兴起后，就对传统岳神信仰进行改造，将岳神纳入道教神系。唐代道教是国教，地位很高，道教的一个重要的修行方法就是"性命双修"和符箓之术，泰山三郎、华山神及其家属的淫乱，以及他们最后被道教的太一符制服，均显现了道教的影子。其实早在汉代，五斗米道就比较重视男女合气之术，其创始人之一张鲁的母亲，就借助五斗米道，以宣教的名义肆意淫乱，《后汉书·刘焉传》："（张）鲁母有姿色，每挟鬼道，往来焉家。"① 尽管男女合气之术在寇谦之清整北魏天师道的时候被断除，但江南的葛洪、陶弘景还是承认房中术有助于修道，并形成了一套完整的理论。至隋唐五代道教内丹派兴起，主张性命双修，逐渐发展成为道教的主流，持此主张并付诸实践的道士、女冠比比皆是。主动求度出家入道的皇室公主也屡见不鲜，她们所在的宫观往往成为文士宴饮作乐的场所，如睿宗的八女金仙公主、九女玉真公主等。许多女冠如鱼玄机、李治兼有娼妓身份，性生活很开放，唐人小说中的文人的遇仙经历大多是以她们为原型塑造的，孙逊先生称之为"仙妓合流现象"。② 另外，唐代的社会风气比较开放，文人狎妓成风、一些皇室成员和官员如武后、韦后、太平公主、安乐公主、武三思行为放纵，他们的行为应该有道教内丹派和佛家密宗思想背景。这就是《广异记》中的泰山神、华山神以及他们的公子、夫人形象塑造的社会和宗教思想根源。

由此可见，我们审读唐五代的笔记小说，除了单纯的宗教解读外，作为文学作品的审美价值也不容忽视。其关于唐五代冥府地狱的描写，关于岳神形象的塑造，已经具备了后世小说的基本审美特征，已经有明显的针砭时弊、批判社会现实的意义了。

三　神、鬼、人间自由穿梭的时空观

读过《西游记》后，一个观念深入人心，即神仙世界的时间观念跟普通人世是大有区别的，一般是天上一日相当于人间一年。如《西游记》第

① （南朝宋）范晔撰，（唐）李贤等注：《后汉书》卷七十五，中华书局1962年版，第2432页。
② 孙逊：《中国古代小说与宗教》，复旦大学出版社2000年版，第79—92页。

四回"官封弼马心何足，名注齐天意未宁"，孙悟空得知自己被玉帝赐封一个不入流的弼马温之后，心头火起，一路打回花果山，群猴设宴接风：

> 都道："恭喜大王，上界去十数年，想必得意荣归也？"猴王道："我才半月有余，那里有十数年？"众猴道："大王，你在天上，不觉时辰。天上一日，就是下界一年哩。……"①

这错位的时空观念在魏晋南北朝和明清以后流传颇广，如北魏郦道元《水经注》、梁代任昉《述异记》都记载了晋时樵夫王质因观棋入神而不觉斧柄烂尽的故事，这就是著名的"烂柯山"故事。故事里人间和仙山这两个空间内的时间明显错位，人世间如繁花而一闪即逝的短暂岁月，在神仙世界里过得很慢很慢；反过来讲，在仙山度过的一瞬间，在人世间已经历无数岁月。这就是魏晋南北朝时期梦想长生不老者所想象和理解的神仙世界，也是逃脱衰老和生老病死的福地。明清以后这种观念普遍进入神话和俗文学中，如明代洪楩《清平山堂话本》中的"董永遇仙传"故事以及我们熟知的《西游记》。很显然，从魏晋南北朝的文言小说到明清的通俗小说，这种错位的时空观经历了唐五代小说的过渡。

唐五代志怪小说和传奇小说关于此描写的显著特点是，大多通过梦境实现，而且仙界、地狱和人世间可以自由穿梭，特别是俗人，这跟魏晋南北朝和明清小说的描写均有着较为明显的不同。魏晋南北朝同类小说描写的显著特点是，一般是得道者或者仁善之人不期而入仙山福地，经历了一番时空交错，体验了一把神仙的生活。而明清小说描写的特点是，人、仙或者人、佛乃至人和鬼之间有明显的阻隔，凡夫俗子是无能力也无资格随意出入彼岸世界的，除非成道或者人生走到了尽头，但仙佛之类的可以"下凡"。能够自由出入天宫、地狱的都是孙悟空这样的神灵，《西游记》和《封神演义》里几乎是一群神、仙、佛或和准神、仙、佛及各路妖魔鬼怪之间的故事。明清以后的民间信仰中，对地狱和神仙世界的描述更加严密，比如奈何桥、孟婆汤之类的传说，"合理"地解释

---

① （明）吴承恩：《西游记》，人民文学出版社1980年版，第4页。

了人的"转世投胎"等问题，这跟唐五代志怪类笔记小说、变文、传奇主要描述"人"与"神"、"鬼怪"等之间的故事有着明显的差异。

唐代比较著名的表现这种仙、人世界自由跨越的故事是唐代短篇小说李公佐《南柯太守传》、李朝威《柳毅传》、沈既济《枕中记》等。《柳毅传》中，儒生柳毅的马受惊，在路旁就遇到了洞庭龙君的小女儿，而在《南柯太守传》中，淳于棼酒醉入梦被带到槐安国，《枕中记》的卢生一枕黄粱的功夫经历了一番一场梦中的荣华富贵。唐传奇因为大多出自文士之手，想象力异常丰富，构筑了一个梦幻般的神仙世界，这是其引人入胜之处。相比而言，同样作为短篇小说的唐代变文因为脱胎于佛教故事，辅教意味过于浓厚，大多是关于地狱的描写，以照搬敷衍佛经故事为多，想象力和创造力均较为贫乏。唐五代的笔记小说关于鬼神世界的空间和时间描写非常之多，而且凡夫俗子出入地狱、仙域如履平地，用唐临《冥报记》"冀州小儿"故事里的话说，就是"良因实业，触处见狱"。[①] 地狱的出现是随时随地的，只要业因造作达到了一定界限，就会入地狱接受讯问和惩罚，这是唐五代笔记小说里的常态描写，此类故事在唐临《冥报记》中记载最为广泛。《冀州小儿》故事里，冀州小儿因为偷食邻家鸡卵，在村南小田旁被鬼族带入了地狱，接受了深刻的教训。关于人与神之间的交往，就更加没有界限了，如戴孚《广异记》"三卫"故事中的三卫，就在华岳庙前遇到了华岳的妾；"韦秀庄"故事中，滑州刺史韦秀庄则直接在城楼上遇到城隍神并参与了城隍神和黄河神的大战。[②] 凡此描写，多不胜举。

由此可见，唐五代的笔记小说所描写和营造的鬼神仙佛世界与人世是相互混杂的，大多没有明显的不可逾越的阻隔。这些小说通过这样的空间和时间建构方式，主要是要解决人与鬼神之间的问题，即人如何取悦、报答神灵，如何因为自己的业因而接受相应的果报，如何趋利避害，一方面是为了猎奇，一方面是为了辅教，消弭这种人与鬼神之间的明显

---

① 方诗铭辑校《冥报记》本"隋冀州小儿"无此语，见《太平广记》卷一三一收录唐临《冥报记》"冀州小儿"故事。李昉《太平广记》卷一三一，中华书局1961年版，第934页。

② （唐）戴孚：《广异记》，方诗铭辑校《冥报记》、《广异记》合刊，中华书局1992年版，第50—51、59—60页。

界限，才能使读者惊心。

唐五代笔记小说所竭力描绘的神灵世界，除了上述精怪世界、冥府地狱之外，还有道教的洞天福地、神仙胜境以及佛教的极乐净土等。这些仙佛神鬼的世界与人世交错纵横，这是一副唐五代人所理解的其生活的宗教世界和现实世界的情形，是佛教传播和道教大盛之后的产物，佛经和道籍关于宗教世界的叙事，给了唐五代笔记小说创作的直接影响，这是毫无疑问的。

第二节　唐五代笔记小说的叙事风格

我们今天在研究中，将唐代的小说概念和小说观念分而论之，认为唐代还是有符合现代小说标准的小说观念的。但就唐人而言，小说观念与小说名称实际上是同一个问题。唐人所言"小说"，与我们今天作为文学样式来看待、以虚构叙事为特征的小说是不同的。他们基本还是延续《汉书·艺文志》关于"小说"的界定，严格来说，这个名称是一个目录学概念，指那些街谈巷议、道听途说、难以征信的琐言、杂录之类的作品，这从《隋书·经籍志》小说家类著录的作品的性质可以看出。《隋志》著录的"小说"三十种，如《燕丹子》、魏邯郸淳《笑林》、晋裴启《笑林》、晋郭澄《郭子》、南朝宋刘义庆《世说》、梁殷芸《小说》、梁顾协《琐语》、北齐阳玠松《解颐》，甚至有《鲁史欹器图》、《水饰》这样的没有任何叙事因素的作品。①

至唐刘知几，其《史通·杂述》所言"偏记小说"依然是一个大杂烩，包括了偏记、小录、杂录、琐言、郡书、家史、别传、杂记、地理书、都邑簿十类，将《家谍》、《华阳国志》、《三辅黄图》这样的谱录地理书与《搜神记》、《幽明录》之类的志怪书一股脑归属于"小说"的名下，实在与现代小说观念相去甚远。作者对郭宪《洞冥记》、王嘉《拾遗记》之类"全构虚辞"的逸事类作品以及"谈怪异"、"述妖邪"的杂记（即志怪）类作品持强烈批评态度，所重不过"补史"与"教化"二端，

---

① 《隋书》卷三十四，中华书局 1973 年版，第 1011—1012 页。

余皆不足取。刘知几提出的偏记小说"以叙事为宗"的特点，也是用历史叙事的标准来衡量的，所以他的"偏记小说"，是以历史叙事手法为主体，以"补史阙"、"广见闻"、"行教化"为目的文体形式。所谓"偏记"，是相对"正史"而言的，并不是说还有别出"偏记小说"的其他"小说"体式。① 由此可见，在唐代知识精英意识当中的"小说"名称，并不能等同于我们今天所说的现代文体"小说"。

唐人短篇小说传奇以"尽设幻语"为特征，这是小说取得事实上的独立地位的进步表现。但在唐人的文学观念中，实际上并不存在我们今天所说的小说。即使被后世广泛认为是成熟小说作品的传奇，也被称作"传奇文"，也就是说，传奇于唐人而言，是"文"而不是小说。这些传奇作品无论从叙事的动机还是体制上面，尽量模仿史传笔法，缺乏"自觉"小说创作的主观意识，也没有相关的理论建树。这种局面的改变是由韩愈《毛颖传》完成的，但可惜的是，韩愈及他的同时代人，仍然认为《毛颖传》是"文"而不是小说。所以唐五代的小说观念始终是落后的。正如清桃源居士所言："楚辞、汉史而后，自应有此一段奇宕不常之气，钟而为律诗，为小说，唐人第神遇而不自知其至耳。"② 宁宗一先生也说："传统上认为唐代乃小说的'自觉时代'，'有意为小说'，这当然是不错的，但这个结论基本上是由对小说作品的考察得出的，并没有强有力的理论基础。"③ 这是我们今天研究唐五代小说的现实问题，很难绳之以现代小说概念和观念。但在这里，宁宗一先生也指出了唐代小说研究的一个根本问题，即从作品角度考察，唐五代流传下来的这些作品，无疑还是作为小说看待，依然应该用现代小说观念和研究方法来观照。一般而言，学界为了避免无休止的概念争论，大多比较关注作品的叙事特征，考察叙事特征和风格，是研究唐五代笔记小说的核心要素。

相较于我们归入短篇小说的文采华艳的传奇和通俗铺陈的变文，唐

---

① 刘知几的观点参见《史通》卷十《杂述》，黄寿成点校，辽宁教育出版社 1997 年版，第 81—84 页。

② （清）桃源居士：《唐人小说序》，载丁锡根《中国历代小说序跋集》，人民文学出版社 1996 年版，第 1790 页。

③ 宁宗一主编：《中国小说学通论》，安徽教育出版社 1995 年版，第 124 页。

五代的笔记小说"事"重于"文",不重文彩,以简洁质朴的叙事为主。韩云波说:"相对于唐及唐前人们所称道的'小说'一词,今天人们所说的唐人'小说',是一种在历史家和宗教家叙事创作的共同基础上,而由文学家所创造的一种新兴文体。"① 这句话道出了唐五代小说叙事因素形成的两个重要促成因素,也就是说,唐代小说是文学家创造的,但其有两大特点:一是历史意识;二是宗教情怀。如果加上中国文学传统中根深蒂固的教化情节,那么唐代小说的叙事就具有以下三个内在特点。

一 事出于传揿,文类乎史乘

汪辟疆先生《唐人小说在文学上之地位》云:"唐人小说之绝异于六朝者,其一在于掇拾怪异,偶笔短书,本无意于小说之创作;其一则在搜集题材,供其捈藻,乃始有意为小说者也。"② 这段话的前半部分说的就是唐五代的志怪类笔记小说。"掇拾怪异,偶笔短书"正是对此类小说形成的过程的概括,本书的绪论部分将其概括为"随事而记",只不过志怪类笔记小说记载的是"怪异"故事而已。这种故事大都出自传闻,小说作者随闻随录,一事一记,没有明显的次序编排意识,考察笔记小说集中各篇章的排列次序,这点不言自明。但自魏晋以来,志怪类笔记小说的作者们创作或者记录此类作品的目的,不仅仅是为了猎奇或者娱乐,而是尽量用史传的笔法、著史的观念来创作。

古代史家重"实录",主要指记载历史人物和事件时,"不虚美"、"不隐恶",不无中生有杜撰一些人、事。其关键正在于在他们的史观中,到底如何判断鬼神之谈。如果他们认为鬼神实有,会在自己的历史著作中如何处理呢?这就可以解释为何许多正史会记载大量在今天看来荒诞不经的鬼神怪异故事。他们在鬼神实在观念的支配下,并不会怀疑在正史中予以记载的正当性,这样做不违背史家的职业道德。一言以蔽之,鬼神信仰是当时处于统治地位的意识形态的重要内容,自然在史著中有所反映,也自然会出现于小说作品中。如晋干宝《搜神记序》云:"今之

---

① 韩云波:《唐代小说观念及小说兴起研究》,四川民族出版社 2002 年版,第 4 页。
② 汪辟疆:《唐人小说在文学上之地位》,载《读书杂志》1931 年第 1 卷第 3 期。

所集，设有承于前载着，则非余之罪也。若使采访近世之事，苟有虚错，愿与先贤前儒分其讥谤。"① 按照干宝的说法，所述之事如果来自前人记载，出现失实问题不能怪罪他，他只对其生活时代的故事的真实性负责。这种敬业的求实作风，就来自中国的史学传统。唐李肇在《国史补》中说："沈既济撰《枕中记》，庄生寓言之类。韩愈撰《毛颖传》，其文尤高，不下史迁。二篇真良史才也。"② 以李肇的观点来看，小说创作要具有良史才能，寓意劝诫，小说家的典范就是司马迁。南唐沈汾在《续仙传》中如此自述纂集的目："凡接高尚所说，或览传记，兼复闻见，皆铭于心，而书于牍。又以国史不书，事散于野，矧当中和兵火之后，坟籍犹阙，讵有秉笔记而述作者？处世斯久，人渐稀传，惜哉他时寂无遗声，今故编录其事，分为三卷，冀资好事君子学道之人谭柄，用显真仙者哉！"③ 又用一凡裨补史阙的心肠征实"真仙"之存在。

当然，小说作者们也应当清楚地认识到，他们的创作并非真正意义上的史传，但这也不能让他们丝毫放松纪实的心情。唐谷神子《博异志序》云："夫习谶谭妖，其来久矣。非博闻强识，何以知之。然须抄录见知，雌黄事类。语其虚，则源流具在；定其实，则姓氏罔差。"④ 要求在谈神论鬼的时候，注意故事的源流要清楚，其中涉及的故事人物名姓要确凿无误。唐临撰《冥报记》，为了证实故事的真实性，对每篇故事都力求阐述它的来龙去脉，如"隋释信行"故事篇末自注云："老僧及临舅说云尔。"交代故事的来源是老僧和唐临舅父。如果是转述故事，也说明转述人，如"唐李山龙"故事自注："山龙……自向大总持寺主僧辩等说之，转向临说之云尔。"故事传播线索也非常清晰，由李山龙讲给僧辩，僧辩转述给唐临。如果忘记故事讲述者，也一并说明，如"唐尼法信"

---

①　（晋）干宝：《搜神记序》，丁锡根编《中国历代小说序跋集》上册，人民文学出版社1996 年版，第 50 页。

②　（唐）李肇：《国史补》卷下，见《国史补》、《因话录》合刊，上海古籍出版社 1983 年版，第 55 页。

③　（南唐）沈汾：《续仙传序》，载《云笈七签》卷一一四，第五册，李永晟点校，中华书局 2003 年版，第 2480 页。

④　丁锡根：《历代小说序跋集》上册，人民文学出版社 1996 年版，第 550 页。

故事自注："当具说尼名字，临忘之，唯记其事云尔。"① 态度颇为严谨诚恳。宋代欧阳修撰《新唐书·艺文志》，将唐临《冥报记》分别著录于史部和子部小说家类，既视为小说，又当作史传看待，这大约是唐五代志怪类小说的一大特征了。

北宋文学家苏轼在遭遇政治迫害，贬谪黄州、海南期间，朝野之间多次传言他成仙升化。"东坡升仙"的传言，为我们提供了一个解读升仙故事生成的范例。此事在其所著笔记《东坡志林》卷二有详细记载：

> 吾昔谪黄州，曾子固居忧临川，死焉。人有妄传吾与子固同日化去，且云："如李长吉时事，以上帝召他。"时先帝亦闻其语，以问蜀人蒲宗孟，且有叹息语。今谪海南，又有传吾得道，乘小舟入海不复返者，京师皆云儿子书来言之。今日有从黄州来者，云太守何述言吾在儋耳一日忽失所在，独道服在耳，盖上宾也。②

传述"东坡升仙"故事的有普通民众，也有官僚士人大，甚至连宋神宗也得闻其事，深信不疑。可见，那些本来子虚乌有的成仙成佛的事，有一个口耳相传并层累地叠加的过程，从故事源产生的故事，通过人际交往迅速传播，处于这一传播链的民众普遍接受了这个故事的真实性。当然，这里有两个先决条件，一个是故事的主人公苏轼"姓氏阙差"；二是宋代道教神仙之说兴盛，白日飞升之说盛行。这两个因素共同促成了苏轼飞升说的传播。这个故事自然也是建立在"真实性"的基础上的。苏轼认为所谓"东坡升仙"的故事是那些心怀敌意的人诽谤所致，却也未必。

至清代，这种传统也没有多大的变化，清代许奉恩小说《里乘》方濬颐序云："虽小说家言，作董狐观可也。"③ 认为小说可以用史家观念衡量。所以从魏晋跨越唐五代直到明清，笔记小说的叙事，主要采用史传

---

① （唐）戴孚：《广异记》，方诗铭辑校《冥报记》、《广异记》合刊，中华书局1992年版，第4、43页。
② （宋）苏轼：《东坡志林》卷二，王松龄点校，中华书局1981年版，第44页。
③ （清）许奉恩：《里乘》，文益人校点，齐鲁书社2004年版，序言第1页。

笔法，从内容和形式上均力求征实，这是其显著的美学特征。正因为唐五代笔记小说的这种特点，所以人们在研究唐代宗教时，笔记小说中的宗教故事常被引用，这牵涉到如何认识史料与小说的关系问题。

二 意本于志怪，旨归乎教化

唐五代志怪类笔记小说创作，除辅教目的明显的一类作品外，相当数量的小说创作本意是记录怪异故事，以供读者阅读。关于这点，本书前文有明确而详细的征引论证，兹不赘述。但是由于唐代强大的儒教传统的规制和影响，这些本出于志怪目的的小说，最终的艺术旨趣大都归于教化一途，这也是唐五代笔记小说的一个显著美学特征。

孔子评论《诗经》时说："《诗》三百，一言以蔽之，曰：'思无邪'。"① 力图用纯正的儒家思想来解读《诗经》，这种思维模式对中国古代小说家影响深远。他们试图通过对小说的解读，放大其对社会人伦的教化意义，而努力避免谈神论鬼的消极影响。孔子又说："诗，可以兴，可以观，可以群，可以怨。迩之事父，远之事君；多识于鸟兽草木之名。"② 这实际上也是强调了诗歌的教化和认知功能，所谓"多识于鸟兽草木之名"，与博物体志怪小说的思想内核也存在着继承关系。小说家们创作目的也有博物致知的意图，诸如西晋张华《博物志》、唐代段成式《酉阳杂俎》等，即是此类。

古代的文学批评很早就认识到，小说也是"圣人之教"的重要工具，对辅助推行社会教化，作用重大。《隋书·经籍志》子部小序：

> 《易》曰："天下同归而殊途，一致而百虑。"儒、道、小说，圣人之教也，而有所偏。"③

在《隋志》看来，小说在行使教化功能时，可以跟"儒"、"道"相提并论，这个评价相当高，而且很超前，大大提高了唐人对小说地位和作用

---

① 《论语·为政》，杨伯峻《论语译注》，中华书局1980年版，第11页。
② 《论语·阳货》，杨伯峻《论语译注》，中华书局1980年版，第185页。
③ 《隋书》卷三十四，中华书局1973年版，第1051页。

的认识。唐代史家刘知几就根据小说是否有益风规，是否助益名教而评判其优劣。他说："杂记者，若论神仙之道，则服食炼气，可以益寿延年；语魑魅之途，则福善祸淫，可以惩恶劝善，斯则可以。"① 可见他很重视"杂记"劝善惩恶的价值。这种注重小说教化意义的传统，贯穿整个中国小说史，渗入各体小说的创作中，如李公佐在传奇《南柯太守传》云："公佐贞元十八年秋八月，自吴之洛，暂泊淮浦，偶觐淳于生梦，询访遗迹，翻覆再三，事皆摭实，辄编录成传，以资好事。虽稽神语怪，事涉非经，而窃位著生，冀将为戒。后之君子，幸以南柯为偶然，无以名位骄于天壤间云。"② 他说自家小说所记之事虽然怪而不经，但对那些窃取名位的人来说，无疑是一大鉴戒。

如果按照唐五代人的小说观念来衡量，这种被视为道听途说、街谈巷语的小说，类似于我们今天所说的杂闻。杂闻对社会人心的影响，并不仅仅是中国古代精英关注的话题。法国弗兰克·埃夫拉尔《杂闻与文学》云："对那些保守精英人士而言，杂闻面对的是一个被他们视为脆弱且易受影响的公众，所以杂闻故事中有害身心的一面很可能会变为引发道德败坏、思想堕落的因素，同时还可能招致社会动荡。"③ 这就是士大夫非常重视小说教化意义的根本原因，因为担心世道人心不古、礼崩乐坏而危及统治秩序，必须采取尽可能的教化手段，化导人心，努力营造一个政通人和的清明世界。小说这种形式，喜闻乐见，传播迅速，所以自唐五代后其重要性被士人深刻认识。清人许奉恩《里乘》方濬颐序言说，一部劝善戒恶的小说可以警示读者懔然于福善祸淫之理，即所谓"以口舌代木铎，世道人心，关系实非浅鲜。"④ 清盛时彦则将小说推高到"文以载道"的地步，他认为，稗官小说亦可以载道："文以载道，儒者无不能言之。……稗官小说，似无与于道矣。然《汉书·艺文志》列为一家，历代书目亦皆著录，岂非以荒诞悖妄者？虽不足数，其近于正者，

---

① （唐）刘知几：《史通·杂述》，黄霖、韩同文选注《中国历代小说论著选》上册，江西人民出版社 2000 年版，第 39 页。

② 鲁迅：《唐宋传奇集》，齐鲁书社 1997 年版，第 57 页。

③ ［法］弗兰克·埃夫拉尔：《杂闻与文学》，谈佳译，天津人民出版社 2003 年版，第 17 页。

④ （清）许奉恩：《里乘》，文益人校点，齐鲁书社 2004 年版，序言第 1 页。

于人心世道亦未尝无所裨欤!"① 在教化意识强烈、氛围浓厚的中国古代,文学作品很难脱离教化的藩篱,小说也不例外。

在这种情形下,我们可以说,唐五代的宗教题材小说,完成了向儒教传统的归依。

三　性耽于好怪,实事乎虚构

东汉王充《论衡·艺增》云:"俗人好奇。不奇,言不用也。故誉人不增其美,则闻者不快其意;毁人不益其恶,则听者不惬于心。闻一增以为十,见百益以为千。"《对作》篇云:"世俗之性,好奇怪之语,说虚妄之文。何则?实事不能快其意,而华虚惊耳动心也。是故才能之士,好谈论者增益实事,为美盛之语;用笔墨者造生空文,为虚妄之传。听者以为真然,说而不舍;览者以为实事,传而不绝。"② 王充的论断对世俗之人的本性概括颇为精当,虽然他对这种好奇虚构的习惯持批评态度,但却揭示了一个现象,即"奇怪之语"是能够耸动人心的这也是志怪、传奇小说在古代畅行不衰的社会心理原因。晋干宝《搜神记序》云:"幸将来好事之士录其根本,有以游心寓目而无尤焉。"③ 唐李肇《国史补》卷下:"元和已后,为文笔则学奇诡于韩愈,……大抵……元和之风尚怪也。"④ 所言正是此意。

此处我们举几例考察唐五代小说作者从"好怪"到形成小说故事的过程。沈亚之《异梦录》有两个特点,一是一篇小说记载了两个故事,贯穿这两个故事的主线是作者沈亚之的生活经历;二是故事由参加聚会的客人在座席间讲出。这说明唐代小说的创作大多来源于同好之间的闲谈,有时甚至是主动交流,其目的纯为炫耀见闻、驰骋词采。沈既济《任氏传》:

---

① (清)盛时彦:《阅微草堂笔记序》,丁锡根编《中国历代小说序跋集》上册,人民文学出版社1996年版,第182页。

② (东汉)王充:《论衡》卷八、卷二十九,中华书局1990年版,第129、442页。

③ (晋)干宝:《搜神记序》,丁锡根编《中国历代小说序跋集》上册,人民文学出版社1996年版,第50页。

④ (唐)李肇:《国史补》卷下,见《国史补》、《因话录》合刊,上海古籍出版社1983年版,第57页。

建中二年，既济自左拾遗与金吾将军裴冀、京兆少尹孙成、户部郎中崔需、右拾遗陆淳，皆谪居东南，自秦徂吴，水陆同道。时前拾遗朱放，因旅游而随焉。浮颖涉淮，方舟沿流，昼宴夜话，各徵其异说。众君子闻任氏之事，共深叹骇，因请既济传之，以志异云。①

由此叙述可知，《任氏传》是在沈既济与一帮同僚友好长途旅行的途中互相讲述"异说"的过程中产生的。宋叶梦得《避暑录话》卷一："子瞻在黄州及岭表，每旦起，不招客相与语，则必出而访客。所与游者亦不尽择，各随其人高下，谈谐放荡，不复为畛畦。有不能谈者，则强之说鬼。或辞无有，则曰'姑妄言之'。于是闻者无不绝倒，皆尽欢而后去。"② 这条资料真实地再现了苏轼《东坡志林》成书的过程，实则志怪类笔记小说也是这样产生的，关于这点，从志怪小说集的各种序跋中可以看出，前文引述颇多，兹不赘述。但我们如果仔细推敲和考察唐五代笔记小说产生的过程，即使作者真有董狐良史之才，用严谨求实的史家笔法记载和创作笔记小说，也无法保证此类小说的真实性。而且故事通过转述的形式传播，往往是同好出于好怪猎奇的目的竞相讲述，其真实性就更加无法保证了。从这个角度讲，唐五代志怪类笔记小说中的鬼神故事就有了虚构的因素。如果我们站在今天的小说观念角度考察，用唯物主义观点评判这些小说，毫无疑问这都是虚构作品，这就是前文所引宁宗一先生语的真实含义。

到了清代，笔记小说作者们不再强求小说的史料价值和史传手法了，而是采取姑妄言之姑妄听之的态度。如乐钧《耳食录》自序言"追记所闻，亦妄言妄听耳。"③ 许奉恩《里乘》自序云："干宝苏鹗，偶尔游戏，姑妄言之，姑妄听之。"④ 袁枚《子不语序》言："文史外无以自娱，乃广采游心骇目之事，妄言妄听，记而存之，非有所惑也。"⑤ 俞樾《右台仙

① 汪辟疆：《唐人小说》，上海古典文学出版社1955年版，第48页。按："自左拾遗与金吾将军裴冀"，原作"自左拾遗于金吾，将军裴冀"，据《太平广记》卷四五二改。
② 《宋元笔记小说大观》，上海古籍出版社2001年版，第2583页。
③ （清）乐钧：《耳食录》，辛照校点，齐鲁书社2004年版。
④ （清）许奉恩：《里乘》，文益人校点，齐鲁书社2004年版，序言第1页。
⑤ （清）袁枚：《子不语》，朱纯点校，岳麓书社1985年版，第1页。

馆笔记》亦云："正似东坡老无事，听人说鬼便欣然"，"不论搜神兼志怪，妄言亦可慰无聊"。① 这就极大地鼓舞了笔记小说创作中的虚构。

　　总体上看，史传传统和教化意识是障碍唐代小说前进的两大因素，在其影响与制约下，唐代小说艰难地步上了文体独立之路。宗教叙事和创作群体的宗教情怀是促进小说文体独立的主要因素。尽管宗教的动机在于证成神道之不诬，但要真的证明那虚无缥缈的鬼神世界，虚构是最好的办法。从宗教心理学的角度来讲，我们不能否认宗教家宗教情感的和体验的真实性，但事实证明这就是一种虚构。从小说接受的角度讲，好奇尚异的审美风尚是推动小说文体独立的重要因素，有成熟的读者群体参与小说的创作与再创作，唐代小说才焕发出了绚丽的光彩。但在一个历史传统悠久、意识强烈，教化情节根深蒂固的氛围中，任何文学形式都有可能沾染上这一风气，唐代宗教小说自然不能脱离这一传统。

第三节　唐五代笔记小说批评中的宗教传统

　　相较于明清时期以大量评点为特征的小说批评，唐五代笔记小说批评数量少，评论分散，不成体系，未有专门的批评家，其材料来源，大多为小说序跋和文人文集中的零星评点，历来研究者不多，人们主要关注的依然是儒家的小说观，很少集中关注古代小说批评中的宗教因素。实际上，宗教对小说的影响，不仅仅是小说创作，还包括小说批评，甚至我们可以说，宗教对小说批评的影响，也形成了一种文学批评传统，是必须加以关注和考察的。

　　宗教批评与文学和艺术批评的互渗由来已久，自有传统。在古代画论著作中，以唐代张彦远《历代名画记》、明代董其昌《画禅室随笔》、莲儒《画禅》、清代石涛《苦瓜和尚画语录》、释际祥《画禅杂识》等为代表，集中展现了佛教特别是禅宗对中国绘画创作和绘画理论批评的影响。其中张彦远的《历代名画记》涉及的宗教批评因素比较广泛，其宗教观与南朝梁刘勰《文心雕龙》接近，只不过受到唐代佛教的影响，佛

---

　　① （清）俞樾：《右台仙馆笔记》，齐鲁书社 2004 年版，序言第 1、2 页。

教意味更加浓厚。在古代文学批评领域，宗教影响就更加广泛，除上文所言小说序跋中的宗教批评因素之外，关于禅宗诗歌的批评理论数量更多，如唐代皎然《诗式》、宋代严羽《沧浪诗话》都是著名的深受禅学影响的诗话著作，宋代叶梦得《石林诗话》、明代胡应麟《诗薮》、清代法式善《梧门诗话》、王夫之《姜斋诗话》、徐珂《清稗类钞》均有禅宗诗歌批评的资料。此外如宋代诗人苏轼、清代学者杭世骏等人，也有相关批评理论传世。最应该引起注意的，当为清代释名一所著《国朝禅林诗品》五卷，对研究中国古代诗话的发展演变、诗话与禅学的关系是难得的资料。所以系统梳理和研究中国古代文学批评中的宗教传统，不但有必要，且有充足的文献资料可资研究，此处稍作探讨。

《晋书·艺术传序》云：

> 艺术之兴，由来尚矣。先王以是决犹豫，定吉凶，审存亡，省祸福。曰神与智，藏往知来；幽赞冥符，弼成人事；既兴利而除害，亦威众以立权，所谓神道设教，率由于此。然而诡托近于妖妄，迂诞难可根源，法术纷以多端，变态谅非一绪，真虽存矣，伪亦凭焉。圣人不语怪力乱神，良有以也。逮丘明首唱，叙妖梦以垂文，子长继作，援龟策以立传，自兹厥后，史不绝书。汉武雅好神仙，世祖尤耽谶术，遂使文武、五利逞诡诈而取宠荣，尹敏、桓谭由忤时而婴罪戾，斯固通人之所蔽，千虑之一失者乎！详观众术，抑惟小道，弃之如或可惜，存之又恐不经。载籍既务在博闻，笔削则理宜详备，晋谓之乘，义在于斯。今录其推步尤精、伎能可纪者，以为艺术传，式备前史云。[①]

这里的"艺术"相当于"方术"，泛指古代的医方、卜筮、谶纬、佛道之类的"秘术"，是《晋书》对古代神秘的宗教现象的泛称。这段评论集中展现了儒家正统文化影响下的史学家对宗教问题的看法，可以归结为几点：一、"决犹豫，定吉凶，审存亡，省祸福"；二、"神道设教"；三、

① （唐）房玄龄等：《晋书》卷九十五《艺术传》，中华书局 1974 年版，第 2467 页。

"真虽存矣，伪亦凭焉"；四、"弃之如或可惜，存之又恐不经"；五、"载籍既务在博闻，笔削则理宜详备"；六、"备补史缺"。一、二是对宗教问题社会功能的看法，即有资于治道；三、四是对宗教问题的态度，认为其真伪参半，弃之可惜，存之不经；五是史家处理宗教记载的态度，应该保证博闻的目的，删削应该有充足的理由；六则是对"艺术传"作用的概括，认为可以弥补史料记载的不足。这几点是古代正统儒家史学家面对宗教问题的标准态度，与唐五代笔记小说创作者和批评者的态度一脉相承。

唐五代的笔记小说创作，受到宗教的影响巨大，展现出的是异彩纷呈的状况，正因为此，宗教文化批评成为唐五代时期笔记小说批评的一个显著特征。但与此不同的是，唐五代笔记小说批评的宗教观念则相对明晰稳定，一以贯之，并未出现小说创作过程中诸种宗教观念纷争竞彩的局面。换言之，不论小说受到何种宗教观念和信仰的影响，小说批评的态度则是稳定恒一的，而且占据主导地位的依然是儒家的宗教观。

一　"神道设教"与宗法性传统宗教的小说批评观念

神道设教的观念，是中国土生的国家宗教，即宗法性传统宗教的核心观念，《周易·观卦·象传》云："观天之神道，而四时不忒。圣人以神道设教，而天下服矣。"① 统治者以神道设教，有教化黎庶的日的，更重要的是让民众服从统治秩序，因了共同的宗教心理和文化积淀，神道设教的观念深入古代民众内心，也影响到整个中国古代文学的创作。

神道设教，是所有深受宗教文化影响的唐五代笔记小说创作的宗教动机，自然而然也是这个时期小说批评判定此类小说价值的主要标准。我们从部分小说作者的自序中可以看出，唐五代社会特别是文士为代表的上层社会对志怪类笔记小说的创作持谨慎态度，甚至有人激烈反对文人士大夫荒废儒业，从事此类猎奇搜怪的小说创作。但在面对小说的"教化"功能时，文士们无一例外认可"神道"的神奇魅力，这种情况下，对假借神道的名义以小说为载体来化导人心，就不再激烈反对了，

---

① 　周振甫：《周易译注》，中华书局1991年版，第75页。

反倒找出各种理由来辩护。所以无论是儒教、佛教、道教还是巫术文化，只要能为我所用，起到化育黎庶的作用，皆能获得文化认同。唐刘知几《史通·杂述》："杂记者，若论神仙之道，则服食炼气，可以益寿延年；语魑魅之途，则福善祸淫，可以惩恶劝善，斯则可矣。"①

在唐五代的小说批评中，对具有"神道设教"功能的小说作品，批评家均秉持赞赏态度，对没有明显教化意图的作品，批评家也努力将其纳入"神道设教"的轨道中，这可以视为唐五代笔记小说批评的宗教传统之一。如唐代顾况为戴孚《广异记》作序，则极力为小说中关于"怪力乱神"的描写辩护，认为这都是圣人"观象设教"的本意。②

二　"神道不诬"与志怪小说批评的征实意识

唐五代的小说批评者比较注重志怪类笔记小说对自然、社会和鬼神世界的体认功能，即通过创作，力图"穷神洞幽"，以达洞察"阴阳神变之事、吉凶兆朕之符"、"多识鸟兽草木之名"的目的，化解人们对自然灾异的恐惧感、鬼神世界的神秘感和社会突发事件的困惑。这也是唐五代笔记小说批评中的一个重要宗教观念，本书第一章已有专门论述，此处需要强调的是，"穷神洞幽"的宗教观念导源于《周易》，经过《文心雕龙》、《历代名画记》的阐发后，已经是融合了儒释道三教思想。这个观念是古代文学艺术批评领域的一个主流认识，从刘勰《文心雕龙》到张彦远《历代名画记》，再到唐五代笔记小说，这是一条贯穿始终的宗教批评主线，值得注意。虽然说穷神洞幽是志怪类笔记小说创作的重要宗教动机，但要达到这个目标，则必须采取史传的笔法来记录和写作，征实意识明显，否则阅者极难采信，这就是小说批评中的"神道不诬"传统，也即如何"求信"的问题。

所谓"信"，即是否相信鬼神实有，是唐五代笔记小说批评颇为关注的。这里所说的"信"不仅仅是史传传统影响下的笔记小说的"传信"精神，还包括宗教学意义上的"信仰"问题，无论是宗法性传统宗教还

---

① 程国赋编：《隋唐五代小说研究资料》，上海古籍出版社 2005 年版，第 3—4 页。

② （唐）顾况：《戴氏广异记序》，丁锡根《中国历代小说序跋集》，人民文学出版社 1996 年版，第 75 页。

是佛教、道教，信仰问题是焦点。从干宝《搜神记》提出"神道不诬"，到梁萧绮《拾遗记序》，均延续这一传统：

> 绮更删其繁案，纪其实美，搜刊幽秘，掇采残落，言匪浮诡，事弗空诬，推详往迹，则影彻经史，考验真怪，则叶附图籍。①

追求纪事过程中的"实美不诬"，去其浮泛虚假，能够与经史图籍相参证，确保可信性，这就是其创作的态度。实际上唐五代的笔记小说的创作和批评也持如此态度，即便是遭遇质疑之时。题为李翱所撰的《卓异记》，序言主张对鬼神问题"未得谛言非有"，应该采取谨慎的态度，其核心问题依然是"鬼神"是否"实有"的问题：

> 神仙鬼怪，未得谛言非有，亦用俾好生杀。为人一途，无害于教化，故贻自广，不俟繁书以见意。②

李翱（陈翱）认为，驳杂怪异之谈与儒家正道并无冲突，他从无害有益的角度看待鬼神之谈，认为神仙鬼怪于儒教事业并无害处，却可化导民众令其好生恶杀，故当允许此类小说自然发展。这是清醒的旁观者的态度，但也可以看出，李翱（陈翱）对鬼神的存在是将信将疑的。实则在唐代宗教氛围非常浓厚、各种宗教竞放异彩的背景下，"信"者居多，"疑"者居少。在这种将信将疑的气氛中，宁可信其有不可信其无，所以促成了大量志怪类笔记小说的产生。唐五代的笔记小说批评，特别是针对以"辅教"为目的的笔记小说的批评，面对鬼神问题的，往往是以"征实"、"不诬"的标准来评判发声的，也推动了小说的传播。

三　志异以广闻博知、征验吉凶

中国古代的小说，特别是笔记小说，有一个"博物致知"的传统，

---

① 丁锡根：《历代小说序跋集》上册，人民文学出版社 1996 年版，第 59 页。
② 黄霖、韩同文选注：《中国历代小说论著选》，江西人民出版社 2000 年版，第 58 页。

从刘歆（后改名为秀）《上山海经》，到西晋张华撰《博物志》，再到唐代段成式等人撰述大量的笔记小说，其一重要创作理论，即通过记述山川草木鸟兽之形，以达到广闻博知、征验吉凶的目的和效果。刘秀《上山海经表》云："文学大儒皆读习，以为奇可以考祯祥变怪之物，见远国异人之谣俗。"①广闻博知和考祯祥变怪有内在逻辑相联系，这正是典型的宗法性传统宗教的观念。自从董仲舒提出天人感应理论后，统治者和士大夫就特别重视自然界变异事件与世俗人伦和国家统治秩序之间的关联，力求营造一个政通人和、天人相谐的文武尧舜之世。士大夫们也意识到，人的认识能力是有限的，要精准和全面辨识自然万物的变异，必须拓展知识视野，增广见闻。唐刘知几《史通·杂述》云：

> 众星之明，不如一月之光。历观自古，作者著述多矣，虽复门千户万，波委云集，而言皆琐碎，事必丛残，固难以接光尘于五传，并辉烈于三史，古人以比玉屑满箧，良有旨哉。然则刍荛之言，明土必择，斠非之体，诗人不弃，故学者有博闻旧事，多识其物，若不窥别录，不讨异书，专治周孔之章句，直守迁固之纪传，亦何能自致于此乎？

刘知几认为，要博闻旧事、识物明理，必须广读"杂记"、"偏记"、"小录"、"地理书"等之类的书籍，包括了魏晋至隋唐的所有志怪小说，以达到"求其怪物，有广异闻"的目的。②中唐以后，出现了多部以"异"取名的笔记小说集，如李翱《卓异记》、李冗《独异志》、戴孚《广异记》、五代杜光庭《录异记》等，多记载神怪变异祥瑞之事，兼及惊异奇特的世事，也是这种小说批评观下的产物。唐代以后，这种观点并未消退，如宋晁载之《洞冥记跋》亦云："昔葛洪造《汉武内传》、《西京杂记》，虞义造《王子年拾遗录》，王俭造《汉武故事》，并操觚凿空，

---

① （西汉）刘秀：《上山海经表》，丁锡根《中国历代小说序跋集》，人民文学出版社 1996 年版，第 4 页。

② （唐）刘知几：《史通·杂述》，黄霖、韩同文选注《中国历代小说论著选》上册，江西人民出版社 2000 年版，第 39、38 页。

恣情怪诞，而学者耽阅以广见闻，亦各其志，庸何伤乎?"① 均为代表性的观点。

四　反对宣扬怪力乱神

不言怪力乱神是孔子定下的传统，为古代文人所恪守的重要准则，特别是在正式场合，必须严格遵循。唐五代笔记小说情况比较特殊，小说作者和批评者力图协调好"志怪"和宣扬怪力乱神之间的关系，所以提出了一系列批评理论，诸如前文所述的"神道设教"、"征实求信"、"广闻博知"、"证言吉凶"等。但为了避免作者和读者超越边界，违反了"允执厥中"的基本原则，小说批评家们又提出反对宣扬怪力乱神。如李翱（陈翱）《卓异记序》明确指出"不俟繁书以见意"②，即不必过度宣扬鬼神问题。刘知几《史通·杂述》也批评道："及谬者为之，则苟谈怪异，务述妖邪，求诸弘益，其义无取。"③ 对专心一意谈神论鬼的小说作品持贬斥态度。

我们此处讨论唐五代笔记小说批评中的宗教传统问题，其目的也是将其视为"中国文学批评中的宗教传统"的一个分议题来探究，以期为今后的研究作一探索。

---

① （宋）晁载之：《洞冥记跋》，丁锡根《中国历代小说序跋集》，人民文学出版社 1996 年版，第 34—35 页。

② （唐）李翱（一作陈翱）：《卓异记序》，载黄霖、韩同文选注《中国历代小说论著选》上册，江西人民出版社 2000 年版，第 58 页。

③ （唐）刘知几：《史通·杂述》，黄霖、韩同文选注《中国历代小说论著选》上册，江西人民出版社 2000 年版，第 39 页。

结　论

　　通过本书大量篇幅的论述，我们有理由相信，运用宗教学的方法，从宗教文化的角度对唐五代的笔记小说进行阐释和解读，揭示那些宗教色彩浓厚的故事的深刻内涵，正确理解其本质和生成机制，是完全可行和必要的。一方面，唐五代的宗教现象异彩纷呈、错综复杂，并不是我们一般所了解的佛教和道教独大；另一方面，宗教影响笔记小说创作的深度、广度也不简单，需不断认识和深入剖析。

　　唐五代时期，是一个众多宗教杂沓发展、众雄竞起的时代，宗法性传统宗教、佛教、道教、民间宗教和巫术文化等民间信仰都得到了充分的发展和传播，宗教生活已深植于民众的心理和生活之中，也深刻影响了唐五代的笔记小说创作。宗教文化对唐五代笔记小说的影响是全面的，无论是作者、读者、小说题材还是文本，都受到了全方位的渗透，形成了颇具代表性的创作环境和审美风格，既是对魏晋六朝笔记小说的大发展，也开启了宋代以降笔记小说和神魔小说创作的大门。与后世的《西游记》和《封神演义》等长篇章回体神魔小说比起来，唐五代笔记小说的宗教想象力和艺术创造力明显不足，还处在传信与穷神洞幽的初级阶段，但其数量庞大、形式灵活、篇幅短小，创作群体和读者群体均为知识阶层，也即士人，所以拥有广泛的作者和受众群体。

　　唐五代的小说，体裁有限。文言短篇小说唐传奇有"温卷"之目的，是为科举考试和文士之间娱情而生的；而作为这个时期的短篇小说"白话"一支的唐代变文，其创作群体、受众和表演场所，均面向僧俗大众，与文士的身份和地位不相符合。故而，能够从多角度满足不同需求，且最适合这个阶层身份的小说作品就是笔记小说。笔记小说因其短小的篇幅和不拘格套的写作方式、冲淡简约的叙事风格，深具知识与哲理，实为古代小说文体中之独具特色者。笔记小说中的"佚事"类作品，有裨补史阙的目的和效果，余下的"志怪类"小说，则是唐五代文士宗教生活的全面记录。所以，通过考察志怪类笔记小说并进行宗教文化阐释，除对其正确解读外，也是我们了解唐五代士人宗教心理、宗教生活的好材料，对进一步把握和认识整个唐五代的社会生活，也是难得的绝佳材料。

文学研究，固然要关注那些著名的优秀精神遗产，也需要足够的笔墨来关注"非主流"的研究对象。傅璇琮先生在《全宋笔记序》中提出按照现代规范研究"笔记"，并为之建立独立门类文体的科学体系，以期推动笔记和笔记小说的研究，这也是本课题研究的一个愿望。期望那些游离于正统学科门类之外的数以万计的笔记、笔记小说，将不再是文献资料，不再是文史的附庸，也不再是传统目录学上的"小说"、"小道"，而是登堂入室，成为独立的学术研究对象，也为学术繁荣之一端也。

参考文献

司马迁：《史记》，中华书局 1959 年版。

班固：《汉书》，中华书局 1962 年版。

范晔：《后汉书》，中华书局 1965 年版。

陈寿：《三国志》，中华书局 1959 年版。

魏收：《魏书》，中华书局 1974 年版。

萧子显：《南齐书》，中华书局 1972 年版。

房玄龄：《晋书》，中华书局 1974 年版。

李延寿：《北史》，中华书局 1974 年版。

李延寿：《南史》，中华书局 1975 年版。

魏征、令狐德棻：《隋书》，中华书局 1973 年版。

刘昫：《旧唐书》，中华书局 1975 年版。

欧阳修、宋祁：《新唐书》，中华书局 1975 年版。

薛居正：《旧五代史》，中华书局 1976 年版。

欧阳修：《新五代史》，中华书局 1974 年版。

脱脱：《辽史》，中华书局 1974 年版。

脱脱：《宋史》，中华书局 1977 年版。

宋濂：《元史》，中华书局 1976 年版。

张廷玉：《明史》，中华书局 1974 年版。

徐元诰：《国语集解》，中华书局 2002 年版。

司马光：《资治通鉴》，中华书局 1976 年版。

王溥：《唐会要》，中华书局股份有限公司 1955 年版。

徐松：《宋会要辑稿》第一六五册《刑法二》，大东书局 1935 年版。

郦道元注，杨守敬、熊会贞疏：《水经注疏》，江苏古籍出版社 1989 年版。

长孙无忌：《唐律疏议》，刘俊文点校，中华书局 1978 年版。

杜佑：《通典》，中华书局 1984 年版。

王钦若：《册府元龟》，中华书局 1960 年版。

宋敏求：《唐大诏令集》，商务印书馆 1959 年版。

李希泌：《唐大诏令集补编》，上海古籍出版社 2003 年版。

吴兢撰，谢保成集校：《贞观政要集校》，中华书局 2003 年版。

〔日〕圆仁：《入唐求法巡礼行记》，上海古籍出版社 1986 年版。

何乔远：《闽书》，福建人民出版社 1994 年版。

贾汉复：《河南通志》，文渊阁《四库全书》本，台北商务印书馆 1983 年版。

阮元：《十三经注疏》，上海古籍出版社 1997 年版。

周振甫：《周易译注》，中华书局 1991 年版。

叶山：《叶八白易传》，文渊阁《四库全书》本，台北商务印书馆 1983 年版。

王昭禹：《周礼详解》，文渊阁《四库全书》本，台北商务印书馆 1983 年版。

杨伯峻：《论语译注》，中华书局 1980 年版。

杨伯峻：《孟子译注》，中华书局 1960 年版。

王先谦：《荀子集解》，沈啸寰、王星贤点校，中华书局 1988 年版。

苏舆：《春秋繁露义证》，钟哲点校，中华书局 1992 年版。

陈立：《白虎通疏证》，吴则虞点校，中华书局 1994 年版。

黄晖：《论衡校释》，中华书局 1990 年版。

王符著，汪继培笺，彭铎校正：《潜夫论笺校正》，中华书局 1985 年版。

应劭撰，吴树平校释：《风俗通义校释》，天津人民出版社 1980 年版。

朱熹：《四书章句集注》，中华书局 1983 年版。

孙诒让：《墨子间诂》，孙启治点校，中华书局 2001 年版。

王先谦：《庄子集解》，沈啸寰点校，中华书局 1987 年版。

黎翔凤：《管子校注》，梁运华整理，中华书局 2004 年版。

刘文典:《淮南鸿烈集解》,冯逸、乔华点校,中华书局 1989 年版。

《山海经》,上海古籍出版社影印浙江书局本 1989 年版。

林语堂:《中国人》,(全译本),郝志东、沈益洪译,学林出版社 1994 年版。

梁漱溟:《中国文化要义》,学林出版社 1987 年版。

任继愈:《任继愈学术论著自选集》,北京师范大学出版社 1991 年版。

牟钟鉴:《中国宗教与文化》,巴蜀书社 1989 年版。

钟肇鹏:《谶纬论略》,辽宁教育出版社 1991 年版。

[德] 马克斯·韦伯:《儒教与道教》,王容芬译,商务印书馆 1995 年版。

陈来:《古代宗教与伦理:儒家思想的根源》,生活·读书·新知三联书
　　店 1996 年版。

程蔷、董乃斌:《唐帝国的精神文明——民俗与文学》,中国社会科学出
　　版社 1996 年版。

[英] 罗素:《中国问题》,学林出版社 1996 年版。

潘富恩主编:《中国学术名著提要·哲学卷》,复旦大学出版社 1992 年版。

陈士强主编:《中国学术名著提要·宗教卷》,复旦大学出版社 1997 年版。

吕大吉:《宗教学通论新编》,中国社会科学出版社 1998 年版。

任继愈主编:《儒教问题争论集》,宗教文化出版社 2000 年版。

李申:《中国儒教史》,上海人民出版社 2000 年版。

葛兆光:《中国思想史》,复旦大学出版社 2001 年版。

牟钟鉴、张践:《中国宗教通史》,中国社会科学出版社 2007 年版。

李申:《中国儒教论》,河南人民出版社 2005 年版。

刘文英:《梦的迷信与梦的探索》,中国社会科学出版社 1989 年版。

[法] 列维·布留尔:《原始思维》,商务印书馆 1981 年版。

[英] 詹·乔·弗雷泽:《金枝:巫术与宗教之研究》,徐育新、汪培基、
　　张泽石译,中国民间文艺出版社 1987 年版。

[意] 维柯:《新科学》,朱光潜译,商务印书馆 1989 年版。

[美] 克利福德·格尔茨:《文化的解释》,韩莉译,译林出版社 1999
　　年版。

[英] 爱德华·泰勒:《原始文化》,连树声译,上海文艺出版社 1992
　　年版。

［英］马林诺夫斯基：《巫术科学宗教与神话》，李安宅译，中国民间文艺出版社1998年版。

张紫晨：《中国巫术》，上海三联书店1990年版。

杨学政：《原始宗教论》，云南人民出版社1991年版。

乌丙安：《中国民间信仰》，上海人民出版社1995年版。

刘仲宇：《中国精怪文化》，上海人民出版社1997年版。

蒋述卓：《宗教艺术论》，暨南大学出版社1998年版。

高国藩：《中国巫术史》，上海三联书店1999年版。

邓启耀：《中国巫蛊考察》，上海文艺出版社1999年版。

宋兆麟：《巫觋——人与鬼神之间》，学苑出版社2001年版。

刘锡诚：《象征——对一种民间文化模式的考察》，学苑出版社2002年版。

［英］菲奥纳·鲍伊：《宗教人类学导论》，金泽、何其敏译，中国人民大学出版社2004年版。

李亦园：《宗教与神话》，广西师范大学出版社2004年版。

李剑国：《中国狐文化》，人民文学出版社2002年版。

王明编：《太平经合校》，中华书局1960年版。

王明：《抱朴子内篇校释》，中华书局1985年版。

《太上老君说益算神符妙经》，《道藏》第十一册，文物出版社、上海书店、天津古籍出版社1988年版。

陆修静：《太上洞玄灵宝素灵真符》，《道藏》第六册。

《灵宝无量度人上品妙经》，《道藏》第一册。

《灵宝无量度人上经大法》，《道藏》第三册。

司马承祯：《天隐子》，《道藏》第二十一册。

《无上黄箓大斋立成仪》，《道藏》第九册。

《洞玄灵宝玄门大义》，《道藏》第二十四册。

《正一修真略仪》，《道藏》第三十二册。

《太上正一咒鬼经》，《道藏》第二十八册。

《洞神八帝元变经》，《道藏》第二十八册。

谢守灏：《混元圣纪》，《道藏》第十七册。

杜光庭：《道教灵验记》，《道藏》第十册。

《道法会元》，《道藏》第二十八册。

张君房编：《云笈七签》，中华书局 2003 年版。

任继愈主编：《中国道教史》（增订本），中国社会科学出版社 2001 年版。

卿希泰主编：《中国道教史》（修订本），四川人民出版社 1996 年版。

田诚阳：《道经知识宝典》，四川人民出版社 1995 年版。

李零：《中国方术概观·杂术卷》，人民中国出版社 1993 年版。

刘仲宇：《道教法术》，上海文化出版社 2002 年版。

萧登福：《道家道教与中土佛教初期经义发展》，上海古籍出版社 2003 年版。

［日］福井康顺、山崎宏、木村英一、酒井忠夫：《道教》第一卷，朱越利译，上海古籍出版社 1990 年版。

葛兆光：《屈服史及其他：六朝隋唐道教的思想史研究》，生活·读书·新知三联书店 2003 年版。

竺佛念等译：《增壹阿含经》，中国佛教文化研究所点校，宗教义化出版社 1999 年版。

求那跋陀罗译：《杂阿含经》，中国佛教文化研究所点校，宗教文化出版社 1999 年版。

吉迦夜共昙曜译：《杂宝藏经》，《大正藏》第四册。

伽梵达摩译：《千手千眼观世音菩萨广大圆满无碍大悲心陀罗尼经》，《大正藏》第二十册。

鸠摩罗什译：《维摩诘所说经》，《大正藏》第十四册。

沮渠京声译：《佛说观弥勒菩萨上生兜率天经》，《大正藏》第四册。

实叉难陀译：《地藏菩萨本愿经》，《大正藏》第十三册。

实叉难陀译：《大方广佛华严经》，《大正藏》第十册。

菩提流志辑译：《大宝积经》，《大正藏》第十一册。

慧远：《大乘义章》，《大正藏》第四十四册。

慧皎：《高僧传》，汤用彤校注，中华书局 1992 年版。

道宣：《续高僧传》，《高僧传合集》，上海古籍出版社 1991 年版。

道宣：《集古今佛道论衡》，《大正藏》第五十二册。

玄奘撰述，辩机缀辑：《大唐西域记》，季羡林等校注，中华书局 2000 年版。

彦琮：《唐护法沙门法琳别传》，《大正藏》第五十册。

慧立、彦悰：《大慈恩寺三藏法师传》，孙毓堂、谢方点校，中华书局 2000 年版。

彦悰：《集沙门不应拜俗等事》，《大正藏》第五十二册。

义净：《大唐西域求法高僧传校注》，王邦维校注，中华书局 1988 年版。

义净：《南海寄归内法传校注》，王邦维校注，中华书局 1995 年版。

赞宁：《宋高僧传》，范祥雍点校，中华书局 1987 年版。

赞宁：《僧史略》，《大正藏》第五十四册。

志磐：《佛祖统纪》，《大正藏》四十九册。

释念常：《佛祖历代通载》，《大正藏》第四十九册。

觉岸：《释氏稽古录》，《大正藏》第四十九册。

释宝唱：《经律异相》，上海古籍出版社 1995 年版。

僧祐、道宣：《弘明集　广弘明集》，上海古籍出版社 1991 年版。

静、筠二僧编：《祖堂集》，孙昌武等点校，中华书局 2007 年版。

释道世：《法苑珠林》，周叔迦、苏晋仁校注，中华书局 2003 年版。

梁启超：《佛学研究十八篇》，上海古籍出版社 2001 年版。

周叔迦：《周叔迦佛学论著集》，中华书局 1991 年版。

吕澂：《中国佛学源流略讲》，中华书局 1979 年版。

吕澂：《印度佛学源流略讲》，上海人民出版社 2002 年版。

陈垣：《中国佛教史籍概论》，上海书店 2001 年版。

印顺：《佛法概论》，上海古籍出版社 1998 年版。

印顺：《中国禅宗史》，江西人民出版社 1999 年版。

［荷］许理和：《佛教征服中国：佛教在中国中古早期的传播与适应》，李四龙、裴勇等译，江苏人民出版社 2003 年版。

［英］A. B. 凯思：《印度和锡兰佛教哲学——从小乘佛教到大乘佛教》，宋立道、舒晓伟译，上海古籍出版社 2004 年版。

［法］谢和耐：《中国 5—10 世纪的寺院经济》，耿昇译，上海古籍出版社 2004 年版。

［日］砺波护著，韩昇编：《隋唐佛教文化》，韩昇、刘建英译，上海古籍
　　出版社 2004 年版。

［美］杰米·霍巴德、保罗·史万森主编：《修剪菩提树——"批判佛教
　　的风暴"》，龚隽、冯焕珍、周贵华、刘景联等译，上海古籍出版社
　　2004 年版。

范文澜：《唐代佛教》，人民出版社 1979 年版。

任继愈：《汉唐佛教思想论集》，人民出版社 1973 年版。

丁福保：《佛学大辞典》，文物出版社 1984 年版。

吕建福：《中国密教史》，中国社会科学出版社 1995 年版。

周一良：《唐代密宗》，钱文忠译，上海远东出版社 1996 年版。

汤用彤：《汤用彤选集》，天津人民出版社 1995 年版。

汤用彤：《汉魏两晋南北朝佛教史》，武汉大学出版社 2008 年版。

汤用彤：《隋唐佛教史稿》，中华书局 1982 年版。

赖永海主编：《中国佛教百科全书》，上海古籍出版社 2001 年版。

陈士强：《佛典精解》，上海古籍出版社 1992 年版。

方立天：《中国佛教哲学要义》，中国人民大学出版社 2002 年版。

张弓：《汉唐佛寺文化史》，中国社会科学出版社 1997 年版。

梁丽玲：《贤愚经研究》，台北法鼓文化事业股份有限公司 2002 年版。

张总：《地藏信仰研究》，宗教文化出版社 2003 年版。

马西沙、韩秉方：《中国民间宗教史》，中国社会科学出版社 2004 年版。

马西沙：《民间宗教志》，上海人民出版社 1998 年版。

濮文起：《秘密教门——中国民间秘密宗教溯源》，江苏人民出版社 2000
　　年版。

戴玄之：《中国秘密宗教与秘密社会》，台北商务印书馆 1990 年版。

［美］欧大年：《中国民间宗教教派研究》，刘心勇、严耀中等译，上海古
　　籍出版社 1993 年版。

林悟殊：《摩尼教及其东渐》，中华书局 1987 年版。

林悟殊：《唐代景教再研究》，中国社会科学出版社 2003 年版。

王治心：《中国基督教史纲》，上海古籍出版社 2004 年版。

孙尚扬：《基督教与明末儒学》，东方出版社 1994 年版。

龚方震、晏可佳:《袄教史》,上海社会科学院出版社 1998 年版。

姜伯勤:《中国袄教艺术史研究》,生活·读书·新知三联书店 2004
年版。

金宜久:《伊斯兰教史》,江苏人民出版社 2006 年版。

[德] 费尔巴哈:《宗教的本质》,人民出版社 1999 年版。

任继愈主编:《宗教词典》,上海辞书出版社 1981 年版。

张珣、江灿腾合编:《当代台湾宗教研究导论》,宗教文化出版社 2004
年版。

[法] 爱弥尔·涂尔干:《宗教生活的基本形式》,渠东、汲喆译,上海人
民出版社 1999 年版。

[美] 罗德尼·斯达克、罗杰尔·芬克:《信仰的法则——解释宗教之人的
方面》,杨凤岚译,中国人民大学出版社 2004 年版。

[美] 威廉·詹姆士:《宗教经验之种种》,唐钺译,商务印书馆 2002
年版。

陈寅恪:《金明馆丛稿初编》,《陈寅恪集》,生活·读书·新知三联书店
2001 年版。

陈寅恪:《金明馆丛稿二编》,《陈寅恪集》,生活·读书·新知三联书店
2001 年版。

陈寅恪:《唐代政治史述论稿》,《陈寅恪集》,生活·读书·新知三联书
店 2001 年版。

陈寅恪:《元白诗笺证稿》,《陈寅恪集》,生活·读书·新知三联书店
2001 年版。

陈寅恪:《寒柳堂集》,《陈寅恪集》,生活·读书·新知三联书店 2001
年版。

陈垣:《陈垣学术论文集》,中华书局 1980 年版。

唐长孺:《唐长孺社会文化史论丛》,武汉大学出版社 2001 年版。

吴晗:《读史札记》,生活·读书·新知三联书店 1956 年版。

向达:《唐代长安与西域文明》,河北教育出版社 2001 年版。

饶宗颐:《饶宗颐史学论著选》,上海古籍出版社 1993 年版。

钱钟书:《管锥编》,中华书局 1986 年版。

蔡鸿生:《唐代九姓胡与突厥文化》,中华书局 1998 年版。

荣新江:《唐代宗教信仰与社会》,上海辞书出版社 2003 年版。

李鸿宾:《唐朝中央集权与民族关系——以北方区域为线索》,民族出版
　　社 2003 年版。

[德] 恩格斯:《反杜林论》,《马克思恩格斯选集》第三卷,人民出版社
　　1974 年版。

[美] 杜赞奇:《文化、权力与国家——1900—1942 年的华北农村》,王福
　　明译,江苏人民出版社 2004 年版。

[美] 理查德·格里格、菲利普·津巴多:《心理学与生活》,王垒、王甦
　　译,人民邮电出版社 2003 年版。

[奥] 弗洛伊德:《精神分析引论新编》,高觉敷译,商务印书馆 1987
　　年版。

程俊英、蒋见元:《诗经注析》,中华书局 1991 年版。

洪兴祖:《楚辞补注》,中华书局 1983 年版。

郭茂倩:《乐府诗集》,聂世美、仓阳卿校点,上海古籍出版社 1998
　　年版。

王运熙、周锋:《文心雕龙译注》,上海古籍出版社 1998 年版。

瞿蜕园、朱金城:《李白集校注》,上海古籍出版社 1980 年版。

仇兆鳌:《杜诗详注》,中华书局 1979 年版。

马伯通:《韩昌黎文集校注》,上海古典文学出版社 1957 年版。

《韩昌黎全集》,中国书店 1991 年版。

《柳宗元集》,中华书局 1979 年版。

朱金城:《白居易集笺注》,上海古籍出版社 1988 年版。

陶敏、陶红雨:《刘禹锡全集编年校注》,岳麓书社 2003 年版。

刘学锴、余恕诚:《李商隐诗歌集解》,中华书局 1998 年版。

彭定求:《全唐诗》,中华书局 1960 年版。

董诰:《全唐文》,中华书局 1983 年版。

李纲:《梁溪集》,文渊阁《四库全书》本,台北商务印书馆 1983 年版。

陆游:《渭南文集》,文渊阁《四库全书》本,台北商务印书馆 1983 年版。

王质:《雪山集》,文渊阁《四库全书》本,台北商务印书馆 1983 年版。

汪辟疆：《唐人小说》，上海古典文学出版社 1955 年版。

鲁迅：《古小说钩沉》，齐鲁书社 1997 年版。

徐震堮：《世说新语校笺》，中华书局 1984 年版。

《汉魏六朝笔记小说大观》，上海古籍出版社 1999 年版。

谢国桢：《明清笔记谈丛》，上海书店 2004 年版。

来新夏：《清人笔记随录》，中华书局 2005 年版。

鲁迅：《唐宋传奇集》，齐鲁书社 1997 年版。

王重民等编：《敦煌变文集》，人民文学出版社 1957 年版。

吴增祺：《旧小说》，上海商务印书馆 1933 年版。

王汝涛编校：《全唐小说》，山东文艺出版社 1993 年版。

李时人编校：《全唐五代小说》，陕西人民出版社 1998 年版。

唐临：《冥报记》，方诗铭辑《冥报记》、《广异记》合刊，中华书局 1992
　　年版。

戴孚：《广异记》，方诗铭辑《冥报记》、《广异记》合刊，中华书局 1992
　　年版。

李亢：《独异志》，中华书局 1983 年版。

张读：《宣室志》，中华书局 1983 年版。

孙光宪：《北梦琐言》，贾二强点校，中华书局 2002 年版。

《唐五代笔记小说大观》，上海古籍出版社 2000 年版。

李剑国：《宋代传奇集》，中华书局 2001 年版。

李昉等编：《太平广记》，中华书局 1961 年版。

李昉：《太平御览》，上海古籍出版社 1990 年版。

洪迈：《夷坚志》，何卓点校，中华书局 1981 年版。

陶宗仪等编：《说郛三种》，上海古籍出版社 1988 年版。

瞿佑等：《剪灯新话》（外二种），周楞伽校注，上海古籍出版社 1981
　　年版。

袁枚：《子不语》，朱纯点校，齐鲁书社 1985 年版。

李庆辰：《醉茶志怪》，金东校点，齐鲁书社 2004 年版。

纪昀：《阅微草堂笔记》，上海古籍出版社 1980 年版。

俞樾：《右台仙馆笔记》，梁脩校点，齐鲁书社 2004 年版。

《笔记小说大观》，江苏广陵古籍刻印社影印 1983 年版。

周光培、孙进己主编：《历代笔记小说汇编》，辽沈出版社 1990 年版。

周光培编：《历代笔记小说集成》，河北教育出版社影印 1994 年版。

历代学人：《笔记小说大观》，台北新兴书局 1978—1987 年版。

陶敏主编：《全唐五代笔记》，三秦出版社 2012 年版。

朱易安、傅璇琮、周常林、戴建国主编：《全宋笔记》，大象出版社 2003
　　年版。

柯灵、张海珊主编：《中国近代文学大系·笔记文学集》，上海书店 1995
　　年版。

张曰凯：《新笔记小说选》，作家出版社 1992 年版。

吴曾：《能改斋漫录》，上海古籍出版社 1979 年版。

王偁：《东都事略》，文渊阁《四库全书》本，台北商务印书馆 1983 年版。

洪迈：《容斋随笔》，上海古籍出版社 1996 年版。

庄绰：《鸡肋编》，中华书局 1983 年版。

胡应麟：《少室山房笔丛》，上海书店 2001 年版。

顾炎武著，黄汝成集释：《日知录集释》（外七种），上海古籍出版社 1985
　　年版。

章学诚：《文史通义校注》，叶瑛校注，中华书局 1985 年版。

永瑢等撰：《四库全书总目》，中华书局 1965 年版。

程毅中：《古小说简目》，中华书局 1981 年版。

袁行霈、侯忠义：《中国文言小说简目》，北京大学出版社 1981 年版。

宁稼雨：《中国文言小说总目提要》，齐鲁书社 1996 年版。

侯忠义：《中国文言小说参考资料》，北京大学出版社 1985 年版。

孙逊、孙菊园：《中国古典小说美学资料汇粹》，上海古籍出版社 1991
　　年版。

丁锡根：《中国历代小说序跋集》，人民文学出版社 1996 年版。

黄霖、韩同文：《中国历代小说论著选》，江西人民出版社 2000 年版。

陈平原、夏晓红主编：《二十世纪中国小说理论资料》第一卷，北京大学
　　出版社 1989 年版。

程国赋：《隋唐五代小说研究资料》，上海古籍出版社 2005 年版。

［日］平野显照：《唐代的文学与佛教》，张桐生译，台北业强出版社 1987
　　年版。

李剑国：《唐前志怪小说史》，南开大学出版社 1984 年版。

李剑国：《唐前志怪小说辑释》，上海古籍出版社 1986 年版。

释永祥：《佛教文学对中国小说的影响》，佛光出版社 1990 年版。

张庆民：《魏晋南北朝志怪小说通论》，首都师范大学出版社 2000 年版。

王瑶：《中古文学史论》，北京大学出版社 1986 年版。

程千帆：《唐代进士行卷与文学》，上海古籍出版社 1980 年版。

刘开荣：《唐代小说研究》，商务印书馆 1947 年版。

李宗为：《唐人传奇》，中华书局 1985 年版。

李丰楙：《六朝隋唐仙道类小说研究》，台北学生书局 1986 年版。

刘瑛：《唐代传奇研究》，台北联经出版事业公司 1994 年版。

周勋初：《唐人笔记小说考索》，《周勋初文集》第五册，江苏古籍出版社
　　2000 年版。

周勋初：《唐代笔记小说叙录》，《周勋初文集》第五册，江苏古籍出版社
　　2000 年版。

卞孝萱：《唐人小说与政治》，鹭江出版社 2003 年版。

邵宁宁、王晶波：《说苑奇葩——晋唐陇右小说》，甘肃教育出版社 1999
　　年版。

段莉芬：《唐五代仙道传奇研究》，台湾东海大学博士学位论文，1998 年。

徐翠先：《唐传奇与道教文化》，中国妇女出版社 2000 年版。

凤录生：《道教与唐五代小说》，上海师范大学博士学位论文，2000 年。

陈洪：《佛教与中古小说》，《中国佛教学术论典》第六十一册，佛光山佛
　　教基金会 2002 年版。

罗争鸣：《杜光庭道教小说研究》，巴蜀书社 2005 年版。

贾二强：《唐宋民间信仰》，福建人民出版社 2002 年版。

蒋述卓：《佛经传译与中古文学思潮》，江西人民出版社 1990 年版。

孙昌武：《佛教与中国文学》，上海人民出版社 1988 年版。

孙昌武：《道教与唐代文学》，人民文学出版社 2001 年版。

李剑国：《唐五代志怪传奇叙录》，南开大学出版社 1993 年版。

程国赋：《唐代小说嬗变研究》，广东人民出版社 1997 年版。

程国赋：《唐代小说与中古文化》，台北文津出版社 2000 年版。

程国赋：《唐五代小说的文化阐释》，人民文学出版社 2002 年版。

韩云波：《唐代小说观念与小说兴起研究》，四川民族出版社 2002 年版。

侯忠义：《隋唐五代小说史》，浙江古籍出版社 1997 年版。

程毅中：《唐代小说史》，人民文学出版社 2003 年版。

李剑国：《古稗斗筲录——李剑国自选集》，南开大学出版社 2004 年版。

李鹏飞：《唐代非写实小说之类型研究》，北京大学出版社 2004 年版。

孙逊：《中国古代小说与宗教》，复旦大学出版社 2000 年版。

董乃斌：《中国古典小说的文体独立》，中国社会科学出版社 1994 年版。

赵明政：《文言小说——文士的释怀与写心》，广西师范大学出版社 1999
　　年版。

王平：《中国古代小说文化研究》，山东教育出版社 1996 年版。

吴礼权：《中国笔记小说史》，北京商务印书馆国际有限公司 1997 年版。

陈文新：《中国笔记小说史》，台北志一出版社 1995 年版。

苗壮：《笔记小说史》，浙江古籍出版社 1998 年版。

宁宗一主编：《中国小说学通论》，安徽教育出版社 1995 年版。

李悔吾：《中国小说史漫稿》，湖北教育出版社 1992 年版。

陈文新：《中国文言小说流派研究》，武汉大学出版社 1993 年版。

陈文新：《文言小说审美发展史》，武汉大学出版社 2002 年版。

陈文新：《传统小说与小说传统》，武汉大学出版社 2005 年版。

万晴川：《命相、占卜、谶应与中国古代小说研究》，中国文联出版社
　　2000 年版。

万晴川：《巫文化视野中的中国古代小说研究》，中国社会科学出版社
　　2003 年版。

万晴川：《中国古代小说与民间宗教及帮会之关系研究》，人民文学出版
　　社 2010 年版。

王学泰：《游民文化与中国社会》（增修版），同心出版社 2007 年版。

王立：《宗教民俗文献与小说母题》，吉林人民出版社 2001 年版。

高友鹏：《中国民间文学史》，河南人民出版社 2001 年版。

刘守华主编:《中国民间故事类型研究》,华中师范大学出版社 2002
　　年版。

陈允吉:《唐音佛教辨思录》,上海古籍出版社 1988 年版。

陈允吉、陈引驰主编:《佛教文学精编》,上海文艺出版社 1997 年版。

陈允吉、胡中行主编:《佛经文学粹编》,上海古籍出版社 1999 年版。

陈允吉:《古典文学佛教溯源十论》,复旦大学出版社 2002 年版。

陈允吉主编:《佛经文学研究论集》,复旦大学出版社 2004 年版。

陈引驰:《隋唐佛学与中国文学》,百花洲文艺出版社 2002 年版。

陈引驰:《佛教文学》,上海人民美术出版社 2003 年版。

[美] 梅维恒:《唐代变文》,杨继东、陈引驰译,香港佛教文化出版有限
　　公司 1999 年版。

[美] 梅维恒:《绘画与表演——中国的看图讲故事和它的印度起源》,王
　　邦维、荣新江、钱文忠译,北京燕山出版社 2000 年版。

葛兆光:《想象力的世界》,现代出版社 1990 年版。

葛兆光:《中国宗教与文学论集》,清华大学出版社 1998 年版。

董乃斌:《聚沙集——上海大学文学院古代文学研究论文选》,上海古籍
　　出版社 2003 年版。

张曰凯:《新笔记小说选》,作家出版社 1992 年版。

汪曾祺:《汪曾祺全集》第三卷、第四卷,北京师范大学出版社 1998
　　年版。

郑振铎:《郑振铎全集》第 6 卷,花山文艺出版社 1998 年版。

庞守英:《新时期小说文体论》,山东大学出版社 2002 年版。

张彦远:《历代名画记》,秦仲文、黄苗子点校,人民美术出版社 1963
　　年版。

欧阳修:《集古录跋尾》,《历代碑志丛书》,江苏古籍出版社 1998 年版。

欧阳棐:《集古录目》,《历代碑志丛书》,江苏古籍出版社 1998 年版。

王昶:《金石萃编》,《历代碑志丛书》,江苏古籍出版社 1998 年版。

《〈佛教画藏〉系列丛书》,东方出版社 1999 年版。

罗钢:《叙事学导论》,云南人民出版社 1994 年版。

[法] 弗兰克·埃夫拉尔:《杂闻与文学》,谈佳译,天津人民出版社 2003

年版。

郑兴东：《受众心理与传媒引导》，新华出版社 2004 年版。

［美］戴维·迈尔斯：《社会心理学》，侯玉波等译，人民邮电出版社 2006 年版。

尚会鹏：《中国人与日本人》，北京大学出版社 1998 年版。

后　记

　　本书是在我的博士学位论文的基础上修改增补而成的，此时距 2005 年博士毕业已历时九年。

　　九年之后，当我坐在电脑前写这篇后记的时候，已心无波澜，没有喜悦，没有激动，只感觉心中的一块石头可以暂时落地了。这篇论文（现在是一本书），在我的心里压了多年，我一直迟迟不愿拿出手，是因为有诸多不满意之处。我被"笔记小说"的概念困扰了很多年，我为未能全部掌握唐五代笔记小说作品而不安，我也为自己对整个唐五代宗教现象的认识不足而踌躇，更为博士学位论文写作期间的紧张、疲劳而后怕，以至于我久久不能提笔对这篇论文进行彻底的修改、增益。2005 年，我进入杭州师范大学工作，研究方向和兴趣转向江南地区的民间宗教，博士学位论文的修改也是一拖再拖。时日渐久，愈发心里不能踏实，也愈发无颜面对学术道路上一直默默关心和敦促我的师友们。

　　2002 年，我从西北师范大学古籍所硕士毕业，怀揣着恩师胡大浚先生的期望和叮嘱，从兰州远赴沪上，投奔复旦大学中文系求学于陈允吉先生门下，度过了三年美好时光。这三年是非常宽松自由的三年，复旦大学所给予我的，远超过我所努力的，我为能成为复旦人之一员而自豪。至今，她仍是我的骄傲。恩师陈允吉先生，是一位和蔼可亲永远笑嘻嘻的慈祥长者，从他这里，我第一次全面接触了佛教，而我又由此把触角伸向了儒教、民间宗教和巫术文化等领域；从他这里，我学会用平和宽松的心态看待人事，努力做一个谦虚谨慎的人。至今我还深深记得有次长谈时得到的告诫：文章一旦写出来，就要形成定论，即使不能形成定论，别人再写也绕不过你的研究。当时闻听此言，触动很大。我想努力这么做，但确实做得不好，作为师徒，我们是两个时代的人了。我们的这个时代，已经很难有机会和心力把"文章做成定论"了。

2011年底，我进入中国社会科学院世界宗教研究所，跟随魏道儒先生从事博士后研究。记得一次学术论坛上，刘国鹏老师说，这里是中国宗教研究的圣地，诚非虚言。那些在论著中赫赫有名的学界长者，豁然眼前，鲜活真切，我是幸运的。宗教所的学术氛围浓厚，思想开放，关系融洽，长辈学者蔼然可亲，青年学者学行醇正，都是我学习的榜样。特别是宗教所的一批青年学者，策划了"知止"中外经典读书会，我有幸参与过几次，对那种浓厚、精细、严谨的阅读经典的学风和精神，深感钦佩，使我对宗教所的年轻学者充满敬意，也更加坚定了我在学术道路上前行的动力和决心。从他们的身上我深刻体会到，我们这代人，对学术的坚守，对知识的渴求，对美好学术人格的追求，并不孤独。

我已不记得何时全面动笔开始博士学位论文的修改的，当我下定决心开始了结这件事的时候，豁然发现这九年间我增益了不少材料，也增写了近六万字。即使如此，我的很多修改计划都未能一一付诸实施，比如关于"宗法性传统宗教"与"儒教"的概念我想再仔细斟酌一番，关于唐五代笔记小说与地域宗教文化的、小说主题与宗教文献的关系均未及深入探讨，我还想编写一个"唐五代笔记小说考录"这样的附录，按照我关于笔记小说概念的定义将所有唐五代笔记小说一一详考列出……

由"文"变成"书"，是论文的一次蜕变，但它是不是变成了美丽的蝴蝶，留待贤者臧否，知我罪我，在于一身而已。但我必须衷心感谢学术道路上无私帮助过我的老师和朋友们。我的博士生导师陈允吉先生为毕业论文的选题、修改、答辩倾注了不少心力，至今我还保存着陈老师提出的十数页的修改意见的"真迹"，作为鞭策的力量不断敦促我前行。答辩委员会的董乃斌、潘富恩、李时人、朱易安、陈引驰几位先生均对论文提出了中肯的意见。我的硕士导师胡大浚先生，一直是我人生和学术道路上的谆谆长者，目送我毕业离开西北师范大学，又每次满怀欣喜地迎接我的探望，他非常关心这本书的修改和出版，充满殷切期望。魏道儒先生是我的博士后合作导师，这本书虽然与博士后研究方向没有关联，但魏先生的学术品格和人格魅力，对我有着深刻的影响。天津社会科学院的濮文起先生，则是引领我在民间宗教领域不断探索的导师，他对年轻人的无私提携和扶持，令我感愧不已。张兴武教授是我的老师，在我博士毕业后又接纳我做了杭州师范大学的同事，多年来的关心、帮助和指导，使我本人的生活和学术发展获益良多，他对本书的出版，付出了很大的心血，没有他的不断敦促和鞭策，很难预料这本书会拖延到什么时候。沈松勤教授为我的学术发展创造了很多机会，也是难得的良师益友。感谢我供职的杭州师范大学和杭州市哲学社会科学重点研究基地"中国古代文学与传统文化研究中心"，为推动学术发展和繁荣，提供了充裕的资金和各种机会，资助课题研究和学术著作的出版。也要感谢我学习和工作过的西北师范大学、复旦大学、中国社会科学院、杭州师范大学古代文学与文献研究中心的学友、同事们。2013 年，我曾经借调北京工作近一年，接触和认识了不少朋友，在此也感谢那些与我朝夕相处的同事们，为学术的繁荣尽心尽力，勤奋工作，都是我学习的榜样。本书的写作和出版，我的家人付出了很大的努力，为我赢得不少宝贵时间，她们永远是我的坚强后盾。

　　这本书，算是告一段落了，今后的学术道路上，还有很多工作要做。埋却腹中旧文章，迎接人生新开端。

刘正平

2014 年初于杭州